オホーツク海
流氷群
オホーツク紋別空港
サロマ湖
サロマ湖
能取湖
網走湖
流氷群
網走
桂台
鱒浦
藻琴
北浜
原生花園(臨)
浜小清水
原生花園
止別
知床斜里
中斜里
南斜里
清里町
札弦
緑
斜里岳
知床岬
知床半島
羅臼岳
知床五湖
知床世界自然遺産
根室海峡
呼人
女満別
女満別空港
西女満別
美幌
緋牛内
端野
愛し野
柏陽
北見
西北見
東相内
相内
留辺蘂
西留辺蘂
金華
生田原
生野
安国
遠軽
瀬戸瀬
丸瀬布
下白滝
旧白滝
白滝
上白滝
上川
東雲
愛山
中愛別
愛別
安足間
伊香牛
将軍山
当麻
桜岡
層雲峡
大雪山
旭岳
天人峡
千代ヶ岡
十勝岳
ラベンダー畑(臨)
十勝岳
屈斜路湖
川湯
川湯温泉
摩周湖
摩周
美留和
阿寒
雄阿寒岳
阿寒湖
雌阿寒岳
南弟子屈
磯分内
標茶
五十石
茅沼
塘路
細岡
釧路湿原
釧路湿原
遠矢
釧路空港
根室中標津空港
尾岱沼
納沙布岬
根室半島
根室
東根室
花咲
西和田
昆布盛
落石
落石岬
風蓮湖
厚床
初田牛
別当賀
姉別
浜中
茶内
糸魚沢
厚岸
厚岸湖
霧多布岬
門静
尾幌
上尾幌
別保
武佐
東釧路
釧路
新富士
新大楽毛
大楽毛
庶路
西庶路
白糠
古瀬
音別
尺別
直別
厚内
上厚内
浦幌
新吉野
豊頃
十弗
池田
利別
幕別
稲士別
札内
十勝川
帯広
柏林台
西帯広
大成
芽室
御影
羽帯
十勝清水
新得
落合
トマム
とかち帯広空港
日高山脈
太平洋
襟裳岬
襟裳岬
蓬栄
本桐
荻伏
絵笛
浦河
東町
日高幌別
鵜苫
西様似
様似

北海道
鉄道駅大図鑑

本久公洋

北海道新聞社

はじめに

本久 公洋

本書は、現在稼働しているＪＲ北海道の14路線全465駅(平成19年現在)を、写真と文章で紹介するものである。すべての稼働線を一駅ずつ取材して廻り、北海道新聞社出版局の協力によって、ようやく皆さまにお届けできる運びとなった。

列車での旅行や初めての場所に移動するときなどに、本書を持参するか、前もってこれで調べておくと便利だと思われる。これらの駅情報が、これから北海道旅行をされる方にとってはもちろん、道内居住の方々にも、小旅行や各地の情報収集のお役に立てればうれしいかぎりである。また、故郷を遠く離れて生活している方には、本書によって故郷の駅舎の現状や周辺情報を知っていただけると思う。

各駅舎については、内容紹介はもちろん下記の内容も掲載した。

1、駅員の有無、売店、トイレ、みどりの窓口、食堂、駅スタンプ、パーク＆トレイン、ツインクルプラザ等の有無を、駅名欄の横にわかりやすくシンボルマークにて表示(売店はキヨスクとキヨスク以外の売店を分類している。また、３種類のキヨスクの別も本文中に記載)。

2、①駅の開設年月日(駅として設置または駅に昇格した年であり、信号場としての開設年ではない)②駅舎の構造の種類③駅ごとのバリアフリー対策状況——を一覧表にまとめて掲載。

3、本文の下、欄外に「ミニガイド」として、駅近郊の名所・旧跡や温泉・観光施設、主な公共施設などを掲載。

4、本文の中に付録として、「札幌鉄道局」発行の「駅名の起源」をもとに駅名の由来について解説。

駅スタンプの有無は旅行の記念や収集に趣味のある方への情報提供になるだろうし、駅の近くを通りかかったドライバーの方にも、駅のトイレや駅舎内に入店している特産品売り場や食堂、喫茶店の情報はきっと役立つと思う(私も取材中やドライブ中に以前取材したときの記憶が役立った)。

「ミニガイド」は旅行ガイドとしてもお役に立てればと思う。付録の駅名の由来は、地域の駅名の由来を改めて調べるときや、駅の開設記念祝賀などを計画するとき、または地域学習などに役立つと思う(ただし別説もあるので、地域で別説を採用している場合には役立たないかもしれない。また、記載は何駅かのみに絞らせていただいた)。

そして、駅舎の改築計画をもっている地域では、本文中の各駅舎の情報は比較検討材料として役立つものと思う。特にバリアフリー対策については、政府の新指針の骨子では今後すべての駅にバリアフリー化が要求されるので、ご参考にしていただければ幸いである。また、これから初めて訪れる駅舎のバリアフリー化の状況は、高齢者や障害を持っている方々には乗降の際の参考として役立てていただきたい。

駅舎はできるかぎり写真を掲載し、文章で解説しているが、特筆する内容があまりない場合や近くに景観地がある場合は、駅周辺の風景を写真で紹介している。

本書の内容は実地調査によるものや「参考文献」に挙げた文献情報だけではなく、駅や沿線住民の方々からの聞き取り調査をもとに、それらの内容を十分検討したうえで、確認できたもののなかから本文中に記載できるもののみとしている。

駅舎とは、駅施設の建物のみではなく、駅構内のプラットホーム(本書はホームとして表現)形式等も駅施設なので、本来これらについても紹介しなければならないのであろうが、バリアフリー化が進んでいる一部の駅を除いて省略させていただいた(文章スペースは限られているし、駅によっては他に記述したい情報が多いことでもあり、一般の方々にこれらの形式についてご紹介するよりは、跨線橋の有無のほうが役立つと思ったためである)。

本文を見ていただくとおわかりになると思うが、駅舎の内容だと、どうしても(私の専門である)建築的なことが主となってしまう。建築および鉄道の専門用語は極力使用しないつもりではあったが、しかし多くの情報を提供するためには文章を短くしなくてはならず、固有名詞でもそれを解説するには長くなる名称と工法名のみは専門用語を使用させていただいた。また、専門用語を使用して硬い内容となるのを避けるために回りくどい解説となっている部分も見られるが、読者諸賢の皆様にはご理解をいただきたい。

駅舎や周辺の写真は、平成13年から同14年にかけて一度取材した写真と平成19年の取材写真が混在している。平成14年以降に改築・改修等の変更が見られた駅舎や周辺地域もあるし、また撮影時間帯のよくない写真についても平成19年撮影の写真を使用したが、再取材時に確認しても変更があまり見られない駅舎や周辺地域の写真は、平成13・14年のものを使用した。

情報内容については再取材して、内容確認に努めたつもりではあるが、見落としや誤認識それに再取材後の改築や修繕により変更された駅舎もあるかもしれない。これらについては、つまらない情報となっている部分もあると思われるが、これが平成19年における最低限の情報であることをご理解していただき、ご愛読願えれば幸いである。

目次

札沼線（学園都市線）

留萌本線

富良野線

宗谷本線

根室本線

石勝線

釧網本線

石北本線

日高本線

千歳線

この本の見かた・利用方法

駅舎内のサービス内容がマークでわかる

スタンプ　駅員　トイレ　キヨスク　食事喫茶　みどりの窓口　パーク＆トレイン　ツインクルプラザ　キヨスク外の売店

みどりの窓口やツインクルプラザそれにパーク＆トレインは旅行時には必須
ツインクルプラザは旅行案内所

トイレや食事喫茶それにキヨスクの有無は、乗降の際の重要なポイント

駅の名称

北海道の難読駅名も「ふり仮名付」なので安心

駅の所在地

駅の所在地掲載があるから、降車駅では目的地を探すのに便利

前後駅の駅名と距離を紹介

分岐駅や次駅も紹介しているので、初めて乗る路線でも安心

全ての駅舎写真をカラーで紹介

駅舎の写真をできるだけ大きく撮影し、現状が一目でわかるようにした

駅舎の特徴ある部分をピックアップ紹介

駅舎の中でおもしろいアイデアや特徴のある部分を紹介

駅前の風景写真を一部の駅で紹介

最近の駅前状況が一目でわかり、故郷を離れている方や、かつて訪れた方にはなつかしい風景を見ることができる

北《きた》見《み》駅

北見市大通西1丁目

西北見駅 ― 4.7km ― 北見駅 ― 2.7km ― 柏陽駅

独特の形状が印象的な北見駅舎

駅弁販売所

ショーケースにレールを展示

連絡橋昇降口

「北見」駅は旧国鉄「池北線」の北見駅開通時に開設されたもので、明治44(1911)年9月の開設となる。しかし、池北線が「ふるさと銀河線」になってから駅が分断されたので、石北本線・北見駅の開設年月日は石北本線の開通日にしなくてはならないかもしれない。平成18年4月に廃線となったふるさと銀河線・北見駅は、石北本線・北見駅の横にあり、単独のホームを使用していた。昭和時代の北見駅舎は、池北線と石北本線両路線を抱える規模の大きい駅舎で、平成元年に分断されたことで、新しい駅舎に生まれ変わった。現在も規模は大きく、JR貨物を併設している。

舎内にはレール断片がショーケースに展示され、物産展示コーナーには北見市の特産品も展示されている。待合所にはテレビも設置され、コンコースにはコンビニKIOSKや手づくり弁当の販売もあり、「ほたてめし弁当」や「かに弁当」など数種類の弁当が置かれている。

駅横には「中央プロムナード」と名づけられた連絡橋が設置されて、路線の南北を繋《つな》いでいる。内部にはエレベーターもあり、自転車も使用できるが、ホームには通じていない。

ホームには、立ち喰いそば・うどん店がある。

駅前はロータリー形式となっていて、タクシーの待機台数も多く、そのロータリーに沿って一般駐車場も設けられている。

北見駅前

ミニガイド　北見市役所、河西牡丹園、ハッカ記念館、芸術文化ホール(きた・アート21)、オホーツク木のプラザ、地ビールのオホーツクビールもある。

駅舎の情報提供量は豊富で、駅データの一覧表やサービスマークと合わせて見ると、駅の一般情報を知るにはこれで万全。
駅前のタクシー待機情報も掲載

駅舎の内容と駅前の状況を詳細に紹介

駅周辺にある見どころや諸施設、温泉などをミニガイドとして掲載したので、目的地を探すには便利。思わぬ発見があるかも

駅周辺の諸施設や見どころの紹介

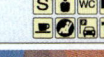

雄冬岬
暑寒別岳
石狩湾
神威岬
積丹半島
積丹
日本海
余市
蘭島
塩谷
小樽
南小樽
小樽築港
朝里
銭函
ほしみ
星置
稲穂
手稲
定山渓
発寒中央
発寒
稲積公園
石狩川
桑園
琴似
札幌
苗穂
白石
厚別
森林公園
大麻
野幌
高砂
江別
豊幌
幌向
上幌向
岩見沢
札沼線
千歳線
仁木
然別
銀山
小沢
倶知安
ニセコ
ニセコアンヌプリ
比羅夫
羊蹄山
昆布
蘭越
ニセコ
目名
熱郛
黒松内
蕨岱
二股
南千歳
新千歳空港
新千歳空港
沼ノ端
苫小牧
支笏湖
支笏・洞爺
洞爺湖
室蘭本線
登別
登別
東室蘭
室蘭
地球岬
内浦湾
長万部
中ノ沢
国縫
北豊津
黒岩
山崎
鷲ノ巣
八雲
山越
野田生
落部
石倉
本石倉
石谷
桂川
渡島半島
森
東森
尾白内
掛澗
渡島砂原
渡島沼尻
駒ヶ岳
鹿部
銚子口
流山温泉
姫川
東山
駒ケ岳
赤井川
大沼公園
池田園
大沼
大沼
仁山
渡島大野
七飯
大中山
桔梗
五稜郭
函館
湯ノ川
函館空港
亀田半島
恵山岬
江差
江差線・津軽海峡線

函館本線

営業距離
458.4km

駅舎数
95駅

①函館本線は「大沼」駅から「駒ケ岳」駅方面の〈駒ケ岳廻り〉と「渡島砂原」駅方面の〈砂原廻り〉があり、両線は「森」駅で合流する。
本書では〈駒ケ岳廻り〉の後に〈砂原廻り〉を掲載した。

②「上幌向」駅の次は「岩見沢」駅であるが、岩見沢駅は室蘭本線の起点駅でもあるため、本書では「室蘭本線」に掲載した。

③「旭川」駅は函館本線の起点駅であるが、富良野線の起点駅でもあるため、本書では「富良野線」に掲載した。

函《はこ》館《だて》駅

函館市若松町

(始発駅) 函館駅 — 3.4km — 五稜郭駅

近代的な5代目の函館駅舎

展望デッキ外観

西口

中央の吹き抜けと空中廊下

窓口・改札口

北海道の玄関口・函館駅の駅舎は今の建物で5代目となる。昭和17(1942)年12月に改築された先代駅舎からバトンタッチされたのは平成15年6月21日のこと。道外からのお客さんを迎え入れる玄関口にふさわしい大型の近代的駅舎として生まれ変わった。

その1週間後の6月28日に再取材で訪れたときには、旧駅舎正面に設けられていたシンボルの「大時計」は取り外され、「たくさんの想い出をありがとう　さようなら　大きな大きな古時計」と書かれたプレートが時計の代わりに設置されていた。61年間の役割を終えた旧駅舎は、平成15年7月下旬には解体されてなくなった。

まだ、解体用シートが掛けられていない状態で撮影できたので紹介しよう。新駅舎と旧駅舎が並んで同時に見える光景など、ほとんどお目にかかれないし、これが見納めである。こんな光景に遭遇できるとは思わなかった。

新駅舎内部のコンコースは広く確保され、中央口正面天井は高さ24メートルの卵型の大型吹き抜けとなっている。これは旧駅舎の大時計に代わる、函館駅のシンボルとなるだろう。また、吹き抜け中央部分2階には吹き抜けを横断する空中廊下があり、これもシンボルとなりそうである。吹き抜けの外壁面にはスリット状の明り採り窓が並び、昼間は外からの光が注ぎ、夜間は室内の照明による光が外部に漏れて、シルエットを浮き立たせる。

新駅舎は装いも新たに、観光スポット、駅舎そしてコミュニティースポットとして歩みはじめた。ここは、函館湾が一望できる展望デッキになっていて、2階のホールから出ることができる。2階には「イカすホール」と名づけられた多目的ホールがあり、空中廊下を渡っていくこ

ミニガイド 函館市役所、湯の川温泉の他に、歴史的建築物、函館山、箱館戦争の史跡、函館ドックとレンガ倉庫群、摩周丸メモリアルシップ等々、観光場所は紹介しきれないほどある。

函館市営路面電車

4代目駅舎風景(平成13年8月)

旧駅舎の大時計跡

二度と見られない新旧駅舎が並ぶ風景

函館駅前

とができる。このホールは市民に開放され、有料で展示会等に貸し出しを行っている。

2階にはまた、他にレストランが入店していて、エスカレーターやエレベーターで2階と連絡している。

1階は3種類のKIOSKや土産物店、インターネットカフェが入店し、コインロッカー室もある。

バリアフリー対策が特徴と報道されていたが、函館駅舎はもともと正面入り口の周辺だけが少々難があった程度で、頭端駅《とうたんえき》であるから跨《こ》線橋《せんきょう》もなく、コンコースからホームまで段差もなく行けた。新駅舎も同じで、駅舎がホーム側に移動した分、通路が短くなったので、さらに楽になった。また、最新式のトイレ設備が導入されたことも目玉の一つだ。オストメイトに対応した便器やパウチの洗浄もできる汚物流しもある。

駅前には大型の商業ビルやホテルが建ち並び、駅横には名物の朝市の通りがあって、毎日観光客で賑《にぎ》わっている。函館には市電の路面電車が走っているが、駅前で接続しているので、市内の観光地めぐりには便利だ。

函館駅は「江差線」と「津軽海峡線」が接続している。青函連絡船が稼働していた時代も、青函トンネルができた現在でも、「函館」が北海道の陸の玄関であることに変わらない。現在、北海道新幹線の建設中であるが、「新函館」駅(仮称)は「渡島大野」になる。パーク＆トレインは道内で2番目に多く、442台分ある(平成19年度)。

※津軽の豪族(河野政通)が、「宇須岸《うすけし》」(湾の端という意味)と呼ばれていた漁村に館を築き、この館が箱に似ているところから「箱《はこ》館《だて》」と呼ばれることになった。その後、「蝦夷」が「北海道」と改称されたのに伴い、「箱館」から「函館」と改称された。

五《ご》稜《りょう》郭《かく》駅

函館市亀田本町

函館駅 3.4km 五稜郭駅（起点駅） 4.9km 桔梗駅
（江差線） 2.7km 七重浜駅

江差線の起点駅でもある「五稜郭」の駅舎

待合所

「江差線」の起点でもある五稜郭駅の駅舎は大きく、スッキリとしたデザインで、合掌《がっしょう》には時計が設置されている。この合掌の位置がズレているのは、現在の出入口部分が増築されたため。喫煙ルームが出入り口横にある。駅前は広く、駐車場もある。駅横のパーク＆トレインの立体駐車場には、往復特急利用や親子きっぷ利用の条件付きだが、170台分のスペースがある。戦時中にここから「戸井町」まで接続する〝戸井線〟の工事があったが、未成線に終わっている。JR貨物駅の「五稜郭」駅が、約2km離れた場所にある。

※安政3（1856）年、徳川幕府が箱館奉行所を起工させたが、その日本で最初の洋式城塁の外郭が星形をして五つの稜郭があるため「五稜郭」と名づけられた。それが地名の由来である。（「駅名の起源」より）

ミニガイド　五稜郭（ここから遠いのでタクシーが便利）、道立函館美術館、北洋資料館、渡島支庁がある。

桔《き》梗《きょう》駅

函館市桔梗町3丁目

五稜郭駅 4.9km 桔梗駅 2.1km 大中山駅

棟飾りが印象的な桔梗駅舎

開設記念の石碑とSL動輪

桔梗駅の歴史は古い。明治35（1902）年に「亀田」（現在は廃駅）と「本郷」（現・渡島大野）の両停車場間の開通時に開設されている。

駅舎は洒落《しゃれ》た棟飾りと合掌が設けられた個性的な建物である。駅名も地名にちなんだ清楚《せいそ》な名前だから、印象に残る駅であろう。

駅前には開設75周年記念時の石碑が建立されていて、SLの動輪も設置されている。合掌部分に取り付けられている時計も開設80周年記念のものである。

※駅名の由来は、駅付近一帯に桔梗が多く、近郷の住民が桔梗野と呼んでいたことから。明治4（1871）年、これにちなんで「桔梗村」と名づけたという。（「駅名の起源」より）

ミニガイド　この駅あたりから国道5号沿いに赤松並木が七飯駅まで続いている。

大《おお》中《なか》山《やま》駅

WC

亀田郡七飯町大中山1丁目

桔梗駅 ―2.1km― 大中山駅 ―3.4km― 七飯駅

開設当時から変わらない大中山駅舎

大中山駅は、当初臨時乗降場として開設されたが、昭和25(1950)年1月15日、駅に昇格した。以来、今も昔と変わらない姿と表情で建っている。国道沿いにある駅だが、駅前広場が確保されているので、少し奥まった場所になっている。

駅舎の外壁左側には、水色の大きな箱文字で駅名が掲示されている。以前は窓口業務も行われていたようであるが、現在は閉鎖されている。

駅周辺は住宅街と松並木が続き、独特の雰囲気がある。

※「大中山」の由来は、明治12(1879)年大川村と中島村を合併改称して、大中山村といったのに始まる。なお、大川村は村内を流れる大川から採ったものであり、中島村は安政5(1858)年当時箱館奉行所の開拓係中島辰三郎の姓を採って中島郷といったのが村名の始めであるといわれている。(「駅名の起源」より)

赤松街道風景

ミニガイド 国道5号の赤松並木が有名で、「赤松街道」と呼ばれている。アップル温泉がある。

駒ケ岳を囲む〈砂原廻り〉と〈駒ケ岳廻り〉

「大沼」駅の項(16ページ)でも少し触れているが、大沼駅から森駅までのルートには〈砂原廻り〉と〈駒ケ岳廻り〉がある。開通当時の「北海道鉄道」で「函館」駅ー「森」駅間のうち「軍川《いくさがわ》」駅(現・大沼駅)ー「森」駅間は、単線ルートの〈駒ケ岳廻り〉しかなかった。駒ケ岳の東側を走り、急勾配《こうばい》の続くルートである。

大沼から見た駒ケ岳

太平洋戦争(第二次世界大戦(1939-45年)のうち、日本が参戦して以後の後半の一時期のこと)も終わりに近い昭和19(1944)年、緊急輸送増強作戦とでもいおうか、函館本線に新たな路線増設計画が持ち上がったが、それは、急勾配の続く駒ケ岳廻りの複線化ではなかった。新ルートとして、〈砂原廻り〉の敷設が行われたのである。当時の砂原方面には、軍川駅からは私鉄の「大沼電気鉄道」が、森駅からは「渡島海岸鉄道」があったので、それらを部分的に取り入れて国有化し、終戦の年の昭和20年6月には〈砂原廻り〉のルートが完成した。その二つのルートが、現在も使用されている。

本書では、「大沼」駅から先を〈駒ケ岳廻り〉→〈砂原廻り〉の順に紹介する。

七《なな》飯《え》駅

S　WC

亀田郡七飯町本町

大中山駅 ― 3.4km ― 七飯駅 ― 4.1km ― 渡島大野駅

駅前は歩車分離形式で歩道の広い七飯駅舎

ホームに停車中のワンマン列車

窓口・改札口

待合所

七飯駅は、数ある函館本線の駅の中でも、開設年において渡島地区では最も古い駅の一つである。明治35(1902)年12月10日の開設というのは「函館」駅と同じであるが、函館のほうは開設当初は「亀田」にあったので、現在地の函館駅よりは古い歴史をもっていることになる。

鉄筋コンクリート造り平屋建ての建物は、開口部の両上端に曲面が施され、柔らかい印象を与えている。

券売機横にはグリーンBOXや視覚障害者用の運賃表が備えてある。

路線図や一般地図を見ても、七飯駅から大沼方面に行く途中で路線が分かれていることがわかるが、これは戦時中の工事の名残である(当時「森」−「函館」間は単線で勾配《こうばい》が急だったので、輸送強化のために下り専用路線の工事を行った)。この下り線は戦後になってから昭和41(1966)年9月に開通し、「藤城支線」という名称で呼ばれている。元からの「上り線」側には「渡島大野」駅と「仁山」駅の2駅があって、現在は上下線とも走っている。

駅前は歩車分離形式となって、広場がある。

※「七飯」の由来は、アイヌ語の「ヌ、アン、ナイ」から変化したもので、「漁のある谷川」の意味である。もとは「七重」の字を当てたが、のちに飯田村と合併したので七飯と改めたものである。(「駅名の起源」より)

七飯駅前 駅前の歩道は広く整備されている

ミニガイド 七飯町役場、七飯町歴史館、ゆうひの館温泉がある。このあたりまで「赤松街道」が続いている。男爵いも発祥の地の碑がある。

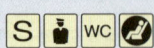

渡《お》島《しま》大《おお》野《の》駅

WC

北斗市市渡

七飯駅 — 4.1km — 渡島大野駅 — 3.3km — 仁山駅

形状が印象的な渡島大野駅舎

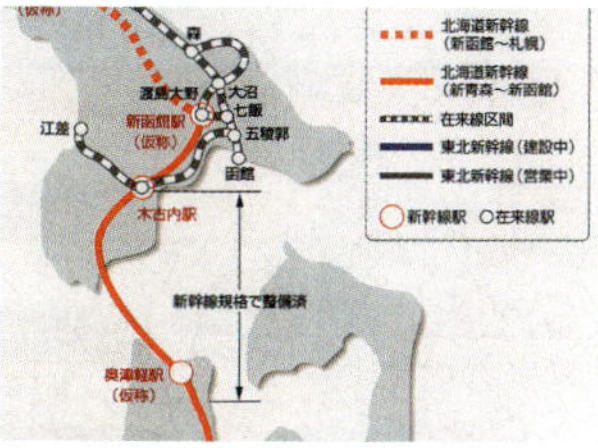

北海道新幹線建設促進
期成会の図より

かつては「本郷」停車場といった。開設は、明治35(1902)年、渡島地区最初の函館本線が「函館」停車場との間に開通したときに始まる。駅舎は、出入口上部の合掌《がっしょう》や左右対称に設置された出窓が、たいへん印象的な建物である。地域住民の長年の悲願がもうすぐ成就するところまできた北海道新幹線。その「新函館」駅（仮称）の設置予定地となっている。

新しい北海道の陸の玄関口となるこの駅前も、東海道新幹線の「新横浜」駅のように再開発されていくのであろうか？

※開設当時は「本郷」駅であり、ここに建立されていた庚《こう》申塚《しんづか》付近の地名「本の郷」から出ている。大野村の一小字にすぎない本郷の駅は、昭和17(1942)年に本村と同一名をもつことになる。(「駅名の起源」より)

ミニガイド　大野支所、北海道昆布館、匠の森公園、八郎沼公園がある。

仁《に》山《やま》駅

WC

亀田郡七飯町仁山

渡島大野駅 — 3.3km — 仁山駅 — 5.8km — 大沼駅

仁山温泉とスキー場が駅前にある仁山駅舎

駅横にある顕彰碑

駅前の温泉とスキー場

北海道代表型駅舎の一つであろう。開設は昭和62(1987)年、旅客営業もその年からとなっている仁山駅だが、昭和19(1944)年に、それまで信号場として使用されていた駅舎が、当地へ移築されたものである。その内容を記述した「顕彰碑」が駅横に建立されている。以前の信号場時代から旅客扱いは行っていたようだ。

駅舎は歴史を感じさせる建物で、格天《ごうてん》井《じょう》などを見ると、移築前の時代そのままの建物なのであろう。平成13年の取材時には駅銘板も「仁山信号場」となっていたのは、昔を懐かしんでわざと残していたのであろうか（現在は「仁山駅」の駅銘板に取り替えられているが）？　駅前には「ニヤマスキー場」と温泉がある。

ミニガイド　駅前にはニヤマ温泉の「あじさいの湯」とニヤマスキー場がある。

大《おお》沼《ぬま》駅

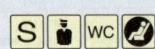

亀田郡七飯町大沼町

仁山駅 5.8km 大沼駅 3.4km 池田園駅
1.0km 大沼公園駅

駅名が行ったり来たりの大沼駅舎

小沼で日向ぼっこのマガモ

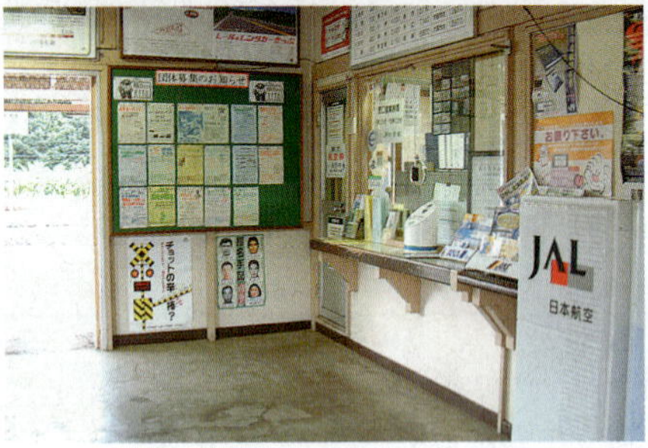

窓口

大沼から見た駒ケ岳

開設当初から「大沼」駅といっていたが、一時「軍川《いくさがわ》」と改名したことがある（大正9＝1920年6月のことで、同時に、それまで季節停車の臨時駅だった「大沼公園」仮停車場を「大沼」停車場とした）。大正13年11月には常停駅に昇格した当時の「大沼」駅が「大沼公園」駅となったのは、昭和39（1964）年のことで、それと同時に「軍川」駅も「大沼」駅に戻ったといういきさつがある。

駅舎は古く木造平屋建て、一部二階建て。「大沼公園」駅ほどの派手さはないが、外壁はペンキ塗りで、大沼の歴史を感じさせる建物だ。改築もされているが、経年とともにメンテナンスも行われているようだ。舎内の出札待合所窓口横には、グリーンＢＯＸが設置されている。

駅前は広い空間が確保されて整備されている。レンタサイクルの店もある。さすがに大沼国定公園内にある駅である。駅前広場の一角にレールを使用した面白いモニュメントが展示されていた（「大沼駅の歩み」といった題名だったと思う）。

駅前からは「七飯スキー場」行きのバスが出ている。「大沼」の観光にはこの大沼駅で下車するか、または〈駒ケ岳廻り〉の列車では「大沼公園」駅、〈砂原廻り〉の列車では「池田園」駅の下車となるが、大沼駅は、どちらかといえば「小沼」に近い駅である。

13ページのコラムに詳述したが、「大沼」駅から「森」駅までのルートには〈砂原廻り〉と〈駒ケ岳廻り〉の2通りがある。本書も、この大沼駅から先は〈駒ケ岳廻り〉→〈砂原廻り〉の順にご案内する。

※名称が大沼←→軍川と改称されているので、両者について由来を紹介すると、まず「軍川」は安政5（1858）年相馬藩がこの地方を開拓した際名づけたもので、アイヌ語の「イクサップ」（渡し守）が住んでいたからであるという。「大沼」はアイヌ語の「ポロ、トー」（大きい沼）を意味している。（「駅名の起源」より）

ミニガイド　当然「大沼」観光だろう。大沼駅からは「小沼」が近いが、「大沼」にも十分行ける。一部「ワカサギ」釣りも楽しめる。大沼フラワーランドもある。

大《おお》沼《ぬま》公《こう》園《えん》駅
〈駒ケ岳廻り〉

亀田郡七飯町大沼町

大沼駅 — 1.0km — 大沼公園駅 — 3.7km — 赤井川駅

レトロな雰囲気の大沼公園駅舎

大沼と駒ケ岳

窓口・待合所

クロフォード・イン大沼

大沼公園駅舎は改築されたが、以前からの形状を維持した北海道代表型駅舎である。

基礎部分の立ち上がりは石張りで、重厚感がある。待合所の壁と天井にはガーデニング用の木製の菱格子《ひしごうし》が貼《は》られ、アレンジメントフラワーなども飾られて凝った造形だ。KIOSKは季節限定であるが入店している。

駅前は観光地だけあって、広く整備されている。歩道もインターロッキングブロックで舗装されている。多くの土産物店が軒を並べ、レンタサイクルの店も目につく。自転車を借りて「大沼めぐり」の観光客も多い。湖畔では親子連れや恋人同士で自転車に乗っている人々を見かける。

〈駒ケ岳廻り〉で大沼公園駅を過ぎると、「小沼」と「大沼」の間を列車は走る。車窓からの眺めは最高である。

駅裏には、JR北海道直営のホテル＆レストラン「クロフォード・イン大沼」がある。客室は全15室ながらアメリカ調の仕様は、北海道鉄道の父であるクロフォードにちなんでのもの。レストランから窓の外を見ると、大沼に棲息《せいそく》している35種類の野鳥を間近で見ることができる。

小沼の西側にも小さい「蓴菜《じゅんさい》沼」がある。ここは、冬はワカサギ釣りやスノーシューのウインタースポーツが楽しめる場所で、春から夏は蓴菜が採れる。

蓴菜沼と駒ケ岳

ミニガイド 観光スポットは当然大沼公園だが、大沼ヴェネチアガラス美術館や大沼温泉もある。大沼・小沼湖畔には全部で19カ所の碑があるそうだが、探すことができるだろうか？　蓴菜沼もある。

赤《あか》井《い》川《がわ》駅〈駒ケ岳廻り〉 WC

茅部郡森町赤井川

大沼公園駅 — 3.7km — 赤井川駅 — 4.8km — 駒ケ岳駅

民家風の建物 赤井川駅舎

構内

赤井川駅は小ぢんまりとした民家風の駅舎である。

外壁はサイディング張りだが、一部がイタズラにより破られていた。公共の施設を大切にする教育が薄れてきているような気がする。単式のホームを並べた2面2線のホーム間の移動は、一般によく見られる横断歩道式で、列車が近づくと警鐘が鳴り遮断機が降りてくる方式である。

函館本線には、この方式と跨線橋《こせんきょう》方式の2種類がある。

トイレは別棟になっている。

※「赤井川」の名は、アイヌ語の「フレ、ペッ」(赤い川)によったものである。この付近を流れる川水が常に濁っているために、この名で呼ばれたものであろうと思われる。(「駅名の起源」より)

ミニガイド 駒ヶ峰温泉ちゃっぷ林館、グリーンピア大沼がある。

駒《こま》ケ《が》岳《たけ》駅〈駒ケ岳廻り〉 WC

茅部郡森町駒ケ岳

赤井川駅 — 4.8km — 駒ケ岳駅 — 3.6km — 東山駅

三角形の合掌が印象的な駒ケ岳駅舎

駅前の駒ケ岳

この駅は登山者が利用する駅で、開設時は「宿野辺《しゅくのべ》」といったが、明治37(1904)年に改称され、「駒ケ岳」となった。

出入口を覆う合掌《がっしょう》や窓上の飾りが個性的な形状をもつ駅舎は、駒ケ岳の山をイメージしたものなのであろう。

ここから2.6kmで登山口に行ける。山頂までは8.2kmあり、約3時間で登頂できるそうだ。

トイレは舎内にはなく、別棟になっている。

ここは、ホームとの連絡は跨線橋《こせんきょう》になっていた。

※駅名の由来は定かではない。山の形が駒の背に似ているためという説と、昔、相原周防守季胤が武田義広との戦に敗れて戦死したとき、その愛馬が主人と別れてこの山に登ったので、この名があるともいわれている。(「駅名の起源」より)

ミニガイド 駒ケ岳登山口、駒ケ岳郵便局、ワールド温泉牧場がある。

東《ひがし》山《やま》駅〈駒ケ岳廻り〉

茅部郡森町駒ケ岳

駒ケ岳駅 ― 3.6km ― 東山駅 ― 4.1km ― 姫川駅

ホームのみの東山駅

東山駅から見た駒ケ岳

東山駅は木製デッキ式のホームのみの駅である。

周囲は雑木林に囲まれ鬱蒼《うっそう》としている。初めに取材したときは夏場だったせいか、ホームに行くにしても出るにしても、生い茂った雑草が線路際まで迫っていて、線路に沿った側溝の上を歩くしか方法がなく、苦労した。

利用者は駒ケ岳への登山者だけなのだろうか？　一日に上下合わせて7便の普通列車が停車するのは、利用者がいるはずであると、今回3月の取材で改めて周囲を見てみると、以前には夏草に埋もれて家屋も見当たらなかったのが、周辺には民家が点在していた。

ここから見る冬の駒ケ岳は、晴れていると絶景である。

ミニガイド　駒ケ岳駅との中間の駒ケ岳山麓に「駒ノ湯」がある。

姫《ひめ》川《かわ》駅〈駒ケ岳廻り〉

WC

茅部郡森町姫川

東山駅 ― 4.1km ― 姫川駅 ― 1.8km ― 森駅

線路を見下ろす姫川駅舎

道案内の看板

駅横からの風景

開設は昭和62(1987)年4月1日としているが、それ以前から信号場としての歴史をもつ。信号場当時の建物は改築されて、現在の駅舎はカラー鉄板張りの外壁となっている。

国道側からは利用できない駅であるが、もっとも、国道側に人家はないので、あまり関係ない。

小高くなったトウキビ畑の崖《がけ》下に線路が走っていて、駅はその反対側にある。ホームは駅舎から階段で下った所にあるため、線路敷はちょうどV字形の谷底になっている。

〈駒ケ岳廻り〉の路線はこの姫川駅で終了する。次からは再度「大沼」駅に戻って〈砂原廻り〉の「池田園」駅から記述する。

ミニガイド　この駅で下車しても、相当迂回しないと国道側には出られない。

池《いけ》田《だ》園《えん》駅〈砂原廻り〉 WC

亀田郡七飯町軍川

大沼駅 —3.4km— 池田園駅 —2.2km— 流山温泉駅

環境は最高の場所にある池田園駅舎

「大沼」駅の項で紹介したように、太平洋戦争末期に開設された駅である。割合規模が大きい駅舎は改築されており、外壁はサイディング張りで、緩勾配《かんこうばい》の屋根をもつ。昭和46(1971)年10月から無人駅となっている。

大沼駅からここ池田園駅方面に路線が分岐している場所は、大沼と小沼が最も接近している場所であり、その大沼のほとりにはカモや白鳥がたくさん集まっている(下の写真)。大沼湖畔に一周道路があるが、大沼公園から池田園先までの区間は旧「大沼電気鉄道」路線跡である。

ここからは〈砂原廻り〉のルートで、噴火湾(内浦湾)と駒ケ岳を左右に見ての旅になる。

大沼にいた白鳥やカモ

ミニガイド 大沼公園YHがある。大沼湖畔一周道路はサイクリングに適しているが、車に注意が必要。

流《ながれ》山《やま》温《おん》泉《せん》駅〈砂原廻り〉 WC

亀田郡七飯町東大沼

池田園駅 —2.2km— 流山温泉駅 —1.2km— 銚子口駅

新幹線が置いてある流山温泉駅

「流山温泉」のために設けられた駅で、JR北海道では最も開設が新しい。ホームだけの駅に、スロープや誘導ブロックが設置されている。東北新幹線200系の車両が3両連結で展示設置されているので、初めて見たときは疑問に思う。トイレは別棟で、温泉の駐車場横にあるが、施錠されていて取材できなかった。

JR直営の流山温泉は彫刻家の流政之氏が監修した温泉で、氏の制作した彫刻を展示した彫刻公園もある。駅前の少し離れた位置に、屋根の上が鳥の巣を思わせる温泉の建物がある。施設全体が自然体験施設でダチョウの放し飼いをしている。「クロフォード・イン大沼」に宿泊して、この温泉を利用する送迎バスもある。

駅前の流山温泉施設

ミニガイド JR北海道の流山温泉がある。その他、パークゴルフ場なども。

銚子口駅《ちょうしぐち》〈砂原廻り〉

WC

亀田郡七飯町東大沼

流山温泉駅 ― 1.2km ― 銚子口駅 ― 7.8km ― 鹿部駅

倉庫ほどの軒高がある銚子口駅舎

楽しい舎内

この〈砂原廻り〉の各駅は、終戦末期に作られた路線であり、昭和20(1945)年の1～6月にかけて開設されたものが数多く見受けられる。

この駅舎は、建物の規模に比べ、軒の高さが高い建物になっている。先代駅舎では窓口業務も行われ、比較的規模も大きかったらしいが、今の建物は、駅名が書かれていないと外観からは駅舎とはわからないかもしれない。外壁は、最近駅舎でもよく利用されるサイディング張りだ。

舎内には東大沼小学校の児童たちが描いた絵画や習字が展示されていた。

駅前には民家が並んでいる。

ミニガイド　東大沼温泉、大沼高原教会がある。

鹿部駅《しかべ》〈砂原廻り〉

S　WC

茅部郡鹿部町本別

銚子口駅 ― 7.8km ― 鹿部駅 ― 5.4km ― 渡島沼尻駅

SL大沼号が停車する鹿部駅舎

ホームに停車中のC11大沼号

待合所

間歇泉《かんけつせん》で有名な鹿部町にある駅は、周囲に別荘が多く建ち並んでいる。駅舎の規模も大きいが、平成17年4月から無人駅となった。

舎内には、たくさんの手造り品が壁面に飾られている。待合のイスにも手造りのカバーがかけられていた。「すていしょんぶっくす」という図書コーナーも設置されていて、退屈しないスペースである。改札口は歴史を感じさせる造りが残る。外壁のメンテナンスも終了した。

最近は、「C11大沼号」が春に停車する駅となっている。

「鹿部」駅は開設当時の名称だが、昭和24(1949)年2月に「鷹待《たかまち》」になり、昭和31(1956)年12月に現在の名称に戻った。

ミニガイド　鹿部温泉と間歇泉がある。大沼号の停車駅となっている(期間注意、要確認)。

渡《お》島《しま》沼《ぬま》尻《じり》駅〈砂原廻り〉 WC

茅部郡森町砂原東4丁目

鹿部駅 —5.4km— 渡島沼尻駅 —5.3km— 渡島砂原駅

駒ケ岳山麓にある渡島沼尻駅舎

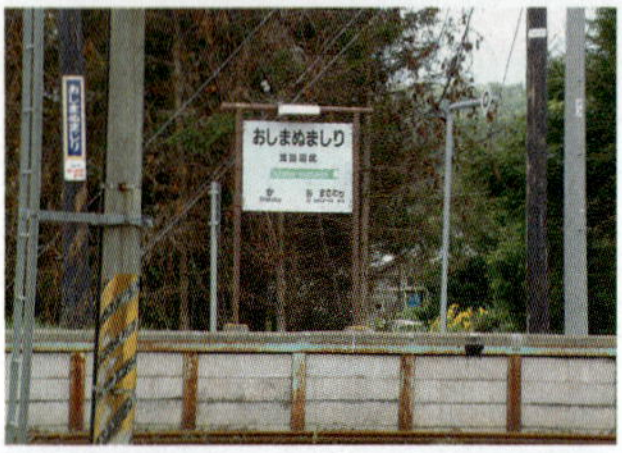

ホームと駅名標

渡島沼尻駅の開設は昭和20(1945)年6月1日。他の〈終戦間際組〉の駅と同じであるが、じつは当初は「信号場」として設置されている。一般営業の「駅」としては、昭和62(1987)年4月1日から。

駅舎は相当劣化している。これでもトイレはあるが、外壁にバットレス(つっかい棒)が施されているこの建物は、もしかしたら、昭和20年の開設当初からのものだろうか。当時の駅舎は切妻屋根の建物が交差した形であったらしいが、直行する部分は解体され、小さくなったそうである。バットレスは後から設けられたものであろう。

周囲に展開しているのは、林と農耕地帯で、少ないながら民家も点在していた。

ミニガイド このあたりは、駒ケ岳山麓風景が続いている。開拓会館がある。

渡《お》島《しま》砂《さ》原《わら》駅〈砂原廻り〉 WC

茅部郡森町砂原4丁目

渡島沼尻駅 —5.3km— 渡島砂原駅 —3.7km— 掛澗駅

中学生が植えた花壇がある渡島砂原駅舎

駅名標

駅前風景(噴火湾を望む)

国鉄による買収前は、「渡島海岸鉄道」の「砂原」駅だった(昭和2年から「森」－「砂原」間を渡島海岸鉄道の蒸気機関車が走り、沿線の水産業に貢献していたが、昭和20＝1945年1月に国鉄に譲渡・廃線化)。鹿部駅と同じく、駅舎はこの地区に多い形状で、当時からの原型をとどめた建物である。無人化したのは古く、昭和59(1984)年11月から。駅舎ホーム側には、「砂原観光協会」によって「駒ケ岳エキスプレス」と名づけた無料レンタサイクルも設置されている。ホームには地元の中学校生徒によって花壇が整備され、綺《き》麗《れい》な花が咲き乱れていた。鹿部駅と同じく、個性的な駅名標がホームに設置されている。

ミニガイド 砂原支所、南部藩陣屋跡、郷土館、ハマナスグリーンパークがある。

掛澗《かかりま》駅〈砂原廻り〉

WC

茅部郡森町砂原西3丁目

渡島砂原駅 ― 3.7km ― 掛澗駅 ― 2.9km ― 尾白内駅

渡島海岸鉄道からの駅　掛澗駅舎

国道沿いに植えられている花

ここも「渡島海岸鉄道」時代からあった駅で、開設は昭和2(1927)年といったほうがいいかもしれない。難読駅名のひとつにあげられる無人駅である。無人化されたのは昭和46(1971)年と、古い。

国道沿いにあるサイディング張りの駅舎は、小ぢんまりとした建物で、改築されたものである。線路の横断は、跨線《こせん》橋《きょう》方式になっている。

駅舎内にはトイレがないが、別棟にある。国道沿いの街路樹には、綺麗《きれい》な花がビッシリと植えられて、通る人の目を楽しませる。

ミニガイド 内浦湾に面する掛澗漁港がある。駅前には掛澗郵便局がある。内浦湾を一望できる砂原温泉もある。

尾白内《おしろない》駅〈砂原廻り〉

茅部郡森町尾白内町

掛澗駅 ― 2.9km ― 尾白内駅 ― 1.6km ― 東森駅

コンテナ車改造の尾白内駅舎

駅名標と「安全の像」台座

昭和2年に開通した「渡島海岸鉄道」が走っていたが、昭和20(1945)年1月に輸送強化策により国有化され、尾白内駅から森駅まで線路もそのまま使用された。したがって、開設年は昭和2年といったほうがいいのかもしれない。

「鹿部」駅と同形種の先代の駅舎は、規模も大きかったようだ。その基礎上に建つ現在のリサイクル駅舎は、他のリサイクル車両の駅舎と少々異なり、コンテナ車に窓をつけたものである。窓上のアクセントや塗装で工夫して、個性的な駅舎にしている。中にトイレらしい部屋はあったが、閉鎖されている。ホームにはかつて「安全の像」が設置されていたようであるが、今は台座だけになっていた。

ミニガイド 駒ケ岳山麓を迂回《うかい》する、砂原ルートも終わりに近づいてくる。尾白内郵便局がある。

東《ひがし》森《もり》駅〈砂原廻り〉

茅部郡森町港町

尾白内駅 —1.6km— 東森駅 —1.8km— 森駅

建物の形状が印象的な東森駅舎

東森駅前

やはり昭和2年開設といったほうが正解かもしれない「渡島海岸鉄道」時代からあった駅である。

建物の正面外観はほぼ三角形。こういった個性的な駅舎がたくさんあると、旅も楽しく感じるし、次の駅舎はどんな建物なのか興味もわいてくる。古い駅舎を修理しながら使用することも、これからは重要な意味をもつが、地域のシンボルとなる個性ある駅舎を建てることもまた、必要なのかもしれない。住宅街の中に位置するが、「駒ケ岳」の駅舎ともに「山」のイメージである。舎内にはトイレがあったようだが、現在は閉鎖されている。この駅を過ぎると、次の「森」駅で〈駒ケ岳廻り〉のルートと合流する。

ミニガイド　森漁港がある。森町の市街地である。森港郵便局、森町漁村センターがある。

森《もり》駅

S　WC　Ki

茅部郡森町本町

姫川駅 —1.8km— 森駅 —2.7km— 桂川駅
東森駅 —1.8km—

森といえば「いかめし」　森駅舎

窓口・改札口

森町の中心街に位置する。かつて、ここから「砂原」駅まで「渡島海岸鉄道」が走っていた。

昭和20(1945)年1月にはJRの〈砂原廻り〉のルートが開通、噴火湾を展望しながらの旅の起点駅となった。〈駒ケ岳廻り〉のルートでも、この駅から噴火湾を展望できる。しかし森駅といえば、なんといっても「いかめし」。KIOSK、車内販売、夏場は構内での立ち売りも。

舎内には宅配ピザ店が入店している。保線事務所もある。券売機横にはグリーンBOXや視覚障害者用の運賃表も設置されていた。

※「森」の地名はアイヌ語の「オ、ニ、ウシ」(樹木の茂った所)に由来し、のちに和人が「森」というようになり、それを駅名にしたものである。(「駅名の起源」より)

ミニガイド　著者としては、いかめし弁当を一番に挙げる。森町役場、オニウシ公園、紅葉が綺麗な鳥崎渓谷、道南方面での桜の名所・青葉ヶ丘公園があり、「森町桜まつり」が春に開催される。

桂《かつら》川《がわ》駅

茅部郡森町鷲ノ木町

森駅 ― 2.7km ― 桂川駅 ― 3.9km ― 石谷駅

榎本軍上陸地点を見下ろす桂川駅舎

榎本軍の上陸地点を示す標柱

遠くに駒ケ岳が見える

国道5号沿いの築堤上に、桂川駅がある。階段を上ると、ホームに小さな待合所が設置されている。階段の右側にあるプレハブの建物は隣家で、階段との間に「危険」の看板がありドキッとする。

この駅は築堤上であり、後ろは崖《がけ》なので跨線橋《こせんきょう》ではなく横断歩道式としている。以前は崖上に木造駅舎があったが、名残はない。桂川駅は信号場だったが、昭和62(1985)年から一般営業を開始した。鷲の木の海岸がよく見えるが、ここはかつて榎本武揚《えのもとたけあき》の旧幕府軍の残党が、明治元(1868)年10月に上陸した場所として知られている。駅近くの郷土資料館には、榎本軍の残した資料などが展示されている。

ミニガイド 霊鷲院には箱館脱走人名簿が保存されている。鷲の木資料館、鷲の木郵便局がある。

石《いし》谷《や》駅

WC

茅部郡森町本茅部町

桂川駅 ― 3.9km ― 石谷駅 ― 3.9km ― 本石倉駅

規模は大きいが無人駅の石谷駅舎

道指定有形文化財
駅横にある鯡供養塔

国道5号沿いに駅はある。学校の校舎の小型版といった雰囲気の駅舎は、外壁がカラー鉄板張りで、規模的には、以前窓口営業がなされていたと思われる。

昭和5(1930)年3月20日に開設したときは信号場で、「石谷駅」として一般営業を開始したのは昭和21(1946)年4月1日だった。駅舎は往時と変わらない姿を残している。駅前には茅部漁港が広がり、駅横には「鯡《にしん》供養塔」が説明文とともに設置されている。

複線の横断形式は、警鐘と遮断機つきの横断歩道形式だった。山が迫ってきているため、このあたりの駅では、この形式が多いようだ。

※「石谷」は、両側の隣集落、石倉の「石」と蛯谷の「谷」を合わせて駅名としたもの。(「駅名の起源」より)

ミニガイド この駅を過ぎると崖が海岸まで迫っていて、線路と国道がお互いに上下しながら延びている。

本《ほん》石《いし》倉《くら》駅

茅部郡森町石倉町

石谷駅 —3.9km— 本石倉駅 —2.1km— 石倉駅

ホームに小さい待合所がある本石倉駅舎

駅前にある石倉漁港

カラー鉄板張り、待合所のみの小さな駅舎が、国道5号から少し山側を上がった擁壁《ようへき》(土止めの囲い壁)の中段にある。石谷駅と標高は同じで、鬱蒼《うっそう》と茂った山麓がプレコン製のデッキ式ホーム近くまで迫り、そのホーム上に駅舎がある。

昭和19(1944)年9月に信号場として設置され、その後昭和48(1973)年12月に仮乗降場として昇格。さらに昭和62(1985)年3月の国鉄民営化でJR北海道になった時点で「駅」に昇格と、一つずつステップを踏んできた駅だ。

ホームから見渡すと、石倉漁港の街並みと国道沿いに軒を並べる民家が眼下に。駅の後方側には石倉郵便局があって、架道橋をくぐって行くことができる。

ミニガイド　濁川温泉の入り口である。石倉漁港がある。

石《いし》倉《くら》駅

茅部郡森町石倉町

本石倉駅 —2.1km— 石倉駅 —4.0km— 落部駅

駅銘板が可愛い石倉駅舎

駅前から駒ケ岳を望む

この駅の位置は、いままでの築堤上にある駅から一転して海岸寄りの平坦地にある。開設は明治36(1903)年で、函館本線がこの区間の開通当初からある駅だ。先代の駅舎は規模が大きかったようで、窓口業務も行われていたそうであるが、今はその面影が全くなくなっている。トイレはかつて使用できたのだろうけれど、現在は閉鎖されている。サイディング張りの外壁は、イタズラのためか、破られていた。舎内の天井も同様だった。駅は地域の玄関であることを考えてほしい。自宅の玄関に自分でイタズラはしないのと同じだ。

※付近一帯に石地が多いために、「石倉」と名づけられたと伝えられている。『蝦夷紀行』に「ヤウルクテキナイ」とあるが、意味は定かでない。(「駅名の起源」より)

ミニガイド　石倉駅を過ぎると、国道5号と函館本線は互いに交差を繰り返しながら八雲駅に向かう。

落《おとし》部《べ》駅

WC

二海郡八雲町落部

石倉駅 ― 4.0km ― 落部駅 ― 5.3km ― 野田生駅

落ち着いた雰囲気を持つ落部駅舎

イチイのある落部駅前

規模が大きい落部駅は、窓口営業を行っている(午後2時までなので営業時間に注意が必要)。駅舎は改築されているが、古い外観を保持している。外壁はサイディング張りながら、配色、開口部の配置ともに落ち着いた感じである。

ホームはアスファルト舗装されている。複線の横断は、やはり遮断機つきの横断歩道形式が採用されている。

開設は明治44(1911)年だから、函館本線のこの区間としては少し後発である。

落部漁港があり、利用者も多い。駅前はロータリー形式で、中央にオンコ(イチイ)の樹が植えられている。

※「落部」の名は、アイヌ語の「オ、テシ、ペツ」(簗《やな》を張る川)から出たもの。昔この付近はアイヌの鮭漁地であったため、盛んに簗や網代《あじろ》を使ったことによるという。(「駅名の起源」より)

ミニガイド 下の湯、上の湯、銀婚湯温泉がある(道道67号沿い)。

野《の》田《だ》生《おい》駅

二海郡八雲町野田生

落部駅 ― 5.3km ― 野田生駅 ― 4.6km ― 山越駅

駅銘板に特徴がある野田生駅舎

野田生駅前

野田生駅は開設当初「野田追」であったが、昭和34(1959)年10月に現在のものに改称した。平成12年6月ごろからイタズラにより、外壁や舎内の天井が破壊され、平成13年6月に修繕された。「石倉」駅と「落部」駅も同じような被害を受けていたが、〈物を故意に壊す行為は、自己主張をするための幼児的感覚である〉と、だれかもいっていた。壊した張本人も利用しているわけで、結局、自分たちのための施設を壊したことになるだろうに。

改築されて、小ぢんまりとなった。駅前通りには民家や商店が並んでいて、駐在所もある。

※「野田生」の語源はアイヌ語の「ノッ卜、アォ、イ」で、「岬を有する所」の意味であるが、「ヌプ、タイ」(野にある林)の説もある。(「駅名の起源」より)

ミニガイド 桜野温泉、野田生郵便局がある。

山越駅《やま こし》

WC

二海郡八雲町山越

野田生駅 —4.6km— 山越駅 —5.1km— 八雲駅

山越駅舎は関所の超個性派

駅前にある由来書

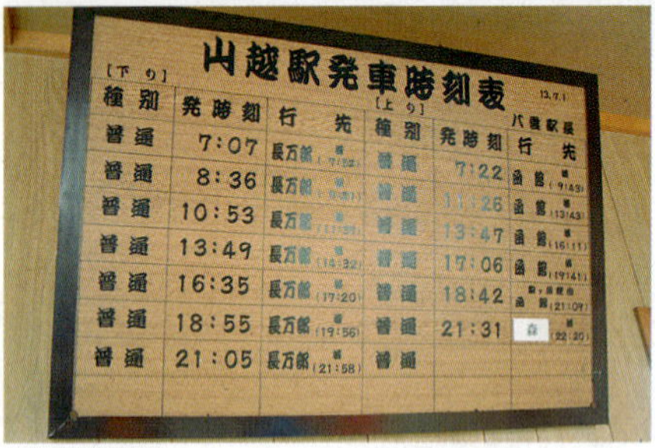

時刻表も個性派

舎内の模型と絵図面

旧庄屋屋敷の門でなければ関所？

いや、この超個性的・魅力的な建物は、れっきとした駅舎なのである。開設当時の名称は、「山越内」停車場であった（明治37＝1904年に現在名に改称）。

駅前に立つ由来書によると、「〈前略〉警備上重要な地となったため享和元（1801）年、亀田（函館市）にあった関門をこの地に移転させ設置したもので日本最北の関所であった」という文面どおりで、その「山越内関所」のあった場所は、ここから国道沿い函館方面に150m、諏訪神社鳥居のある一帯らしい。

駅舎内に関所の平面絵図面と模型が設置されているが、これらを参考に復元したのだろう。木製板張りの内装とともに、壁の時刻表も木版に勘亭流《かんていりゅう》の文字で筆書き、料金表も同様と、時代色を演出している。

この周辺ではバス停の待合所までが時代合わせに徹底しているので、駅前バス停は下の写真のとおりだし、駅横トイレ棟の出入口には「厠《かわや》」の表示。ついでに内外装も木製板張りにすればより雰囲気が出るのでは？

自己主張の強い駅舎は夜間もライトアップされ、国道から人目を引いている。

※「山越」の由来は、ここがもと「山越内」といったことから。アイヌ語の「ヤム、ウシ、ナイ」（栗の多い沢の意）で、昔この付近に栗の林があったことによる。（「駅名の起源」より）

駅前のバス停

ミニガイド 山越内関所跡、浜松温泉、八雲町乳牛育成牧場展望台がある。丘の上のレストラン「ハーベスター八雲」、噴火湾パノラマパークがある。

八《や》雲《くも》駅

二海郡八雲町本町

山越駅　5.1km　八雲駅　4.1km　鷲ノ巣駅

乗降客の居住範囲が広い八雲駅舎

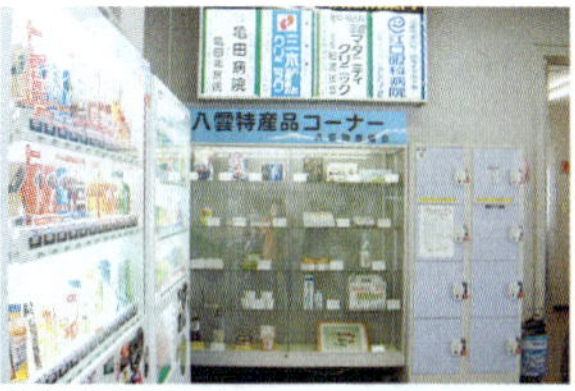

特産品展示コーナー

窓口・改札口(平成13年)

八雲駅前

平成の大合併は、渡島支庁に「二海郡《ふたみ》」という新設郡を生んだ。日本海に面する旧熊石町と内浦湾に面する旧八雲町という、支庁も郡も異なる町が統合され、日本の行政区画で唯一《ゆいいつ》、一つの町が二つの海に面することになったからである。

街の中心地に位置する規模の大きな駅は平屋建てで、意匠《いしょう》のためか緩やかな勾配《こうばい》屋根をもつ。

広い舎内の待合所の一角には、「八雲町特産品コーナー」がある。

改札口やホームには誘導ブロックがあり、券売機横にはグリーンBOXや視覚障害者用の運賃表が備えられている。

広く確保された駅前にはパーク＆トレインの駐車スペースがあり、駅横の町営駐車場もある。商店・宿泊施設が多く、待機するタクシーも多い。

乗降客の多さがわかるが、これは、八雲町がスポーツ合宿の街であることと無関係ではあるまい。運動公園や無料のスポーツ施設などが充実しており、実業団からスポーツ少年団まで、夏合宿が盛んに行われているようである(問い合わせは八雲町総合体育館へ)。

北海道新幹線の新駅「新八雲」駅は、ここから少し離れた山側に設置される予定になっている。

※「八雲」の由来は、ここは明治11(1878)年、旧尾張藩主・徳川慶勝が旧臣を移住させて開拓した所で、もとはユウ、ラッ、ペッ(温泉が流れる川)と呼んでいたが、慶勝が「八雲立つ出雲八重垣つまごみに八重垣つくるその八重垣を」の古歌の意をとって新開拓地を八雲としたものであるといい、町名に八重垣町、出雲町等がある。(「駅名の起源」より)

※北海道を代表する土産品の「熊の一刀彫」は、徳川慶勝が伝えたとの説はよく知られているが、ここ八雲町はその発祥の地といわれている。

ミニガイド　八雲町役場、施設の整った運動公園、郷土資料館、八雲焼窯跡がある。北海道三大あんどん祭りの八雲神社例大祭が6月20日から22日まで開催される。

鷲《わし》ノ《の》巣《す》駅

WC

二海郡八雲町花浦

八雲駅 ―4.1km― 鷲ノ巣駅 ―4.1km― 山崎駅

2度信号場になった鷲ノ巣駅

ホーム

木造で外壁がカラー鉄板張りの待合所。開設時に建てられた駅舎として、状態はよい部類であろう。駅の雰囲気は「北豊津」駅に似ている。複線の横断方法は、警鐘と遮断機付きの横断歩道形式で、ホームはアスファルト舗装になっていた。

この駅も、一つずつステップを踏んで駅になった経歴がある。信号場として開設したのは昭和19(1944)年9月で、その後の昭和24(1949)年8月に仮乗降場となった。しかし、昭和37(1962)年9月には再び信号場に格下げされたが、一般旅客を扱っている。年を経た昭和62(1987)年4月、JR北海道となったときに駅に昇格している。

駅近辺には民家はないが、少し離れると住宅街がある。

ミニガイド　鷲ノ巣駅から長万部駅に向かい、噴火湾の緩やかなカーブに沿って国道5号と並走する。

山《やま》崎《さき》駅

WC

二海郡八雲町山崎

鷲ノ巣駅 ―4.1km― 山崎駅 ―5.6km― 黒岩駅

噴火湾の向こうに駒ケ岳が見える山崎駅舎

ホームから駒ケ岳を望む

噴火湾が眼前に見える山崎駅の開設は明治37(1904)年、「本郷」駅から「長万部」駅区間の開通後まもなくできた駅である。改築されているが、先代駅舎の名残があるという。駅舎は窓が多く、噴火湾を見渡すには絶好の造りだ。また、晴れた日には遠くに駒ケ岳を望むこともできる。

駅舎の屋根には「風力計」が設置されている。駅前は広いスペースがあり、植え込みには植樹が綺《き》麗《れい》に手入れされていた。山崎駅には保線管理室が設置されている。駅横にはログハウスでできたレストランがある。

※この付近の国道に沿う山麓は岬に似ているので、付近の住民がこれを「山崎」と呼びならわしていたため、駅名もそれを採ったのである。(「駅名の起源」より)

ミニガイド　長万部駅までは、噴火湾を望める海側の席が絶対お勧めだ(晴れていれば、のことだけれど)。

黒《くろ》岩《いわ》駅

WC

二海郡八雲町黒岩

山崎駅 ― 5.6km ― 黒岩駅 ― 3.3km ― 北豊津駅

立派なオンコの樹は駅の歴史　黒岩駅舎

黒岩駅前

明治36(1903)年、函館本線が「本郷」駅－「長万部」駅間に開通して以来の歴史をもつ。

改築されて先代駅舎の面影は全くなくなったらしいが、現在の駅舎は外壁にサイディングボードが張られ、住宅風のサッパリとした建物となっている。駅前には大きなオンコ(イチイ)の樹が植えられているが、改築以前からあるそうだ。

駅横にあるパークゴルフ場の駅側に立派なトイレがあって、そこを利用できる。

国道を渡ると黒岩郵便局もあり、街の中心地である。

※「黒岩」の名は、アイヌ語の「クンネ、シュマ」(黒い岩)から出ているもので、現に駅付近の海岸に柱状節理の黒灰色の岩礁が海上に突出しているのがそれである。(「駅名の起源」より)

ミニガイド　地名の由来となった「黒岩奇岩」を見るには、この駅で下車。

北《きた》豊《とよ》津《つ》駅

WC

山越郡長万部町豊津

黒岩駅 ― 3.3km ― 北豊津駅 ― 4.6km ― 国縫駅

築堤下にある北豊津駅舎

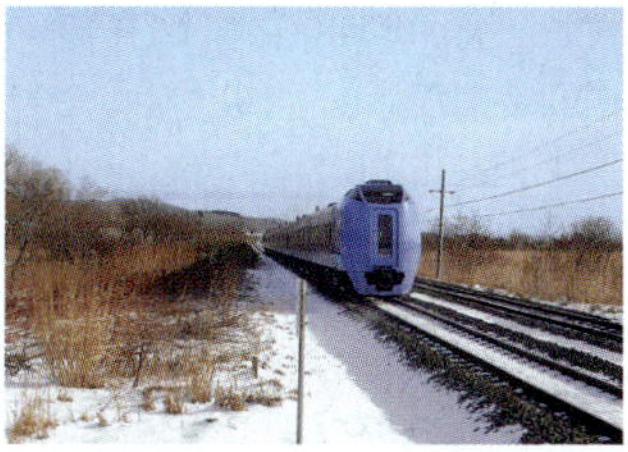

ホームからの風景

「鷲ノ巣」駅と開設を同じくする駅である。

駅舎は一部解体されており、現在は残り部分のみを使用している。保線員用の休憩所が駅舎の大部分を占め、待合所はその一角であるといった感じだ。もっとも、解体された部分が元の待合所だったらしい。その部分の土間のコンクリートが駅横に残されている。

築堤上の線路と駅舎が建つ地盤が、なんとなく中途半端な位置関係にある。

トイレは舎内にはないが、別棟に設置されている。駅周辺には民家が数件あるのみで、あとは原野や雑木林が広がっているけれど、駅にオートバイや車が駐車しているのは利用客であろう。

ミニガイド　黒岩駅からは国道5号と場所が入れ替わり、山側の線路となり長万部駅まで続く。

国縫《くんぬい》駅

WC

山越郡長万部町国縫

北豊津駅 ― 4.6km ― **国縫駅** ― 4.9km ― 中ノ沢駅

瀬棚線の名残がある国縫駅舎

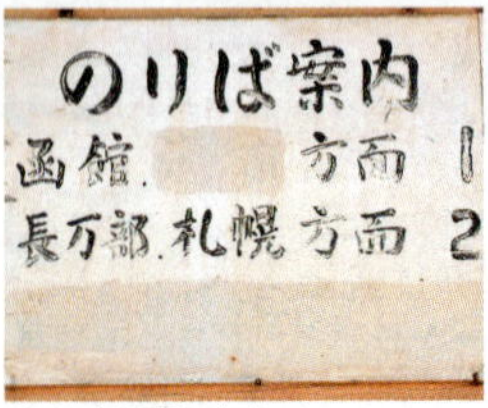

消された瀬棚の文字

国縫駅前

この駅は、昭和7(1932)年11月から62(1987)年3月まで、「瀬棚《せたな》線」の起点駅であった。日本海側の「瀬棚」駅から、ここ国縫駅までの間を列車が走っていたのである。無人の「停留場」としては規模が大きいのは、その当時の名残だ。

窓口業務していた事務所も、今では閉鎖されている。ホームには瀬棚線当時のことを物語る「のりば案内」(写真)があり、「函館」の文字の次がペンキで塗り潰されている。かつては、1番ホームに瀬棚線の発着場があったのだろう。

※駅名の由来は、アイヌ語の「クンネ、ナイ」(暗い沢)に「国縫」の字を当てはめたもの。(「駅名の起源」より)

ミニガイド　国縫漁港、国縫海浜公園、ピリカ温泉、美利河ダムサイド運動公園がある。

中《なか》ノ《の》沢《さわ》駅

山越郡長万部町中の沢

国縫駅 ― 4.9km ― **中ノ沢駅** ― 4.6km ― 長万部駅

海中の絵が描かれている中ノ沢駅舎

中ノ沢駅前

やはり開設が古く、大正3(1914)年までは「紋別」といっていた駅である。

改築前の先代駅舎は木造だった。規模が大きく窓口業務も行われていたようだが、改築後は、函館本線には珍しいリサイクル車両の駅舎になった。宗谷本線などにはよく見かけるが、函館本線では「尾白内」駅のコンテナ車のリサイクル利用に続いて2駅目だ。

駅舎の外壁には海棲動植物の絵が描かれていて、楽しい雰囲気になっている。

駅前には民宿があり、また少ないけれども民家も点在していた。

※元「紋別」といっていたが、同じ土地が他にも多いので、南に和瀬川、北に紋別川があり、駅がその中間の沢の所であるから、大正3年10月に「中の沢」と改名したものである。(「駅名の起源」より)

ミニガイド　中ノ沢駅を過ぎると、函館本線「海線」の最終地である長万部駅に到着する。

長《おしゃ》万《まん》部《べ》駅

S WC Ki P

山越郡長万部町長万部

中ノ沢駅 —4.6km— 長万部駅（起点駅） —8.6km— 二股駅
（室蘭本線） 10.6km静狩駅

「かにめし」が食べたくなる長万部の駅舎

長万部駅前

窓口（平成13年）

跨線橋内部

「かにめし」の有名な駅である。森駅の「いかめし」とのどちらを食べる（食べられる）かは、到着時間しだいだ。

商店が多く建ち並ぶ長万部町の中心地に位置し、駅舎出入口の屋根は、落雪防止用の合掌《がっしょう》型。もと入居していたスーパーマーケット（現在閉鎖中）の屋根と対をなす、2個の合掌がある。外壁は塗り替えられた。

舎内の券売機横にはグリーンBOXや視覚障害者用の運賃表が備えられている。誘導ブロックも設けられている。

函館本線には〈山線〉と〈海線〉の別があるが、噴火湾（内浦湾）を展望して走る〈海線〉と、山間を走る〈山線〉とを指す。

「長万部」駅で「室蘭本線」となる〈海線〉と分かれた〈山線〉は、「余市」駅まで山間を走る。余市駅からは日本海側の石狩湾沿いに「銭函」駅まで走り、札幌市街を抜け石狩平野を縦断して、またもや「旭川」駅まで山間を走ることになる。この山線部分の長万部－札幌間は、同じ函館本線の幹線駅でありながら、ローカル線の様相となっている。

長万部駅は室蘭本線の起点駅でもあって、函館本線は主要路線のひとつであるが、ここから先の幹線としての主役は、室蘭本線と「千歳線」が取って代わるのである。

昭和62（1987）年までは、ここから「国縫」駅までの「瀬棚線」が接続されていた。そして今、北海道新幹線の新駅が設置される長万部は、在来線のこの駅が使用される予定になっている。駅舎も改築されるのだろうか？

※「長万部」はアイヌ語の「オ、シャマン、ペ」（鰈《かれい》のいる所）から出たもので、昔、長万部川の落口付近が鰈の豊富な漁場であったため、この名があるという。他説もある。（「駅名の起源」より）

ミニガイド 長万部町役場、南部藩陣屋跡、郷土資料室、植木蒼悦記念館、平和祈念館がある。キャンプ場の長万部公園や長万部温泉もある。

二《ふた》股《また》駅

山越郡長万部町双葉

長万部駅 ― 8.6km ― 二股駅 ― 6.0km ― 蕨岱駅

出入り口に特徴がある二股駅舎

駅横の双葉振興会館

函館本線では3駅目のリサイクル車両の駅舎である。出入口は正面中央（列車でいえば側面）にアーチ形状をつけている。塗装はかなり劣化し、錆《さび》が浮いていた。設置当時は個性があってけっこう綺《き》麗《れい》な駅舎だったと思われる。開設が明治36（1903）年だから、この区間の開通当初からの駅で、リサイクル駅舎になるまで、何代の駅舎を経ているのだろうか？以前は乗降客がけっこういたらしいが、今は閑散としている。長万部駅からは8km程度で、もはや海岸の雰囲気は全くなく、小高い山々が両側に展開している。

※「二股」は、アイヌ語の「ト、ペッ、オマ、イ」（二つの川がある所）をとったもので、長万部川とチライ川が合流し二股をなしている点をさしたものである。（「駅名の起源」より）

ミニガイド　腰痛に効くことで知られた二股ラジウム温泉があり、世界に二つしかない石灰華ドームがある。

蕨《わらび》岱《たい》駅

山越郡長万部町蕨岱

二股駅 ― 6.0km ― 蕨岱駅 ― 5.4km ― 黒松内駅

独特のデザインが描かれている蕨岱駅舎

蕨岱駅前

二股駅と同じリサイクル車両の駅舎であるが、「宗谷本線」などでよく見かける形態とほぼ同じだ。ここにきて、果然、リサイクル駅舎が増えてきた。この駅も開設は古く、当然何度か改築されて現在の駅舎になったのだろう。乗降客が少ないのだろうか？　周辺に民家はあまり見かけなかった。地域的に密度が低いのだろう。駅前には朱色も鮮やかな神社の鳥居があり、小高い山々が両側に展開している。難読駅名に入るか、微妙なところである。埼玉県の「蕨《わらび》」市もあるから、書くほうが難しい駅の一つだろうか。

※「蕨岱」は、アイヌ語の「ワルンピ、フル」（わらびのある小山）の変化したもので、昔はこの付近一帯に蕨が繁茂していたことによる。（「駅名の起源」より）

ミニガイド　路線はここから国道5号と分かれて、いったん黒松内市街地に向かう。熱郛駅で再度合流する。

黒《くろ》松《まつ》内《ない》駅

S　WC

寿都郡黒松内町黒松内

蕨岱駅 —— 5.4km —— 黒松内駅 —— 8.1km —— 熱郛駅

形状に特徴のある黒松内駅舎

ホームに展示されているブナの木

舎内(平成13年)

待合所

黒松内町市街中心地に位置する駅である。改築前の先代のときから駅舎の規模の大きさは変わらないが、平成19年4月1日から無人駅となった。利用者がそれだけ減ったことを意味している。駅舎は個性的なデザインをしていて、規模も大きく広い駅前を持っていることもあって、無人駅にしておくにはもったいない気もする。

このあたりに自生繁茂するブナは、温帯林として、わが国北限であるため、以前はブナ林の絵と「ブナ北限の里」と刻された駅スタンプがあったのだけれど、無人駅となった現在の設置状況は不明である。

待合所の一角には「小上がり」も設置され、俳句の短冊も飾られている。文庫コーナーもある。また、ホームには「北限ブナの木」として、説明書きとともに展示がなされている。そういえば、黒松内町には最近販売された「ブナの雫《しずく》」という地酒があったように思う。

大正9(1920)年10月から昭和47(1972)年4月まで、ここ黒松内駅から「寿都」駅まで「寿都鉄道」が走っていた。廃線により、「中の川」「湯別」「樽岸」「寿都」の4駅も廃駅となった。現存するバス路線の寿都線に、その名残はなかった。

※「黒松内」の呼称は、アイヌ語の「クルマツ、ナイ」(日本人の女のいる所)から出たもの。昔、奥場所へ出稼ぎに行っている漁夫を慕って来た妻女らが、時化《しけ》に遭ってこの近くの海で難破し、止むなく滞留していた所である、と俗に伝えられている。(「駅名の起源」より)

黒松内駅前

ミニガイド　黒松内町役場、黒松内温泉、歌才自然の家、歌才ブナ自生北限地帯、ブナセンターがある。手作り加工センターもある。

熱《ねっ》郛《ぷ》駅

WC

寿都郡黒松内町白井川

黒松内駅 —— 8.1km —— 熱郛駅 —— 15.4km —— 目名駅

三角形の合掌が印象的な熱郛駅舎

舎内のショーケース

　出入口を覆う三角屋根がたいへん個性的な駅舎で、「熱郛ホール」という名称がついている。出入口の合掌《がっしょう》部分には明り採りの窓があり、待合所は自然光がたくさん入って明るい場になっている。木製板張りの内装に温かみを感じる。ガラスケースに人形が展示されているのは、趣味なのか地域の物産なのか不明。開設当初も「熱郛」駅だったが、明治37(1904)年に一時「歌棄《うたすつ》」となり、ほんの1年でまた「熱郛」に戻されている。いずれも難読駅名のひとつである。この駅と次の「目名」との間に「上目名」という駅があったが、昭和59(1984)年に廃駅となった。

※「熱郛」は、アイヌ語の「クンネ、ネップ、ベツ」(暗い漂木の集まっている川)から出たもので、その一部を採ったといい、他説もある。(「駅名の起源」より)

ミニガイド　熱郛駅から国道5号までは近く、黒松内の道の駅にも歩いて行ける。熱郛郵便局がある。

目《め》名《な》駅

WC

磯谷郡蘭越町目名町

熱郛駅 —— 15.4km —— 目名駅 —— 7.6km —— 蘭越駅

徹底したログハウスの目名駅舎

舎内(現在は禁煙)

天井の照明も山小屋風

　平成2年の改築時に徹底的に丸太組工法にこだわった建物で、駅舎としては珍しいものである。

　待合所にも丸太製のイスやテーブルが設置されているし、小屋組天井からブラ下がっている照明器具も山小屋風にされていて、これだけ首尾一貫して統一のとれた駅舎も少ないだろう。町民サロンとして使用されている。

　開設当初は「磯谷」駅だったが、明治38(1905)年12月に現在の名称になった。

　駅前は広く確保されていて、お祭り広場にも利用されていた。「目名郵便局」も駅前にある。

※「目名」は、アイヌ語の「メナ」(支流または細流)から出た言葉である。(「駅名の起源」より)

ミニガイド　道の駅「蘭越・ふるさとの丘」がある。

蘭越《らんこし》駅

WC

磯谷郡蘭越町蘭越町

目名駅 ― 7.6km ― 蘭越駅 ― 6.9km ― 昆布駅

旅館の送迎スタッフも来る蘭越駅舎

コミュニティプラザ

「小樽」－「蘭越」間で、秋の土・日・祝のみ「SLニセコ号」の運転が行われている。一日1本なので、取材時には見られなかった（運行時期と時間に注意）。

規模の大きい駅舎の大きな待合所は、委託業務の駅員さんの不在時には鍵がかけられている（日曜休業）。

周囲は整備されていて、近くの公園内に「花トイレ」なる綺麗《きれい》なトイレがあり、コミュニティプラザ花一会の立派な施設もあった。ニセコ温泉郷が近いので、温泉旅館の送迎が何組か、旗を持って出迎えていた。温泉地ならではの光景で、何かなつかしい思いがする。

※「蘭越」は、アイヌ語の「ランコ、ウシ」（桂の木の多い所）から変化したもので、昔桂の木の多かった地帯であることが知れる。（「駅名の起源」より）

ミニガイド 蘭越町役場、長屋農園、よしくに自然公園、ふれあいの郷とみおかがある。

昆布《こんぶ》駅

WC

磯谷郡蘭越町昆布町

蘭越駅 ― 6.9km ― 昆布駅 ― 9.3km ― ニセコ駅

レトロとモダンのコラボレーション　昆布駅舎

跨線橋と外灯

単線区間なのに、個性的な駅舎の横にガラスで覆われた近代的な跨線橋《こせんきょう》がある。これは、駅裏の町営施設「幽泉閣」の温泉に渡るためのもので、他にも駅からそう遠くない場所に温泉が点在している。駅横には観光案内所が設けられ、レトロな外灯も設置されていて、駅名標もついている。駅舎の出入口横に、以前は円筒形の赤いポストがあったが（写真は当時のもの）、撤去された。国道5号沿いの駅前には商店や民家が立ち並ぶ。

※「昆布」の名は、アイヌ語の「コンポ、ヌプリ」（小さなコブ山）から出たものである。昔、海嘯《かいしょう》（海水の逆流により、河口などに起こる高波）のとき昆布がこの付近にかかったなどという伝説があるが、それは昆布という字に無理につけた話であって、昔はコンポヌプリを混保岳と書いたものであり、海藻のコンブとは関係のないことはたしかである。（「駅名の起源」による。ただし昭和13年版においては別説で書かれている）

ミニガイド 昆布川、昆布、湯ノ里、湯本の各温泉があり、秘湯薬師温泉というのもある。

ニセコ駅

虻田郡ニセコ町中央通

昆布駅 ― 9.3km ― ニセコ駅 ― 7.0km ― 比羅夫駅

ロッジ風のニセコ駅舎

待合所

軽食喫茶「ヌプリ」店内、アンティークな店である

駅前の温泉「綺羅の湯」

「ニセコ積丹小樽海岸国定公園」の一角にあり、また「ニセコ国際スキー場」等多くのスキー場がニセコアンヌプリにある。列車利用のスキー客はこのニセコ駅で下車し、各スキー場に向かう。

駅舎は昭和40年に改築したロッジ風、中央にそびえる塔には時計やステンドグラス風のパネルが設置され、外壁の白壁や化《け》粧梁《しょうばり》、化粧柱も印象的な建物である。レトロ調の照明器具が格天井《ごうてんじょう》から吊り下げられている舎内は広く、待合所も改札口側とKIOSK側とに分かれている。舎内にある軽食喫茶の「ヌプリ」は面白い店で、テーブルに足踏みミシンが使われていたりする。ここのカレーライスとコーヒーの味は絶品。乗車券は窓口販売で、券売機の設置がない。

ホームには、北海道鉄道120年記念のモニュメントがある。「むかい鐘(Welcome Bell)」と名づけられているが、「むかい」は「迎い」で、昭和40(1965)年ごろまで列車到着の合図に鳴らし、親しまれていた鐘が基になっている。駅出入口やホームにはスキー用のラックが設置されている。スキーの街らしい風景である。駅前には「綺羅《きら》の湯《ゆ》」という温泉がある。

※ニセコ駅は開設当時「真狩」駅であったが、明治38年12月に「狩《かり》太《ぷと》」と改称し、昭和43年4月から「ニセコ」に改称した。

※「駅名の起源」では、ここはもと真狩別太原野といい、真狩村に属していたものであるが、明治34年の分村の際に、その中の「狩」と「太」を採って狩太と名づけたものである。「真狩別太」は、アイヌ語の「マッカリ、ペッ、プト」(山のうしろを廻る川の出口)を意味している。

ニセコ連峰風景

ミニガイド ニセコ町役場、東山・アンヌプリ・モイワの各スキー場や五色温泉、湯本温泉、ミルク工房、ラム工房、ニセコ東山乗馬園、ニセコアウトドアセンターがある。有島記念館、環状列石もある。

比《ひ》羅《ら》夫《ふ》駅

蛇田郡倶知安町比羅夫

ニセコ駅 ―― 7.0km ―― 比羅夫駅 ―― 6.7km ―― 倶知安駅

日本で唯一の駅舎民宿 比羅夫駅舎

民宿の看板

食事室兼事務室

サザエさんの漫画にでてくるコテージにそっくり

ドラマのロケ地にもなった駅舎である。昭和62(1987)年開業の比羅夫駅のユニークさは、特筆大書もの。現在は2代目というロッジ風の駅舎がそのまま「駅の宿ひらふ」という民宿になっている。コテージや、国鉄時代の宿直室(和室)でも宿泊できる(1泊2食付きで夏場¥5,000;冬場¥6,000、外の新コテージは¥6,000。要電話予約)。ホテル併設の駅はあっても、駅自体が民宿というのはここだけだろう。

また、ホームに木彫りのイスやテーブルが置いてあり、ニセコ山系を見ながらのバーベキューが楽しめるのもここだけ。入浴はランプの灯りの丸太風呂、夏は露天風呂に入れる。都会からの客や登山客が多く利用するという。

トイレと食事室は宿泊者専用だが、一応、一般用の待合所もあり、ここには平成15年から「しま太郎」という迷い猫がいる。民宿のご主人が面倒をみているが、だれにでも寄ってきて、特に膝の上が大好きなので、「しま太郎の毛取り除き」用ガムテープが用意されている。「釧網本線・北浜駅の故・ニャンタロ」のような駅長になれるか？　構内には「北海道鉄道120年記念植樹」があった。

※「比羅夫」の由来は、今から約1350年前、斉明天皇の御代に遡《さかのぼ》る。阿部比羅夫が180艘《そう》の水軍を率い、当時北海道に勢力を振るっていたミシハセの征伐に来て、後方羊蹄《しりべし》の付近に政庁を置いたという古事によって命名したものである。(「駅名の起源」より)

しま太郎

ミニガイド ニセコひらふ国際・ニセコ東山各スキー場がある。民宿からスキー場にも送迎してもらえる。比羅夫温泉、アウトドアの施設がある。羊蹄山の登山口も。

倶知安駅《くっちゃん》

S WC Ki

蛇田郡倶知安町北3条西4丁目

比羅夫駅 ― 6.7km ― 倶知安駅 ― 10.3km ― 小沢駅

羊蹄山の麓にある倶知安駅舎

駅に設置されているマスコット

窓口・改札口(平成13年)

待合所

倶知安町は羊蹄山(蝦夷富士)麓《ふもと》の商業・文化の中心地である。日本初の「スキー場の町」としても知られる北海道屈指の豪雪地帯は、冬になると、レジャー・観光客で賑《にぎ》わう。最近ではオーストラリアからのスキー客が増えた。

その市街地の中心を走る国道276号の突き当たりの左側に位置する倶知安駅は、大規模で近代的な駅舎をもつ(バス待合のシェル構造・屋根裏の鉄筋の剥《む》き出し状態には不安あり)。

待合所には古い駅舎の雰囲気が残され、その一角に特産品コーナーと「小上がり」も設けられている。券売機近くには視覚障害者用の運賃表やグリーンBOXも備えられている。

昭和61(1986)年11月に廃線となった「胆振線」(併せて19駅を廃止)の起点駅でもあったが、その到着ホームが残っている。

駅の後ろ側にある「旭ヶ丘スキー場」には、明治44(1911)年にこの町でスキーを始めたオーストリア人・レルヒ少佐の記念碑がある。また、冬は街の至る所に雪ダルマが作られる。多くの商店が展開する駅前にはホテルや旅館、駐車場もあり、タクシーの待機も多い。

北海道新幹線の駅が設置される予定にもなっている。

※「倶知安」はアイヌ語の「クチャ、アン、ナイ」(猟人の小舎のある沢)から出たもので、昔この地方は獲物が多く、猟小屋を設ける者がいたためにそう呼ばれたものだろう。(「駅名の起源」より)

駅前から望む羊蹄山

ミニガイド 後志支庁、倶知安町役場、風土館、小川原脩記念美術館、倶知安温泉、ワイス高原温泉、ワイス花園温泉、旭ヶ丘スキー場、ニセコワイススキー場がある。

小《こ》沢《ざわ》駅

WC

岩内郡共和町小沢

倶知安駅 ― 10.3km ― 小沢駅 ― 9.8km ― 銀山駅

SL撮影のベストポジション　小沢駅舎

古い跨線橋（倶知安側）

「岩内線」の起点駅だったが昭和60（1985）年6月に廃線となった（1番線がそのホームだったため、現在2・3番線を使用）。駅舎は昔の面影を残さずに改築されたが、駅横にかかる跨《こ》線《せん》橋《きょう》は古く、今にもSL機関車の汽笛と蒸気の音が聞こえそうだ。最近この跨線橋の銀山方向の壁が改修された。駅手前にある国道5号の陸橋は「SLニセコ号」の雄姿を撮影するのに絶好のポイントだというが、この外壁の張り替えがどう影響するか？　駅前のスペースは広く、商店では名物のトンネル餅《もち》を販売している。

※駅名の由来は、アイヌ語の「サック、ルベシベ」（夏越える道）を「夏小沢」と解し、安政3（1856）年「小沢」と名づけた。（「駅名の起源」より）

ミニガイド　ワイス温泉、幌似鉄道記念公園（旧幌似駅）が共和町役場の近くにある。

銀《ぎん》山《ざん》駅

WC

余市郡仁木町銀山2丁目

小沢駅 ― 9.8km ― 銀山駅 ― 10.7km ― 然別駅

丘の上に建つ銀山駅舎

銀山駅前

山々が鬱蒼《うっそう》と重なる稲穂峠の裾野《すその》、小高い丘の上にある駅は、「山間」の印象が濃い。明治38（1905）年の開設時には、銀鉱山に従事する人々が利用していたのだろう。先代駅舎は規模が大きかったらしいが、小ぢんまりした今の建物は、屋根に特徴がある。舎内には公衆電話が設置されている。

駅前は民家が点在する風景であるが、丘を下ると郵便局や商店もあって、この商店で乗車券の委託販売が行われている。列車の到着時間が近くなると、丘を登ってくる利用者が続く。

※「銀山」は、当駅付近にある「ルベシベ」鉱山から多くの銀鉱を採掘したのでそう名づけられたという。なお当駅の東の方20キロほどの轟《とどろき》鉱山からは、昭和初期まで多くの金銀鉱を産出している。（「駅名の起源」より）

ミニガイド　このあたりは積丹半島の根元で、余市駅に向かい半島縦断となる。銀山郵便局がある。

然《しかり》別《べつ》駅

WC

余市郡仁木町然別

銀山駅 ― 10.7km ― 然別駅 ― 4.1km ― 仁木駅

ロッジ風の個性的な然別駅舎

然別駅前

然別駅の歴史は古い。函館本線が「然別」と「蘭島」の両停車場間に開通したのが明治35(1902)年12月のことで、そのとき以来のものである。

昭和63(1988)年に改築されたロッジ風の駅舎は保線用の休憩所が大部分を占め、小さな待合所が一角にある。「JR然別駅」の駅銘板もしっかり設置されている。

ここには、除雪車等の保線用車両の引き込み線があるし、また、この駅発着の列車もある。

駅前は砂利敷きだが、広く整備されている。

※「然別」の名は、アイヌ語の「シカリ、ペッ」(曲流している川)から出たものである。(「駅名の起源」より)

ミニガイド 仁木町営スキー場、然別簡易郵便局がある。

仁《に》木《き》駅

WC

余市郡仁木町北町1丁目

然別駅 ― 4.1km ― 仁木駅 ― 4.4km ― 余市駅

規模は大きいが無人駅の仁木駅舎

仁木駅前

懐かしい改札柵

規模の大きい駅舎である。かつては駅員さんも勤務されていたのだろうけれど、今は商店に業務委託しているため、待合所のみ利用されていて、事務室は閉鎖されていた。おまけにトイレまで閉鎖されているが、駅横の公園内にある近代的なトイレを利用することができる。ここには身体障害者用のトイレも設置されている。歩道もよく整備されている。

人造石研ぎ出しの立派な改札柵《さく》が残されて、以前は多くの乗降客が利用していたことが窺《うかが》われる。

※「仁木」の由来は、当地開拓の祖、徳島県人仁木竹吉氏が明治12(1879)年に郷人百余戸を率いて移住をし、今日の繁栄の基をなしたので、同氏の功を永く記念するため、その姓を採って村名としたものである。(「駅名の起源」より)

ミニガイド 駅周辺には果樹農園が多く、プラム・イチゴ・りんご・ブドウ・さくらんぼが収穫されている。

余《よ》市《いち》駅

余市郡余市町黒川町5丁目

仁木駅 ―― 4.4km ―― 余市駅 ―― 5.3km ―― 蘭島駅

非常に近代的で個性がある余市駅舎

余市駅前

エルラプラザ店内

ニッカウヰスキー余市工場

平成8年3月に改築された複合型の余市駅舎は、近代的でお洒落《しゃれ》な建物である。出入口上部には意匠《いしょう》的な合掌《がっしょう》型を配し、外壁面にサッシが連続して並ぶ。外壁の色の変化も印象的だ。

函館本線の〈山線〉のなかで唯一《ゆいいつ》、一日の利用者が1,000人を超える駅で、レンタサイクルも設けられている。

舎内には観光物産センターの「エルラプラザ」や中央バスの案内所、2階にはスキーのジャンプ王国らしく、ご当地選手の展示コーナーや研修室もある。

エルラプラザではワインやフルーツ菓子など名産品が販売されているが、ここの作りたてアップルパイは絶品で、「SLニセコ号」が走っている間は、ホームでも販売している。駅前はよく整備され、交番までお洒落だ。

かつては鰊《にしん》漁で栄え、「ソーラン節」を生んだ余市町は、現在は果実農園とウヰスキーの町である。駅に近いニッカウヰスキー余市原酒工場には博物館もあり、観光客が絶えない。駅近くの余市川も、アユの生息北限として知られる。

ヤンキー先生・義家弘介氏（現参院議員）の映画「不良少年の夢」のロケ駅として使用された。

※「余市」は、アイヌ語の「イオチ」（蛇の多い所）から変化したもので、昔は余市川筋には蛇が多く生息していたため、そういわれたものであるという。（「駅名の起源」より）

余市湾風景

ミニガイド 余市町役場、モレイ海水浴場、余市港、鶴亀温泉、余市川温泉、旧下ヨイチ運上家、旧余市福原漁場がある。余市宇宙記念館があり、余市町は宇宙飛行士の毛利さんの出身地でもある。

蘭島駅《らんしま》

小樽市蘭島1丁目

余市駅 —5.3km— 蘭島駅 —6.9km— 塩谷駅

WC

映画のロケ地に使われた 蘭島駅舎（映画では「北港駅」）

蘭島海水浴場

さすが海水浴場に近い駅だけあり、水飲み場が設置され、質素な佇《たたず》まいの駅舎にも雰囲気がある。外壁・サッシともに白色で統一。屋根の青色と正面合掌《がっしょう》部分にある赤色の駅銘板が目立ち、存在をアピールしている。改築前の駅舎には出入口部分に「雁木《がんぎ》」が設置されていたという。このあたりは「ニセコ積丹小樽海岸国定公園」に指定された景勝地で、平成17年、映画「NANA」のロケ地としても使用された。明治後期に一度「忍路」と改称されたことがあるが、1年余りでまた「蘭島」に戻った。

※「蘭島」は、アイヌ語の「ラン、ォシマック、ナイ」（下り坂の後にある小川）から変化したものである。（「駅名の起源」より）

ミニガイド　史跡フゴッペ洞窟、蘭島海水浴場、忍路湾の奇勝、ストーンサークルがある。

塩谷駅《しおや》

小樽市塩谷2丁目

蘭島駅 —6.9km— 塩谷駅 —7.7km— 小樽駅

WC

登山口がある塩谷駅舎

自然歩道案内図

塩谷駅前

塩谷駅舎も「蘭島」駅舎と同仕様なのだが、立地場所は蘭島駅が海岸であるのに対し、塩谷駅は丘の上にある。外壁はサイディング張りで、蘭島駅舎と同様の色彩を用いている。

平成元年に改築しているが、改築前の塩谷駅は規模の大きい駅舎だったという。

駅横には「丸山登山口」からの「小樽周辺自然歩道案内図」の看板が設置されていた。

乗降客はトレッキングの方が多いのだろうか？　列車の到着に合わせて利用客が坂を登ってきた。

※「塩谷」は、アイヌ語の「ショーヤ」（岩いそ）から変化したもので、宗谷とか、日高の庶野などと同じ意味である。（「駅名の起源」より）

昭和25（1950）年当時には、地名が後志国忍路郡塩谷村となっている。

ミニガイド　オタモイ海岸、塩谷海水浴場、海中公園、フゴッペ温泉がある。

函館本線の歴史について　その１

函館本線の歴史は、その総延長距離（458.4㎞）が北海道の全路線のなかで一番長いことや、また、途中の接続路線も多い路線であることから考えても、数々の遍歴が想像される。

現在、函館本線の駅に接続しているのは全9路線で、廃線になった主な路線も10路線を数える。このことだけでも、開業当時から北海道の主要な幹線路線であったことがうかがえる。

北海道最初の鉄道は、明治13（1880）年11月28日に「幌内鉄道」として「手宮」停車場－「札幌」停車場間が開通したことから始まり、続いて同15年11月には「札幌」停車場－「幌内」停車場間が開通し、北海道の鉄道路線の歴史がスタートした。

この幌内鉄道は、北海道開拓使が石炭や木材などの輸送を行うことから始まっているので、すでに開拓移民として道央各地に点在していた開拓村からの伐採林や石炭の運送は、馬車利用の運送時間と比べ飛躍的に短くなり、北海道産業への貢献が始まったのであった。「弁慶号」「義経号」「しづか号」などのアメリカ製蒸気機関車がこの幌内鉄道を走り、のちには国産機関車の「大勝号」や「9600形」が走った。

路線位置図

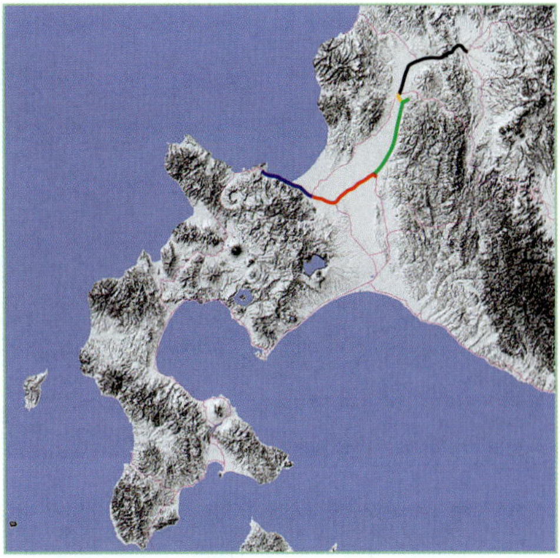

手 宮 線（明治13年11月）
幌内鉄道（明治15年11月）
歌志内線（明治24年７月）
延長区間（明治25年２月）
上 川 線（明治31年７月）
現在の他路線位置

続いて、明治19（1886）年に開拓使が廃止されたことに伴って、「幌内鉄道」は新しく設立された「北海道炭礦鉄道株式会社」に民営移管された。明治24（1891）年7月には「岩見沢」停車場－「歌志内」停車場間が増設され、「手宮」停車場－「歌志内」停車場間が開通した。

ここまででおわかりと思うが、敷設当初は目的地がすべて違う路線で、現在の函館本線の位置から内陸に向いている。続いて明治25年2月には、「砂川」停車場－「空知太」停車場間が延長された。

明治29（1896）年5月に「北海道鉄道敷設法」が公布され、北海道庁が民間鉄道会社に代わって鉄道建設を行うことになると、同31年７月には「空知太」停車場－「旭川」停車場間が「上川線」として新組織の北海道庁鉄道部により開通され、手宮－旭川間の開通により、石炭や伐採林の運送が、ますます促進されていく。同年10月には北海道庁鉄道部も「北海道鉄道部」に改められ、明治38（1905）年4月に帝国鉄道に移管されるまで、地方自治体の「北海道官設鉄道」として道内各地に鉄道建設網を展開していった。したがって、このころの函館本線は国営鉄道ではなくて、すべて北海道営の鉄道であった。

以上から、北海道の鉄道は最初、函館本線（当時は幌内鉄道）の手宮（小樽港）から始まり、道央圏に向かって石炭や伐採林運搬鉄道として展開していったことがわかる。

小《お》樽《たる》駅

小樽市稲穂2丁目

塩谷駅 ― 7.7km ― 小樽駅 ― 1.6km ― 南小樽駅

国の有形文化財に登録された小樽駅舎

出入口横の「迎い鐘」

コンコースの格天井は興味深い

コンコース風景

小樽は運河と坂道、それに港で有名な商業と観光の街である。石造りの古い建物が多く残され、小樽運河沿いに石造りやレンガ造りの倉庫群があって、建築学的にも興味を引く。小樽駅は、そんな後志支庁最大の街にあって、一日の利用者数が8,000人を超える(道内6番目)。

【小樽駅舎】駅舎は風格があり、観光都市の駅としても印象に残る建物である。大正初期に改築されて以来、改修しながら現在に至っているというが、内外にレトロな雰囲気をもった部分が数多く残され、平成18年3月には国の有形文化財に登録された。外壁は落ち着きのあるブロンズ色のタイル張りで、腰壁は石張り。シンメトリーな形状の建物は、縦長の連続窓が支配している。正面玄関上の連続窓は、コンコースの吹き抜け空間に自然光を採り入れるためのものだ。その窓の室内側に設置されているオブジェには、多数のランプが取り付けられている。天井は、アーチ状の格天井《ごうてんじょう》風の中に小樽市章に似たデザインが入ったパネルがある。その中の一つがオリエンテーションになっているが、気付く人はあまりいない。全体が照明器具内蔵の光天井になっているのだろうか？

観光客やビジネスマンが大勢利用する駅舎内は、各種土産物店やファストフード店が入店していて活気がある。レンタサイクルの店もあった。駅出入口にはスロープや盲導鈴それに点字駅案内図が設けられている。

自動券売機横には視覚障害者用の運賃表やグリーンBOXが備えられている。誘導ブロックも各コーナーに向かって適正に設置されている。ホームとの連絡用エスカレーターが地下通路に設置されている。

駅出入口横には「迎い鐘」があって、その隣に

ミニガイド　上記で少し観光スポットを紹介したが、他に北の大地美術館、小樽市総合博物館、小林多喜二文学碑がある。官公庁は小樽市役所・港湾合同庁舎がある。歴史的建物は本文中に記載している。

地下通路とホームの連絡用エスカレーター

ホームと快速列車

ホームの雰囲気もレトロ

石原裕次郎メモリアルホーム

は有形文化財の登録プレートも設置されていた。

【小樽駅の構造とホーム】駅の構造は、駅前の「石川啄木と小樽駅」の案内板にも書かれているとおり、地下のコンコースと2階のホームがうまく接続されるように設計されており、坂の町ならでは。ホームにはレールで造った駅名標があり、ホームの屋根を支える柱や梁《はり》もレール鋼で造られている。ユニークなのが、石原裕次郎のメモリアルホームになっている4番ホームで、昭和53(1978)年5月15日に、裕次郎がこのホームに立っている等身大のパネルが設置され(鏡に写った自分かと思った)、裕次郎メドレーのBGMが常に流れている。また、並びには平成14年に開館したステーションギャラリーがあり、小樽にまつわる画家の絵画が展示されている(コンコースからは入場券が必要)。

【小樽駅の歴史】まず街の歴史からいえば、小樽運河周辺は、明治時代から海産物や穀物類を商う店や倉庫が建ち並び、北海道の物流基地として、札幌より早く発展した。「北のウォール街」と呼ばれていたゆえんである(現在もそんな倉庫群が運河沿いに残され、現役のものもあればレストラン等に再利用しているものもある)。

小樽駅は明治36(1903)年6月の開設当時は「小樽中央」停車場で、次に明治37年10月には「高島」停車場、翌38年12月には「中央小樽」停車場とし、大正9(1920)年7月から現在の「小樽」停車場となった。石川啄木の義兄がここで駅長をしていたのは「中央小樽」停車場の時代のようである。

函館本線の開通時(明治35年12月の時点)には、「小樽」(現・南小樽)−「小樽中央」(現・小樽)−「手宮」(昭和37年5月旅客営業廃止、昭和60年廃駅)の順になっていて、明治36年6月まで「手宮」停車場が路線の終点だった。

小樽駅

小樽駅前（平成14年）

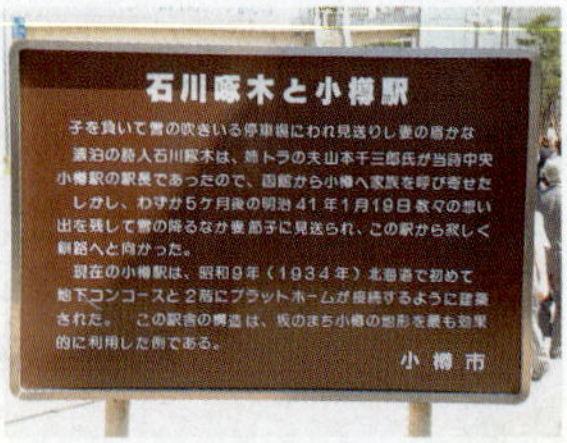

「石川啄木と小樽駅」の説明文

小樽散策バス

小樽観光の目玉　小樽運河風景

その後は順次「函館」停車場まで路線が延びて、「小樽中央」－「手宮」までは「手宮線」として支線になっている。今後は北海道新幹線の停車駅として計画に上がっている小樽駅だが、駅舎の構成上、天神方面に新駅が造られる予定である。

【小樽駅前と小樽観光】駅前にはバスターミナルがあり、広場はロータリー形式になっていて、タクシーも数多く待機している。駅前駐車場も整備されているが、有料である。ロータリーの中はたえずバスやタクシーの出入りがあり、駐車場に車を入れるには一方通行のロータリーを進まなくてはならず、朝夕のラッシュ時に駐車するには一苦労する。また、ロータリーを徒歩で縦断する人もいて、要注意の場所である。小樽の街は坂道で有名であるのは、山が海側まで迫っている狭い平地と丘に街があるためで、この小樽駅も後ろに山が迫り、狭い場所に造られているため、現在では少々手狭である。

「おたる散策バス」という、派手な色に塗装された観光バスが出ていて、これを利用すると、広範囲に点在する小樽の観光地めぐりに便利だ。

小樽駅近辺に点在する観光スポットを、ここで少し紹介しよう。まずは「小樽運河」で、「運河工芸館」や「石造りやレンガ造りの倉庫群」、能楽堂がある「小樽公会堂」、それに「旧寿原邸」がある。歴史的建築物には「旧日本銀行小樽支店」「旧日本郵船小樽支店」「旧三井銀行小樽支店」があり、日本の建築家の草分け的存在である辰野金吾・佐立七次郎・曾爾辰造がそれぞれ設計したもので、一見の価値がある。

他に「旧三菱銀行小樽支店」「旧安田銀行小樽支店」「旧北海道銀行本店」「旧百十三銀行小樽支店」などの銀行もぜひ見ておきたい建物である。

※「小樽」の呼称は、アイヌ語の「オタ、オル、ナイ」（砂浜の中の川）から変化したもので、今の「オタルナイ川」または「オタナイ川」を指している。はじめこの川の流域を中心として漁場が開かれ「小樽内場所」と呼んだが、のち、中心が今の小樽市内勝納川下に移されても、やはり「小樽内場所」と呼び、のちにその付近を「小樽」というようになったのである。（「駅名の起源」より）

南《みなみ》小《お》樽《たる》駅

小樽市住吉町10番

小樽駅 —1.6km— 南小樽駅 —2.1km— 小樽築港駅

北海道鉄道史上最古の駅・南小樽駅の駅舎

「開拓の鐘」とその歴史の説明文

窓口・改札口

南小樽駅前

明治13(1880)年開設の南小樽駅は、北海道の鉄道発祥地のひとつだ。ここから「手宮」停車場(昭和60＝1985年廃駅)までの2.8kmから、北海道の鉄道の歴史が始まった。

当時は「開運」停車場として開業し、明治14年に「住吉」と改称、明治33年6月からは「小樽」停車場になり、現在の駅名は大正9(1920)年7月から。駅横の傍《かたわ》らに、「開拓の鐘」といっしょに、その由来書きが掲示されている。

そんな古い歴史をもつ駅も、駅舎は何回か改築されて、鉄筋コンクリート造りの近代的な建物になっている。正面のブラインド形式の日よけが印象的だった。

ホームは駅舎から下がった谷のような位置にある。駅舎からホームに渡る跨線橋《こせんきょう》があるが、その最初の部分が、「手宮線」上空を跨《また》いでいた部分だ。

駅舎内の券売機横には、グリーンBOXや視覚障害者用の運賃表が備えられている。また、舎内にはコンビニが併設されている。住宅街にある駅のコンビニは重宝される。

取材時には満開の桜に迎えられたけれど、駅横に桜の木があり、結構本数が多く、桜花に遮られてホームが見えなくなるほどだ。ホームからも枝がよく見え、季節には乗降客の目を楽しませてくれる。

駅前はマンションや小樽の古い街並みとなっていて、待機するタクシーが多い。一日の利用者数が1,500人超の駅であることを考えると、駅前広場は少々手狭な感じを受けるが、構造的にどの方向にも拡張する余地がない状況である。観光客はこの駅からもタクシーで十分観光ができるので、運転手さんと料金の交渉をして、観光地めぐりを楽しんでほしい。

ミニガイド この駅の近くにも「第二期運河」があるが、観光運河ではない。新南樽市場、オルゴール堂、北一硝子、ヴェネツィア美術館、小樽土木現業所がある。

小《お》樽《たる》築《ちっ》港《こう》駅

小樽市築港1番

南小樽駅 — 2.1km — 小樽築港駅 — 3.1km — 朝里駅

買い物や行楽に便利な小樽築港駅舎

窓口・改札口・待合所

マリンロード

ウイングベイ小樽

駅横の再開発事業により、複合商業施設の計画とともに、平成11年に改築された。改築前は木造平屋建ての駅舎で、昭和中期の雰囲気を残していたという(そういえば、南口側にある小林多喜二の住居跡碑には若竹町18番地に住んでいたことや、築港工事でタコ部屋を見たことが作風に影響したことが書かれている)。

すっかり整備された現在の駅舎は、駅横の複合商業施設と連絡橋によって接続され、駅の南北間も連絡橋により接続されている。「マリンロード」と名づけられている連絡橋の各昇降部には、エレベーターや蹴《け》上《あ》げ寸法を抑えた階段、自転車用のスロープも設置。幅員十分で、手《て》摺《す》りも2段である。ガラスのカーテンウォールになっている外壁からは太陽光が差し込み、待合所はたいへん明るい。少し無機質に感じるグレースケールの内装に対し、木製のベンチや出札窓口の緑が色を添えて、新鮮な感じを受ける。出札窓口はオープンカウンター式。

トイレの設備や券売機横のグリーンBOX、それに視覚障害者の運賃表も十分な備えがある。

2台分のスペースがあるパーク&トレインは、「往復特急列車を利用する乗客に限る」という条件つきだ。

スーパーマーケット、ホテル、娯楽施設、アウトレット店、屋内駐車場などの入った大規模複合商業施設は、小樽の新しい観光スポット。取材日にはコンコースでフリーマーケットが開催されていた。

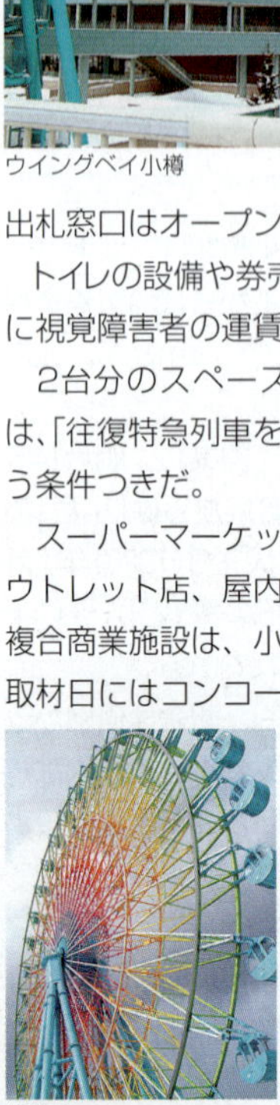

観覧車

※小樽港の修築着工のころ、いろいろの便益を図るために設けられた駅であるため、「小樽築港」の名を得たものである。(「駅名の起源」より)

ミニガイド 石原裕次郎記念館、小樽港マリーナ、小樽開発建設部・港湾建設事務所がある。

朝《あさ》里《り》駅

WC

小樽市朝里1丁目

小樽築港駅 ― 3.1km ― 朝里駅 ― 8.8km ― 銭函駅

海水浴シーズンは賑わう朝里駅舎

駅前の食堂

改札口

北海道最古の駅の一つである朝里駅は、駅舎が改築されて民家風になったが、出入口上部の庇《ひさし》には先代駅舎の面影が残っているそうだ。出窓が設置されて、洒落《しゃれ》た駅舎である。平成11年3月までは窓口業務を行っていたが、現在は無人駅で、自動改札機が置かれている。

駅前には「シグナル」という食堂があり、つぶ焼きやおでんを売っていた。

平成18年3月18日まで「銭函」駅との間に「張碓」駅があったが、廃駅となった。永い期間列車の停車もなく、いつ廃駅になってもおかしくない駅だった。

※「朝里」の由来は、アイヌ語の「マサリ」(浜沿いの草原)が「アサリ」となまったものであるが、別説もある。(「駅名の起源」より)

ミニガイド 朝里川温泉、朝里海水浴場がある。

銭《ぜに》函《ばこ》駅

S　WC　Ki

小樽市銭函2丁目

朝里駅 ― 8.8km ― 銭函駅 ― 2.9km ― ほしみ駅

金運が授かる？　銭函駅舎

ホームの銭函の駅名標

銭函駅前

「手宮線」開通時に開設された、北海道の鉄道史上最も歴史ある駅の一つである。かつては鰊《にしん》場《ば》として早くから栄えた場所、現在は銭函海水浴場のドリームビーチに近い駅として、季節には大勢の利用客で賑《にぎ》わう。駅名の〝金運〟にあやかって、入場券を求めにくる人もいる。

ホーム天井から吊るされた銭箱飾りはだいぶ年季入りで、開設年月日や駅名の由来も書かれている。KIOSKでは名物の「酒まんぢう」が販売されている。駅周辺には宿泊施設も多く、整備された駅前広場にはタクシーが多く待機している。

※当地は昔から鰊《にしん》漁場として知られ、豊漁のためいずれも生活が豊かで、漁夫の銭箱だというので「銭函」と名づけたという。(「駅名の起源」より)

ミニガイド おたるドリームビーチ、銭函海水浴場、北海道薬科大学がある。

ほしみ駅

札幌市手稲区星置1条9丁目

銭函駅 ―2.9km― ほしみ駅 ―1.6km― 星置駅

分譲地用に建てられたほしみ駅舎

ほしみ駅前

　新興住宅開発地に造られた駅である。開設年は北口が平成7年3月16日、南口が平成12年3月31日。複線の両側に改札口があり、自動券売機と自動改札機が設置されている。ホームはプレコンで、雨よけの片持ち屋根が取り付けられている。

　駅前は整備されているが、まだまだ未分譲の宅地がたくさん残っているようだ。ほしみ駅は駅前に広がる宅地開発後の住民増加を図って設置された駅だが、何期かに分ける計画分譲なのだろうか？

　面積があまりにも広大なためか、分譲開始当初よりも販売速度が鈍っているように感じられる。それでも乗降客の自転車は数多く駐輪していた。

ミニガイド　土地区画分譲地が広がる。

星《ほし》置《おき》駅

S　WC　Ki

札幌市手稲区星置1条3丁目

ほしみ駅 ―1.6km― 星置駅 ―1.1km― 稲穂駅

スーパーマーケットに接続されている星置駅舎

星置駅前

窓口・改札口

　比較的新しい駅で、駅舎は開設時のままの状態である。橋上駅なので、階段で2階に上がる。南北を結ぶ連絡用通路の長いスロープが設置されている。北口通路はスーパーマーケットに接続される。連絡橋昇降口出入口横壁の、綺麗《きれい》な星をデザインしたマークが人目を引く。駅周辺はもともと新興住宅街として開発されたが、都市化が進み、大型のスーパーマーケットや銀行、マンションが建ち並ぶ。札幌市街の住宅地ということで、このへんの駅からドッと利用者数が増える。星置駅では一日6,000人超である。駅前のロータリーは広いが、駐車場が見当たらない。駅まで自転車で来る人も多く、駐輪場は広く確保されている。

ミニガイド　運転免許試験場へ行くには、ここからバス便が出ている。駅スタンプにも描かれているように、「星置の滝」がある。水芭蕉公園もある。

稲《いな》穂《ほ》駅

札幌市手稲区稲穂1条5丁目

星置駅 ―― 1.1km ―― 稲穂駅 ―― 2.0km ―― 手稲駅

JR北海道札幌運転所がある稲穂駅舎

稲穂駅前

複線の両側に、同形の改札口とホーム上屋があり、改札口建物の中に自動券売機と自動改札機を備えた駅である。

片持ち屋根の上屋が待合所と兼用で、ベンチが置かれている。

トイレはない。

ここでは線路の横断ができないので、すぐ近くの踏み切りを渡ることになる。

駅の後ろ側には「JR北海道札幌運転所」があり、さまざまな列車が停車している。

利用客が「星置」駅ほどではなく、近辺の住民と運転所の運転士が利用する程度の駅である。駅横には自転車置場が確保されている。

ミニガイド 運転免許試験場が近くにあるが、星置駅からはバスが出ているので、そちらが便利。

函館本線沿線の風景 その1

函館本線沿線にはすばらしい景色が点在する。これらの場所は観光地としても有名であるが、レジャーやスポーツにも多くの人々が訪れる。

函館ハリストス正教会

五稜郭

森町青葉ヶ丘公園

蓴菜沼

手《て》稲《いね》駅

札幌市手稲区手稲本町1条4丁目

稲穂駅 ― 2.0km ― 手稲駅 ― 1.3km ― 稲積公園駅

バリアフリーも完璧に近い手稲駅舎

全面ガラス張りは明るい

改札口

待合所

手稲駅舎は平成10年、地区住民の悲願であった駅舎の南北を結ぶ連絡橋拡幅と駅舎拡張工事に着手し、平成14年5月に完成した4代目の駅舎である。開設は明治13(1880)年11月となっているが、実際は「軽川フラッグステーション」として明治14年11月ごろに開設された駅である。その後の明治17年には普通停車場となった。

一日当たりの利用者数14,000人は全道で札幌駅に次いで2番目の手稲駅は、JR北海道が駅舎に総工費約50億円、札幌市が連絡通路に約22億円かけた建物だけあってバリアフリー設備も整っている。南口側2階の外壁はガラスのカーテンウォールで、舎内が明るい。広いコンコースにはベンチが並び、駅前を眺めながら休憩もできる。

2階がコンコースと待合所になっていて、基本的には駅舎は橋上駅舎である。

地上からはエスカレーターやエレベーターで2階と連絡している。エレベーター扉と周囲の壁色は黄色や赤色の原色を使用し、目立つように工夫されている。

南北を結ぶ連絡橋は「あいくる」と呼ばれ、幅は20mある。その中間に待合所や改札口が設置されている。スカイライトや壁面の窓から日差しが差し込み、明るい通路である。通路にはモニュメントが設置されている。北口からは、近くのスーパーマーケットや手稲区役所にも接続され、南口からは手稲ステーションホテルに接続している。

手稲駅のトイレは他の参考になると思うので、紹介しよう。まだ新しいこともあるが、設備内容や内装・照明設備は改築された駅舎には同等のものはいくらでもあるが、ここはデザインが優れている。コーナーもうまく利用している。

ミニガイド サッポロスターライトドーム、北海道工業大学、手稲曙温水プール、手稲体育館、手稲図書館、手稲ハイランド、手稲山ロープウェイ、手稲保健センター、手稲区役所がある。

広い自由通路の「あいくる」

コンコースへのエスカレーター

誘導ブロック

手稲駅前（南口）

ホームと改札口をつなぐエレベーター
入り口と出口はそれぞれ別のドアになっている

床面に誘導ブロックが適切に設置されているが、黄色の誘導ブロックの両側に緑色のタイルが貼《は》られている。内装を重要視するがあまり、黄色以外の誘導ブロックを使用している駅舎も見受けられたが、やはり誘導ブロックの黄色は、長年の研究結果で色弱の方がわかりやすいように設定されているので、このことを考慮すると手稲駅が正解であろう。他の色では効果がない。手稲駅の方法はデザインと効果の両面を検討した結果であろう。

舎内に設置されている手摺《てす》りはすべて二段手摺りを採用している。自動券売機横にはグリーンBOXが設置されている。

自由通路に面してパン店も入店していて、通勤・通学のお客さんも多そうだ。待合所に面してツインクルプラザがあり、旅行用のパンフレットが並んでいた。また、規模の大きいコンビニKIOSKがある。

地上のホームと2階にある改札口間は、エレベーターやエスカレーターでも連絡している。エレベーターは二方向扉式である。

駅前は、何系統ものバスの発着場所となっている。駅前の大型の商業ビルや北口の手稲区役所とも連絡する駅舎は、乗降客には便利な施設となった。

駅前はロータリー形式になっている。しかし、南口の駅前は改築前から商業ビルや店舗が迫っていて、駐車場はもちろんのこと、駅前広場は駅舎の規模ほど広くは確保できなかったようである。一方、北口には広い駐車場が確保されている。

駅前にはタクシーも数多く待機している。

※手稲駅は開設当初「軽川《かるかわ》停車場」といっていたが、昭和27（1952）年11月に現在の名称に改称した。

稲《いな》積《づみ》公《こう》園《えん》駅

札幌市手稲区富丘1条4丁目

手稲駅 ― 1.3km ― 稲積公園駅 ― 2.2km ― 発寒駅

高架線の上を高架道路が通る稲積公園駅

連絡橋エレベーター

窓口・改札口

稲積公園駅前

比較的新しく開設された駅である。このあたりは軽川・中の川・追分川に挟まれ、低地で洪水の被害に遭ったことから、昭和61(1986)年に高架式になった。高架式のメリットは、立体的に土地の有効利用ができることと、街が分断されないことだが、洪水から線路を守るという特殊なケースだ。改札口と待合所は1階で、自動改札機や券売機が設置されているが、窓口業務も行われている。券売機横には視覚障害者用の運賃表があり、グリーンBOXも置かれ、待合所には生花が飾られていた。

線路の反対側にも通り抜けできる高架下には、書店とコンビニが一体となった新しい試みのコンビニKIOSKが入っているが、これは、当駅と大麻駅の2カ所のみである。また、パーク&トレインではないけれど、高架下の大部分は有料駐車場になっている。高架のさらに上を、駅に直行する形で平成17年12月に完成した富丘通りが立体交差している。連絡通路には地上と接続するエレベーターも設置されているが、これらと駅とで跨線橋《こせんきょう》など一体化できると経済的で高齢者にも優しいのだが、といつも思う。管理団体も違うし、難しいのであろう。駅の周辺は住宅街になっている。乗降客が多いこともあり、駅横には規模の多い屋根つき駐輪場が設置されていた。

一日当たりの利用者数は5,000人弱である。

高架道路

ミニガイド　手稲稲積公園がある。駅周辺は住宅街が広がっている。

発《はっ》寒《さむ》駅

札幌市西区発寒9条13丁目

稲積公園駅 —2.2km— 発寒駅 —1.8km— 発寒中央駅

形式としては理想的な発寒駅舎

連絡橋

待合所・改札口

発寒駅前(南口)

路線の両側を挟む幅員の広い道路と複線である関係から、連絡橋の中央に設置されることになった橋上駅舎である。9条側と10条側は街の構成がまるで違っている。9条側は住宅地で10条側は工業地帯である。

外壁はコンクリート系のパネル張りで、待合所にあたる部分のブロンズ色のサッシが印象的な建物だ。道路横断の連絡橋と接続されているためか、駅舎部分の屋根を突出させ、「ここが駅舎」といった主張をしているようなのが面白い。連絡橋の床は塗り床で、中央には誘導ブロックが設けられている。連絡橋内の駅舎入口前の壁にはモニュメントが展示されているが、制作者等の説明がなされていない。

自動券売機横には視覚障害者用の運賃表、窓口近くにはグリーンBOXが設置されている。

鉄工団地や木工団地、マンションも多いため、乗降客が多い駅である(一日の利用者数は3,000人弱)。駅前には屋根つき駐輪場がある。周辺はビルが多く、発寒駅前郵便局もある。連絡橋南口前には「発寒駅開設記念碑」が建立されている。ここ発寒駅は、函館本線開通後昭和後期まで「手稲」駅から「琴似」駅間に駅がなく、牧場や畑が広がっていた場所である。そのことに不便を感じた地主が土地を提供し、昭和61(1986)年に発寒駅が開設された。南口には、徹底的に蕎麦《そば》にこだわった「十割そば店」があった。

発寒駅開設記念碑

ミニガイド 鉄工・木工団地があり、多くの関連会社が軒を並べている。コンサドーレ札幌屋外練習場、札幌市生涯学習施設「ちえりあ」、チョコレートファクトリーがある。

発《はっ》寒《さむ》中《ちゅう》央《おう》駅

札幌市西区発寒10条3丁目

発寒駅 ― 1.8km ― 発寒中央駅 ― 1.5km ― 琴似駅

都市部には多い橋上形式の発寒中央駅舎

構内

発寒中央駅前

改札口・窓口

線路標高は周辺地盤とほとんど同じであるが、南北を結ぶ跨線橋《こせんきょう》上に駅舎が設置されていて、直方体のボックスを貫通する形で線路が通っている。

駅舎外壁はグリーンのラインが2本入った金属パネルとパネル定型寸法のアルミサッシで覆われている。

舎内にはパンの「HOKUO」の大きな店舗がある。けっこう腹が減っている遅い帰宅の学生や通勤客には便利だ。

窓口業務は、新しく開設もしくは改築された有人の駅舎では多く見られるオープンカウンター形式で、委託業務で行われている。

駅周辺は、鉄工団地通りと新琴似通り、そして狭い市道が斜めに交差している。三角形の底辺に駅がある状況である。新琴似通りは跨線橋の高架となって函館本線の上を通過している。しかし、市道は駅の前を踏み切りで渡っていて、この手前が鉄工通りとの交差点となっている。このため交通量の多い鉄工団地通りに面している駅前は広場がないので、片側1車線の通りに朝夕の送迎車が停車すると、たちまち車が混雑し、迷惑停車になりかねない。もちろん、タクシーの待機もできない。駅前の歩道に平行した自転車置場は、ズラリと駐輪し連日満車状態である。一日の駅利用者は3,000人を超える。通りを隔てた場所に、「はっさむ地区センター」がある。

KIOSK・改札口

ミニガイド　さまざまな施設をもつ農試公園、札幌西税務署、札幌法務局西出張所がある。

琴《こと》似《に》駅

札幌市西区琴似2条1丁目

発寒中央駅 ― 1.5km ― 琴似駅 ― 2.2km ― 桑園駅

高層マンションやスーパーに接続している琴似駅舎

駅前の高層マンション

窓口

琴似駅前

明治13(1880)年に開設した鉄道創成期の駅で、非常に歴史がある。開設当時はフラッグステーションの簡易的な駅舎だったが、今や一日の利用者数は1万人を超える(北海道では5番目)。

駅舎は、ガラスと金属によるカーテンウォールで高架線と駅舎を覆った形式になっている。中二階の駅舎からホームまではエレベーターやエスカレーターで行けるが、東口からの車《くるま》椅《い》子《す》利用には介助者が必要だろう(西口は琴似タワーからエレベーターが利用できる)。タワーや周辺の商業区とも連絡橋で接続され、外に出なくても駅に行くことができる。

待合所は明るく、床や天井までよくデザインされている。窓口はオープンカウンター形式なので、一見ホテルのロビーを思わせる。舎内には「旅の相談コーナー」が設置されている。グリーンBOXもある。

高架下は専門店が入り、賑《にぎ》わっている。自転車置場や、一部身体障害者用になっている有料駐車場も高架下にある。

駅前はロータリー形式になっている。周辺にデパートや高層マンションが建ち並んで、地区の中心を形成している。駅の北側には昭和初期の缶詰工場を利用したレンガ造りの喫茶店がある。

※「琴似」はアイヌ語の「コツ、ウン、ニイ」(住居跡のある所)から変化したものである。この付近は昔から豊漁の地であったので、穴居した跡が多く残っている。(「駅名の起源」より)

自転車置場の看板

ミニガイド　琴似屯田兵村兵屋跡・琴似商店街がある。地下鉄東西線・琴似駅までは徒歩で10分ほど。

桑《そう》園《えん》駅

札幌市中央区北11条西15丁目

琴似駅 ― 2.2km ― 桑園駅 ― 1.6km ― 札幌駅
八軒駅 2.2km (札沼線) (起点駅)

JR北海道本社がある桑園駅舎(東口)

窓口(平成14年)

札幌市立病院(西口)

JR北海道本社(西口)

札沼線(学園都市線)の起点駅でもある桑園駅の一日の利用者数は8,000人程度ながら、競馬開催日には一気に増える。

明治41(1908)年に札幌競馬場の客のため「北五条」仮乗降場として開設され、のち「競馬場前」仮乗降場となり、大正13(1924)年6月に現在の駅を開設した。

高架のホーム部分と駅舎全体を金属とガラスで覆った駅舎は、JR北海道本社のお膝元だけあって、すべての施設が整っている。「ツインクルプラザ」、銀行キャッシュサービスコーナーなどを併設し、東口には大時計を設置。

高架下にはコンビニや書店が入店、駅舎内にはパン店も。東西に出入口があり、オープンカウンターの出札窓口なども両口にある。改札口付近にはAEDを備える。バリアフリー対策は万全で、ホームには改札口奥のエレベーターで上がれる。

駅前は事務所やマンションが建ち並び、西口には市立札幌病院がある。JRが管理する西口駐車場は有料。

※「桑園」の由来は、明治7(1874)年開拓使が酒田の藩士を招いて、現在の西11丁目から西の地を開墾して桑畑にし、桑を移植して養蚕を推奨したのによる。町が発展するにつれ、しだいにその面積を減じ、現在では全くその片影もないが、今なおその付近を桑園といっている。(「駅名の起源」より)

階段のオブジェ

ミニガイド　札幌競馬場、市立札幌病院、札幌中央卸売市場、札幌市立大学、北大国際交流会館、JR北海道本社がある。

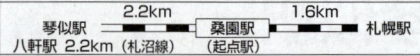

函館本線の歴史について　その2

[函館本線の歴史について　その1]（45ページ）では、明治31（1890）年7月に「空知太」停車場－「旭川」停車場間が「上川線」として開通し、「手宮」停車場－「旭川」停車場間の運行が可能になったところまで述べた。

「小樽」駅から「函館」駅間はというと、当初の石炭運搬港は小樽港や室蘭港が主流であり、函館までの路線敷設は現在のような港としての認識はなかったのであろうか、小樽の「手宮線」開通から遅れること22年後の明治35（1902）年12月に、ようやく「亀田」停車場（現・廃駅）－「本郷」停車場（現・渡島大野駅）と「然別」停車場－「蘭島」停車場間が南と北から開通する。

その後も、翌36年6月に「高島」停車場（現・小樽駅）－「蘭島」停車場間、同年11月に「森」停車場－「熱郛」（のち歌棄→熱郛）停車場間、37年7月に「小沢」停車場－「山道」停車場（現・廃駅）間、同月「亀田」停車場－「函館」停車場間が、そして最後の10月には「小沢」－「歌棄」（熱郛）間が開通したことにより、「高島」停車場－「函館」停車場間の全線が開通し、これで現在の函館本線の原型となる「函館」駅－「旭川」駅間ができあがった。明治13（1880）年から始まった函館本線の路線敷設工事は、24年間の長期にわたって完了した。

路線位置図

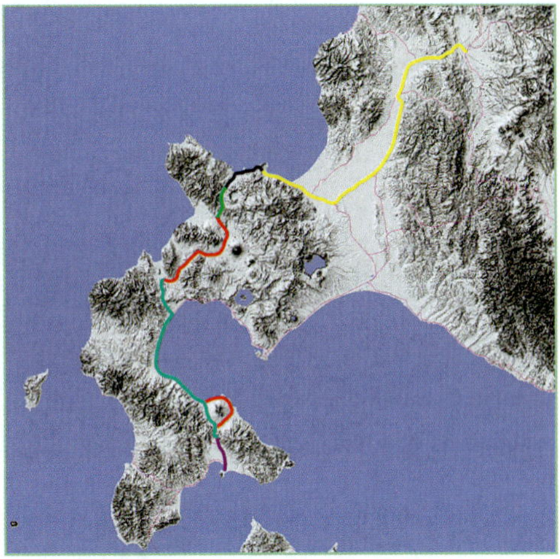

明治13～31年に敷設された現函館本線（その1参照）
明治35年12月開通
明治36年6月開通
明治36年11月開通
明治37年7月開通
明治37年10月開通
昭和20年6月開通
昭和41年9月開通
現在の他路線位置

その後の明治40（1907）年7月には「鉄道国有法」が発布され、「北海道鉄道」も国有化されて、明治42年10月には路線名称も「函館本線」となる。その少し前の明治39（1906）年1月には、すでに「青森」－「函館」間の連絡航路が開始されている。

明治36年9月には「天塩線」（現・宗谷本線）の「士別」停車場－「名寄」停車場間が開通していたので（**[宗谷本線の歴史と天北線の関係]**（206ページ）を参照）、北海道の南と北を結ぶ路線の開通により、北海道の開拓がそれまでより飛躍的に便利になり、内地から多くの開拓移民が入植するようになった。翌40年9月には「旭川」停車場－「釧路」停車場間の「釧路線」が開通し、さらに開拓が進んだ。

全線開通から41年後の昭和20（1945）年1月、13ページのコラム（駒ケ岳を囲む〈砂原廻り〉と〈駒ケ岳廻り〉）と「大沼」駅の項に記述したとおり、太平洋戦争末期まで単線部分が多く、勾配《こうばい》が長く続く駒ケ岳周辺における輸送量強化策により、〈砂原廻り〉のルートが開通し、昭和41（1966）年9月には「七飯」駅－「軍川《いくさがわ》」駅（現・大沼駅）間の下り専用線が開通して、現在の函館本線を形成する路線が出そろった。

「高島」駅（現・小樽駅）から「手宮」駅間のルートは、その後昭和37（1962）年に貨物専用線となり、昭和60（1985）年11月に廃線となった。また、函館本線から数々延びていた枝線も、石炭需要の低迷と昭和55年12月に公布された「日本国有鉄道経営再建促進特別措置法」により次々に廃線になっていった。

札《さっ》幌《ぽろ》駅

札幌市北区北6条西2丁目

桑園駅 ― 1.6km ― 札幌駅 ― 2.2km ― 苗穂駅

道内最大の駅 札幌駅舎(南口)

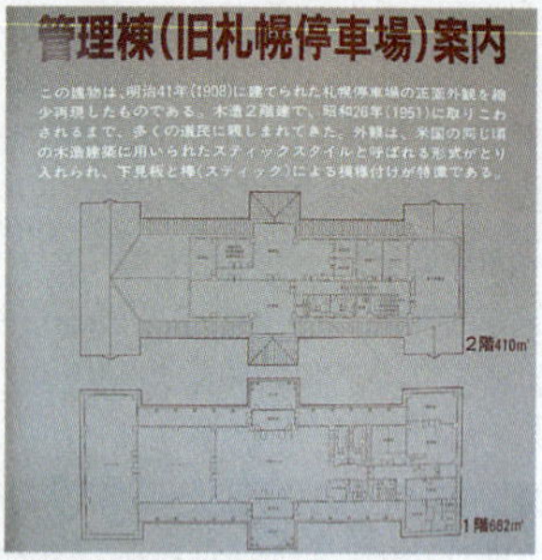

3代目駅舎復元案内図(開拓の村)

3代目駅舎の復元

南口と全く表情の違う北口

南口側(中央のガラスドームがアピア入口)

【札幌駅の駅舎概要】

北海道最大の都市であり、道庁所在地である政令指定都市の札幌市を象徴するシンボル的建築物となったメガステーションが、平成15年3月に完成した。それがこの札幌駅舎である。

駅舎を中心にデパート・ホテル・シネマコンプレックス・温泉・レストラン・診療所等が併設された、複合建築物となっている。地下には商店街や駐車場、駅前通り地下街と接続する地下通路もあり、近代的技術とデザインで生まれ変わった。

南口から見て右側に高くそびえる建物はホテル棟で、「JRタワー」と呼ばれる「ホテル日航」である。地上38階173mの超高層ビルは、市の新しいシンボルとなった。

これらの施設は駅の関連施設ではあるが、駅舎自体は高架式のホームのある2階までである。

駅舎は南口側と北口側では、表情が全く違っている。南口側はルネサンス風であり、北口側は近代的なスチールとガラスによるカーテンウォールで表現されている。

札幌駅は、明治13(1880)年に北海道で最初の「幌内鉄道」開通時に開設された、最も歴史のある駅の一つである。今年(平成19年)で開設128年目、駅舎は5代目となる。二十数年に一度の割合で改築されていることになるが、この大規模建築物は、それ以上の耐久年数となるだろう。

厚別にある「北海道開拓の村」には、「札幌停車場」と呼ばれていた時代の明治41(1908)年に造られて、昭和26(1951)年まで使用されていた3代目駅舎を縮小復元した建物が展示され、管理棟として使用されている。

平成11年に着工した新しい駅舎は、4年の歳月と約700億円の巨費を投じて完成した。

南口側左にある建物は「大丸デパート」である。

ミニガイド　南口側には、大通公園、時計台、テレビ塔、北海道旧庁舎(赤レンガ)、二条市場、北大農学部附属植物園、札幌市資料館、サッポロファクトリー等の観光名所や札幌市役所がある。

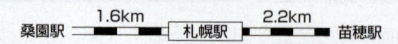

南口駅前(ここをまっすぐ進むと大通り公園に出る)

「牧歌」ブロンズ像

南口・西コンコース出入口

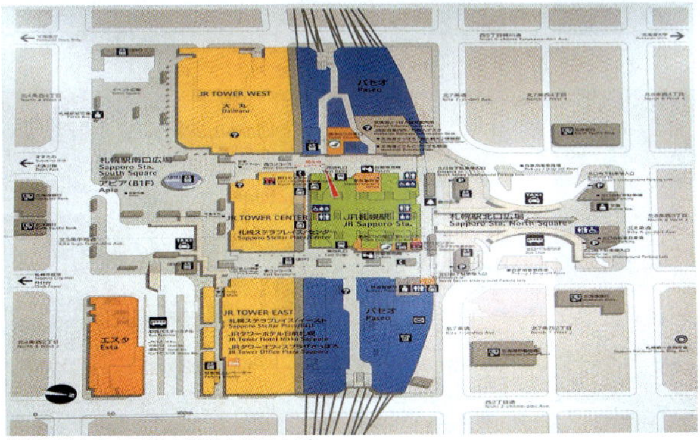

札幌駅構内案内図(札幌駅構内掲示より)

【札幌駅南口】

南口側から紹介すると、北海道庁・札幌市役所・北海道警察本部の官公庁とさまざまな大型商業ビル、事務所ビルが、碁盤《ごばん》の目に交差した道路に建ち並んでいる。札幌市の中でも最大の繁華街が建ち並ぶ側が南口だ。新しくなった南口駅前広場は、歩車道分離で歩行者に広いスペースを提供している。広場中央にはアピア飲食街への連絡口があり、円錐《えんすい》形の頭を斜めにカットした形状でガラス張りの巨大なドームがある。内部には地下への階段とエレベーターがあり、ベンチも置かれ、風雨を避けて外の様子も見ることができることから、絶好の待ち合わせ場所として利用されている。東通り南口にはタクシー乗り場とタクシー待機場所が設けられている。一般乗用車の停車・駐車場ともに南口側にはない。駅前には駅周辺案内板が設置してあり、観光や地下鉄等の案内をしている。

広場には「牧歌」と名づけられたブロンズ像があるが、この前では夕方になるとテレビ放送の生中継が行われている。

駅舎内は駅の施設だけで見ると、配置関係はそれほど複雑ではなく、平面的にはカタカナの「ロ」の字型で、駅舎中央に改札口・駅事務所・旅行センター・券売機などが配置され、それらを囲むようにコンコースがある。「ロ」の字を囲んでいるこれらのコンコースを「東通り」「西通り」「北通り」「南通り」と呼んでいて、「西通り」と「東通り」にはそれぞれ「西改札口」「東改札口」が配備されている。

したがって、札幌駅では、「西通り南口」「西通り北口」と「東通り南口」「東通り北口」の4カ所が、舎内への直接出入り口となっている。南北の出入り口から入ると、「西通り」または「東通り」を通って券売機または改札口に進むことになる。

札幌駅

待合所(東西の券売機前にある)

西通り自動券売機

SOUVENIR KIOSK(土産物専門)

北海道さっぽろ「食と観光」情報館

駅舎中央の構内両側に、「パセオ」と名づけられた名店街が連絡している。また、「北海道物産観光センター」も接続している。

南口側には観光客が必ず訪れる場所として「大通り公園」がある。ここにはテレビ塔や北大農学部付属の植物園や北海道庁赤レンガ庁舎にも近く、夜繰り出すにはススキノも近い。大通公園は夏は焼きトウモロコシやビヤガーデン、冬は木々を飾ったイルミネーションが美しく、雪祭りには雪像が造られ、年中観光客で賑《にぎ》わっている場所である。6月上旬には「よさこいソーラン祭り」も開催されているので、踊る方も見物する方も老若男女を問わず、熱気で沸き返る。駅前の通りには大型のホテルも建ち並び、駅からも近いため観光客には便利だ。また、平成18年度のプロ野球日本シリーズを制した「北海道日本ハムファイターズ」の優勝記念パレードも南口のイベント広場からスタートし、大通り公園まで紙吹雪の中で行われたことは記憶に新しい。北海道人としては毎年行われることを期待する。

【南口西通り·東通りの諸施設】

通路や構内コンコースに面して、KIOSK·パン店·ファストフード店·コーヒーショップ·薬局など8種の店舗が設置されている。一般のKIOSKや土産物店もあり、西通りにあるKIOSKは「スーベニアキヨスク」となっている。韓国語や中国語でも「土産物店」と書かれている。これらの他に、名店街の「パセオ」や「北海道さっぽろ『食と観光』情報館」が接続されている。東通りには地下の「アピア」飲食店街や地下道との連絡用エスカレーターがある。西通りは通路中央にエスカレーターが設置されていないぶん広くなっていて、各種のイベントや展示会が時折開催されている。一般のKIOSKや土産物店も店を出している。

ミニガイド　北口は南口側と違った表情の街路が展開している。北海道大学、札幌第一合同庁舎、札幌中央郵便局、自治労会館、札幌総合卸センター等がある。

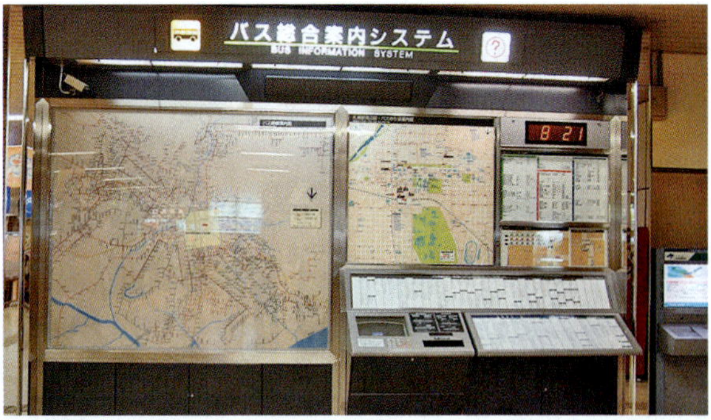

バス総合案内システム

頑張れファイターズ。駅員さんもファイターズの応援

東改札口

西改札口

みどりの窓口・精算所・駅事務室・自動券売機コーナーそれに案内所は東西の通りに面して設置されている。忘れ物をした場合には、東通りの案内所に青い顔をして駆け込むこと。

駅レンタカーや旅行センター・鉄道警察隊事務室・郵便局も東通りにあるし、書店やFAX付電話も東通りにある。観光案内所は西通りの「北海道さっぽろ『食と観光』情報館」にある。ここには北海道中の観光ガイドマップが置かれていて、外国語の対応ができる。

西通りには「人魚姫の像」が設置されていて、構内待ち合わせ場所の目印になっている。西通り改札口には「SL時計」が設置されているが、改札口名を忘れても、このような話題になるものがあると、「SL時計のある改札口」で結構通じるものなのである。舎内が広く、人通りが多い駅には、これらの目印が必要になってくる。

西通りの南口側には「バス総合案内システム」が設置されて、観光客やバス利用者に便利なシステムとなっている。西通り南口には構内案内図（前出の案内図写真）や視覚障害者用の点字案内も設置されていた。

改札口には日本ハムファイターズのユニフォームを着た駅員さんが立っていた。JR北海道もファイターズの応援だ。

【札幌駅北口】

北口側から見た札幌駅舎の外観は最初のページで紹介したが、北口広場はロータリー形式で、タクシー乗り場・バス乗り場・自家用車への乗降場（自家用車タッチという）・地下駐車場出入り口・地下道への昇降口などがある。観光バスの乗降場所も北口となっている。多くの観光バスが次々と到着していた。北口駅前には近代的な地下道昇降口があり、盲導鈴も設置されている。内部にはエレベーターやエスカレーターも設置されていて、障害者や高齢者に優しい

札幌駅

北口駅前

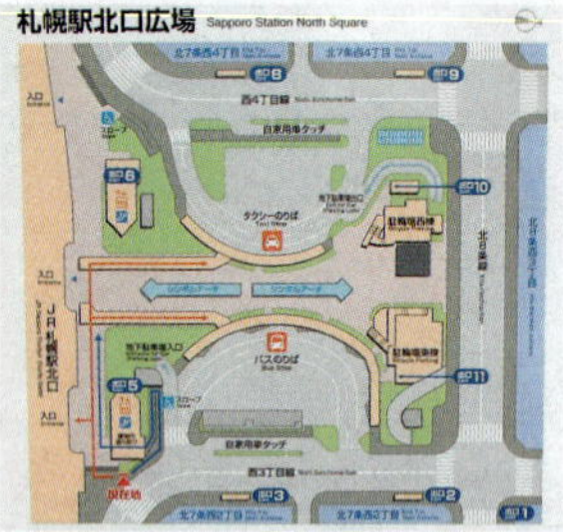

北口広場案内図（札幌駅構内案内図より引用）

北口地下道昇降口

地下道昇降口内部

スロープと地下駐車場入り口

施設となっている。北通りにはまとまったコインロッカー群や団体待ち合わせ場所の「鐘の広場」がある。ここには身体障害者用のトイレも設置されていた。

北口駅前正面には、法務局や開発局が入った札幌第一合同庁舎があり、右斜め前には札幌中央郵便局が建っている。札幌第一合同庁舎の左側には超高層マンションが建設された。このすぐ裏側には北海道大学の広大なキャンパスが広がっている。有名なポプラ並木やイチョウ並木は、このキャンパス内にある。

一般車両はすべて北口の乗降場（自家用車タッチ）の利用か地下駐車場に入ることになる。

【札幌駅のホームと北海道新幹線】

札幌駅構内には5面の島式ホームがあり、10線の線路と1線の側線が引かれている。

新函館駅（仮称）以外はまだ計画段階にある北海道新幹線は「新小樽」駅（仮称）を経由して、札幌駅に敷設される予定になっているが、ここまでが北海道新幹線の整備計画区間であり、終着駅の計画である。現在5面の島式ホームを持ち、南にも北にも線路の増設が困難な状態（？）で、どのように計画される予定なのかは目下のところ不明であるが、噂《うわさ》によると、現在の1・2番線を転用する考えと、側線用として使用している11番線にホームを新設する考えもあるようだが、あくまでも未定である。いずれにしても、早期の実現を願うしだいである。

【札幌駅のコンコース内とホーム施設】

改札口を通過すると、構内中央に南北に延びる広いコンコースがある。コンコースの両側には階段が並び、その対面側に昇りと下り専用のエスカレーター2基ずつ（計10基）が並んで、それぞれ1番から10番までのホームと連絡している。コンコース内に面してKIOSKやファストフード店もあり、トイレも南北に1カ所ずつある。

千歳線ホーム下のコンコースには、各航空会社

団体待合せ広場

航空機自動チェックイン機

ホーム接続エスカレーター

広いコンコースが南北に延びる

コインロッカー群

の自動チェックイン機が設置してあり便利だ。

コンコース内のトイレのうち、北口側には「多目的トイレ」が設置されていて、身体障害者用にも使用できる。ベビーシートも設置されていた。一般トイレにも手《て》摺《す》りが設置されている。手洗いの水栓《せん》は温水が出るので、なにかと便利である。

舎内のコンコースでは駅弁の販売を行っているが、種類も多く、どれも美味しそうで迷う。ほとんどの駅弁の価格は1,000円内外であるが、680円のものから1,400円の「特選たらばがに弁当」まで10種類を超す。最近ではジンギスカン弁当も出ており、北海道らしい駅弁である。

改札口内に入ってもKIOSKやファストフード店や喫茶店それにラーメン店まであるので、早く改札をすませたとしても時間をもてあますことはない。また、お土産を買い忘れた方でも、3·4番線と7·8番線のエスカレーター付近にスーベニアキヨスクが設けられているので困ることはない。駅弁販売も改札口内に2カ所あり、ATMまで改札口内にある。7·8番線エスカレーター横には待合所が設けられているので、冬期間のホームで寒い思いをして待つこともない。改札口内には、喫煙者にはありがたい喫煙ブースが設置されている。

ホームの列車発着場所は固定されていないため、間違いやすいかもしれない。天井から吊《つ》り下げられている発車案内表示板をよく確かめてホームに行かないと、間違ってホームまで行くと腹が立つし、疲れる。

主に使用されているホームを紹介すると、1番線·2番線·3番線:「函館本線」上り、4番線:「千歳線」と「札沼線」(学園都市線)、5番線·6番線:「千歳線」と新千歳空港行き「快速エアポート」、7番線·8番線:「函館本線」下り、9番線·10番線:「函館本線」下りと「札沼線」(学園都市線)。特急寝台と夜行列車は3番線から6番線で発着していて、固定されていない。以上がおよ

札幌駅

ホームの売店

地下駐車場と地上を結ぶエスカレーター

ホーム

ホームのエレベーター

その発着ホームである。他の駅のように、ホームを挟んで同じ線の上りと下りの列車の発着ではないため、注意が必要だ。この間違いは、普通列車を常時利用している方に多く、駆け込みであわてているとよくあるというので、ご用心。

札幌駅の一日の利用客数は約17万3,000人で、もちろん北海道で最も利用客が多い駅である。ちなみに、日本で一番利用客数が多い駅は東京のJR「新宿」駅で、JR駅単独でも151万人と桁《けた》が違う。この人数は札幌市の総人口が現在189万人だから、札幌市民の約8割が毎日列車を利用するのに匹敵する。これほどの人数が朝夕のラッシュ時に移動するとなると、まさに人波をかき分けないと、まともにホームまでたどり着けない状態であろう。考えるだけでもゾッとする。東京都内のJR「総武線」にある「水道橋」駅では、一日の利用客数がJR札幌駅とほぼ同じだ。ここは札幌駅よりコンコースの面積はずっと狭いのに、この人数が毎日利用している。

利用客数は上には上があるものだが、あまり人が多すぎるのも息苦しくて、駅を抜け出すだけでも疲れ果てる。でも北海道には一日の平均利用客数が1人という駅もあるが、これも寂しい。

ホームにもKIOSKや立ち喰いソバ店などもある。駅弁ももちろん販売している。

コンコースに比べると照明の照度が少ないように感じたが、気のせいだろうか？　それとも列車の運転に支障があるからだろうか？

ホームには屋根がかかっているので、昼間でも照明をつけないと暗いほどだ。これは軌道敷き部分には照明が設置されていないうえに、ホーム数が多いことで、暗くなっているものと思われる。

各ホームの端には、下の階のコンコースと連絡しているエレベーターが設置されている。すべて駅事務室にインターホンで連絡してからの使用となっている。構内の西通りから昇降できるようになっているが、一般客の利用は、それ

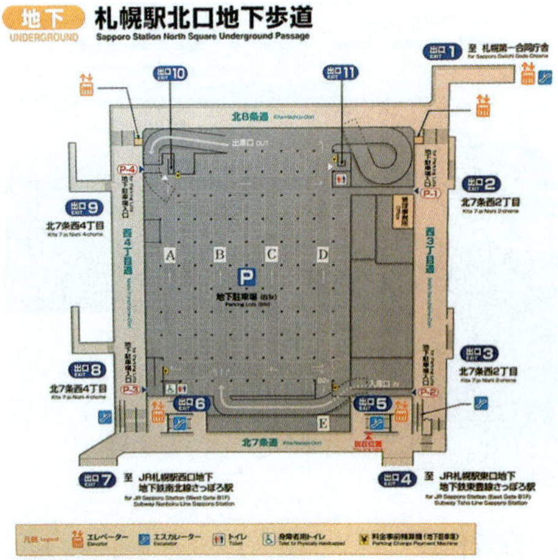

札幌駅北口地下歩道案内図（地下歩道案内図より引用）

シスターシティズストリート

北口地下１階通路風景

札幌駅地下通路風景

南口アピア昇降口から札幌駅を望む

なりの理由が必要だ。二日酔い程度では利用させてくれないだろう。ホームにも待合所はある。

【札幌駅の地下施設】

札幌駅北口広場の下は、広場全体が地下となっている。地下は2階まであり、巨大な地下駐車場となっている。この地下駐車場もカタカナの「ロ」の字型で、駐車場を囲むように配置された通路には、地上の道路に合わせた「通り名」がつけられ、「北8条通」「北7条通」「西4丁目通」「西3丁目通」となっている。「北7条通」側が札幌駅北口側に接続されている。

出入口は全部で11カ所あり、それぞれ目的地別に連絡している。これらの出入口周辺の案内は、上記写真の案内図が壁面に掲示してある出口表示に記載されている。

地下で接続されている施設には、「JR札幌駅」「市営地下鉄南北線」と「市営地下鉄東豊線」「札幌第一合同庁舎」などがある。

地下駐車場の各フロアーには、地上と連絡しているエレベーターとエスカレーターが各4基ずつ設置されている。エレベーターは駐車場を囲む通路の角部分に1基ずつ配置されている。

トイレは一般用が各フロアーに2カ所あり、斜め対角の位置に配置されている。身体障害者用もあり、これは各フロアーに1カ所である。

駐車料金の精算機も各フロアーの駐車場内の角に配置されているので便利だ。

地下1階には、札幌市と姉妹都市関係にある4カ国の街の写真パネルが掲示されている「シスターシティズストリート」がある。

地下歩道は札幌駅方面の連絡通路で、駅地下街通りに接続されている。南口広場にある「アピア」飲食店街連絡昇降口にも接続されている。

平成21年までにこの地下通路は市営地下鉄の「大通」駅まで延長されることになっている。札幌駅地下には商業施設の「パセオ」が駅舎１階ともに占めている。ここは170店舗が入店した、巨大マーケットである。

苗《なえ》穂《ほ》駅

札幌市中央区北3条東13丁目

札幌駅 ― 2.2km ― 苗穂駅 ― 3.6km ― 白石駅

札幌市内に唯一残る北海道代表型駅舎　苗穂駅舎

JR北海道苗穂工場

改札口

苗穂駅前

木造で昭和初期の面影をそっくり残す駅舎は、札幌市内の他の函館本線各駅には見られない。昭和6(1931)年には「定山渓鉄道」が乗り入れた苗穂駅であるが、駅前公園内の歴史案内板に残された昭和13(1938)年当時の姿から、駅舎左側の二階建て部分が増築された程度であることがわかる。現在、舎内には理髪店、札幌鉄道少年団、㈶交通道徳協会札幌支部が併設されている。舎内の券売機横にはグリーンBOXや視覚障害者用の運賃表が備えられている。

この駅には「JR苗穂工場」があって、各検査場や運転所が、地図にも載るほどの広大な敷地に点在している。

駅前には「旧市電苗穂線」の歴史が書かれた記念碑が建立されているが、前述の歴史案内板ともに、文字は劣化している。他に、D51の動輪と苗穂の歴史を紹介した記念板(右の写真)もある。駅周辺には娯楽施設・事務所などのビルが多い。また、近くにはサッポロビール園と大型ショッピングセンターの「アリオ札幌」があり、これらとの接続をよくするために苗穂駅を札幌駅側に移転する計画があるが、住民の反対意見もある。

※「苗穂」の由来は、明治初年開拓使が苗圃を置いたことによるという説は誤り。アイヌ語の「小さな沢」を意味する「ナエ、ポ」から出たもので、松前藩時代すでに「ナエ、ポ」場所(鮭漁の番屋)があった。(「駅名の起源」より)

記念碑

ミニガイド　サッポロビール園、日本ハムファイターズの屋内練習場がある。

白《しろ》石《いし》駅

札幌市白石区平和通3丁目

苗穂駅 3.6km 白石駅（起点駅） 4.4km 厚別駅
（千歳線） 2.2km 平和駅

改築となるのか？　白石駅舎

カラフルに塗られた壁面

構内風景

窓口・改札口

白石駅は明治15（1882）年にフラッグステーション（乗客がいれば旗の合図で知らせる簡易停車場）として一度開業したが、その後廃止となり、明治36（1903）年に復活した駅である。

「千歳線」の起点でもある白石駅は、線路の標高が低く、線路と駅舎は側方型になっている。線路を横断する連絡橋とホームに行く跨線橋《こせんきょう》は、それぞれ単独で設置されている。正面と側面を回廊式にフードで覆った駅舎は構成的に個性がある。トイレには舎内から行けないのでこの回廊を通るのだが、冬期は非常にありがたい。駅舎本体の出入口部分の外壁は、鮮やかな塗装で着色され、印象的な駅舎となっている。

駅前は整備され、歩道もインターロッキングブロックで舗装されている。植え込みにはモニュメントがあった。タクシーの待機も多く、駅前には自転車置場が広く確保されていることからも、朝夕の混雑ぶりが想像できるが、駅北側には出入口がない。商業施設のビルが多い南口側に対し、住宅地は北口側のほうに多いのに、利用者は遠回りして踏み切りを渡って南口に行くか、連絡橋利用となるため、不便このうえない状況である。周辺住民の嘆願が実り、平成19年度には、白石駅を橋上駅舎とし、自由通路を設置する駅前の整備事業が実現しそうである。

※「白石」の呼称は、明治5（1872）年仙台支藩白石の城主片倉景範の家臣607名がここに移住し、この地方の開拓に当たったので、その郷里の地名「白石」をとって村名としたものである。（「駅名の起源」より）

白石駅前

ミニガイド　アサヒビール園、白石区役所がある。

厚《あつ》別《べつ》駅

S　WC　Ki

札幌市厚別区厚別中央5条4丁目

白石駅 ― 4.4km ― 厚別駅 ― 2.0km ― 森林公園駅

平屋に見えるけれど地上二階建て　厚別駅舎

洋ランが飾られている風除室

構内(遠くに北海道百年記念塔が見える)

窓口・改札口

開設は明治27(1894)年と古く、何代目の駅舎になるのだろうか？　駅周辺は古い町並みとマンションや商店が混在した場所で、乗降客数も安定している。

駅舎は正面から見ると平屋建てになるが、跨《こ》線橋《せんきょう》上に西口があり、連絡橋とも接続している。したがって、地上二階建ての駅舎となる。正面出入口側には出札・改札口があり、改札は自動改札機や自動券売機も並んでいる。視覚障害者用の運賃表もあり、グリーンBOXが置かれている。西口改札口にも自動券売機・改札機が設けられている。跨線橋や舎内には、誘導ブロックが設置されていた。出入口の風除室内には雛壇《ひなだん》式に洋ランの花が飾られ、乗降客の目を楽しませている。正面出入口横の舎内には、観葉植物を育てている温室(？)もある。

間口の長い舎内には、理容・美容室が入店している。駅前には、屋根は設置されていないが、広い駐輪場が確保されている。駅前はロータリー式になっていて、中央の植樹帯にはモニュメントがあり、ライトアップされている。駅前には小さいながらも駐車場が確保され、タクシーの待機も見られた。構内の跨線橋から正面の位置、遥か彼方に「北海道百年記念塔」が見える。函館本線の厚別駅は歴史があるが、厚別の中心地としては、急速に発展した「千歳」線の「新札幌」駅周辺に移ってしまった感がある。

※「厚別」は、アイヌ語の「ハシ、ペッ」(灌木の中を流れる川)から変化したものである。別説に「アッ、ペッ」(おひょうだものある川)であるとも。(「駅名の起源」より)

厚別駅前

ミニガイド　千歳線と分かれて、路線はひたすら北東に向かう。厚別駅周辺は住宅街が集まっている。

森《しん》林《りん》公《こう》園《えん》駅

札幌市厚別区厚別北1条4丁目

厚別駅 ― 2.0km ― 森林公園駅 ― 2.3km ― 大麻駅

森林公園駅西口

森林公園駅東口

改札口・窓口(平成14年)

東口のスロープ

森林公園駅は、西口の宅地開発によりデベロッパーが駅舎建設費を負担したもので、設置が割合新しい。

サイディング張りで個性ある駅舎自体は高架式だが、出入口は東西にあって、東口と西口とでは、表情が違う。

西口周辺は、大規模開発で高層マンションやインフラ群が次々に建設され､「パークタウン」として完成に近い状態であるが、東口側は空き地が多く、閑散としている。

しかし両側とも駅前広場はロータリー形式に整備され、歩道もインターロッキングブロックで舗装されている。

駅舎内は地下連絡道で東西が接続されている。東口側からはゆるやかなスロープが続き、自転車・車《くるま》椅《い》子《す》の通行も可能(ただし、自転車は降りて押していくようにとの注意書きあり)。

改札口を通過すると、ホームまでのエレベーターがあり、階段手摺《てす》りには点字表示がある。誘導ブロックは主な場所にはすべて設置されて、盲導鈴は東西両口にある。窓口業務は西口のみで、東口は連絡地下通路出入口だけ。

ホームにも別に待合所が設置されている。駅前に広く確保されている駐輪場は屋根つきになっている。

西口駅前

ミニガイド　北海道開拓記念館、北海道百年記念塔、北海道開拓の村、野幌森林公園がある。

大《おお》麻《あさ》駅

江別市大麻中町

森林公園駅 ― 2.3km ― 大麻駅 ― 3.4km ― 野幌駅

個性的な大麻駅南口

南口と全く表情が違う大麻駅北口

北口改札口・窓口

書店が併設されているコンビニKIOSK

朝夕は通勤・通学客で混雑する大麻駅であるが、南口と北口では、表情も利用時間帯もまるで違っている。

国道12号に面した南口駅前は、道路の向こう側に三つの大学と道立の施設があり、下宿やコンビニが多く、ワンルームマンションも軒を並べている。北口側は住宅街で、専門学校や小・中・高校が江別の方向に数多く並んでいることもあり、スーパーマーケットやマンション、戸建て住宅が多い。したがって、南口は通学用、北口は通勤用といった感じだ。

そのため、改札口が利用できる時間も違っていて、北口側が23時45分まで利用できるのに対し、南口の自動改札機は21時で停止となり、時間外の利用はできない。朝も北口は6時から利用できるが、南口は7時10分からとなっている。

跨線橋《こせんきょう》にはエスカレーターがあって、車《くるま》椅《い》子《す》利用者はインターホンで駅員さんに連絡できるようになっている。自転車専用のスロープが設置されている連絡橋もある。

南口側には列車の車両を利用したユニークな〝カレーライス店〟が入っている。北口側にはコンビニと書店を併合した新方式のコンビニKIOSKがある（道内では、ここと「稲積公園」のみ）。

トイレは身体障害者用もある。オストメイト対応になっていた。

南口駅前

ミニガイド　道立図書館、札幌学院大学、酪農学園大学、北翔学園大学、道立埋蔵文化財センターがある。

野《のっ》幌《ぼろ》駅

江別市野幌町

大麻駅 —3.4km— 野幌駅 —1.3km— 高砂駅

フリーマーケットが開催される野幌駅舎

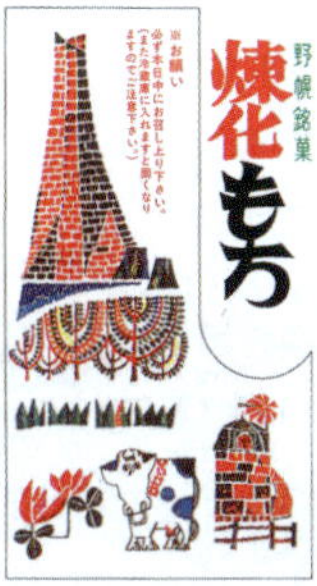

煉化もちのパッケージ

窓口・改札口

構内

明治15(1882)年「札幌」−「幌内」間が開通した年に「幌内鉄道」のフラッグステーションとして開設された駅で、2番目に古い歴史をもつ駅のひとつである。昭和5(1930)年11月から「夕張本町」駅との間に「夕張鉄道」が接続されていたが、昭和50(1975)年4月に廃線となった。

舎内出入口には盲導鈴が設置され、グリーンBOXも置かれていた。

舎内ではフリーマーケットが開催されていた。KIOSKでは、創業明治34年という駅前老舗の銘菓「煉化もち」が販売されているが、味もさることながら、箱が可愛いので紹介する(写真)。ここ野幌はかつてレンガの生産地として栄えた場所で、北海道遺産にも登録されている。風除室には観光マップもある。

写真は北口であるが、南口にも改札口があり、跨線橋《こせんきょう》で接続されている。北口駅前は道路が放射状に延びている。

駅前には広い駐輪場が確保されているが、あふれるほどの自転車が置いてあった。タクシーの駐車が多い。現在「鉄道高架で江別の都心づくりを」をキャッチフレーズに、促進期成会が発足して運動中。

※「野幌」の由来は、アイヌ語の「ヌプル、ヲチ」(いつもにごっている所)。他説では、「ヌプポロ」(大いなる平野)から出たもので、野幌平野を指したものであろう、という。(「駅名の起源」より)

言葉としては後者のほうが近いような気がするが、前者は後者の改訂版の記載であり、何ともいえない。

野幌駅前(北口)

ミニガイド　屯田資料館、セラミックアートセンター、北海道情報大学、野幌総合運動公園がある。

高《たか》砂《さご》駅

WC

江別市高砂町

野幌駅 — 1.3km — 高砂駅 — 1.8km — 江別駅

個性的な自由通路がある高砂駅舎

自転車用スロープと二段手摺りの設置された階段

窓口・改札口

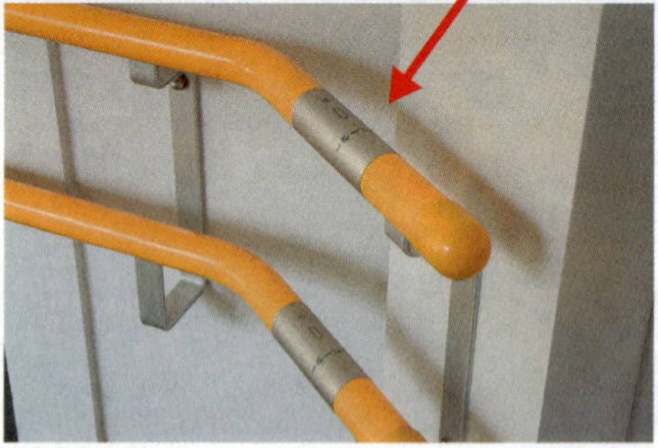

点字表示の手摺り

シンメトリーに配置された塔の間を、デザインされた自由通路が繋《つな》ぐ。跨《こ》線橋《せんきょう》は駅の南北を結ぶ連絡橋でもある。この塔内はエレベーターシャフトになっていて、高齢者や障害者に非常にやさしい駅となっている。

また、舎内の細部までバリアフリー対策が行き届いて、歩行用のバリアフリーとしては完成されたものになっている。階段や通路はもちろんのこと、エレベーター内部にまで被覆された二段手《て》摺《す》りが設置され、点字案内までもが設置されている（右上写真2枚）。この駅舎の改札口は上下線で南北に分かれていて、それらの改札口の外から自由通路で接続されているので、上下線の乗り場を間違えると、長い通路を戻らなくてはならない。

エレベーターは当然バリアフリー仕様で、前後の両面出入口タイプになっている。写真のように、階段中央に自転車用のスロープが設置されており、エレベーターの自転車乗り入れは禁止というように、利用対象がはっきりしている。舎内の扉はすべて自動ドアになっていて、舎内への出入口には視覚障害者用の盲導鈴が設置されている。舎内の内装は木製板張りを基調にしていて、感じのよい待合所になっている。自動券売機横には視覚障害者用の運賃表が設置され、グリーンBOXも置かれている。

細部にわたり利用者の立場に立った設計がされていて、床材もノンスリップ仕様になっていた。

自由通路内部

ミニガイド 江別市役所・市民会館がある。

江《え》別《べつ》駅

WC Ki

江別市萩ヶ岡

高砂駅 —1.8km— 江別駅 —6.2km— 豊幌駅

鉄道創成からの歴史をもつ江別駅舎

江別駅構内

江別駅前

窓口・改札口

石狩平野の真ん中に位置する駅で、駅舎には「昭和時代の近代的建物」というイメージがある。開設は古く、明治15(1882)年の「幌内鉄道」のフラッグステーションに始まる。仮運転は同年6月25日、幌内鉄道全通のときに新たに設けられた3カ所の停車場のひとつである。また、この駅からは、今では廃線となった「王子製紙江別工場専用線」と「北電江別火力発電所専用鉄道」も敷設されていた。歴史のある駅だ。

この駅にも、跨線橋《こせんきょう》とは別に、線路を南北に横断する連絡橋がある。駅の出入口には視覚障害者用の盲導鈴がある。

「ふれあい文庫」という図書コーナーがあり、旅行相談センターも併設されている。

視覚障害者用の運賃表やグリーンBOXも備えられている。ロータリー形式の駅前は広く、タクシーも多く、バスターミナルもある。自転車置場も広く確保されているが、駅舎前にも多くの自転車が駐輪されていた。前面道路の幅員も広く、駅前からは放射状に道路が延びている。交差点奥には噴水のモニュメントが設置され、駅前交番もあった。庁舎や銀行、多くの商店が並ぶ。

※「江別」は、アイヌ語の「ユベ、オツ」(チョウザメのいる川)の変化したもので、チョウザメのたくさんいた所である。他説として「エ、ペツ」(ウミ汁のごとき川)を意味する。昔、江別川の増水するときは褐色を呈するので、このように称したもの。(「駅名の起源」より)

広い面積が確保されている自転車置場

ミニガイド　江別市水道局、江別市青年センター、江別コミュニティセンター、屯田兵史蹟、郷土資料館、飛鳥山公園、江別市ガラス工芸館、えべつ温泉がある。

豊《とよ》幌《ほろ》駅

WC

江別市豊幌

江別駅 6.2km 豊幌駅 3.2km 幌向駅

牧場の建物に似せた豊幌駅舎

明り採り窓

窓口・改札口

楽しい待合所

函館本線のなかでも最も歴史ある「幌内鉄道」区間沿線にあって、新興住宅地用に開設された駅なので、このあたりとしては、非常に新しい駅に感じる。しかし駅舎は2代目なのか、すでに改築されており、昔の駅舎の面影はないという。

駅舎は外壁がサイディング張りやタイル張り、それにモルタル塗りなど数種類を使用しているが、サイディングボードを下見板張《したみいたば》りにしているところに個性がある。駅銘板はローマ字掲示だ。

正面出入口上部の大きな合掌《がっしょう》に設置されている明り採りの窓には、ステンドグラス調のパネルが嵌《は》め込まれている。天井が高く化粧梁《けしょうばり》もある待合所は、その窓から入る午後の日差しが、幻想的な効果を生むのである。駅舎の模型、折り紙や木工品、鉛筆デッサン画などの展示や文庫コーナーなどがあって、楽しい待合所になっている。このような企画は今後も継続してほしいものである。

駅前はインターロッキングブロックで舗装された広場になっているが、歩行者専用で、車の乗り入れはできない。また、駅前にはイスラム建築のようなレンガ造りの公衆電話BOXがあって、通行人の目を引く。乗降客は多く、駅舎を挟んで左右に広い自転車置場のスペースが設けられ、隣には砂利敷きの駐車場も広いスペースを確保している。駅前は国道12号で、道路を挟んだ向かい側にコンビニがある。

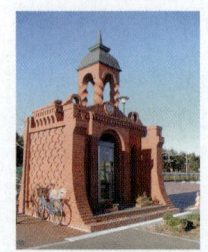

レンガに覆われた電話BOX

ミニガイド　幌向原野が広がるこのあたりは、江別市街に近く、土地開発が進んでいる地域である。

幌《ほろ》向《むい》駅

WC Ki

岩見沢市幌向南1条3丁目

豊幌駅 ―3.2km― 幌向駅 ―5.9km― 上幌向駅

連絡橋と橋上駅舎が一体になっている幌向駅舎

連絡通路内部

窓口・改札口

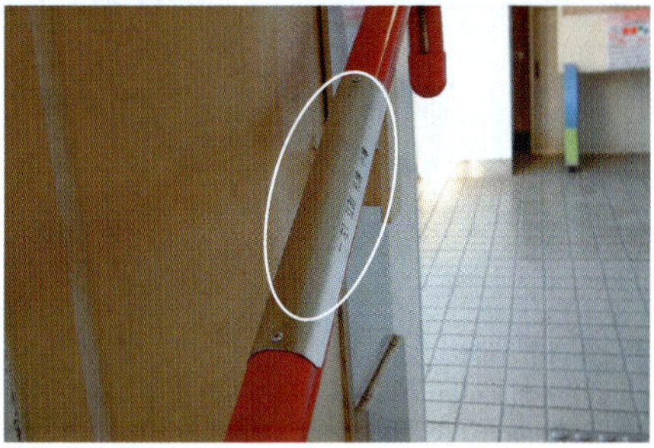
階段手摺りの点字表示

「野幌」駅同様、明治15(1882)年に「幌内鉄道」のフラッグステーション(簡易乗降場)として開設された歴史のある駅である。開設当初は「幌《ほろ》向太《むいぶと》」の名称であったが、明治19(1886)年に現在の名称に改称された。

駅舎は、現在連絡橋の中にあって機能性が高い施設となっているが、幌向駅は平成10年3月に改築されて連絡橋上の駅舎に変わり、先代駅舎の面影は全く残っていないだろう。国道12号と、複線をまたいで線路の向こうに広がる住宅地を、駅を通じて接続する連絡橋は、たいへん便利な施設といえる。

このように橋上駅舎形式は、連絡通路と一体とすることで別設置の跨線橋《こせんきょう》は不要になるので、たいへん経済的である。昇降口内に「階段」「スロープ」「エレベーター」等の設備をどう組み合わせるかは自治体の予算と考え方によるだろう。

ただし、今後はすべての駅舎にバリアフリー化が求められる新指針が国土交通省から発表されるので、橋上式駅舎にはエレベーターとスロープは絶対必要となってくる。

床材はすべりにくいものが使用され、昇降口の出入口には盲導鈴を設置、待合所入り口扉も自動ドアになっている。スカイライトが天井に設けられ、明るい改札口になっている。

※「幌向」は、アイヌ語の「ポロ、モイ、プト」(大きな静かな川の出口)から出たものである。(「駅名の起源」より)

国道上空を横断する連絡通路

ミニガイド　石狩川温泉がある。

上《かみ》幌《ほろ》向《むい》駅

岩見沢市上幌向南１条

幌向駅 — 5.9km — 上幌向駅 — 4.3km — 岩見沢駅

幌向駅と同型の上幌向駅舎

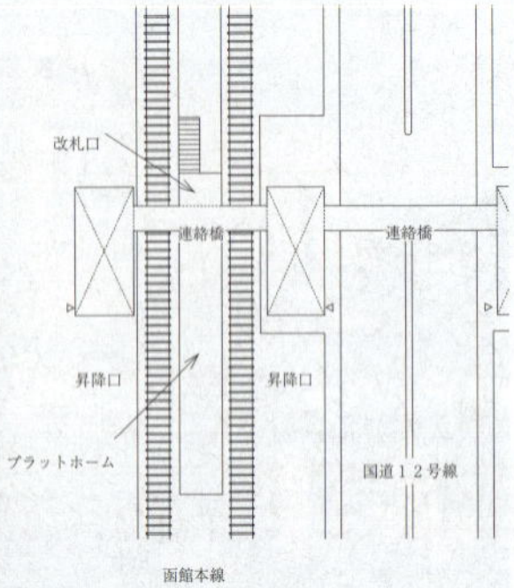

概略図

改札口・窓口風景

各昇降路内　回りスロープと階段が続く

国道12号と路線を横断している連絡橋上に、コンコースや改札口が設置される橋上駅舎である。

前の「幌向」駅舎も内容的には同じなので、こちらの上幌向駅のほうに改札口と連絡通路の概略図を載せる。

国道は幅が広く交通量も多いうえ、線路も複線だから、反対側からの利用を考えても、この連絡橋は非常に便利なものになっている。雪雨を防ぐように、すべて屋内形式である。

昇降口は線路の反対側と国道12号を挟む両側の計３カ所あり、内部には階段と緩やかなスロープが設置されている。このスロープは、自転車はもちろんのこと、手摺《てす》りが設けられているから、車《くるま》椅《い》子《す》も利用可能であるが、ホームには階段利用となるので、介護者が必要だろう。床面はラバーが全面に貼《は》られているので、滑ることはない。

この連絡橋は「上幌向スカイロード」と名づけられている。

改札口横には出札窓口があるが、自動券売機と自動改札機も設置されている。床面には誘導ブロックが設置されている。

機能性を追求し、便利になった上幌向駅舎は、設置年が明治40(1907)年と古く、今となっては改築前の駅舎を偲《しの》ぶものは、何も残されていない。

国道上空を横断する連絡橋

ミニガイド　湯元岩見沢温泉、道立農業試験場岩見沢試験地がある。

峰《みね》延《のぶ》駅

WC

美唄市峰延町峰樺

岩見沢駅 ― 8.4km ― 峰延駅 ― 4.5km ― 光珠内駅

中央部分の意匠が存在を強調　峰延駅舎

峰延駅は開設年が明治24(1891)年7月で、歴史ある駅のひとつである。改築された現在の駅舎は、個性的な形状をしたコンパクトな建物だ。外壁はサイディング張りだが、正面出入口の壁はレンガ調のパネル張りになっている。駅前はオンコ(イチイ)の植樹を中心としたロータリー形式になっていて、広さも十分ある。

駅前の通りには商店もある。また、農業用倉庫やJAもあり、農業の盛んな地域である。

※「峰延」の名は、当地の山の背後にあたる三笠町タップ山の丘陵が、長く南に延びているために名づけたものであるという。アイヌ語で「カ、ウシ、ナイ」(ワナの多い谷川)といって、ワナをかけた所であるともいう(「駅名の起源」より)。

後者は次駅の「光珠内」の語源であろうか？

峰延駅前

ミニガイド　峰延公園、三笠市のクロフォード公園(旧幌内太駅)、三笠温泉、幌内鉄道跡がある。

光《こう》珠《しゅ》内《ない》駅

WC

美唄市光珠内町北

峰延駅 ― 4.5km ― 光珠内駅 ― 3.9km ― 美唄駅

開設時の外形を保っている光珠内駅舎

光珠内駅舎は、何度か手は加えられているようだが、外観状態は昭和27(1952)年開設当時のようである。

出入口上には、立派な一枚板に駅名が書かれて設置されている。経年で文字がほとんど見えない状態のときもあったので、定期的に取り替えられているのであろう。

窓口業務を行っていた様子があるが、現在は閉鎖されている。

駅前には開設30周年の石碑が建立されている。昭和57年ごろに建てられたものであろう。そして駅前には近くの短大生用にアパートや下宿が多く、民家も建ち並んでいる。

光珠内駅前

開拓三十周年の石碑

ミニガイド　緑の情報館、専修大学北海道短期大学がある。光珠内隕石《いんせき》の発見地。

美《び》唄《ばい》駅

美唄市東1条南1丁目

光珠内駅 — 3.9km — 美唄駅 — 4.4km — 茶志内駅

理想的な橋上式の美唄駅舎（見えている部分は昇降口）

白鳥の模様がある連絡橋の窓

窓口・改札口

シンメトリーな駅舎

美唄駅は明治24(1891)年7月に開設された歴史のある駅だ。昭和47(1972)年まで「三菱鉱業美唄鉄道」、翌48年まで「南美唄支線」の起点駅でもあった旧美唄駅は50mほど「茶志内」駅寄りへ移動し、平成14年2月5日に、近代的で最新式の駅舎に変わった。

新駅舎は橋上式で、線路側から見ると、東西に同じ形状の昇降口が設けられたシンメトリーの建物である。外壁はタイルとガラスのカーテンウォールで構成されており、内壁は金属パネル張りになっている。

連絡通路は広く、モニュメントが置かれ、窓ガラスには白鳥の模様がつけられている。

東口駅前広場には石川啄木の「一握の砂」の一首、「石狩の美《み》國《くに》といへる停車場の柵《さく》に乾してありし赤き布片かな」が刻された歌碑が建立され、説明板も立てられている。それによると、啄木は明治41(1908)年1月20日釧路へ赴く途中、美唄停車場を通り過ぎていて、「美國」というのは石狩管内ではなく鉄道駅もないことから、「美唄」の誤りと推測できる、という。

東西の駅前はロータリー形式となっていて、東口側には大型のスーパーが建っており、バスターミナルは西口にある。駅舎は連絡橋の中央にあり、駅舎の両横にホームとの接続階段やエレベーターが設けられ、橋上駅のメリットが十分に活用されている。

石川啄木の歌碑と説明文

ミニガイド　美唄市役所、東明公園がある。

茶《ちゃ》志《し》内《ない》駅

WC

美唄市茶志内町

美唄駅 ― 4.4km ― 茶志内駅 ― 6.2km ― 奈井江駅

絵手紙教室が開催される茶志内駅舎

舎内の絵手紙教室

　昭和39(1964)年に改築された。鉄骨のフレームとコンクリートブロックの茶志内駅舎は、外壁にラインを入れて個性を表現している。よく見ると、水色で白鳥が飛んでいる姿も描かれている。

　連窓のある部分は駅事務所だが、窓口業務は現在行われておらず、保線用の休憩室として使用されているようである。

　舎内には大きなテーブルとイスが置かれ、壁に作品が展示されているので、どうやら絵手紙教室が開催されているようだ。駅前には広いスペースがあるが、砂利敷きになっている。

※「茶志内」の語源は、アイヌ語の「チャシ、ナイ」(走る谷川)で、流れが走るように速いからである。(「駅名の起源」より)

ミニガイド　駅前の国道12号は、日本で一番長い直線道路区間である。光珠内から滝川郊外まで延びている。

奈《な》井《い》江《え》駅

WC

空知郡奈井江町本町2区

茶志内駅 ― 6.2km ― 奈井江駅 ― 4.7km ― 豊沼駅

窓の形状が統一されている奈井江駅舎

奈井江文化ホール

待合所

　明治24(1891)年7月の開設で、歴史がある奈井江駅は、昭和50(1975)年に改築された。駅舎の窓に特徴があり、曲面コーナーをつけている。

　待合所は広くきれいに清掃され、俳句の短冊が展示されている。イスには近隣の方が寄贈した座布団が置かれていた。

　駅前には幅の広いスロープが正面出入口まで設置されている。駅前にある公衆電話は身体障害者仕様になっている。

　また、駅前は広く、ロータリー形式になっていて、横には「文化ホール」がある。

※「奈井江」は、アイヌ語では「ナイ」(谷川)の意味であったが、のちに人がこれを転《てん》訛《か》させて、「奈井江」としたものと思われる。別説もある。(「駅名の起源」より)

ミニガイド　奈井江町役場、ないえ温泉、里山展望台がある。石狩川沿いには沼が多くある。

豊《とよ》沼《ぬま》駅

WC

砂川市東 3 条南19丁目

奈井江駅 ― 4.7km ― 豊沼駅 ― 3.2km ― 砂川駅

無人駅だが規模の大きい豊沼駅舎

ホームから国道側を望む

予想外に大きい駅で、昭和17(1942)年2月に信号場として開設され、5年後には一般営業の駅としてスタートしている。かつては窓口業務も行われていたようだが、現在は閉鎖されている。

駅舎の床位置は線路の築堤の高さに合わせているため、階段を上がるのだが、凍害なのか、踏み板のコンクリート劣化が進み、豆砂利が飛散し鉄筋が剥《む》き出しになっている。駅前は砂利敷きであるが広く、ロータリー形式になっている。駅前側には民家が並んでいるが、反対側の国道側には工場や大型郊外型店舗が並ぶ。

※「豊沼」の由来は、付近は石狩川に沿い、昔は大小幾多の沼があって地味が豊沃でなかったので、将来沃野《よくや》になるようにとの意をこめて豊沼と名づけたのである。(「駅名の起源」より)

ミニガイド 石狩川沿いには火力発電所や化学工場がある。

函館本線沿線の風景 その2

小樽運河

大通公園の雪祭り

丸加高原

神居古潭付近の石狩川

砂《すな》川《がわ》駅

S　WC　Ki

砂川市東2条北2丁目

豊沼駅　3.2km　砂川駅　7.6km　滝川駅

北海道代表型駅舎を継承する砂川駅舎

自由通路昇降口

窓口・改札口

上砂川支線跡地の地域交流センター

明治24(1891)年7月の「歌志内線」開通時に開設された。当時は「砂川」から「歌志内」に向かって右折していた。他に、平成6年までは「上砂川」駅に向かって「函館本線上砂川支線」があった。

木造駅は平成元年改築されて鉄骨造りとなったが、新駅舎には珍しく、北海道代表型駅舎の形状を取り入れた伝統的な駅舎である。外壁はサイディング張り、腰壁は木製板張りで、段窓が連続するファサードが軽快だ。正面には「旅の想い出の鐘」が設置されている。待合所は広く雰囲気がいい。床タイルも色分けによるデザインが施されている。俳句の展示があった。

駅横には近代的な自由通路が、駅裏(元構内)に新しく建設された地域交流センターの「ゆう」まで接続されている。この自由通路となる前は長い跨《こ》線橋《せんきょう》があり、上砂川支線などのホームまで連絡していた。この自由通路内にはエレベーターもあって高齢者などには優しい施設であるが、駅の跨線橋とは別になっていて、ホームには出られない。

駅前は整備され、ロータリー形式となっていて、タクシーの待機も多い。駐車場や交番が駅横にあり、ホテルや旅館も多く、商店も軒を並べる。

※「砂川」の語源は、アイヌ語の「オタ、シ、ナイ」(砂のある川)であって、「歌志内」と同じである。(「駅名の起源」より)

開駅百年記念の「旅の想い出の鐘」

ミニガイド　砂川支役所、上砂川町無重力科学館、砂川市郷土資料室、かもい岳温泉、うたしないチロルの湯、上砂川岳温泉、地域交流センター「ゆう」、北海道こどもの国(石山公園)、砂川オアシスパークがある。

滝《たき》川《かわ》駅

滝川市栄町4丁目

砂川駅 ― 7.6km ― 滝川駅（起点駅） ― 8.4km ― 江部乙駅

（根室本線） 7.2km東滝川駅

根室本線の起点でもある滝川駅の駅舎

駅前モニュメント

ホーム

改札口

　滝川駅は明治31（1898）年7月に「上川線」の「旭川」−「空知太」の開通から始まっている。それよりも前の明治24年7月には「砂川」−「空知太」間が開通し、滝川駅の開設年と同じ日に「空知太」が廃駅となっているが、改称ではない。

　滝川駅は「根室本線」の起点駅でもある。

　駅舎は昭和37（1962）年12月改築の2代目駅舎で、鉄筋コンクリート造りの二階建て。2階には「滝川通運コンテナセンター事務所」が併設されている。JR貨物駅でもある。

　舎内の待合所は広く、それを取り囲むようにKIOSKや立ち喰いソバ店、ギフトセンターなどがある。券売機横には、視覚障害者用の運賃表やグリーンBOXもある。

　駅前には地下歩道が設置されている。駅前はロータリー形式で、駐車場も整備され、タクシーも数多く待機している。駅前広場にはモニュメントが設置されている。大型のスーパーマーケットや商店街があり、人通りも多く賑《にぎ》わっている。

※「滝川」の呼称は、アイヌ語の「ソ、ラプチ、ペッ」（滝下る川）から出たものである。空知川は、ここで石狩川に合流するが、その空知川の上流に滝があるのでアイヌがこういったものと思われる。（「駅名の起源」より）

滝川駅前

ミニガイド　滝川市役所、航空動態博物館、滝川市美術自然史館、滝川ふれ愛の里温泉、川の科学館、國學院短期大学がある。毎年8月上旬には「あんどん滝川しぶき祭り」が開催される。松尾ジンギスカン本社工場がある。

江部乙駅《えべおつ》

WC

滝川市江部乙町西12丁目

滝川駅 ― 8.4km ― 江部乙駅 ― 7.5km ― 妹背牛駅

今では珍しくなった段窓がある江部乙駅舎

りんごの絵が可愛い駅銘板

　最近の駅舎ではあまり見かけなくなった段窓を、珍しく残している江部乙駅舎は、外壁が経年による塗装の劣化で、剥《はく》離《り》が目立ち始めていた。

　永い年月を補修により建物を維持しているようである。

　りんごの産地だけに、りんごの絵の駅銘板だ。出入口はバネ式の自動引き戸が採用されている。窓口業務は平成15年3月まで委託で行われていたが、現在は無人となっている。

　ホームは砂利敷きとなっている。

　駅前は道路に面していて、広場はない。駅前の商店にポストがある。

※「江部乙」の呼称は、アイヌ語の「エペ、オッ」(チョウザメのいる川)から出たものである。(「駅名の起源」より)

ミニガイド　丸加高原展望台、丸加高原伝集館、えべおつ温泉がある。

妹背牛駅《もせうし》

WC

雨竜郡妹背牛町妹背牛

江部乙駅 ― 7.5km ― 妹背牛駅 ― 7.2km ― 深川駅

駅前に馬が飼われている妹背牛駅舎

妹背牛駅前

駅前の放牧場

　外壁パネルの碁盤目《ごばんめ》地が近代的印象を与える妹背牛駅舎は、平成元年に改築された待合所だけの建物だ。トイレは別棟にあり、コンクリートブロック造りである。

　構内には年代物の跨線橋《こせんきょう》がかかっている。駅前はアスファルトで舗装されて、広いスペースが確保されている。駅前には近くの幼稚園だろうか？　馬が飼われていて、カメラを向けるとそばに寄ってくる。このあたりにはかつて鉄道官舎があった。駅周辺には農業用倉庫があり、以前から駅との相関関係があったことが窺《うかが》われる。駅前には旅館もあった。

※「妹背牛」は、アイヌ語の「モセ、ウシ」(イラグサのある所)から出たもので、昔この付近はイラグサが繁茂していた肥沃《ひよく》な土地であったことが想像される。(「駅名の起源」より)

ミニガイド　妹背牛町役場、妹背牛郷土館、妹背牛温泉ペペルがある。

深《ふか》川《がわ》駅

深川市1条

妹背牛駅 ― 7.2km ― 深川駅（起点駅） ― 7.4km ― 納内駅
（留萌本線）3.8km 北一已駅

特産品販売店がある深川駅舎

木彫りの駅銘板

待合所・改札口

特産品販売店

平成7年までは3路線の接続があった深川駅であるが、同年、起点駅となっていた「深名線」が廃止、現在は函館本線と「留萌本線」のみになった（留萌本線は起点駅）。駅構内にはまだ、深名線のレール跡など関連設備も残され沿線には廃駅舎も一部保存されている。

駅舎は大型で、昭和35（1960）年に、当時としては近代的な建物に改築された。

舎内にはテナントとして薬局、立ち喰いソバ店、寿司店、特産品販売店も入っている。

また、深川銘菓「ウロコダンゴ」（創業大正2＝1913年の高橋商事が生産）の販売も。これは、留萌本線の開通記念に「椿団子」という名で販売されたのが始まり。舎内の特産品販売店にはウロコダンゴのグッズも販売されていた。券売機横には視覚障害者用の運賃表やグリーンBOXが備えられている。

ロータリー形式の駅前広場は、多くの商店などで賑《にぎ》わう。歩道もインターロッキングブロックで舗装され、よく整備されている。中央には美しい時計台がある。駅前にはまた、深川市の案内表示板が設置され、観光地の写真も掲示されている。

※「深川」の呼称は、アイヌ語「ラウネ、ナイ」（深い谷川）の語義をとったもの。（「駅名の起源」より）

深川駅前

ミニガイド 深川市役所、青少年スポーツセンター、音江ストーンサークル、丸山公園、沖里河温泉、湯の花温泉、温水プールがある。

納《おさむ》内《ない》駅

WC

深川市納内町3丁目

深川駅 —— 7.4km —— 納内駅 —— 12.7km —— 伊納駅

深川市の施設に同居している納内駅

舎内天井部

納内駅前

納内駅は、平成11年に建設された、「納内時計プラザ」と呼ばれる深川市営の建物に駅が同居している形式である。名称のとおり建物中央には時計台がそびえ、中央合掌《がっしょう》外壁部分の明り採り窓と屋根面のスカイライトにより、舎内のホールは大変明るくなっている。新築後間もない建物内は、清掃が行き届いていて、たいへん清々しさを感じる。出入口は自動ドアになっている。

舎内には深川市の支所の他、講堂が2室設置されている。トイレは舎内にもあるが、別棟にもある。

駅前は整備されていて、駐車場もあり舗装されている。周辺には商店もある。

※「納内」の語源は、アイヌ語の「オサ、ナン、ゲップ」(川尻で葭《あし》を刈る所)。(「駅名の起源」より)

ミニガイド 吉野山公園がある。神居古潭にも近い駅である。

「神居古潭」駅が存在していたこと

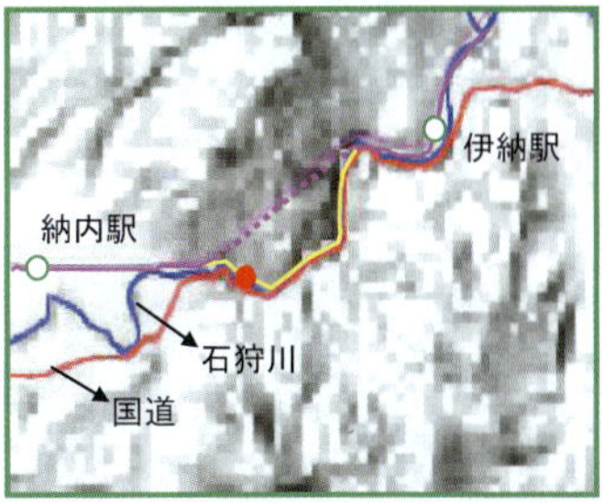

現在のルート
現在のトンネル位置
旧ルート
神居古潭駅付近

函館本線の「納内」駅と「伊納」駅の間には、昭和44(1969)年9月末まで「神居古潭《かむいこたん》」駅があった。明治31(1898)年、「上川線」としての「旭川」−「空知太」(現・滝川付近)間開通時に、石狩川沿いの渓谷につくられた駅である。輸送量の増強と電化に伴い、渓谷における改良工事は厳しいため、現在のルートである常磐山を貫く第一・第二伊納トンネルそして神居トンネルの三つのトンネルが掘られ、ルートの変更によって昭和44(1969)年、神居古潭駅は廃駅になった。それから20年後の平成元(1989)年には資料館として復元され、現在は「旭川市指定文化財」となっている。資料館(駅舎)の周りには、「29638」「C57201」「D516」の蒸気機関車も展示されている。ちなみに、開設年月日は明治34年12月5日である。昔の線路跡は現在「サイクリングロード」となっている。かつてのルートでは、石狩川の渓谷美を満喫しながらの旅であったと思われるが、伊納駅や納内駅で下車してハイキングで旧神居古潭駅に行くと、美しい渓谷の眺望を楽しむことができる。スケッチをしている人も多い。

神居古潭駅(復元)

旧駅標

旧神居古潭駅(展示パネルより)

駅前渓谷風景

伊《い》納《のう》駅

WC

旭川市江丹別町春日

納内駅 —— 12.7km —— 伊納駅 —— 6.1km —— 近文駅

2両のリサイクル車両が並ぶ伊納駅舎

ホーム風景

列車リサイクルの駅だが、ここでは2両(棟)を使用している。外壁の塗装は、宗谷本線でよく見かける、薄いブルーのラインが入ったものだったのを、最近塗り替えたようである。内部は両方とも同じ仕様で、なぜ2両あるのかは不明だが、近くに旭川北都商業高校があり、生徒たちの乗降が多いからであろう。トイレの使用はホーム側の車両が可能だ。伊納駅は明治31(1898)年7月に信号場として設置され、明治33年5月に停車場となり旅客扱いを開始した。路線はこのあたりから平地になり、住宅も多くなってくる。

※「伊納」の由来は、アイヌ語の「イヌン、オ、ペッ」(漁者の小舎のある所)から採ったもので、昔アイヌがこの付近に漁舎を作ったのによるものであろう。(「駅名の起源」より)

ミニガイド 春日青少年の家、嵐山・神居自然休養林がある。

近《ちか》文《ぶみ》駅

WC

旭川市近文町20丁目

伊納駅 —— 6.1km —— 近文駅 —— 4.0km —— 旭川駅

明治時代の待合所がある近文駅舎

ホームの待合所

明治と平成のコラボレーション

近文駅は、軍事用に開設された駅で、貨物用支線や専用線数本があった。

近文駅は複線を挟んだ両側に待合所があり、ホーム上にも旅客扱いが始まった当時(明治44＝1911年)に建設された待合所がある。駅舎は平成元年に改築された。

跨線橋《こせんきょう》と連絡橋が一体となって経済的にできている。

ホームの先端にはノンスリップゴムシートが貼《は》られているが、雪国では必要な処置である。平成18年7月から無人駅となった。

駅前には商店が多く、喫茶店もある。

駅前に駐車場がある。

※「近文」の語源は、アイヌ語の「チカプ、ウン、ニ」(鳥のいる木)の変化したもの。(「駅名の起源」より)

ミニガイド 嵐山自然公園、アイヌ記念館、北邦野草園がある。

函館本線の廃線支線

路線位置図

[函館本線と廃線枝線概略図]

[函館本線の歴史についてその１]（45ページ）で述べたとおり、函館本線には枝線が数多くあった。そのなかで、平成20年現在残っている路線は９本で、廃線になった主要な路線は10本にもなる。

明治13（1880）年11月に北海道で最初の「幌内《ほろない》鉄道」が開通してから、平成7（1995）年9月に「深名《しんめい》線」が廃止となるまでの115年間に、さまざまな歴史を刻んだ路線は記念館として残されたり、記念碑が建立され、現在においても名残を垣間見ることはできるが、当時における活気は失われつつある。廃線になった後は、路線バスによる輸送に切り替わっているが、JRバスの赤字路線40系統が撤退になる話が浮上していて、これにより鉄道路線に次いでバス路線をも失う地域が出てきている。学生の通学や高齢者の通院の足は、代替輸送に頼らざるをえなく、地方自治体の厳しい財政に委ねられそうだ。他方、民間バス会社の新規参入も期待されているが、もともと赤字路線なので、現在のところ民間バス会社の新規参入は期待薄のようだ。地域の経済や教育機関、そして高齢者の福祉におけるマイナス成長を余儀なくされている。

【主な路線名と廃線年】

- 函館本線
- 稼働している現在の他路線
- 深名線（平成７年９月廃線）
- 函館本線上砂川支線（平成６年５月廃線）
- 歌志内線（昭和63年４月廃線）
- 幌内線（昭和62年７月廃線）
- 瀬棚線（昭和62年３月廃線）
- 胆振線（昭和45年11月「京極から脇方」間の脇方支線が廃線、昭和61年11月本線が廃線）
- 手宮線（昭和60年11月廃線）
- 岩内線（昭和60年７月廃線）
- 夕張鉄道（私鉄：昭和50年４月廃線）
- 寿都鉄道（私鉄：昭和47年５月廃線）

この他にも短区間の南美唄支線（美唄－南美唄間、昭和48年９月廃線）もあった。

奥尻島

江差線・津軽海峡線

営業距離/駅舎数（江差線）

79.9km / 20駅

営業距離/駅舎数（津軽海峡線）

32.3km / 2駅

①江差線の終着駅（起点駅）は「五稜郭」であるが、五稜郭駅は「函館本線」に掲載したため、本書では「七重浜」駅で終わっている。

②津軽海峡線の起点駅は「木古内」であるが、木古内駅は「江差線」に掲載したため、本書では「知内」駅から始まっている。

③JR北海道の駅舎のみを対象としている本書では、津軽海峡線を「吉岡海底」駅で終了している。次駅の「竜飛海底」駅はJR東日本であるため、掲載していない。

知《しり》内《うち》駅

WC

上磯郡知内町湯ノ里

木古内駅 ― 11.8km ― 知内駅 ― 3.2km ― 吉岡海底駅(臨)

北海道最南端の地上駅　知内駅舎

駅前の看板

北海道最南端の地上駅である。もともとは「新湯の里信号場」で、松前線の「渡島知内」駅とは場所も異なる。併設の「知内町物産館」の建物に渡り廊下が接続されている。渡り廊下の端に駅出入口があるという仕組みで、渡り廊下の木造バットレスはたいへん面白い。最初から設置されていたのだろうか。

知内町といえば、歌手の北島三郎の出身地として有名である。物産館の駐車場入り口には看板が立っていた。

知内駅を過ぎると「第一湯の里トンネル」に入り、通過後すぐにまたトンネルに入るが、ここからが青函トンネルとなる。青函トンネルは北海道側陸底部分だけでも17kmもある。

ミニガイド　知内温泉がある。

吉《よし》岡《おか》海《かい》底《てい》駅(臨)

S　WC

松前郡福島町吉岡

知内駅 ― 3.2km ― 吉岡海底駅(臨) ― 23.0km ― 竜飛海底駅

見学コースにあった記念写真掲示壁

現在は見ることができない駅名標

トンネル断面図

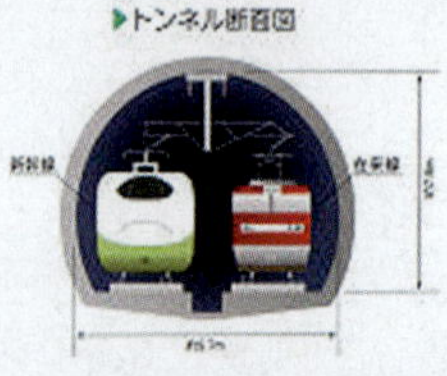

北海道新幹線建設促進期成会の図より

以前は列車内放送と車両前方に設置されているテロップ機から「青函トンネル」の説明が流れ、現在位置をランプで知らせてくれた。

吉岡海底駅は、ホームの長さが500mもある。ただ、歩行用通路の幅が狭く(転落の危険があるわけではないが)、84cmほどしかないのが気になった。時刻表(交通新聞社編)によると、吉岡海底駅となっているが、本来は駅ではなく、避難通路の一部を駅として利用している形態である。坑内見学コースもあったが、道民の念願した北海道新幹線の敷設工事により、これらの見学コースは全面運休となっていて、現在この駅は工事の資材置き場となっている。新幹線開通後に復活を期待したいところである。

ミニガイド　北海道新幹線の「新函館」駅までの開通により、「東京」駅－「新函館」駅間は現在の9時間46分が4時間23分へと短縮される。

七《なな》重《え》浜《はま》駅

S WC

北斗市七重浜2丁目

五稜郭駅 — 2.7km — 七重浜駅 — 2.6km — 東久根別駅

橋上駅の七重浜駅舎

待合所と窓口

昭和61(1986)年にできた七重浜駅。線路の南北をつなぐ連絡橋として利用されている跨《こ》線《せん》橋《きょう》上に駅舎がある。待合所も跨線橋上にあるが、トイレは1階にある。

駅前には元は駅舎だった建物があり、現在は「JR北海道労働組合函館地区支部」と民間の研究所が入っている。

駅横には北斗市七重浜支所・七重浜住民センターの「れいんぼー」という立派な建物がある。

※「七重浜」の名称は、アイヌ語の「ヌアン、ナイ」(漁の豊かな谷川)から出たもので、七飯駅との区別上、海浜にあるため「浜」の字を付したのである。(「駅名の起源」より)

ミニガイド　「箱館戦争」の激戦地として知られるほか、洞爺丸殉難者慰霊碑、七重浜温泉がある。

東《ひがし》久《く》根《ね》別《べつ》駅

WC

北斗市久根別1丁目

七重浜駅 — 2.6km — 東久根別駅 — 1.2km — 久根別駅

防犯に力を入れている東久根別駅舎

舎内

江差線の中で最も新しく開設された。共同住宅群の中にあるので、結構乗降客が多い。

開設当初からリサイクル車両を利用した駅舎だったが、最低限の施設は整っている。

屋根の上にもアーチ状の駅銘板が設置されていて、華やかだ。舎内には自動券売機が設置されている。

かつて券売機が盗難に遭ったことがあったせいか、防犯には力を入れていて、監視カメラや非常警報の回転灯が設置されている。

ちなみに、冬期はストーブが焚《た》かれている。盗難に遭ったためなのか、夜の20時から翌日の7時まで閉鎖される。

ミニガイド　函館湾の一番奥まった位置になる。スパビーチ海水浴場がある。

久《く》根《ね》別《べつ》駅

WC

北斗市久根別2丁目

東久根別駅 1.2km 久根別駅 1.1km 清川口駅

改修で半分になった久根別駅舎

久根別駅前

駅舎は木造の古い形状をしている。現在の駅舎の大きさからすると、待合所のスペースが広いが、これは当初の駅舎の右半分程度が解体されて、現在も待合所の部分だけそっくり残されて使用されているからである。

かつては出札業務もなされていたのだろうが、現在は閉鎖されている。

無人駅のせいもあるが、舎内の落書きが多く、消すのも大変であろう。

駅前には民家や商店、スーパーマーケットなどがあり、周辺はアスファルト舗装で整備されている。

※「久根別」の由来は、アイヌ語の「クンネ、ベツ」(黒い川)の変化したもので、現在の久根別川を指したものである。(「駅名の起源」より)

ミニガイド　函館湾の最も奥まった場所にあり、晴れた日には函館山を望むことができる。

清《きよ》川《かわ》口《ぐち》駅

WC

北斗市中野通1丁目

久根別駅 1.1km 清川口駅 1.2km 上磯駅

建物の出隅をうまく使用している清川口駅舎

待合所

個性的な形状の駅舎で、建物の出隅がうまく利用されている。

無人駅だが、駅舎内にはKIOSKではないけれど売店があり店員さんが常駐していて、乗車券も販売されている。自動販売機も数台置かれ、アイスクリームも販売されている。待合所にはテレビが置かれ、スペースも広くとられている。

この駅はしばらくの間駅舎がなく、ホームのみだったそうである。ホームは開設当時からのもので、コンクリート製で誘導ブロックが設置されている。

取材中、列車待ちの高校生たちがポーズをとってくれた。

ミニガイド　北斗市役所に隣接。上磯前浜海水浴場がある。

上磯駅《かみいそ》

北斗市飯生2丁目

清川口駅 ― 1.2km ― 上磯駅 ― 8.8km ― 茂辺地駅

跨線橋上の上磯駅舎

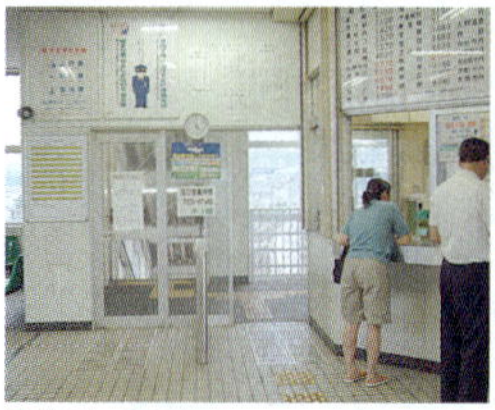
改札口

上磯駅前

上磯駅は跨線橋《こせんきょう》上にある橋上駅舎で、跨線橋が駅の南北を結ぶ連絡橋にもなって、理想的な形態をしている。

改築前は木造平屋建てだったのが、すっかり近代的な駅舎になった。

駅前の歩道は、インターロッキングブロックで綺麗《きれい》に整備されている。

駅周辺にはセメント工場や北斗市商業活性化支援センター(「エイド'03」)があり、野外イベントスペースが設けられている。

上磯は明治23(1890)年に北海道で最初にセメント製造を始めた。海上にセメント用コンベアーが延びている。

※「上磯」は、アイヌ語の「カマ、イソ」(波かぶり岩)から出たものである。(「駅名の起源」より)

ミニガイド 上磯地区の中心地。松前藩戸切地陣屋跡(桜の名所)がある。

茂辺地駅《もへじ》

北斗市茂辺地

上磯駅 ― 8.8km ― 茂辺地駅 ― 5.0km ― 渡島当別駅

開口部に特徴のある茂辺地駅舎

茂辺地駅前

昭和63(1988)年に改築されて2代目の茂辺地駅舎は、開口部に特徴がある。

待合所は広めに造られていて、待合所の窓のサッシと出入口ドアには半円形のアーチが設けられている。また、出入口のドアは袖《そで》つきになっていて、ステンドグラス風のパネルがはめ込まれている。

構内には跨線橋があり、駅の東西を結ぶ連絡橋にもなっている。ホームのみ誘導ブロックが設置されている。

ちなみにトイレは、ホーム側からの使用となる。

※「茂辺地」の名称は、アイヌ語の「モ、ペッ」(静かな川)を採ったもので、現在の茂辺地川を指したものであるが、別説もある。(「駅名の起源」より)

ミニガイド 茂辺地支所、茂別館跡、箱館戦争の激戦地である矢不来がある。

渡島《おしま》当《とう》別《べつ》駅

WC

北斗市当別4丁目

茂辺地駅 ― 5.0km ― 渡島当別駅 ― 4.9km ― 釜谷駅

教会のような渡島当別駅舎

これはどう見ても教会の風景

ホーム側から見た駅舎

駅長が造った駅銘標

渡島当別駅は郵便局との併設になっている。駅と郵便局が合体した駅は、道内ではこの駅だけである。

建物は外観からすると、郵便局にも駅舎にも見えず、教会のようだ。この町にある日本で最初の男子修道院であるトラピスト修道院のイメージで造られたのだろう。

改築前の駅舎は北海道代表型の建物であった。今はそのイメージすらない。

昭和63(1988)年に改築された駅舎の出入口部分には高い吹き抜けの空間が設けられていて、ステンドグラスを通して幻想的な光が差し込んでくる。舎内は、キリスト教にまつわる陶器の像が設置されていたり、駅横のポーチにはマリア像が置かれた噴水があったりと、教会そのものである。

待合所まではスロープで行けるが、ホームまでは階段使用となる。郵便局用のスロープなのだろうか？

駅前には商店があり、「手荷物一時預所」にもなっている。

トイレは別棟になっていて、便器の一部には手《て》摺《す》りが設置されている。

駅前の駐車スペースには、石に彫られた立派な駅銘標が設置されている。

※「渡島当別」の名称は、アイヌ語の「トウ、ペッ」(沼川)から採ったもので、昔は当別川の上流に大なる沼があったため、「沼のある川」と呼ばれたのであろう。駅名は他に類似のものがあるので、国名「渡島」を冠らせた。(「駅名の起源」より)

渡島当別駅前

ミニガイド　トラピスト男子修道院、ルルドの洞窟、川田男爵資料館、当別漁港がある。

釜《かま》谷《や》駅

上磯郡木古内町釜谷

渡島当別駅 — 4.9km — 釜谷駅 — 3.1km — 泉沢駅

乗車券販売が行われている釜谷駅舎

舎内は綺麗な飾りで装飾されている

廃列車をリサイクルした釜谷駅舎は、外装が劣化していた。

特に後から取り付けられたと思われる中央部分のサイディングボードは、激しく劣化している。駅銘板などに工夫がみられ、補修するとおもしろい外観になるのだが。

外装の劣化度に比べて、内部はキチンと清掃され、新しいベンチが置かれ、乗車券の販売もされている。

リサイクル車両の駅舎は数多くあっても、乗車券販売をしている駅はそれほど多くない。

別棟のトイレは現在閉鎖中。

※「釜谷」の名称は、アイヌ語の「カマヤ、ペッ」(平べったい岩のある川)から出たものである。(「駅名の起源」より)

ミニガイド　北海道教育大学臨海実験所、亀川温泉、前浜海水浴場がある。

泉《いずみ》沢《さわ》駅

WC

上磯郡木古内町泉沢

釜谷駅 — 3.1km — 泉沢駅 — 3.4km — 札苅駅

咸臨丸終焉の地近くにある泉沢駅舎

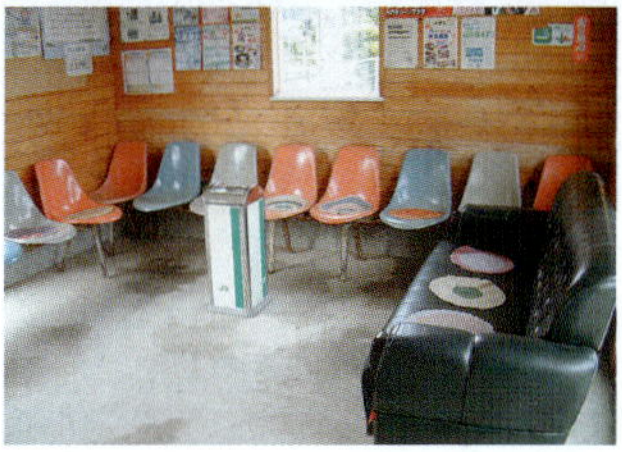
待合所(平成14年)

昭和63(1988)年に改築された。駅舎の外壁はサイディング張り、内部の壁は木製板張り、待合所にはソファまで置かれていて、気分も落ち着く。

掲示板だけでは足りず、壁面にはびっしりとJR列車の旅や地域の催しのポスターが貼《は》られている。

出札業務は委託で行われている。

ホームには誘導ブロックが設置されているが、待合所にはない。

国道越しに津軽海峡が見えるが、明治4(1871)年に咸臨丸《かんりんまる》(日本で最初に太平洋を横断した船)がここで沈没した。

※「泉沢」の由来は不明。昔からこの名をもって呼ばれている。おそらく綺麗な泉が流れ出ていた沢だったので、こう呼ばれていたのであろう。(「駅名の起源」より)

ミニガイド　釜谷駅との間の海岸に「咸臨丸」の終焉の地があり、石碑が建立されている。

札《さつ》苅《かり》駅

WC

上磯郡木古内町札苅

泉沢駅 ― 3.4km ― 札苅駅 ― 3.8km ― 木古内駅

泉沢駅舎と兄弟駅舎　札苅駅

札苅駅前

「千歳線」には似たような外観をした兄弟駅が多く見られたが、江差線でも、この札苅駅と「泉沢」駅とは兄弟駅で、駅舎の外観はかなりそっくりである。コーナーにある丸パイプ柱の色が違う程度か。改築前は似ていなかったようだが、現在は、駅舎の内部も泉沢駅と全く同じ仕様になっている。泉沢駅では出札業務を委託しているようだが、札苅駅は窓口が閉鎖されていた。ホームは上下線が結構離れている。駅前周辺は民家があり、国道に沿って多くの商店がある。

※「札苅」の由来は、この付近の海岸に岩礁《がんしょう》があって、札苅集落はその北方に位置していることから。アイヌ語で「岩礁の北方」という意味を「シラツトカリ」と称するのである。これから変化して地名となり、駅名もまた、これによっている。また、「サツカリ」は「シラリツカリ」の略で「磯端」の意とも。(「駅名の起源」より)

ミニガイド　次の木古内駅まで並走する松前国道(R228号)は、「追分ソーランライン」の一部。

津軽海峡線と青函トンネルについて

青函トンネルをつくる構想は大正時代まで遡《さかのぼ》るが、現実の話となると、昭和初期に計画が挙がり、戦後の昭和27(1952)年から調査が始まった。

翌28年の国会で正式に決定された工事は、その後の本格調査だけでも6年間を要することになる。事前掘削の調査坑についで昭和46(1971)年9月から先進導坑の工事が始まり、けっきょく導坑が全通したのは、昭和60(1985)年3月だった。それからレールの敷設が始まり、完成したのは先進導坑の掘削工事開始から足かけ17年後の昭和63(1988)年3月13日であった。

この海底トンネルは、地上部の30.55kmと海底部の23.3kmを合わせると53.85kmで世界一長く、海底部分だけでも「ドーバー海峡トンネル」に次いで世界で2番目に長いトンネルである。高さもビルの3階と同じくらいで、新幹線を通す構想で造られた。

トンネル最深部分の深さは海面から240mあり、開通後からは徐々に湧水が少なくなってきてはいるが、現在でも1分間に24～30tの海水が湧き出ていて、ポンプアップで排出している。トンネル内の気温は一年中安定していて、20℃である。

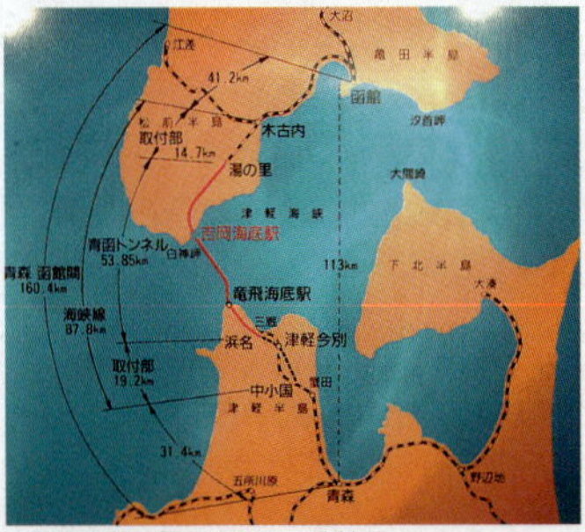

吉岡海底駅に展示されている地図

トンネルに敷設されているレールは継ぎ目がない〝スーパーレール〟で、総延長は52.57kmである。トンネルの施工費は当時の金額で1mあたり1,000万円かかったそうである。107ページの[江差線の歴史について]でも触れているが、〈津軽海峡線〉とは、「津軽線」「海峡線」「江差線」および「函館本線」の一部の総称で、総延長160.4kmの愛称である(本書で取り上げたのは、JR北海道側の「吉岡海底駅」まで)。

知内駅から青函トンネル方面を望む

吉岡海底駅ホーム風景

木《き》古《こ》内《ない》駅

上磯郡木古内町本町

札苅駅 —3.8km— 木古内駅 —2.3km— 渡島鶴岡駅
（起点駅）（津軽海峡線）11.8km 知内駅

個性的なデザインの木古内駅舎

出札・改札口

1階の物産品店

木古内駅構内

木古内駅舎は大胆なデザインと観光PRが建物の外壁正面に掲示されていて、他の駅舎と表情が異なる。建物正面の三角形部分は異種材で形成され、屋上に突き抜けた部分の側面にはスカイライトが設置されている。外壁には観光の目玉のPRを掲示し、左に「寒中みそぎ」、右側には咸臨丸《かんりんまる》の船首模型が設置され、夜はライトアップされる。

駅舎の改札口や待合所は跨《こ》線橋《せんきょう》上にあり、1階には物産品店とトイレがある。「スカイロードきこない」と名づけられた連絡歩道橋が北口と南口をつなぐ。ホームが狭いので注意が必要。

駅前にはタクシーが多数待機していて、バスターミナルと駐車場もある。駅横にはイラスト入りの詳しい観光案内図があり、夜間にはライトで照らすので、旅行者には便利。駅前商店街には食堂や郵便局がある。「津軽海峡線」と江差線の分岐駅で、津軽海峡線の名目上の起点駅でもある。やがて北海道新幹線が乗り入れるため、「新木古内」駅が建設されるのだろうか？住民の期待も膨らむ。昭和63（1988）年1月までは「松前線」の起点駅でもあった。

※「木古内」の由来は、付近にある川を「リロ、ナイ」といい、これから変化したものと思われる。
「リロ、ナイ」とは「潮の差し入る川」という意で、この沿線は干満の差が大きいため、満潮のときには川に潮が逆流するため、こう名づけられたものであるという。（「駅名の起源」より）

木古内駅前

ミニガイド 豊漁祈願の神事「寒中みそぎ」（毎年1月15日に褌《ふんどし》姿の若い衆が荒行する）で有名な佐女川神社では8月15・16日の「夜間みこし」がある。木古内町役場、ビュウ温泉がある。このあたりは箱館戦争の激戦地でもある。

渡《お》島《しま》鶴《つる》岡《おか》駅

上磯郡木古内町鶴岡

木古内駅 ―2.3km― 渡島鶴岡駅 ―3.1km― 吉堀駅

庭園が見渡せる渡島鶴岡駅の待合所

渡島鶴岡駅前

コンパクトな渡島鶴岡駅舎は、待合所のみの建物であるが、開設当時には何もないホームのみの駅だったそうなので、便利になった。

外壁はサイディング張りの新建材を使用しているが、内装は木製板張り。まだ木材特有の臭《にお》いが残っていたので、最近設置されたものであろう。

「農村ふれあいセンター」の庭園に沿ってホームがある。環境と見晴らしがすこぶるよい位置にあるので、ホームにベンチでも置いてもらえれば、列車待ちも退屈しないだろう。

出入口上部には、木板に書かれた立派な文字の駅銘板が設置されている。

ミニガイド　「農村ふれあいセンター」がある。

吉《よし》堀《ぼり》駅

上磯郡木古内町大川

渡島鶴岡駅 ―3.1km― 吉堀駅 ―13.2km― 神明駅

色鮮やかな吉堀駅舎

ホーム側より

鮮やかな黄色にグリーンのラインで彩られた、廃列車をリサイクルした駅舎である。周囲の木々の深緑に映えてよく目立つ。先代は木造の小さな駅舎だったそうだ。

正面外壁には大きな駅銘板が設置されている。出入口はホーム側にあり、アーチ状の庇《ひさし》が設けられていた。

トイレは別棟に設置されていたようだが、現在は閉鎖されている。

駅前には開業記念のオンコ（イチイ）が植えられていた。

※「吉堀」の由来は、昔は駅付近を流れる木古内川に鮭《さけ》が溯《そ》河《か》してたくさんの「ほり」（鮭鱒《ます》等が産卵のときに川床に掘る穴）を掘った所であることから。「よいほり場」というのを後に「よしぼり」と呼ぶようになったものである。（「駅名の起源」より）

ミニガイド　山々が両側から迫る木古内川に沿って、蛇行しながら列車は檜山支庁に入っていく。

神明《しんめい》駅

檜山郡上ノ国町湯ノ岱

吉堀駅 ― 13.2km ― 神明駅 ― 2.8km ― 湯ノ岱駅

周囲の環境にマッチしている神明駅舎

神明駅前

建物としては、木造の待合所がある。木材が多少劣化しているが、手入れは行き届いている。出入口の戸は木製であったものをアルミサッシに改修、他の窓用建具は建設時のものを使用しているようである。待合所のみの建物で、トイレ等の施設はない。ホームは木製のデッキ式で、手摺《てすり》にはペンキで塗装されたレールが使用されている。駅舎やホームのデッキの使用材料が、周囲の環境にマッチした駅である。

駅の背後には鬱蒼《うっそう》とした雑木林が広がり、駅前には天ノ川がゆっくりと流れるという環境にある。都会の雑踏のなかで過ごしている方には、こうした場所を訪れて心のリフレッシュをお勧めしたい。

ミニガイド 多くの支流が注ぐ天ノ川が始まる位置にある。

湯ノ岱《ゆのたい》駅

S WC

檜山郡上ノ国町湯ノ岱

神明駅 ― 2.8km ― 湯ノ岱駅 ― 7.1km ― 宮越駅

温泉地の雰囲気がある湯ノ岱駅舎

湯ノ岱駅前

湯ノ岱は、江差線による松前半島横断では唯一《ゆいいつ》の温泉地。湯ノ岱駅も、温泉地として、雰囲気のある駅舎である。

平成元年に改築された。外壁の材料はよく見かけるサイディング張りながら、腰壁がレンガ調のパネルになっていて、化粧梁《けしょうばり》、柱を外部に現しているのが特徴である。以前の駅舎からは様変わりして、垢抜《あかぬ》けした感じになった。

駅前はアスファルトで舗装され、駐車場もある。駅周辺には民家や商店がある。

湯ノ岱の「ノ」は以前はひらがなだった。

※「湯ノ岱」は、駅付近の丘陵(?)から鉱泉が湧き出ているのを発見したことに由来する。「湯出ずる丘」が転じて「湯の岱」となった。(「駅名の起源」より)

ミニガイド 湯ノ岱温泉、町営スキー場、自然観察遊歩道、国民温泉保養センターがある。

宮《みや》越《こし》駅

檜山郡上ノ国町早瀬

湯ノ岱駅 ―7.1km― 宮越駅 ―2.2km― 桂岡駅

天ノ川の築堤横にある駅で、下見板張《したみいたば》りの待合所があるが、自転車置場としても利用されている(勝手に?)。

ホームはアスファルト舗装され、誘導ブロックも設置されている。

以前には使えたトイレは閉鎖中。付近には民家が点在し、列車待ちの人もいた。

この宮越駅と湯ノ岱駅との間に「天ノ川」駅というのがあって、ホームや駅名標も設置されているが、列車は停車しない。写真の列車も通過しているところである。私設の駅だから、もちろん時刻表にも載っていない。切符にも書かれているように「夢切符」なのである。

自転車置場にも利用されている宮越駅舎

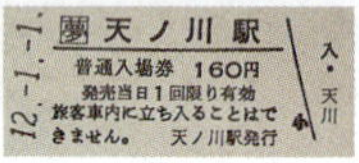

夢 天ノ川駅
普通入場券 160円
発売当日1回限り有効
旅客車内に立ち入ることはできません。 天ノ川駅発行
12.-1.-1.
入・天川

私設「天ノ川」駅

ミニガイド 夢切符は上ノ国駅で正月に販売しているようだった(初夢情報)。

桂《かつら》岡《おか》駅

檜山郡上ノ国町桂岡

宮越駅 ―2.2km― 桂岡駅 ―2.1km― 中須田駅

木造平屋建ての駅舎が撤去され、廃列車をリサイクルした駅舎になった。リサイクル駅舎の形状(形式)は、宗谷本線を始めほとんどが同形のものを使用している。時代的にこの形式の列車が多く廃車になっていたのだろうか? 列車の形式はよくわからないが、昭和50年代に改築(?)された駅舎は、この形式の車掌車が使用されていた(昭和44年製が多い)。

外壁の塗装の色やデザインはそれぞれ工夫されて、華やかなものや、統一した色に塗られたものまである。舎内のイスにはカーペットが敷かれていた。

※駅の西北方約400mの地点に、樹齢が約500年と思われる桂の大樹があったが、その昔この地方一帯が大洪水に見舞われた際に、不思議にもこの木を境として難を免れたところから、住民が神木として崇めるようになった。桂岡という駅名は、この伝説にちなんだもの。(「駅名の起源」より)

リサイクルの桂岡駅舎

桂岡駅前

ミニガイド このあたりになってくると、平地が多くなって日本海の風が感じられる。

中《なか》須《す》田《だ》駅

檜山郡上ノ国町中須田

桂岡駅 — 2.1km — 中須田駅 — 3.2km — 上ノ国駅

リサイクルの中須田駅舎

中須田駅前

同形駅舎が続く。

中須田駅も桂岡駅と同じく、廃列車のリサイクル駅舎であるが、外壁の塗装は似ているようで違う。窓の高さでラインが施され、黄色のラインも位置が違う。出入口前には鉄板で階段が設置されていて、ホームはアスファルト舗装。

駅舎は長時間利用されていないのか、出入口にクモの巣が張っていた。乗降客は結構いるらしく、自転車が数台駅前に停めてあった。時間を見計らって待合所には寄らず、ホームに直接行くのだろうか。

舎内は待合所のみで、他の施設はない。

ミニガイド 山々は遠くに後退し農耕地が広がり、民家も多くなってきた。

上《かみ》ノ《の》国《くに》駅

S WC

檜山郡上ノ国町大留

中須田駅 — 3.2km — 上ノ国駅 — 6.1km — 江差駅

商工会館に併設の上ノ国駅

上ノ国駅前

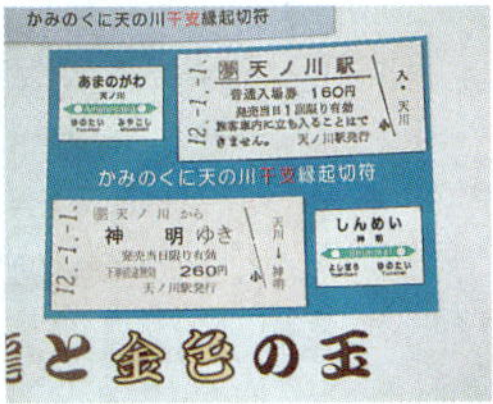

縁起切符

上ノ国駅は商工会館に併設されている。建物は立派な民家といったところで、古い駅銘板が駅出入口横に掛けてある。

舎内には待合所とトイレがあるが、旅行者がよく宿泊するためか、旅行者に「お知らせ」の注意書きが貼《は》られていた。

観光協会が「縁起切符」を販売していた（写真の「天ノ川」駅は実在するが、私設（宮越駅参照））。

7月7日付けの「七夕切符」でも面白いと思う（北海道は8月7日であるが）。毎年の七夕のみ臨時停車してもらうのも夢があり、町やJRのPRになりそうだが、いかがなものだろうか？

ミニガイド 上ノ国町役場、北海道最古の寺・真言宗上国寺、花沢温泉、上之国花沢館跡、勝山館跡がある。

江差駅《えさし》

檜山郡江差町陣屋町

上ノ国駅 ―6.1km― 江差駅（終着駅）

江差線終着駅の江差駅舎

特産品展示

ホーム

江差線終端点

街の中心部から少し離れた所にある鉄筋コンクリート造りの駅舎である。江差港を見渡せる高台にある。江差線の終着駅なので、構内には江差線の終端点がある。

江差町はニシン漁で栄えた町で、民謡「江差追分」は全国に知られている。駅正面の風除室の外壁には、ニシン漁のレリーフが設置されている。

駅舎内の待合所は、イスの配列がストーブを囲んだ形になっている。

舎内にはまた、郷土品を展示したショーケースが設置されていて、他に、観光ガイドマップも置かれている。

駅前のロータリー形式の広場の中央には駐車場もある。駅前周辺には商店や食堂がある。

町内には中村家、横山家など、ニシン御殿も保存されている。横山家では家伝の「ニシンそば」が食べられる。展示物も多く、当時の生活がわかる。

鴎島につながるマリーナ公園は、かつての榎《えの》本武揚《もとたけあき》軍の旗艦「開陽」沈没地点に近く、復元船が展示されている。

※「江差」は、アイヌ語の「エサシ」（出崎）の意味である。昔、江差の中心は津花岬（今の姥神町付近）であった。（「駅名の起源」より）

江差駅前

ミニガイド　開陽の展示や開陽丸青少年センターがある「マリーナ公園」、江差追分会館（郷土民芸会館）、郷土資料館、千畳敷海岸や徳川幕府砲台跡がある鴎島、五厘沢温泉、檜山支庁、江差町役場、360年以上の歴史を誇る姥神大神宮渡御祭（8月）がある。

江差線の歴史について

江差線の起点は「函館本線」の「五稜郭」駅であるが、津軽海峡線も乗り入れ区間として「木古内」駅から「五稜郭」駅を経由し、「函館」駅まで延びている。〈津軽海峡線〉とは本来愛称であり、「江差線」「津軽線」「海峡線」および「函館本線」の一部を総称したものである。

したがって、本書では江差線と津軽海峡線をまとめて掲載してあるが、どこからどこまでをそれぞれ江差線・津軽海峡線の範囲として扱うかは、下記の歴史により区別している。

路線位置図

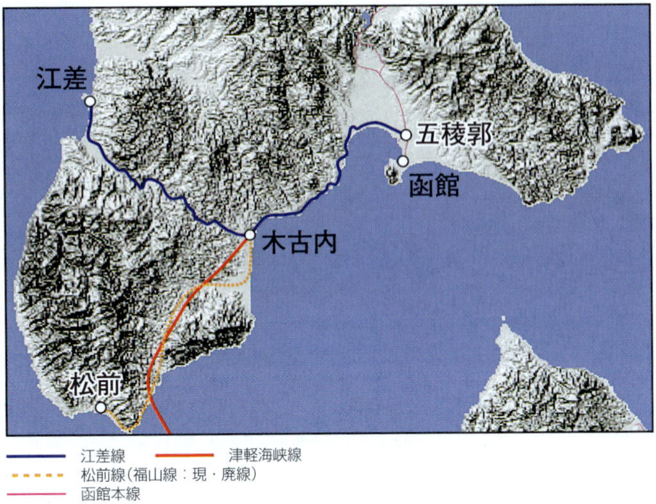

江差線の歴史は、大正2（1913）年9月に開通した「上磯軽便線《かみいそけいべんせん》」まで遡《さかのぼ》る。この路線は、北海道最初のセメント工場が明治23（1890）年に上磯村（現・北斗市）に設立されたことが始まりで、西洋建築の建設が進む各地の都市に輸送され、めざましい需要があった。しかし、船舶での大量輸送は上磯港では限度があり、また高波の日には接岸できないため、「函館」停車場－「上磯」停車場間の鉄道敷設の請願が明治42（1909）年に提出されたものの、折からの国家財政難により見送られ、同44年に公布された「軽便鉄道法」による路線に方向転換せざるをえなかった。

大正2（1913）年9月、「軽便鉄道」として「五稜郭」停車場－「上磯」停車場間の8.8kmが「上磯線」の名称で開通した。一方、江差地域側では、明治42年以前にも鉄道敷設の請願が何度も提出されていたが、地域の漁業関係者からの強い反対もあり、立ち消えの状態だった。それが「上磯軽便鉄道」開通に刺激を受けて鉄道敷設運動が再燃し、繰り返し敷設請願が提出され、延長敷設が確定したのは大正10（1921）年12月であった。その後、昭和5（1930）年10月には「木古内」駅までの29.7kmが「木古内線」として延長された。続いて昭和10（1935）年12月には江差線が「木古内」駅から「湯ノ岱」駅まで延長され、翌11年11月には「江差」駅までの全線が開通するとともに、その全線を「江差線」とした。

木古内駅を起点とする路線としては、昭和63（1988）年1月に廃線となった「松前線」（建設当時は「福山線」）があったが、同路線の建設は昭和12（1937）年10月で、江差線の開通後にできた路線であるし、もちろん「海峡線」は昭和63（1988）年3月開通なので、歴史からみても江差線は「五稜郭」駅－「江差」駅間、津軽海峡線は「木古内」駅－「吉岡海底」駅間として区切ることが妥当なので、本書ではそのように区別したしだいである。

北海道新幹線開通後に、並行在来線であることや、輸送密度が道内在来線のなかで最も低いことなどからバス路線変換の話も聞こえてくるが、いかがなものだろうか。もっと近距離利用者の声をきく必要がありそうだ。

神威岬
石狩湾
積丹半島
小樽
定山渓
函館本線
ニセコアンヌプリ
ニセコ
羊蹄山
支笏・洞爺
洞爺湖
静狩
小幌
礼文
大岸
豊浦
洞爺
有珠
長和
伊達紋別
北舟岡
稀府
黄金
崎守
本輪西
東室蘭
鷲別
幌別
富浦
竹浦
虎杖浜
登別
登別
登別
長万部
内浦湾
室蘭
地球岬
母恋
御崎
輪西
渡島半島

室蘭本線

営業距離
218.0km

駅舎数
45駅

①室蘭本線の終着駅（起点駅）は「長万部」であるが、長万部駅は「函館本線」に掲載したので、本書のこの「室蘭本線」では「静狩」駅で終わっている。

②室蘭本線は「東室蘭」駅から支線で室蘭駅方面があるため、いったん「室蘭」駅まで掲載した後に「東室蘭」駅から「本輪西」駅に向かって掲載した。

岩《いわ》見《み》沢《ざわ》駅

岩見沢市有明町南

(起点駅) 7.1km
上幌向駅 4.3km　岩見沢駅 (函館本線)　志文駅
8.4km 峰延駅

全館オープンが待たれる岩見沢駅舎

完成予想図(駅舎工事看板掲示より)

「Sweets Station」

コンコース

駅舎の開設は古く、明治15(1882)年11月であるから、北海道鉄道史における草分け的駅である。岩見沢駅は「室蘭本線」の始発駅であるが、「函館本線」の駅の一つでもある。かつては「幌内線」(昭和62年7月に廃線)が「幾春別」駅まで走っていた。近郊の炭鉱から産出される石炭運搬の中心地であったが、今は石狩平野で獲れる農産品物流の中心地である。その賑《にぎ》わいは今も変わらない。

平成12年12月末に発生した火災は、3代目駅舎を全焼させた。昭和8(1933)年にも火災が発生しているので、これで2度目だ。

焼失後しばらくの間、仮設駅舎で不便を強いられたが、市民の早期再建の声も高く、4代目駅舎は平成18年4月から工事着手し、平成19年6月より駅舎の一部が使用できるようになった。平成21年春の完成を待っている。

新駅舎建設に伴い、駅舎内外装の一部に使用するレンガに個人名を刻む企画を行い、寄付を募った。

新駅舎完成後は複合建物となり、店舗・会議室・物産展示場・岩見沢サービスセンター・パスポート窓口・自由通路などが設置される予定だ。現在使用している部分は、1階のコンビニKIOSKとパン屋それに駅事務室、3階の「みどりの窓口」やツインクルプラザ、そして待合所や改札口となっている。券売機横には「Sweets Station」と名づけられたドリンクコーナーがある。

1階から待合所がある3階まではエレベーターやエスカレーターで連絡している。また、ホームにはエレベーターでも連絡している。

※「岩見沢」は、明治11年、開拓使が幌内に至る道路の実測を行った際に、測量に携わる人々が久しく山中で寝起きしていた疲労を、この地に至って、初めて温浴して癒やしたため「湯浴み沢」といったのを、後に「岩見沢」と改めたものである。(「駅名の起源」より)

ミニガイド　岩見沢市役所、空知支庁、文化センター、岩見沢市コミュニティプラザ、道教育大学岩見沢校、駒澤大学岩見沢校、東山総合公園、利根別自然公園、三井グリーンランドがある。

志《し》文《ぶん》駅

WC

岩見沢市志文本町1条4丁目

岩見沢駅 — 7.1km — 志文駅 — 4.3km — 栗沢駅

民家と見間違う志文駅舎

志文駅前

広い空知平野の中にあって、駅前も整然としている。

区画が広いのか、住宅が建てこんでいないのでそう感じるのだろうか？　都心に住む身には静かすぎる環境である。

先代の駅舎は、規模の大きい有人駅だったようだが、跨線橋《こせんきょう》以外は昭和63(1988)年に完全に建て替えられた。跨線橋は建てられた時代が古いものであるが、階段部分以外の外壁は新建材で改修されていた。時代の流れによる劣化は、木造の場合は速いので、こういった現象は避けられないのが現状である。

昭和60(1985)年まで「万字線」の起点駅であった。

※「志文」の由来は、アイヌ語の「シュプンペッ」(ウグイ川)と伝えられている。(「駅名の起源」より)

ミニガイド　三井グリーンランド、湯元岩見沢温泉がある。

栗《くり》沢《さわ》駅

WC

岩見沢市栗沢町本町

志文駅 — 4.3km — 栗沢駅 — 3.9km — 栗丘駅

外観も舎内も個性的な栗沢駅舎

栗沢駅前

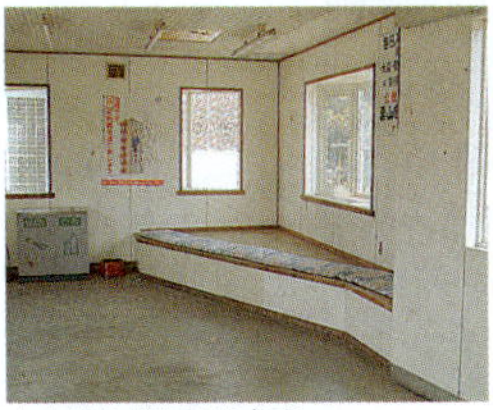
小上がりがある待合所

平成の大合併によって、栗沢町から岩見沢市となった。

駅舎の扉が他の無人駅舎と違って、自動ドアになっていることには驚いた。平成元年に改築された舎内の待合所には小上がりの場所が造られ、個性的な駅舎となっている。この駅舎も改築前は規模の大きい有人駅だったようであるが、改築されコンパクトになったようだ。

駅舎にも別棟のトイレにも明り採り窓にはステンドグラス調のパネルが設置されていて、利用者に対する心遣いが感じられた。

※「栗沢」は元「清真布《きよまっぷ》」駅と称していたが、昭和24年9月1日に現在の名称に変更された。由来は、アイヌ語の「ヤム、ォ、ナイ」(栗の多い沢)。(「駅名の起源」より)

ミニガイド　栗沢支所、道立福祉村が近くにある。

栗《くり》丘《おか》駅

WC

岩見沢市栗沢町栗丘

栗沢駅 —3.9km— 栗丘駅 —4.2km— 栗山駅

兄弟駅舎が多い栗丘駅舎

栗丘駅前

以前の栗丘駅舎は他の古い駅舎と違って形状に個性のある駅だったようだが、残念ながら改築されて以前の面影は残されていないようである。跨《こ》線橋《せんきょう》は使用されていないホームのもの。

改築後はごく一般的な駅舎となったが、ここから先が同じ型の駅舎がいくつも現れて、建築的には興味がわいてこない。

しかし、停留場の駅舎としては、他の路線の駅より大きな駅舎が多いのには驚いた。乗降客が多いのであろう。

同じ型の駅舎が多いのは、改築当時の流行なのだろうか？　それともコスト削減のための量産方法なのか？　この型の駅舎は管理事務室と待合所とトイレの三点セットが設置されている。それぞれ外観の塗装は工夫されている。

ミニガイド　石狩平野に位置するこの辺から、周りはゴルフ場銀座である。

栗《くり》山《やま》トンネル

栗丘駅 — 栗山トンネル — 栗山駅

4.2km

崩壊場所

トンネル内部

アーチ形開口

この施設は、平成2(1990)年2月に崖《がけ》崩《くず》れにより崩壊した「栗山トンネル」下り線区間で、現在は復旧されないまま放置されている。レール敷も残されているが、夕張川手前の架道橋位置で橋桁《げた》は撤去され、すでに13年が過ぎた。

崖崩れ前までの室蘭本線は、この区間において複線となっていたのが、トンネル崩壊に伴って単線となったため、上り線を使用している。廃線と扱うか稼働線として扱うのか迷うものがあるので、あくまでも参考までにご紹介する。

崩壊部分は無惨にも土砂が覆い、トンネルは完全に遮断されている。国道側から見えるトンネル側面のアーチ形開口が無数にのぞき、取り残されている遺構といった感じだ。崖からの排水処置は施されていて、雪解け水が流れていた。

栗《くり》山《やま》駅

WC

夕張郡栗山町中央3丁目

栗丘駅 ―4.2km― 栗山駅 ―5.1km― 由仁駅

栗山町の近代的なカルチャープラザに併設されている栗山駅舎

大時計もデジタル表示

待合所から見た廊下

栗山駅前

昭和50(1975)年3月まで「夕張鉄道」の接続駅でもあった栗山駅。栗山町のカルチャープラザに併設されている。

駅前広場のロータリーも広く、綺麗《きれい》に整備されて利用者にかなり配慮がなされている。これこそ町民の「集いの場」だ。

駅舎は平成12年の建設である。平面はロータリーに合わせた形状で(写真右下の平面図＝「Eki」のロゴ名称が面白い)、カーブ状になっている建物からは駅前広場を見わたせ、廊下のレンガ調の壁も鮮やかである。連窓から光が差し込み、明るい廊下だ。待合所真ん中にある柱が視覚的に空間を遮断していて、少々違和感を感じるが、構造的に必要なのであろう。

外壁はアルミパネルとタイルが使用されていて、近代的なデザインを構成している。

連絡橋も超近代的なデザインで、両橋詰めにはエレベーターも設置されている。駅正面から見ると、連絡橋が駅舎の建物の上を被って建物全体が大きく見える(駅舎部分は平屋である)。

身体障害者専用トイレも設置されている。

※「栗山」は、アイヌ語の「ヤムニウシ」(栗樹多き所)から採ったもの。(「駅名の起源」より)

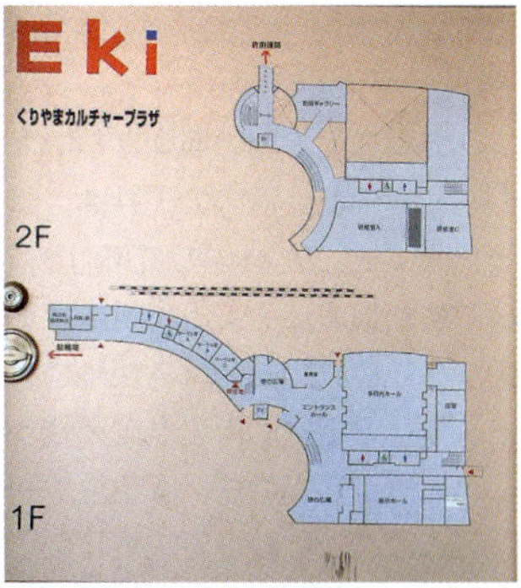

舎内の扉に表示されていた駅舎とカルチャープラザの平面案内図

ミニガイド 栗山町役場、蝶の館、ファーブルの森、北海道民話館、御大師山展望台、天然温泉くりやま、蔵元北の錦記念館、4月中旬に開催される「くりやま老舗まつり」がある。

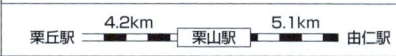

由《ゆ》仁《に》駅

WC

夕張郡由仁町本町

栗山駅 ― 5.1km ― 由仁駅 ― 4.2km ― 古山駅

山小屋風の2代目由仁駅舎

牧舎風の初代由仁駅舎(解体前)

駅舎内 移動壁で間仕切ることもできる

カラーバランスもよい連絡橋内部

駅舎改築の多い室蘭本線のなかにあって、最古の駅舎であり、長らく改築されず、開業(明治25＝1892年)当時の建物が残されてきた。駅舎が改築されず残されるということは、やはり街の顔であり、それほど大切に扱われてきたからなのであろう。しかし平成18年8月、旧駅舎はついに解体され、同年12月には新築の待合所ができた。

先代の駅舎は、北海道代表型の典型ともいえるような牧舎型をしていた。舎内の天井は、時代を感じさせる格天井《ごうてんじょう》だった。「温故知新」の精神で、近隣の高齢者が集まってくる場所に、そんな人々が以前から見慣れた古い駅舎が残されていることや、次世代の若者に街の歴史を残すことは大切なことと思っていたが、安全性や利便性の問題を街の人びとが比較して決定したことなので、仕方がない。移転保存の道もあったのであろうが、経費の問題もある。歴史的建造物の保存は町民一丸とならないかぎり難しいものである。解体されたことで街の歴史の一端が消えて、新しい駅舎の歴史がスタートした。

新駅舎は「ぽっぽ館ゆに」と名づけられて、列車とバスの待合所兼由仁町ふれあい交流施設として使用されている。建物の形状は山小屋風のデザインで、最新の設備が整っている。

※「由仁」はアイヌ語の「ユウンニ」(温泉のある場所)に由来。(「駅名の起源」より)

駅前の広域福祉施設等の建物

ミニガイド 文化交流館、健康元気づくり館、老人短期入所施設、由仁町役場、ハーブガーデン、ユンニの湯、ながぬま温泉、馬追温泉、坂本九思い出記念館がある。

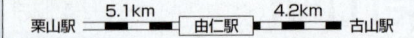

古《ふる》山《さん》駅

WC

夕張郡由仁町古山

由仁駅 ―4.2km― 古山駅 ―3.4km― 三川駅

古山駅舎

古山駅前

「栗丘」駅と同型の駅舎で、同じ昭和21(1946)年4月に開設され、改築年も同じ昭和57(1982)年である。

室蘭本線の停留場(無人駅)は、他の路線の停留場よりは大きくて立派である。形状が同じであっても、駅によって屋根の破《は》風《ふ》の色を変えたり、外壁にラインを入れて個性を強調している。開設時の駅舎の写真などを各舎内に展示すると、以前との比較が面白いのだが。

駅前は広く整備されいて、田園風景が広がっている。

※「古山」は、駅の傍を流れる「振寒川」が変化して地名となり、駅名となった。(「駅名の起源」より)

ミニガイド　牧場動物園のハイジ牧場、不動の滝がある。

三《み》川《かわ》駅

WC

夕張郡由仁町三川旭町

古山駅 ―3.4km― 三川駅 ―8.0km― 追分駅

駅前が広く整備されている三川駅舎

三川駅前

駅の開設は明治30(1897)年2月と、歴史がある。

駅舎は青いラインで個性を演出。規模からすると、古山駅舎、三川駅舎とともに、停留場の感じではない。かつては駅員さんも勤務し、窓口業務が行われていたようである。

駅前広場をはさんで、レンガ、軟石造りの倉庫群があった。駅と農作物運搬の相関関係が形造られた地域であることが窺《うかが》える。

駅前は広いので、いろいろとイベントなどに工夫できそうである。

※「三川」の名称は、三河国の加藤平五郎氏がこの地に入植し、痕跡をのこしたので、その三河の地にちなんでつけた。(「駅名の起源」より)

ミニガイド　国道234号と274号が交差する田園地帯である。沿線にはゴルフ場も多い。

追《おい》分《わけ》駅

S　WC　Ki

勇払郡安平町追分中央1番地

三川駅 ― 8.0km ― 追分駅 ― 6.8km ― 安平駅
南千歳駅17.6km　(石勝線)　4.0km 東追分駅

炭鉱の変遷を見てきた追分駅舎

追分駅前

追分橋欄干のモニュメント

改札口(平成14年)

明治25(1892)年に開設された。かつては「夕張炭鉱」と「空知炭鉱」の石炭輸送の重要な拠点であり、夕張線による石炭運搬列車のSLが白い煙を吐き、数多く行き来していた。石炭と鉄道によって栄えた町も、相次ぐ閉山により、炭鉱従事者も鉄道関係者も減少していった。

駅舎は先代の木造から鉄骨造りの建物に改築された。規模が大きいのは、今も昔も室蘭本線の中核となる駅のひとつだからであろう。しかし、現在は駅舎の隣に「JR北海道追分工務所」は残るものの、明治の開業時から構内に設置されていた「追分機関区」や「追分運転所」は平成17年3月にその使命を終えてなくなった。また、平成14年の取材時にはスーパーマーケットが入店していたが、これも閉店してしまった。

駅前は広いロータリーになっていて、タクシーの待機はもちろんのこと、駐車場や自転車置場もある。駅前の橋にはSLをデフォルメしたモニュメントが設置されている。中に組み込まれているのはSLの動輪で、黒い御影石は石炭をイメージしている。

追分町は平成の大合併により安平町に合併されたが、「追分」と名づけられている駅は、本駅を含めて、日本全国に6駅ある。「追分駅」は「石勝線」の駅でもある。

追分は「空知支庁」「胆振支庁」「石狩支庁」の境界部分に位置していて、駅前には商店が多く建ち並んでいる。

※この地方は始め「植苗」(アイヌ語の「ウエン、ナイ」(悪しき川))と称していたが、鉄道の分岐点になる所なので、和名の「追分」の文字を当てはめた。(「駅名の起源」より)

アイヌ語でも分岐点のことを「オイ、ワケ」というそうだが、そこからつけたという説もある。

ミニガイド　追分周辺にもゴルフ場が多く点在している。赤いヒマワリが有名で、町花にも指定されていた。追分支所、追分鹿公園、安平町鉄道資料館がある。

安《あ》平《びら》駅

WC

勇払郡安平町安平

追分駅 ― 6.8km ― 安平駅 ― 5.7km ― 早来駅

同型の駅舎が多い　安平駅舎

安平駅前

栗丘駅、古山駅、三川駅に続く四つ目の同型駅舎。改築は他の兄弟駅舎と同じ昭和57(1982)年であるが、この駅も開設は明治35(1902)年と古い。同型といっても、現在の駅舎は破風《はふ》を濃い茶色にしているので、輪郭がはっきりして見え、サイディング張りの外壁も色を変えている。待合所と保線事務室、トイレを備えており、停留場にしてはやはり建物が大きい。平成13年まで出札業務を行っていたが、現在は閉鎖している。

駅前には駐車場があって、民家が並んでいるが、市街地の中心としては早来と追分になる。

※「安平」は、アイヌ語の「アラピラ」(一面の崖)から取ったという説と「アビラ」(光る崖)の説がある。(「駅名の起源」より)

ミニガイド　このあたりは、なだらかな馬追丘陵に位置している。瑞穂ダムには人工湖がある。

早《はや》来《きた》駅

勇払郡安平町早来大町

安平駅 ― 5.7km ― 早来駅 ― 5.4km ― 遠浅駅

シンメトリーな早来駅舎

「駅のえき」内部

「駅のえき」と名づけられたシンメトリーの建物が早来駅舎である。左右に出入口があって、右が駅側。内部で繋《つな》がる左側は「町民ふれあい広場」となっていて、土産物店兼喫茶店がある。この土産物コーナーには早来カマンベールチーズや「かしわ焼」という窯で作られたコーヒーカップなどが販売されている。ディープインパクトのフォトコーナーもあり、運がよければ写真が入ったオリジナルマッチの「馬ッチ」をもらえる。限定品なので、やはり買い物するかコーヒーを注文しないと運も向かないかも。駅前は広く整備され、駐車場や自転車置場もある。

※「早来」は、アイヌ語の「ハイ、キ、ト」(麻や茅のある沼)に由来。(「駅名の起源」より)

ミニガイド　安平町役場、鶴の湯温泉、ディープインパクトを生産したノーザンファームがある。

遠《と》浅《あさ》駅

WC

勇払郡安平町遠浅

早来駅 ―5.4km― 遠浅駅 ―8.9km― 沼ノ端駅

虎杖浜駅舎と同型の遠浅駅舎

遠浅駅前

　遠浅駅舎は外観と内部の平面構成が「古山」駅や「安平」駅と似ているが、屋根の形状は個性的である。また、破風《はふ》の色を臙脂《えんじ》にして建物エッジをはっきりさせ、配色のコントラストを強調している。「虎杖浜」の駅舎と同型である。同型の駅舎同士では、トイレにいたっては配置や便器の数まで同じである。

　駅前は広く整備されていて、駐車スペースもある。駅周辺には住宅が多い。駅前通りに沿って長い自転車置場が設置されているが、この規模から推定すると、乗降客は多いのだろうか？

※「遠浅」は、アイヌ語の「トワ、サ」(羊歯の原)に由来する。(「駅名の起源」より)

ミニガイド　社台スタリオンステーションがある。

沼《ぬま》ノ《の》端《はた》駅

WC

苫小牧市沼ノ端

遠浅駅 ―8.9km― 沼ノ端駅(起点駅) ―8.8km― 苫小牧駅
(千歳線) 6.4km植苗駅

大きく見える沼ノ端駅舎

構内にある安全の鐘

沼ノ端駅前

　「千歳線」の起点駅である。沼ノ端駅まで来ると、苫小牧市の中心が近いこともあり、駅舎も大きく近代的になった。

　「沼ノ端」駅から「白老」駅間は、日本一長い直線区間だという。約28kmもあり、構内から見るとまるで一点透視図の世界だ。駅のホームには「安全の鐘」が設置されていた。駅舎は写真では大きな感じがするが、実際にはそれほど大きくない。

　駅前はロータリー形式となっている。駐車場はない。乗客待ちタクシーが駅乗降客の多さを物語る。商店が多いのも、市街地であるからだろう。

※「沼ノ端」の由来は和名。以前は「ウトナイ沼」と称していたが、沼の端に位置していることからつけられた名称。(「駅名の起源」より)

ミニガイド　ラムサール条約の「ウトナイ湖」があり、バードウォッチングのメッカ。

苫《とま》小《こ》牧《まい》駅

苫小牧市表町6丁目

沼ノ端駅 ―― 8.8km ―― 苫小牧駅（始発駅） ―― 2.4km ―― 青葉駅
（日高本線） 13.1km勇払駅

駅前諸施設に接続されている苫小牧駅舎

改札口

大型のビルが並ぶ駅前

ズラリと観光案内が並ぶコンコース

苫小牧駅は、千歳線の乗り入れ駅の一つであり、日高本線の始発駅でもある。すべての特急列車が停車する駅だ。室蘭本線と日高本線は太平洋岸に沿って走っていて、海岸線のさまざまな風景を見ることができる。室蘭本線は、東室蘭駅を過ぎると「内浦湾」に沿って走ることになる。苫小牧駅には旅客用の駅と貨物用の駅があり、旅客用の東側に貨物用駅はある。製紙工場へコンテナ輸送する専用線がある。かつては埠頭《ふとう》までの石油やセメントの専用線もあった。また、「王子製紙軽便鉄道」が「苫小牧」駅から出発していたが、昭和26（1951）年に廃線になっている。

駅の開設は明治25（1892）年と歴史もある駅前は広場も整備され、ロータリーには多くのタクシーが待機している。広場はタイル張りのデザインされたもので、歩行者専用となっている。駅前の商店街には、デパートも多く軒を並べている。駅舎からは広場の対面側のデパートに連絡橋で接続されていて、ショッピングもできるし、バス待合にも連絡歩道橋が接続している。舎内には商店も併設されているので、観光客や市民にはたいへん便利な場所となっている。

コンコースには日本全国や海外の旅行案内パンフレットが置かれ、その並びにはツインクルプラザがある。また、視聴覚障害者用の駅案内板や運賃表が設置されている。「エキマガ」「ボラナビ」といった情報誌も置かれている。

アイスホッケーのブロンズ像

※「苫小牧」は、アイヌ語の「ト、マク、オアイ」または「ト、マク、オマナイ」から出たもので、前者は「沼の後の場所」、後者は「沼の後から出る流れ」の意。（「駅名の起源」より）

ミニガイド 新聞紙の生産量は日本一だ。苫小牧市役所、市民会館、文化会館、胆振支庁、苫小牧市博物館、王子製紙スケートセンター、新王子製紙苫小牧工場がある。支笏湖まで20km地点である。

青《あお》葉《ば》駅

苫小牧市花園町2丁目

苫小牧駅 ― 2.4km ― 青葉駅 ― 2.2km ― 糸井駅

住宅街の中にある青葉駅舎

券売機設置小屋

青葉駅前

ホームには左写真の自動券売機設置場所を抜けて行く。

待合所はなく、列車待ちをするホームには片持ち式の屋根が取り付けられている。ホームは相対式で、反対側ホームに行くには地下道を利用する。

ホームには誘導ブロックが設置されている。

駅前には工事用単管で組まれた自転車置場スペースが確保されている。

駅前周辺は閑静な住宅街が広がっているので、列車の利用者も多いのではないかと思われる。

ちなみに青葉町は線路の反対側になる。

ミニガイド　苫小牧に昔からある住宅街の中に駅はある。

糸《いと》井《い》駅

苫小牧市日吉町3丁目

青葉駅 ― 2.2km ― 糸井駅 ― 5.2km ― 錦岡駅

白亜の糸井駅舎

構内

券売窓口と待合所（平成13年）

糸井駅は委託運営の駅舎なので出札窓口がある。この駅での切符販売の方法はユニークで、窓口だけでなく、ホームでも販売している。

駅は大正6（1917）年6月1日に信号場として開設され、駅に昇格したのが昭和31（1956）年であり、その当時の建物なのであろうか？　だとすると、内部は開設当時と変わらない風景だろう。

駅舎の窓には特徴がある。正面に並ぶ窓がすべて上げ下げ式のもので、現在ではあまり見かけない形式のものだ。

周囲は地平線が見えそうな景色で、この風景がまだまだ続く室蘭本線である。

ミニガイド　この駅も苫小牧の住宅街の中にある。いといの湯がある。

錦《にしき》岡《おか》駅

WC

苫小牧市宮前町3丁目

糸井駅 ― 5.2km ― 錦岡駅 ― 6.3km ― 社台駅

個性的な形状の錦岡駅舎

駅前の絵画

構内

開設当時は「錦多峯《にしたっぷ》」という駅名だった。現在の「錦岡」駅は、個性的でコンパクトな駅舎をもつ。少し高台にあるが、スロープが設置されている。

駅前はロータリー形式になっていて、周辺には民家が建ち並んでいる。この駅舎周辺の清掃は、地域の方々がボランティアで毎月15日に行っているそうである。

駅前の擁壁《ようへき》(盛土などの崩落防止用の囲い壁)には、錦岡小学校の卒業生が卒業記念に描いた絵画を基にした陶器が貼《は》られている。子どもたちが一生懸命描いた絵は、夢があって、見る人の心を温める。

ミニガイド 錦大沼公園、ゆのみの湯、苫小牧駒澤大学がある。

社《しゃ》台《だい》駅

WC

白老郡白老町社台

錦岡駅 ― 6.3km ― 社台駅 ― 5.5km ― 白老駅

規模の大きい社台駅舎

社台駅前

社台駅は、明治40(1907)年12月26日に信号場として設置されたことに始まる。同42年には、貨物駅が開設された。旅客駅となったのが大正6(1917)年6月1日である。以前は窓口業務が行われていた。

改築前は木造の駅舎であったが、明治42年以来の歴史を思うと、現在の建物で何代目であろうか？　現在の駅舎の形状は「遠浅」駅と同型、ただし1スパン長く造られている。やはり同型である「千歳」線の「美々」「植苗」各駅よりは2スパン横に長い。それほど個性はないが、すっきりした形で配色も他の同型駅舎と同じにならないように考慮されている。

※「社台」の呼称はアイヌ語の「サ、タイ、ペッ」から出たもので、「前に林、川を有する」の意味。(「駅名の起源」より)

ミニガイド 社台牧場、競走馬のふるさと胆振案内所がある。

白《しら》老《おい》駅

白老郡白老町東町1丁目

社台駅 —5.5km— 白老駅 —5.8km— 萩野駅

ヨーロッパの洋館を思わせる白老駅舎

一刀彫人形

待合所と売店

女流歌人の満田照子氏の歌碑

白老駅は室蘭本線開通当時からの歴史を誇る。ヨーロッパの洋館を思わせるシンメトリーの駅舎は平成元年に改築された。

先代の駅舎形状は、待合ホールの床に当時の駅舎の版画タイルが貼《は》られていて、現在も多少面影が残っている。正面上には本格的なステンドグラスがあるが、下からは梁《はり》が邪魔して少々見づらい感じだ。

舎内の売店は、白老観光協会が経営する「ふれあいステーション フレンズ」という店で、観光案内も当然行われている。

主要駅の券売機横に設置されている視覚障害者用の運賃表が、この駅にも置かれていた。

出入口横には一刀彫の大きなアイヌ人形が飾られていた。近くには、入口に巨大なアイヌのシンボル像が立つポロトコタンのアイヌ民族博物館がある。また、駅前広場横には女流歌人の満田照子氏の歌碑が設置されていた。

この駅から「沼ノ端」駅までは、線路が真っ直ぐに延びていて、その延長は28km、トンネルもないという、日本の鉄道としてはたいへん珍しい風景に出合う。日本で一番直線距離の長い区間である。

※「白老」はアイヌ語の「シララ、オ、イ」(潮のある所)から出た。この付近は波荒く常に潮が岸に巻き上がるので名づけたもの。または「シラウ、オイ」(蛇の多い所)の説もある。(「駅名の起源」より)

先代駅舎が描かれたタイル

ミニガイド 白老町役場、アイヌ民族博物館、ポロト湖、ポロト温泉、白老温泉、仙台藩白老元陣屋資料館、北海道最大のコタン(村)があったポロトコタンがある。ちなみに「ポロト」とは大きな沼のことで、「コタン」は「村」のことである。

萩《はぎ》野《の》駅

WC

白老郡白老町萩野

白老駅 —5.8km— 萩野駅 —2.1km— 北吉原駅

JR貨物の中継駅の萩野駅舎

跨線橋と連絡橋

萩野駅は、明治40(1907)年12月に「知床信号場」として設置されたことに始まる。同42年10月には、やはりオホーツク海に面した知床と同じ名称の「知床」駅として貨物駅に昇格した駅である。現在の「萩野」駅と改称されたのは、昭和17(1942)年4月1日であった。

現在でもJR貨物の駅であり、窓口業務もJR貨物が委託により行っている。また、ここからは日本製紙白老工場まで専用線が分岐している。

ここには跨線橋《こせんきょう》と連絡橋が並行して設置され、なにやら大仰のように見える。

※もと「知床」駅といい、アイヌ語「シレトク」(山の突出した所)を採ったものである。(「駅名の起源」より)

ミニガイド インカルミンタル(眺望のひろば)がある。

北《きた》吉《よし》原《はら》駅

WC

白老郡白老町萩野

萩野駅 —2.1km— 北吉原駅 —2.8km— 竹浦駅

道内で最初の橋上駅舎

製紙工場が駅前にある

待合所

2階跨線橋内が駅舎で、たいへん個性的な駅舎である。この駅は駅名の由来もさることながら、北海道で最初の橋上駅舎であり、北海道の鉄道駅舎史として大切にしなければいけない駅舎である。しかし、現状はほとんどメンテナンスがされていなくて、コンクリートも剥離《はくり》していた。平成15年まで委託による窓口業務も行われていたが、現在は無人駅となっている。設置の歴史としては、近くにある日本製紙(旧大昭和製紙)工場の勤務者用に設置。

駅名は、大昭和製紙創業者の出身地である静岡県吉原市(現在は富士市)にちなんでつけられたもので、開設当時は話題になったようである。

ミニガイド 大昭和製紙白老工場の開業にあわせて開設された。駅舎からは製紙工場を見渡すことができる。

竹浦駅《たけうら》

WC

白老郡白老町竹浦

北吉原駅 ― 2.8km ― 竹浦駅 ― 4.8km ― 虎杖浜駅

改築されないで残る竹浦駅舎

窓口

開設は明治30(1897)年と歴史が古く、当時は「敷生《しきう》停車場」であったが、昭和14(1939)年に改称された。駅舎の建設年は不明だが、改築駅舎の多い室蘭本線にあって、改築されていない古い駅舎の一つである。

外壁や内装はメンテナンスされ、綺麗《きれい》に使用されている。腰壁はピンク色の塗装で、出札窓口横は手荷物受け渡しカウンターが設置されているが、現在は閉鎖されている。しかし、窓口業務は委託により行われている。

駅前には大きなオンコ(イチイ)が植えられており、別棟のトイレもある。

※もと敷生といった所で、アイヌ語の「シキオ」(鬼茅のある所)を採ったものであるが、語呂がよくないというので、昭和14年2月から現在のものに改称された。(「駅名の起源」より)

ミニガイド　この周辺では国道36号沿線に、海産物の直売店や民宿が数多く並んでいる。

虎杖浜駅《こじょうはま》

WC

白老郡白老町虎杖浜

竹浦駅 ― 4.8km ― 虎杖浜駅 ― 3.4km ― 登別駅

社台駅舎と同型種の虎杖浜駅舎

国道沿いにあるレストラン

改築され同系多種の近代的駅舎になった。現在の駅舎形状は「社台」駅舎と同系であるが、1スパン短く、サッシの配置が違う。駅前は広く確保され、駐車スペースもある。駅前には民宿や商店、民家が軒を連ねている。

下の写真は巨大熊と巨大蟹《かに》出没と思いきや、これは国道36号沿いにある海産物直売所兼レストランの屋根に飾られている看板である。ドライブインや温泉付き民宿、それに海産物直売所が数多く並んでいて、季節には観光客で賑《にぎ》わう。でも、なんといっても虎杖浜は沖で水揚げされた助惣鱈《すけそうだら》の「たらこ」でしょう。

※「虎杖浜」は、アイヌ語の「クッタラ、ウシ」(虎杖《いたどり》の多い所)の和訳に由来。近くに「倶多楽《くったら》湖」がある。(「駅名の起源」より)

ミニガイド　虎杖浜温泉、アヨロ遺跡がある。

登《のぼり》別《べつ》駅

S　WC　Ki

登別市登別港町1丁目

虎杖浜駅 ― 3.4km ― 登別駅 ― 2.4km ― 富浦駅

温泉地の雰囲気がある登別駅舎

舎内にいる熊の「ごん太」

駅長室

駅前では鬼が出迎えてくれる

登別駅の駅長室は、貴重な資料室である。昭和29(1954)年8月、昭和天皇・皇后両陛下が行幸啓の折、休憩された駅長室の天井は格天井《ごうてんじょう》で、絹織物に刺《し》繍《しゅう》が施されている。内装や備品、調度品は、当時の状態で大切に使用されている。昭和10(1935)年建設の数少ない文化財であろう。

駅舎の腰壁には石が貼《は》られ、化粧の柱、梁《はり》も建物を印象づけている。今も昔も山小屋風であるが、規模は倍以上になっている。建物が大きいので化粧柱、梁とも少々部材の見付《みつけ》と間隔が小さく見える。

登別駅では熊と鬼が歓迎している。熊は「熊牧場」の剥製《はくせい》で、「ごん太」という。鬼は地獄谷温泉のシンボルで、駅前の植え込みの中で金棒を持って睨《にら》んでいる。

鬼のマークは温泉のシンボルとして数多く使用されていて、街でもいろいろな鬼のシンボルマークと出会う。

トイレはきれいに清掃されて、手摺《てす》りも設置されていた。トイレの男女のマークも鬼のマークになっていた。

駅前にはデンマークのお城形式を採り入れた、マリンパークニクスの建物がある。

※「登別」の名は、アイヌ語の「ヌプル、ペッ」(濃厚な川または濁れる川)から採っており、川が温泉の硫黄分で白濁しているためである。別説として「霊験あらたかな川」とも訳されている。(「駅名の起源」より)

登別駅前

ミニガイド　支笏洞爺国立公園でもある登別温泉がある。「熊牧場」も温泉街の中にあり、熊たちが歓迎してくれる。倶多楽湖、登別時代村、地獄谷自然探勝路、登別マリンパークニクスがある。

富《とみ》浦《うら》駅

登別市富浦町1丁目

登別駅 ―2.4km― 富浦駅 ―5.5km― 幌別駅

小ぢんまりとした富浦駅舎

富浦駅前

漁業の盛んな街の中にあり、街中の狭い道路を抜けていくと、築堤上に忽然《こつぜん》と駅舎が現れる。線路の反対側に町が広がり、集落とホームの間には高低差がある。街側から狭い階段を登り切ると、木造の小ぢんまりとした待合所が線路沿いに置かれているのが見える。

線路は道路に沿ってはいるが、道路側からは見落としそうである。道路側からもホームに行けて、踏み切りや信号はない。ホームは砂利敷きの相対式ホームだった。待合所にはトイレがない。利用者はこの地域の方々が多いので、時間を見計らって駅まで来るために、トイレの必要はないのかもしれない。駅の近くに岬があり、海の臭いがしていた。

ミニガイド このあたりは、海岸線、国道、鉄道、道央自動車道、一般道路が最も接近した位置にある。

室蘭本線・接続線の歴史

路線位置図

室蘭本線　胆振線
万字線　幌内線
洞爺湖電気鉄道
王子軽便鉄道
稼働している他の路線

室蘭本線は、ケプロン案により幌内炭鉱からの石炭運搬を目的として、北海道で最初に鉄道が敷設される候補の筆頭であった。ところが、その案がクロフォードの登場により覆され、幌内鉄道全通から遅れること10年の明治25(1892)年に開通した路線となったが、昭和62(1987)年までは、「長輪線」時代を含めて以下の公設・民設の路線が接続していた。

◎昭和3(1928)年12月開通の「洞爺湖電気鉄道」が虻田(現・洞爺駅)から湖畔まで2駅あり8.6kmを走り、修学旅行にも利用されていたが、昭和16(1941)年5月廃線となる。

◎明治41(1908)年8月運転開始の「王子軽便鉄道」が苫小牧から上千歳(第四発電所)までの7駅間の39.2kmを走り、支笏湖「モラップ」までの一般旅客運搬を行った。切符には「人命の危険は保証されず」と記されていた。昭和26(1951)年8月廃線となる。

◎明治17(1884)年8月開設の「岩見沢」停車場経由で「幌内鉄道」が「幾春別」と「幌内」までの22km間を走っていた。明治42(1909)10月から「幌内線」となり「岩見沢」停車場から分岐線扱いとなっている。昭和62(1987)年7月に廃線となるまで8駅があった。

◎大正3(1914)年3月に開通した「万字線」は「志文」停車場-「万字炭山」停車場間の23.8kmを走り、5駅が開設されている。昭和60(1985)年4月に廃線となった。

◎昭和16(1941)年10月に全通した「胆振線」は「倶知安」停車場から「伊達紋別」停車場と「脇方」停車場までの支線を含め90.5kmに全19駅があった。昭和61(1986)年11月に廃線となった。

幌別《ほろべつ》駅

登別市幌別町3丁目

富浦駅 —5.5km— 幌別駅 —7.7km— 鷲別駅

典型的な橋上式の幌別駅舎(西口側)

改札口

西口駅前

登別といえば登別温泉がある「登別」駅が有名だが、登別市はこの「幌別」駅が市の中心になる。

駅舎も広場も個性がある。

駅は典型的な橋上駅舎で、線路を挟んで西口と東口がある。

西口側には、デザインされたモニュメントが設置された広場が整備され、市役所や郵便局、それに商業ビルが建ち並んでいる。

西口側には駐車場が整備されているが、東口側にも駐車場があり、広い自転車置場も設けられている。

駅前のビルには託児所もある。

※「幌別」は、アイヌ語の「ポロ、ペッ」(大なる川)に由来している。(「駅名の起源」より)

ミニガイド 登別市役所、郷土資料館、登別記念病院、登別郵便局がある。

鷲別《わしべつ》駅

登別市鷲別町2丁目

幌別駅 —7.7km— 鷲別駅 —1.9km— 東室蘭駅

登別市と室蘭市にまたがる鷲別駅の駅舎

改札口

平成8年に改築された駅舎である。

この駅は地上駅だが、線路は道道107号と交差しており、架道橋により道路上に線路が引かれて、道道は線路下を潜《くぐ》る。その橋詰に駅舎が建っているので、駅舎位置からだと、高架の駅に見える。

おまけに登別市と室蘭市にまたがった位置にある。

舎内の建具はグリーンを基調にカラーコーディネートされている。

線路の反対側に行くには地下道を利用するが、約50mある。

※「鷲別」は、アイヌ語の「チウ、アシ、ペッ」(浪立つ川)に由来している。鷲別川の海に注ぐ所に波が立つためと思われる。(「駅名の起源」より)

ミニガイド 室蘭工業大学、文化女子大学室蘭短大、室蘭市中央卸売市場がある。

東《ひがし》室《むろ》蘭《らん》駅

室蘭市東町2丁目

鷲別駅 ― 1.9km ― 東室蘭駅 ― 2.3km ― 輪西駅
4.5km本輪西駅

自由通路が新設された東室蘭駅舎

キャタピラー式車椅子階段昇降機

構内

改札口

東室蘭駅となったのは昭和6(1931)年9月からであり、開設当初の明治25(1892)年には「室蘭」として、現在の「輪西」駅付近に開業している。明治30年7月に「輪西」となり、昭和3(1928)年9月には「東輪西」に改称されている。これは、おそらく室蘭本線と「長輪《おさわ》線」の接続地点に東室蘭駅があり、その接続の歴史と、盲腸線になっている室蘭駅までの路線切り換えの過程で改称されてきたのであろう。平成8年10月にはJR貨物が移転した。室蘭ブロック管理室が併設されている。

現在は駅の東西を結ぶ自由通路が平成19年4月にできて、名称も「わたれーる」とつけられた。最近の新しい公共施設の外壁の色やデザインは、原色や斬新な形を採り入れはじめたので、各施設での個性が出てきた。

東西両口側とも、駅前の駐車場も完備され、タクシーも数多く待機していた。

舎内のホームには右上の写真のようなキャタピラー式の車《くるま》椅《い》子《す》階段昇降機が待機していた。

西口側駅前にはホテルや商店が並んでいるが、東口側にも商店やビルが多い。東室蘭郵便局は東口側にある。両口側ともロータリー形式だが、平成20年には駅前広場も整備される予定だ。

西口駅前

ミニガイド　MORUE中島ショッピングセンター、東室蘭郵便局、中島公園、室蘭工業大学、鳴り砂やサーフィンで知られるイタンキ浜がある。

輪《わ》西《にし》駅

WC

室蘭市仲町

東室蘭駅 ― 2.3km ― 輪西駅 ― 1.9km ― 御崎駅

かつては工場で働く人びとで賑わった輪西駅舎

構内

駅前の国道側

開設されたのは昭和3(1928)年9月10日で、その時期は、前出の「東室蘭」駅が「輪西」停車場から「東輪西」停車場に改称された時期と重なる。そのときに、駅名がこちらの新設駅に移され、当時建てられた駅舎である。

室蘭本線の盲腸線に向かった場所にある駅で、貨物駅の雰囲気をもっている。平成6年に無人駅となった。

線路の反対側には、国道36号が線路に併走している。国道の反対側が「新日鉄室蘭製鉄所」で受付事務所がある。

※「輪西」の由来は、一説にアイヌ語の「コイカ、クシュ、ハル、ウシ」の下半分を採ったもので、「南の食料川」の意味。(「駅名の起源」より)

ミニガイド　新日鉄室蘭製鉄所がある。

御《み》崎《さき》駅

WC

室蘭市御崎町1丁目

輪西駅 ― 1.9km ― 御崎駅 ― 1.7km ― 母恋駅

喫茶店でも通用する御崎駅舎

国道側駅前

平成元年改築の駅舎は、先代駅舎からはずいぶんと規模が縮小されたようだ。

しかし、化粧窓や明り窓、そしてレトロな照明器具に油絵までが飾られていて、駅舎内とは思えない雰囲気がある。屋根もおもしろい形状になっている。

かつては売店が営業していたようだが、シャッターが降りていた。内部の雰囲気から、喫茶店といっても通用しそうである。

駅構内には「室蘭線発祥の地」の碑が建立されている。駅前には民家が、反対側には工場群が建っている。

駅前の商店で切符販売をしている。

※「御崎」は、アイヌ語の「エサシ」(出崎)に由来している。(「駅名の起源」より)

ミニガイド　新日本製鋼所室蘭製作所、日通、日鋼埠頭、エトチケレップ岬がある。

母《ぼ》恋《こい》駅

WC

室蘭市母恋北町1丁目

御崎駅 ― 1.7km ― 母恋駅 ― 1.1km ― 室蘭駅

訪れる人も多い母恋駅舎

記念入場券

待合所

母恋駅前 正面の道を進むと地球岬である

母恋駅は難読駅名の一つにあげられている(重箱読みなので、一般的には難読?)。母と恋の文字はアイヌ語に和文字を当てたもので、母の日は入場券を求めて訪れる人が多い。地球岬観光目当てもあるが、舎内でのイベントを見に、訪れる人の多い駅である。

駅舎は国道沿いにある、木造の小ぢんまりした建物であるが、開設時からの駅舎で、大切に使用されている。出入口の引き戸は古いのでゆっくりと開けないと外れてしまう。

この駅舎が他の駅舎と違うところは、地域のコミュニケーションの場として、大いに活用されているところであり、本来の駅がもっている顔の一つである「集いの場」としての顔をもち続けていることだ。掲示板には、母恋駅で開催したイベントの内容がイラストで描かれ、所狭しと掲示してある。その数は121枚で、今までに121回のイベントが開催されたことになる。月に一度の土曜日の開催だから、今後ももっとこのイラストが増えていくだろう。イベントはマジックショー・歌・書道鑑賞・尺八・琴・オカリナ・日本舞踊・講演など多彩。これらは「母恋駅を愛する会」が主催している。こういった企画は、他の駅内でもコミュニケーションの場として活用できるのではないだろうか。

「母恋駅開駅71周年」のポスターが掲示板に貼《は》られていた。数字は張り替え式なので、毎年「開駅○周年」の数字のみ張り替えているようである。平成13年に取材したときには数字は「65」で、今回の取材と同じ台紙だった。

乗車券販売窓口では、一般乗車券の他に記念入場券を日付入りで購入できる。

駅前にある道路を進むと「地球岬」に着く。

※「母恋」はアイヌ語の「ポコイ」から採ったもので、「陰になる所」の意味であり、現在の町全体が沢であったため。(「駅名の起源」より)

ミニガイド　商店街側の奥には「母恋富士」が見られる。地球岬まで1.5kmの位置である。
地球岬付近には、トッカリショ岬もあり「展望ステージ」がある。

室蘭本線の歴史について その１

室蘭本線は現在、「室蘭」駅から「函館本線」の「長万部」駅－「苫小牧」駅経由で同じく函館本線の「岩見沢」駅までを結ぶ延長218kmという長大路線であるが、このような路線を形成するまでに、さまざまな変遷を経ている。

明治25（1892）年、当初、石炭を石狩地方にある炭鉱から室蘭に輸送する目的で、「岩見沢」停車場－「東室蘭」停車場（当時は「室蘭」停車場）間が設置された。当時は名称も「北海道炭礦鉄道会社線の室蘭線」であったが、この区間は明治39（1906）年に国有鉄道となり、同42年に現在の「室蘭本線」という名称に変わった。その明治42年ごろには「室蘭」停車場（現・東室蘭駅）はすでに「輪西」停車場に改称している。

また、「長万部」停車場－「輪西」停車場間は、大正８（1919）年11月に着工し、昭和３（1928）年８月に開通した「長輪《おさわ》線」だった。昭和３年９月発行の「長和線建設概要」によると、「長輪線は、函館本線長万部停車場より分岐し、内浦湾に沿い室蘭本線輪西停車場に至る線路にして、現在北海道の奥地および樺太に連絡する経路は、函館本線只一線あるのみなるに、該線の長万部、小樽間は急勾配《こうばい》多く、ことに冬期間積雪深く輸送上常に困難を感じつつあり、為に函館本線を維持するにおいては根本的の改良を要すべく、これに反し室蘭本線は、概ね平坦なる地域を通ずるを以って、ここに輪西－長万部間を連絡するにおいては北海道唯一の温暖地帯を通過し、かつ海岸に沿いて、勾配《こうばい》少なく、長万部－岩見沢間の距離は僅かに四 哩《まいる》 五分（7.2 km）の短縮に過ぎざるも、列車の運転時間を約二時間早むることを得て、函館本線に対し、複線の作用を為すに至り、加うるに輸送経費の低減は、札幌以北は勿論、小樽、手宮方面に至る貨物をも本線を迂廻せしむることあるべく、列車の系統、貨物輸送の状況、旅客移動の状態は、本長輪線の全通によりて至大の影響を受くるは論を俟《ま》たざる所なり」とある。いかに期待された路線であったかがうかがえる。

また、『日本鉄道請負業史』にも以下のような記載がある。

「敷設工事は長万部からの『西第一工区』から『西第四工区』と、輪西からの『東第一工区』から『第三工区』に分けて着手されましたが、この『西第一工区』から『西第四工区』の殆どの工事は『飛鳥組』が請け負い、当時の鉄道工事においても『タコ部屋』が多かったのですが、飛鳥組は三百人の人夫（作業員）を福井県から連れて来て、直属の人夫が働いて『タコ部屋制度』を採ることなく『信用部屋制度』を取り入れていたので、他の現場では見られないほど和《わ》気《き》藹々《あいあい》で、工事の進捗《しんちょく》も驚くほど早かった」

このときの組長が、現在の「飛鳥建設」の創立者である飛鳥文吉氏であった。

室蘭本線苫小牧駅～室蘭駅間の路線位置図

室《むろ》蘭《らん》駅

S WC Ki

室蘭市入江町

母恋駅 ― 1.1km ― 室蘭駅（支線の終着駅）

超近代的で凝った造りの室蘭駅舎

ホール中央のスカイライト

待合ホール

終端点

室蘭駅前

平成9年10月に旧室蘭駅の所在地から移転、建物は新築された（旧室蘭駅舎については次ページ「旧室蘭駅」の項を参考として掲載）。現在の駅舎はたしか4代目だと思うが、明治30（1897）年が初代で、同36年に海岸町へ移転して建てられたのが2代目、3代目が先代旧駅舎である。

待合ホールの天井は円形スカイライト、非常に明るいホール内も円形で、中心の床にはオリエンテーションの意《い》匠《しょう》があった。諸室も円形の周りに配置され、非常に利用しやすくなっている。これでも建物は平屋建て。

出入口は自動ドアで、視覚障害者用の盲導鈴も設置。改築後の大きな駅では自動券売機の取り付け位置が低くなって車椅子使用者は利用しやすくなり、視覚障害者用の運賃表も設置されている。トイレの便器には手《て》摺《す》りを設置、荷物置場もあり、至れり尽くせりの整備は、ホテルも顔負けだ。

ホーム

※「室蘭」の呼称はアイヌ語の「モルエラン」に由来し、「穏やかな坂道」の意味。（「駅名の起源」より）

ミニガイド　室蘭開発建設部、胆振支庁、室蘭市役所、室蘭市青少年科学館、白鳥大橋、室蘭水族館、港の文学館、入江運動公園、室蘭港、フェリーターミナルなどがある。

旧《きゅう》室《むろ》蘭《らん》駅 S

室蘭市海岸町

※この建物は旧室蘭駅舎で、平成9(1997)年9月まで現役で使用されていた。

堂々たる姿を残す旧室蘭駅舎(明治45年建築)

旧駅舎側面

写真パネル：明治45年ごろ

写真パネル：昭和初期のころ

旧室蘭駅舎は、元の場所で保存され、稼働駅時代の外観状態を維持している。このように保存展示されると、観光の目玉になる。建築学的にも貴重な北海道名駅舎の一つなので、時間が許すかぎり見学したい所だ。

正面出入口の位置は、時代とともに左右に移設されていて、形状も若干異なっているようだ。北海道の特徴がよく出ている雁木《がんぎ》がある。

内部は改修されて、「室蘭市観光協会」が展示場として使用しており、当時の記念品等が展示されている。ここに掲載した3点の写真パネルもその一部で、当時の状態を見ることができる。

他にも駅長日誌や備品類、それに保線用具類から制服なども展示されている。旧室蘭駅や室蘭本線に関する多くの展示品が置かれている他に、休憩場や観光案内所がある。

天井は格天井《ごうてんじょう》に彩色が施されているが、真新しい照明器具がないと、もっと雰囲気が出ると思う。

建物前に旧駅舎の概要書が掲示されている。

室蘭本線は昭和35(1960)年5月に、旧室蘭駅から西室蘭駅まで貨物線が延長されている。現在の築地町西3号埠頭《ふとう》付近であるが、石炭輸送の衰退により、昭和60(1985)年3月14日に廃線となった。

写真パネル：明治30年ごろの開設当時

本《もと》輪《わ》西《にし》駅

室蘭市本輪西町1丁目

東室蘭駅 ― 4.5km ― 本輪西駅 ― 5.4km ― 崎守駅

JR北海道の貨物駅でもある本輪西駅舎

風車と白鳥大橋

本輪西駅は、JR北海道の貨物駅でもある。専用線が引かれ、新日本石油室蘭製油所に接続している。貨物列車による北海道唯一《ゆいいつ》の石油輸送駅で、かつてはここから全道各地まで石油輸送列車が走っていたが、現在では札幌・旭川・帯広の各駅のみとなった。

駅前から石油基地を見ると、タンク車が無数に並んでいる風景がある。JR貨物の事務所は二階建て部分にある。舎内では午前中のみ窓口業務を行っている。駅の近くに白鳥大橋がある。室蘭駅は室蘭湾の対岸になるので、この橋を渡ると行ける。とはいっても、徒歩では厳しい。

※「本輪西」の由来は、輪西駅を参照。輪西の発祥地であることから本輪西とした。(「駅名の起源」より)

ミニガイド　白鳥大橋がある。貨物駅であるが、陣屋町駅がある。昭和45(1970)年まで旅客駅だった。

崎《さき》守《もり》駅

室蘭市崎守町

本輪西駅 ― 5.4km ― 崎守駅 ― 2.2km ― 黄金駅

架道橋上の崎守駅舎

ホーム

ホームからの眺め

崎守駅は道路の上にある、架道橋上駅である。地上からは、階段をずいぶん登らなくては行けない。

駅舎の建物はなく、ホーム上に片持ち屋根がある程度。駅銘板も、写真のように擁壁《ようへき》(土留めの囲い壁)に設置されている。

トンネルとトンネルの間にある駅なので、ホームから前後を見ても同じ景色(左下写真)であるが、白鳥台を一望できる。この辺は「白鳥台」の高台に路線が渡っている関係で、このような状態にならざるをえないのであろう。

以前には踊り場付近に待合所があったが、放火で焼失して以来、復旧していない。

ミニガイド　白鳥湾展望台、南部藩陣屋跡、室蘭市民俗資料館がある。

黄《こ》金《がね》駅

WC

伊達市南黄金町

崎守駅 ― 2.2km ― 黄金駅 ― 4.5km ― 稀府駅

ユニークな黄金駅舎

黄金駅前

開設当時の駅名は「黄金蘂《おこんしべ》」であったが、昭和27(1952)年に現在の名称に変更された。

昭和55年から無人駅となった黄金駅の駅舎は、たいへんユニークな建物である。改築前には下見《したみ》板《いた》張《ば》りであったが、改築後も同様にしている。下見板張りは暖かい印象を与えるが、手入れはたいへんだろう。

駅横には駐輪サークルが設けられているが、鉄パイプを加工して枕木を利用したもの。お金をかけなくても、知恵をかけるだけで立派なものができる。

※「黄金蘂」は、アイヌ語の「オ、コンプ、シュベ」(川口に昆布のある所)に由来する。付近の海中には昆布が密生しているので名づけられた。(「駅名の起源」より)

ミニガイド 史跡北黄金貝塚公園がある。

室蘭本線駅舎内で見かけた観光ガイド（取材時に見かけたマップのみ）

「La. TOYA」
洞爺湖町・壮瞥町・豊浦町・伊達市が共同で発行している総合観光案内パンフレット。内容も濃く、これ一冊で洞爺湖周辺の観光ができそうだ。
21cm×25.7cm
見開き判　31ページ

「安平町観光ガイド」
平成の大合併により、早来町と追分町が合併した後の観光ガイド。旧早北町・追分町の両方についての観光地や物産が詳しく掲載されている。「くらしの笑顔が広がる　ぬくもりと活力と躍動のまち」がキャッチフレーズ。
Ｂ５判　7ページ

「YUNI」　由仁町のタウンガイドマップをはじめ、商店や温泉それにゴルフ場などを紹介している。キャッチフレーズは「この街に来ると　いつも、薫風ロマン　ハーブの優しい風が頬に感じます……」　Ａ３判　６折

「ゆにガーデン」
左の「YUNI」と同じようだが、こちらは単独で発行されている「ゆにガーデン」専用ガイド。このガーデンで育てている植物やイベントの紹介、それにガーデン内のイラストマップも掲載されている。キャッチフレーズは「国内最大級　風薫る英国風庭園」
Ａ４版　３折

稀《まれっ》府《ぷ》駅

WC

伊達市南稀府町

黄金駅 —4.5km— 稀府駅 —3.2km— 北舟岡駅

個性豊かな稀府駅舎

舎内小屋裏木組み

「まれっぷ」とは、すぐには読めない。本書でも難読駅名の一つにあげた。

駅舎は改築されており、外観はたいへん個性的である。内部も山小屋風の木組みを表した構造になっていて、明り採りの窓もお洒落《しゃれ》で、立派な施設だ。

だからこそ、内部の落書きやイタズラにはがっかりさせられた。

駅は地域の玄関であるから、自分の家のように扱わなければならない。地域の悪批判につながるので、このような施設は大切にしたい。

運営は委託業務となっており、周辺には民家が多い場所である。

※「稀府」は、アイヌ語の「エマウリ、オマレ、プ」(イチゴのある沢)から出ている。(「駅名の起源」より)

ミニガイド　なだらかな海岸線に沿った場所。晴れた日には駒ケ岳を望むことができる。

北《きた》舟《ふな》岡《おか》駅

WC

伊達市舟岡町

稀府駅 —3.2km— 北舟岡駅 —2.9km— 伊達紋別駅

景色に感動の北舟岡駅舎

絶景のホーム風景

まるで海の家を思わせる駅舎だが、建物より風景に興味をそそられる場所だった。北舟岡駅は、海岸線に最も接近している駅の一つであろう。内浦湾が広がり、遠くには伊達市街が見え、晴れた日には駒ケ岳もよく見える。

ホームからも海に飛び込めそうな錯覚に陥るが、線路に架かる跨線橋《こせんきょう》に登ると、そこはまるで飛び込み台。内浦湾のカーブも一望でき、景色を撮影するにも、通過する列車を撮影するにもベストな場所だ。

駅舎には待合所と、別棟にトイレがあるが、もともとは待合所もない駅だった。駅前には民家が点在しているが、畑が多い。

ミニガイド　この駅にある跨線橋上から、内浦湾の景色が180度展望できる。弄月温泉がある。

伊達《だて》紋《もん》別《べつ》駅

伊達市山下町

北舟岡駅 ― 2.9km ― 伊達紋別駅 ― 3.0km ― 長和駅

開設当時の状態を残す伊達紋別駅舎

風格が漂う駅舎正面

格天井は開設当時のもの

伊達紋別駅前

改札口

　駅舎は開設当時の状態を維持しているため、外観や内部の一部は当時のまま。駅長さんの談話でも、「開設当時のものを一部残して、手直ししながら使用している」とのことなので、今後の保存が期待できる。白壁にこげ茶色の柱、梁《はり》を意匠《いしょう》的に表している外壁は風格がある。

　中心街にある「歴史街道」は、各種商店の時代模写であり、瓦屋根で統一した街区で、それは再開発として意義があるが、それ以上に歴史ある建物を保存使用しているこの駅舎はもっと意義深いものがある。

　天井は大型枡格天井《ますごうてんじょう》で、デザインが時代を感じさせる。枡形の中心に元の照明器具があったと思われる。観光客が多く利用するので、改築しないで貴重な歴史博物館並みにしたいところだ。

　舎内には「サンプルショップ」と名づけられた店舗が入店している。

　昭和61(1986)年10月までは、かつて「胆振線」が伊達紋別駅から「倶知安」駅までの約83kmを走っていた。大正8(1919)年に「京極」駅－「倶知安」駅間(京極軽便線)、昭和16(1941)年には「胆振縦貫鉄道」として全線開通しているので、45年にわたる歴史を終了したのだ。

　駅前にも商店は数多くあるが、中心街は役所のあるあたり。市役所の面している通りが「歴史街道」である。

※「伊達紋別」は、アイヌ語の「シュム、ウン、ケ、モ、ペッ」(西にある静かな川)に由来する。元は「西紋瞥」であったが、この地は伊達邦成公の開拓によることから、明治33(1900)年に「伊達村」としたが、駅名が「伊達駅」では東北本線の「伊達駅」と同じになることから「伊達紋別駅」とした。(「駅名の起源」より)

胆振線線路跡のサイクリングロード

ミニガイド　伊達市役所、伊達市開拓記念館、伊達歴史の杜、藍染めが体験できる「黎明館」がある。もちろん、歴史街道や毎年8月上旬に開催される「武者まつり」が有名だ。

長和駅《ながわ》

WC

伊達市長和町

伊達紋別駅 ― 3.0km ― 長和駅 ― 4.9km ― 有珠駅

屋根のラインが印象的な長和駅舎

ホーム

シャープな屋根の線が印象的な長和駅舎。最近の改築停留場の屋根形状に多いタイプであるが、平成元年に改築されてコンパクトな近代的駅舎になった。

室蘭本線の複線部分の停留場では、跨《こ》線橋《せんきょう》もあるが、横断歩道形式のものも数カ所あった。冬場はつらいだろうが、跨線橋の階段を登り降りするのとどちらが楽なのだろうか？この駅では警報・遮断機を設置した。横断歩道形式である。

以前は「長流《おさる》」駅と名づけられていたが、「お猿」に聞こえるため、昭和34(1959)年に改称された。

※「長和」はアイヌ語の「オサレペツ」(投げる川)が由来で、急流を意味している。(「駅名の起源」より)

ミニガイド　国道453号で「洞爺湖」に向かうと、有珠山・昭和新山がある。伊達温泉がある。

有珠駅《うす》

WC

伊達市有珠町

長和駅 ― 4.9km ― 有珠駅 ― 5.1km ― 洞爺駅

シンメトリーにデザインされた有珠駅舎

「礼文駅」まで「長輪《おさわ》線」時代最後の開設駅である。たいへん個性的でコンシステントがある。

日本人はシンメトリーに対する安定感のようなものを感じるのだろうか。建物にそれを用いることで、バランスが取れている感じを好むようである。

中央の合掌《がっしょう》部分に明り採り窓があり、待合所が明るくなっている。化粧梁《けしょうばり》の露出で、雰囲気を出している。レトロな照明器具もいい。平成元年に改築されて、個性的なデザインになった。

※「有珠」は、アイヌ語の「ウシ、オロ、コタン」(湾頭にある村)から「ウシ」を採ったものである。別説に「ウシ」(湾)から出たもので、有珠湾を差したもの。(「駅名の起源」より)

岩に書かれた善光寺案内(ホームから見える)

明り採り窓

ミニガイド　北海道三古刹の一つ「有珠善光寺」(国指定史蹟)や「恋人海岸」がある。

洞《とう》爺《や》駅

虻田郡洞爺湖町旭町

有珠駅 — 5.1km — 洞爺駅 — 5.4km — 豊浦駅

観光客で賑わう洞爺駅舎と連絡橋

洞爺駅前

連絡橋内

連絡橋１階ホール

洞爺駅は、昭和37(1962)年10月までは「虻田」駅だったが、改称して現在に至っている。

平成12年3月31日に発生した有珠山の噴火により、室蘭本線の「有珠」－「洞爺」駅間は打撃を受けた。そして旧虻田町洞爺湖温泉付近の国道230号や温泉街も苦渋の時間を過ごした。現在は温泉街も復興して活気を取り戻し、国道の新トンネル完成で遠回りが緩和された。

虻田町は洞爺湖村と合併し、洞爺湖町となった。平成20年のサミット開催地でもある。

駅横には近代的な連絡橋ができて、駅舎に接続されている。エレベーターが設置され、１階のホールには観光案内パンフレットや観光地図が置かれている。トイレの設備はかなり充実している。

温泉宿泊客や観光客が多数利用している駅で、舎内のKIOSKの他に「駅弁販売所」もある。

駅前広場は整備されていて、駐車場もあるが、車路の一部が植え込みの影響で少々狭くなっている。

昭和16(1941)年5月まで「洞爺湖電気鉄道」が、湖畔まで走っていた。廃線から66年経ち、記憶からなくなりそうである。

※「虻田」の語源は、アイヌ語の「アブタ、ペッ」(魚鉤を作った川)といわれているが、確かではない。(「駅名の起源」より)

洞爺湖と有珠山

ミニガイド　洞爺湖と有珠山観光に一番近い駅。「洞爺湖温泉」や「壮瞥温泉」がある。洞爺湖町役場、西山火口散策路、火山科学館、有珠山噴火記念公園がある。

豊《とよ》浦《うら》駅

WC

蛇田郡豊浦町旭町

洞爺駅 — 5.4km — 豊浦駅 — 8.4km — 大岸駅

個性的で近代的な豊浦駅舎

豊浦駅前

平成元年に改築された豊浦駅舎は、近代的な建物である。円形状カーテンウォールの外壁が個性的で、全体によく整っている。ここは地区の集会場の中に駅が併設されている。また、1階には「かっこう」と名づけられた喫茶軽食堂が併設されているが、土・日曜日は休業。ここでは手造りパンの販売も行われている。

駅前は綺麗《きれい》に整備されていて、タクシーの待機もある。駐車場も道路の向かいにあった。自転車置場もある。

トイレには手《て》摺《す》りが設置されている。

※昭和10(1935)年3月までは「辨《べん》邊《べ》」駅だった。「駅名の起源」によれば、由来はアイヌ語の「ペッペッ」(小さい川が集まる所)の意味。語呂が悪いので「豊浦」に改名したという。(実は、「べんべ」は北海道弁で性行為を表すため改称したようである)

ミニガイド 豊浦町役場、天然豊浦温泉、海水浴場、噴火湾展望公園がある。

大《おお》岸《きし》駅

WC

蛇田郡豊浦町大岸

豊浦駅 — 8.4km — 大岸駅 — 4.1km — 礼文駅

めんこいっしょ　大岸駅舎

ホーム

大岸キャンプ場

この駅舎も改築された。

「オンコ」(イチイ)の樹がいいですね。

ホームの複線横断は横断歩道形式。ホームにあるパラソル型の屋根が海水浴場によく似合っている(左下写真)。

大岸にはキャンプ場は3カ所あるが、景勝もよく、キャンプ用の設備もよく整っている。

礼文〜大岸間はロマンチック海岸として知られている。文学碑公園は長輪線時代を描いた与謝野晶子、斎藤茂吉の歌碑がある。

昭和43(1968)年5月まで、豊浦駅との間に「豊泉」駅があった。

※大岸駅は開設当時、アイヌ語から採った「小《お》鉾《け》岸《ふし》」駅といったが、昭和10年4月1日に村名を「大岸」に改名。駅名も同地名にする。(「駅名の起源」より)

ミニガイド カムイチャシ史蹟公園、大岸第一・第二のシーサイドキャンプ場がある。

礼《れ》文《ぶん》駅

WC

蛇田郡豊浦町礼文華

大岸駅 ― 4.1km ― 礼文駅 ― 6.1km ― 小幌駅

一見すると住宅のように見える礼文駅舎

礼文駅前

礼文駅の外壁にはサイディングが張られ、出窓が設けられて全体に簡素にまとめられている。ちょっとした住宅の表情がある。

このあたりは山が海岸近くまで迫り、「豊浦」駅から「静狩」駅までは、トンネルの間に駅があるといった環境だ。隣の「小幌」駅に釣りに行く人たちが、この駅からよく列車に乗り込むのだそうである。なぜかは、「小幌」駅の項でわかる。

駅前には駐車場がある。自転車置場も設けられていた。

※「礼文」は、昔「礼文華」といっていたのを略したもので、アイヌ語の「レプンケ」（沖へ突き出ている所）に由来し、この地の地形からきた。また、「レプウンケ」（沖へ流す所）で、ここの海中に物を落とせば皆沖へ流れて行くので、こう名づけたともいう。（「駅名の起源」より）

ミニガイド 豊浦文学碑公園がある。

小《こ》幌《ぼろ》駅

蛇田郡豊浦町礼文華

礼文駅 ― 6.1km ― 小幌駅 ― 6.9km ― 静狩駅

季節になれば釣り人が多数やってくる小幌駅

ホーム

トンネル手前の風景

この駅に行くには、列車で行くしか方法がない。礼文華《れぶんげ》峠の「礼文華トンネル」と「新辺加牛トンネル」の中間で、内浦湾から切り立った崖《がけ》の中間に位置し、利用客のほとんどは釣り人なのだ（全員かもしれない）。

駅はホームのみで、左写真の建物は駅舎ではなく、保線用施設である。一日片便で5便停車する。最終便の時刻に注意しないと、道がないので野宿となる。

「仙人」と呼ばれている人の住居を、待合所として釣り人が使わせていただいていたようだが、残念ながら「仙人」は亡くなられた。釣り人も寂しいだろう。

秘境中の秘境ともいえる駅である。

ミニガイド 釣り場である。岩谷観音があり、岩場を歩くと行けるが、舟で行くほうが無難であろう。

静《しず》狩《かり》駅

WC

山越郡長万部町静狩

小幌駅 ― 6.9km ― 静狩駅 ― 10.6km ― 長万部駅

静狩駅舎は北海道代表型駅舎

ホームから見た風景

昔懐かしい木造駅舎である。

この形状の駅舎は、北海道の各地で見かける、いかにも北海道らしい駅舎の一つであるが、「長輪《おさわ》線」初期に開設された静狩駅は、改築されないで残っていた。外観はそのままながら、外壁は改修されている。

晴れた日には対岸の駒ケ岳がよく見える。この辺になると、駒ケ岳とは南北の位置関係になる。

平成18年3月まで、「長万部」駅との間に、ホームのみだったが「旭浜」駅があった。

※「静狩」は、アイヌ語の「シツト、カリ」(山の彼方、あるいは行き止まり)に由来し、付近の地形から名づけたもの。(「駅名の起源」より)

ミニガイド　内浦湾に浮かぶ「駒ケ岳」の風景は絶景。

室蘭本線の歴史について　その2

明治42(1909)年までの「室蘭線」の歴史と昭和3(1928)年8月に開通した「長輪線」の歴史について[**室蘭本線の歴史について・その1**]で述べたが、それ以降の歴史についてここでご紹介したい。

室蘭本線の室蘭駅～長万部駅間の路線位置図

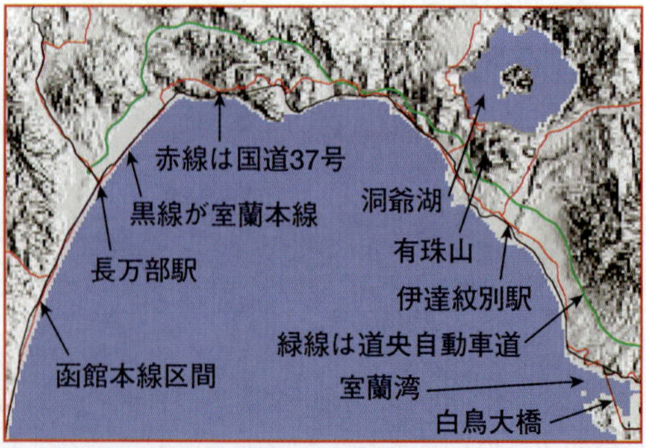

室蘭線は明治42(1909)年10月に「室蘭本線」に改称してからは、昭和33(1958)年までの間に、各駅の開業や複線化が進み、順調に貨物営業や旅客営業が行われている。

いっぽう、昭和3年9月に全線が開通した「長輪線」では、「函館本線」の「函館」駅－「苫小牧」駅・「岩見沢」駅経由で「宗谷本線」の「稚内」駅まで急行列車の運行が開始され、昭和6(1931)年4月には長輪線と室蘭本線の一本化が実現した。両線を合わせて「室蘭本線」となり、以降、室蘭本線は「長万部」駅から「岩見沢」駅間の路線となったわけである。

現在、函館駅から道央地区を結ぶルートは、①長万部駅経由で小樽駅廻りの函館本線ルート、②長万部駅から苫小牧駅経由で「千歳線」→「札幌」駅、③長万部駅からは室蘭本線一本で岩見沢駅までの各ルートがあるが、幹線の座は、単線の小樽駅経由から苫小牧駅経由のほうに移っている。

[その1]で述べたように、工事着手前から非常に期待されたこのルートは、昭和36(1961)年ごろまでに「東室蘭」駅から札幌－岩見沢間が複線化されたが、現在のような幹線となるまでには、それ以後もさまざ

まな路線の変遷が続くことになる。

まず、内浦湾を見下ろす海岸ルートの「虻田」駅（現・洞爺駅）－「礼文」駅間は断崖《だんがい》絶壁の海岸線を走るうえ、単線区間であったため、災害防止と複線化を図る急務があった。昭和36年から始まった改良工事は難工事で、複線化のために旧線を上り・下り線で使い分けを行い、旧線のトンネルを上り線に利用するなど試行錯誤している。

そんななかで、昭和42（1967）年9月27日には「豊浦」駅－「洞爺」駅間で崖崩《がけくず》れが発生し、不通になった区間の代替輸送に「青函連絡船」を室蘭埠頭《ふとう》まで接岸させている。「豊浦駅」－「大岸」駅間は、長輪線時代につくられた弁辺《べんべ》トンネルを利用し、山側の豊泉集落まで大回りをしていた。ここは昭和19（1944）年に開設された「豊住」信号場があり、昭和35年10月には「豊泉」駅に昇格した駅があった場所である。この区間は、海岸線と山側を結ぶ急勾配《こうばい》で急カーブでもあったたため、直線の大岸トンネルをつくり昭和45（1970）年6月に開通しているが、これに先立ち昭和43年5月15日には「豊泉」駅が廃駅となっている。

最後の難関であった大岸－礼文間は複線のまま海岸線を通すことができなかったため、新たに山側に複線の礼文華浜《れぶんげはま》トンネルを新設した。これにより昭和50（1975）年10月、最も期待されながらも、難工事区間であった複線化および改良工事が終了し、これよりのち、幹線の道を歩んでいくようになる。

北海道の駅舎

私は「北海道代表型駅舎」と勝手に呼んでいるが、これは特に旧国鉄やジェイアール北海道が指定している駅舎形状ではなく、今や数少なくなってしまった、大正から昭和初期にかけて国鉄時代に建てられた北海道各地に見られた北海道独特の仕様をした木造駅舎を、改築された他の駅舎と区別するために使用している。また、本来北海道に限らず日本全国の駅舎が担っていた役割とは、列車での乗降客の出改札や荷物輸送取り扱いを行うだけではなかった。駅舎は地域の顔であり、玄関であった。毎日清掃が行われ、利用客を出迎えてくれた。それは旅行者を暖かく迎える場であり、旅立つ人を「いつでも帰っておいで」と見送る場でもあった。そして、地域の人々のコミュニケーションの場であり、人々は列車を利用する、しないにかかわらず駅舎に集い、待合所での会話は地域情報の交換の場の一つでもあった。通学の学生は、見知った近所のおじさん・おばさんたちの視線の中を緊張した面持ちで通っていた。学生による舎内でのイタズラや喫煙などとんでもない時代で、喫煙でもしようものなら、町中に広がる。これらは移動手段が鉄道やバスが一般的であった時代の一コマである。

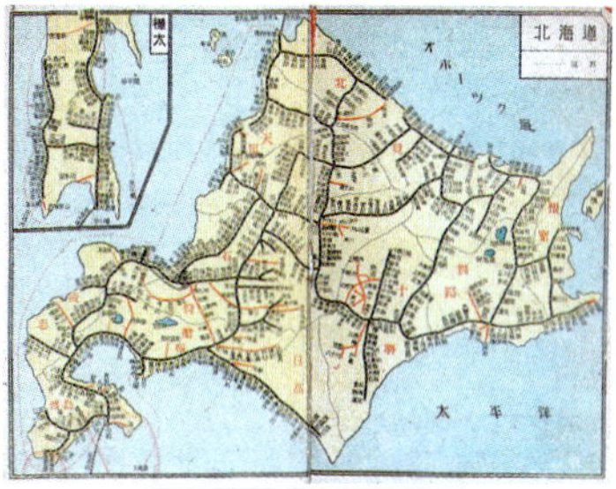

昭和17年鉄道路線図

平成19年現在、北海道にはジェイアール北海道の14路線に、臨時乗降場を含め全部で465駅がある。一昔前の国鉄からジェイアール北海道に分割民営化した昭和62年には、営業距離が3,177kmで、駅数は631駅あった。昭和後期から平成初期にかけて、特定地方交通線として廃線対象となっていた「標津線」「名寄本線」「天北線」「広尾線」など7路線635km・136駅のこれらの路線は、平成初期までに予定通り廃線となり、一気に2割以上の駅が廃駅となった。人口の都市部集中の中で、都市の駅舎は複合施設を伴う商業化により改築され、巨大化し、モダンな外観になってきているが、地方では住民が都市部に流出し、列車の利用客が減少しつづけている。駅に集う人もなくなり、駅員さんを含め無人駅となって、いつのまにか駅舎は風雪を避けるだけの閑散とした場になってしまった。このままでは、地方駅は利用客が減少を続けるだけである。地方には地方なりの都市部にはないものがあり、人が集えば、利用客が増える。この例として国鉄時代の駅舎を再利用して食堂を経営している駅、自治体の集会場がある建物に入っている駅、音楽会を行っている駅、生涯学習塾を開催している駅、地域の産業をアピールして特産品販売を行っている駅なども少なくない。今後とも駅が生き残っていくには、閑散とした空きスペースにしておくのではなく、地域の人々が積極的に主導して、「ここでしか……」をアピールしたアイデアの実行と、駅舎の活用しだいといえるのではないだろうか。

神威岬
積丹半島
積丹
小樽
函館本線
ニセコアンヌプリ
ニセコ
羊蹄山

札沼線（学園都市線）

営業距離
76.5km

駅舎数
28駅

札沼線の起点駅は「桑園」であるが、桑園駅」は「函館本線」に掲載した。このため、本書では「札沼線」は「八軒」駅から始まっている。

八《はち》軒《けん》駅

札幌市西区八軒6条東2丁目

桑園駅 ― 2.2km ― 八軒駅 ― 1.5km ― 新川駅

落ち着いた色彩の八軒駅舎

窓口・改札口

八軒駅舎は開設当初は地上のホームしかなかった。平成9年3月に改築され、市街地に多い高架式の、近代的な有人駅舎になっている。

市街地の駅は立地条件に厳しいものがあり、地上形式では踏み切りによる交通渋滞や、地域分断が起こるため、高架式にせざるをえないようだ。高架でも、ホームまでエレベーターが使用できるので、高齢者にも問題はない。

改築され近代的になった駅の諸設備は整っている。駐車場は見当たらなかった。

駅周辺にはビルが密集し、駅横には公園、高架下には広い自転車置場がある。

ミニガイド 農試公園、八軒郵便局、札幌競馬場がある。

札沼線の歴史について その1

路線位置図

札沼線　留萌本線
札沼線廃線区間
函館本線の一部

札沼線は、現在では「学園都市線」といったほうがわかりやすいほど、愛称のほうで呼ばれている。

この札沼線は、石狩平野を流れる石狩川を挟んで「函館本線」と並行して「新十津川」停車場まで走っている。もともとは〈北線〉と〈南線〉として敷設が行われてきた路線で、昭和6(1931)年10月に北線の「石狩沼田」停車場(留萌本線)－「中徳富」停車場(現・新十津川駅)の開通から始まったが、この区間が現在は廃線となっている。北線は、昭和9年10月には「浦臼」停車場まで開通している。南線は昭和9年11月に「桑園」停車場－「石狩当別」停車場まで開通し、昭和10(1935)年10月には浦臼駅まで開通したため、北線と南線が一本化され、全線が開通した。「札沼線」と改称されたのはこの時点である。

札沼線の路線名は、昭和10年10月に全線開通した当時に「札幌」駅－「石狩沼田」駅(留萌本線)まで走っていたので、頭文字をとって「〈札沼〉線」と呼ぶようになった。

その後、太平洋戦争中の昭和18(1943)年、鋼材不足のため「石狩沼田」駅－「石狩追分」駅(現・廃駅)間と「石狩追分」駅－「石狩月形」駅間が線路を徴収され休止となった。復活再開したのは昭和31(1956)年11月であったが、今度は並走する函館本線の利用率に押されて、昭和47(1972)年6月に新十津川駅－石狩沼田駅間が廃線となり、全11駅(石狩橋本・上徳富・北上徳富・雨竜・石狩追分・渭ノ津・和・中ノ岱・碧水・北龍・五ヶ山の各駅)が廃駅となった。

現在は沿線に高校や大学、新興住宅街などができて新たに6駅が加わり、学生や通勤客でたいへん賑《にぎ》わう路線となっている。そのため愛称が「学園都市線」と呼ばれるようになったのも理解できるというものだ。

新《しん》川《かわ》駅

札幌市北区新川4条1丁目

八軒駅 ― 1.5km ― 新川駅 ― 1.9km ― 新琴似駅

高架式は都心に最適 新川駅舎

エスカレーター

改札口・窓口

空に向かって延びる高架線路

新川駅は建て込んだ住宅街の中に、忽然《こつぜん》と現れる。「八軒」駅と同じ高架式の駅舎で、内部の施設もほぼ同じものが整備されている。

駅の開設は昭和61（1986）年11月と新しいが、改築されて高架式になったのも平成12年3月と最近のことだ。

高架下に通り抜け空間があり、駅の出入口と自転車置場そして線路の両側への横断に使用されている。八軒駅や「新琴似」駅の高架式駅舎に共通する形式である。高架式につきもののホームまでの移動が、高価なエスカレーターやエレベーターによって補われるようになったのは、つい最近からで、特にエレベーターの設置は、車《くるま》椅《い》子《す》使用者にとって画期的な改革であろう。

誘導ブロックはグレーであるが、舎内のトイレは、手《て》摺《す》りはビニール被覆抗菌手摺、駅舎の出入口の扉は自動ドア、身体障害者専用もある。視覚障害者用の運賃表、さらには盲導鈴まで設置されていて、利用者には大変やさしい駅舎の一つといえるだろう。

ホームの誘導ブロックは黄色で、札幌市内の高架式駅はホーム風景のほとんどが、写真のような、ビルの谷間をモノレールみたいな線路が走る風景となっている。

高架下は都心だから利用者も多く、自転車置場や駐車場に利用している駅もあるが、この広い空間の有効利用は何かないものだろうか。問題は家賃か？　ちなみに「新川」と名のつく駅は日本に6駅ある。

何かに活用したい高架下

ミニガイド　札樽自動車道の新川インターチェンジ、新川下水処理場がある。

新《しん》琴《こと》似《に》駅

札幌市北区新琴似8条1丁目

新川駅 1.9km 新琴似駅 1.7km 太平駅

高架部分の壁と一体で大きく見える新琴似駅舎（東口）

駅前の記念モニュメント

改札口・窓口

西口側

開設年月日は、前項「新川」駅や「八軒」駅より早い昭和9（1934）年11月、高架形式として改築されたのは、平成12年3月。したがって、施設内容は新川駅や八軒駅とほぼ同じだが、外観が異なる。

東口側では、高架部分の線路を覆う防音壁が、1階駅舎外壁とカーテンウォール形式で一体を成しているが、これによって駅舎の建物が大きく見える。ただし、線路に対して西口側から見るのと東口側からとでは、駅舎の表情が全く違う。

都心の駅舎だけあって、コンコースもかなり広く、待合所が2カ所に分かれている。ホームへは、やはりエレベーターやエスカレーターを利用して昇降できる。出入口の扉は自動ドア、盲導鈴も設置されている。舎内にはパン屋さんがあり、中央の通り抜けを挟んでコンビニも併設されている。

東口駅前のロータリーに沿った歩道に、高架化以前にこの地にあった新琴似農協倉庫の壁の一部を残したモニュメントがある。西口側にはロータリーなどの広場はない。

この駅も誘導ブロックはグレーであり、高架改築駅では共通仕様であろうか。

※「新琴似」の由来は、アイヌ語の「コッ、ウン、イ」（住居跡のある所）であるが、明治20（1887）年屯田兵第三中隊146戸が配置せられ、地名を新琴似屯田といった。駅名はこれをとったものである。（「駅名の起源」より）

東口駅前

ミニガイド　北区体育館、麻生野球場、下水道科学館がある。市営地下鉄南北線「麻生」駅がある。

太《たい》平《へい》駅

札幌市北区太平2条5丁目

新琴似駅 ―1.7km― 太平駅 ―1.3km― 百合が原駅

太平駅舎は跨線橋昇降口を利用

ホーム

太平駅は昭和62(1987)年2月に、臨時乗降場から駅に昇格した。この駅からは、高架を降りて地上式になる。

駅舎は複線を横断する、長い跨《こ》線《せん》橋《きょう》の両端昇降口を利用したもので、自動券売機と自動改札機がその両端それぞれに設けられている。インターホンが設置され、管理駅と接続されている。

待合所はホーム上で、クラッシックな長《なが》椅《い》子《す》式のベンチが備えられている。

ホーム上屋は片持ち式屋根で、都心の無人駅にはよく見られる形式である。

都心の駅にしてはトイレが見られないようなのが気になった。

ミニガイド 札沼線に新しくできた駅の一つである。駅周辺は住宅街になっている。

百《ゆ》合《り》が原《はら》駅

札幌市北区太平8条7丁目

太平駅 ―1.3km― 百合が原駅 ―1.6km― 篠路駅

世界のユリの花を見るなら百合が原駅

百合が原駅前

百合が原駅も施設整備内容は「太平」駅とほぼ同じで、長い跨《こ》線《せん》橋《きょう》でつないだ昇降口の両端に、自動券売機や自動改札機を設置する駅である。待合所は平成11年に造られた。

住宅街にあるので、多くの自転車が駐輪していた。駅前広場が整備され、歩道はインターロッキングブロックで舗装されているが、波を打っていた。

駅舎外壁のガーデニング用の格子に花が飾られていた。

この駅はもともと「北海道花と緑の博覧会」用に設置されたもので、その後、東口側に分譲・賃貸のマンションが、西口側には戸建住宅が建ち、平日の朝はホームに列車待ちの人が並ぶようになった。

ミニガイド 世界のユリが観賞できる「百合が原公園」が駅前にあり、リリートレインが走っている。

札沼線

篠《しの》路《ろ》駅

札幌市北区篠路4条7丁目

百合が原駅 ― 1.6km ― 篠路駅 ― 2.0km ― 拓北駅

駅前再開発が始まる篠路駅舎

窓口・改札口

篠路駅は木造モルタル造りの、昔ながらの建物だった。篠路地区の住宅街からの利用客が多い。広い自転車置場があるが満車状態で、自転車が駅前にも所狭しと並んでいた。駅前は広場になっているが、一部月極め駐車場となっている。舎内にトイレもあり、内部は狭いが、手摺《てす》りが設置されている。

券売機の横には視覚障害者用の運賃表も備えてあり、グリーンBOXも設置されている。平日の朝はホームも満員状態である。

駅周辺にはレンガ造りや軟石造りの農業用倉庫が数多く建っているが、西口再開発により解体されることになる。

※「篠路」は、アイヌ語の「シノロ」(川の淵)からとったといわれているが、正確には不明。(「駅名の起源」より)

ミニガイド　駅周辺は戸建住宅と団地が建ち並んでいる。農作物の畑も残り、田園地帯となっている。

拓《たく》北《ほく》駅

札幌市北区拓北6条3丁目

篠路駅 ― 2.0km ― 拓北駅 ― 1.4km ― あいの里教育大駅

南北で駅舎の形態が違う拓北駅舎(北口)

南口

改札口

拓北駅は「東篠路」駅として、昭和42(1967)年12月15日に開設されたが、平成7年3月16日をもって現在の名称に変更された。

この駅は、北口のコンクリートブロック造り(フレームは鉄骨造り)の駅舎と南口の鉄骨造りの駅舎に分かれている。南口の駅舎は無人で、インターホンで北口と接続されている。南口には長い木製のスロープが設けられている。

視覚障害者用の運賃表、トイレの手摺りやグリーンBOXもある。待合所の天井には、個性ある照明器具が設けられている。

この駅も、平日の朝は、学生やサラリーマンで混雑している。

ミニガイド　「ひまわり団地」が昭和38(1963)年に建設されることになり、設けられた駅である。

あいの里《さと》教《きょう》育《いく》大《だい》駅

札幌市北区あいの里1条5丁目

拓北駅 ― 1.4km ― あいの里教育大駅 ― 1.5km ― あいの里公園駅

大学をイメージさせるあいの里教育大駅舎

駅前バス停

舎内のスカイライトと照明器具

窓口・改札口

昭和61(1986)年11月に新しく開設された駅は、駅舎の形状にも大学の駅らしい雰囲気がある。合掌《がっしょう》屋根のスカイライトから、自然光がコンコースを明るく照らし、照明器具も近代的かつシンプル。

駅横にあるスロープは、凍害の影響か、床が波打っていた。また、階段最下段に後から設置された踏み段は、典型的な石狩堆積《たいせき》層の不等沈下により発生した隙間《すきま》を埋めたものだ。

駅前の歩道はインターロッキングブロック。駅前の駐車スペースには、自動車がぎっしりと並列駐車していた。

このあたりは札幌ニュータウン「あいの里」として宅地造成された場所で、駅舎から一歩外に出ると、ニュータウンの雰囲気が目の前に現れる。彫刻家・国松明日香氏のモニュメント像がある。駅前には戸建住宅や分譲マンションが多く、学生・通勤客ともに多い。

北海道教育大学はここからやや離れた場所にあって、同大の付属小・中学校もあるため、朝夕は児童・学生も利用する。駅周辺には大型スーパーや一般店舗も軒を並べ、駅前には交番もある。

ゴミ収集のエアーダクト方式モデル地区である。

あいの里地区は、平成19年9月に線路を横断する自由通路が完成した。

モニュメントとニュータウン

ミニガイド 駅名のとおり北海道教育大学がある。北海道医療大学病院と心理科学部も。駅周辺の大型店舗や高層マンションそれに新しい戸建住宅群が目を引く。

あいの里《さと》公《こう》園《えん》駅

WC

札幌市北区あいの里2条8丁目

あいの里教育大駅 ― 1.5km ― あいの里公園駅 ― 4.2km ― 石狩太美駅

個性的なデザインのあいの里公園駅舎

あいの里公園駅前

「釜《かま》谷《や》臼《うす》」駅から平成7年3月に改称。3代目駅舎で、改築前はリサイクル車両駅舎だったそうだ。もともとの位置は教育大駅寄りにあったが、教育大駅が開設されたため、現在の位置に移転している。

駅舎の外壁は腰壁にレンガ調のタイル張りで、壁は金属板を張って雛壇《ひなだん》型にデザインされている。中央にはアーチ型ドームの明り採り窓を設置し、直線によるデザインの固さをカバーしている。

改札口の天井は、ドームの明り採り窓から自然光が入って、明るくなっている。改札口には自動改札機がある。

駅前は広いロータリー形式で、やはり国松明日香氏のモニュメント像がある。

ミニガイド 竣工当時に日本三大橋梁であった「石狩川橋梁」(延長1,074m)を渡る。

石《いし》狩《かり》太《ふと》美《み》駅

S　WC

石狩郡当別町太美町

あいの里公園駅 ― 4.2km ― 石狩太美駅 ― 6.6km ― 石狩当別駅

個性的で印象に残る石狩太美駅舎

明り採り窓があり、明るい舎内

平成2年に改築され、大変個性のある建物になっている。外観からは二階建てに見えるが、実は平屋。中央屋根上には時計台がそびえ、全体のアンバー色の中に、破《は》風《ふ》と開口部の白いラインが印象的だ。

舎内には銀行のキャッシュコーナーやロイズの直売店があり、駅事務室は現在閉鎖されている。自動券売機と自動改札機が置かれている。トイレも清潔で、身体障害者専用のトイレもあった。スロープも出入口横にあったが、ホームには階段使用となる。

駅前は歩行者用の広場で、コンビニエンスストアーも駅前にある。駅周辺には住宅があるが、少し離れると、農耕地域となって畑や田んぼが広がる。

ミニガイド ふとみ銘泉(温泉)、石狩川公園、スウェーデン交流センター、ロイズふとみ工場がある。

石《いし》狩《かり》当《とう》別《べつ》駅

石狩郡当別町白樺町

石狩太美駅 —— 6.6km —— 石狩当別駅 —— 3.0km —— 北海道医療大学駅

優れたデザインと設備をもつ石狩当別駅舎

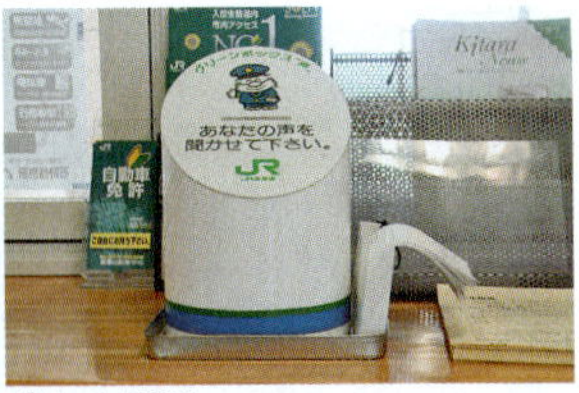

グリーンBOX

改札口・窓口

連絡通路内

ガラスのカーテンウォール、スケルトンのエレベーター、タイル張りのPC版（プレキャスト工法のコンクリート板）や金属のカーテンウォールでデザインされた外観。平成６年６月に改築され、近代的な橋上駅舎となった。

改札や待合所は2階で、ホームとの間にはエレベーターがある。待合所は、天井のスカイライトから自然光が明るく照らす。コンコースは広く、駅事務室は開放感あるオープンカウンター。

全体的に施設のすぐれた駅舎だ。連絡通路は広く、天井にスカイライトを設け、太陽光が窓のステンドグラスの多彩な色とミックスして、通路に展示された彫刻の色合いが時間により様々に変化する。

南北の昇降口の建物のデザインは同じで、階段の壁には地元の幼稚園から小・中学生までが描いた絵などが展示されていて面白い。当別高校の掲示板も設置され、行事日程などが貼《は》られている。

駅前は整備されたロータリーで、駐車場もある。

札幌駅－石狩当別駅間の列車本数は多いが、これから先まで行く列車は極端に少なくなる。

※「石狩当別」は、アイヌ語の「トー、ペッ」（沼から来る川）から出たもので、他に同音の駅があるため、国名を冠したものである。（「駅名の起源」より）

南口駅前

ミニガイド　当別町の中心地で、当別町役場、伊達記念館、伊達邸別館、開拓郷土館がある。駅周辺はゴルフ銀座で、数多くのゴルフ場がひしめいている。

北《ほっ》海《かい》道《どう》医《い》療《りょう》大《だい》学《がく》駅

WC

石狩郡当別町金沢

石狩当別駅 ― 3.0km ― 北海道医療大学駅 ― 2.2km ― 石狩金沢駅

個性的に塗装された北海道医療大学駅舎

駅名標示

北海道医療大学

ペイントされた外壁が、印象的な駅だ。この駅から医療大学まで、連絡通路で接続されている。

駅名は開設当時には「大学前」駅だったが、平成7年3月16日に「北海道医療大学」駅に改称された。しかし、正面出入口の柱にはローマ字で、「Dai Gaku Mae Eki」の文字が残されている。

舎内は広いが、何となく殺風景な感じを受けた（照度不足のためかもしれない）。大学への通路横にスロープが設置されている。ホームには誘導ブロックがあるが、舎内には見当たらなかった。外壁に塗られたブルーの延長形で、駅舎の出入口上部に設けられていた合掌《がっしょう》形の飾り屋根がなくなった。

ミニガイド　駅名のとおり、北海道医療大学が駅前にある。

石《いし》狩《かり》金《かな》沢《ざわ》駅

石狩郡当別町金沢

北海道医療大学駅 ― 2.2km ― 石狩金沢駅 ― 4.5km ― 本中小屋駅

戦時中は一度休止された石狩金沢駅の駅舎

石狩金沢駅周辺

昭和10（1935）年に建設された駅舎が解体され、リサイクル車両の駅舎となっている。車体に「昭和29年製造」の番号がついていた。

札沼線のリサイクル駅舎の内部は、「宗谷本線」や「日高本線」とほぼ同じ内容だが、待合所のみで、トイレはない。

外壁は2色のラインで彩られている。ホームは駅の左側、一段高い位置にある。

昭和19（1944）年7月に一度休止され、戦後の昭和21（1946）年12月に再開された駅である。駅周辺は農耕地が広がる。

※「石狩金沢」の由来は、樺戸監獄看守長が囚人を使役して当地の道路を開墾した際、地名のないのを不便に感じ、自らの出身地（金沢）にちなんで「金沢」と呼んだのに始まり、駅開設のとき国名を冠して駅名とした。（「駅名の起源」より）

ミニガイド　駅は当別町に位置しているが、新篠津村側からの利用が便利な場所である。

本《もと》中《なか》小《ご》屋《や》駅

石狩郡当別町中小屋

石狩金沢駅 ― 4.5km ― 本中小屋駅 ― 3.2km ― 中小屋駅

二つ目のリサイクル駅舎　本中小屋駅

本中小屋駅前

札沼線二つ目のリサイクル駅舎の登場である。前の「石狩金沢」駅と開設年月日が同じで、開設当時も兄弟駅舎だったので、リサイクル駅舎になったのも同じなのだろう。

札沼線については、外壁のデザインは統一されているようだ。列車の横に倉庫風の小屋のようなものがある。

やはり第二次大戦末期の昭和19(1944)年7月に休止となり(鋼材不足により線路が軍に徴収されたため)、昭和21年12月に再開している。駅前には農家が点在し、駅横にはレンガ造りの農業用倉庫がある。

※次の中小屋駅よりも「中小屋」のあった位置に近いために、「本中小屋」と名づけたものである。(「駅名の起源」より)

ミニガイド　中小屋温泉がある。新篠津村側にはグライダー滑空場がある。

中《なか》小《ご》屋《や》駅

石狩郡当別町中小屋

本中小屋駅 ― 3.2km ― 中小屋駅 ― 2.8km ― 月ヶ岡駅

周辺の畑には白鳥が飛来する中小屋駅舎

駅周辺にいた白鳥の群れ

続いて三つ目のリサイクル駅舎である。「本中小屋」駅と全く同様の内容だ。周辺に先代駅舎のコンクリート基礎が残っていることが確認できた。中小屋駅舎もやはり、先代駅舎のときから兄弟駅舎だったようだ。

この駅もまた昭和19年7月に休止され、昭和21年12月に再開された。

舎内は、きれいに清掃された状態だった。

駅周辺には商店や住宅もあるが、農耕地が広がり、4月下旬ごろは畑に白鳥が多数飛来し、餌を探す。ここから宗谷の大沼に集合するのだろうか？

※明治15、6年ごろ樺戸集治監の囚人を使って月形—当別間の道路を開いたとき、囚人を収容する小屋を設けた所。「中小屋」の名は、道路の中間にその小屋があったことに由来。(「駅名の起源」より)

ミニガイド　中小屋駅を過ぎると、当別町を後にして月形町に入る。のどかな農耕地帯を列車は走る。

月《つき》ヶ《が》岡《おか》駅

WC

樺戸郡月形町月ヶ岡

中小屋駅 ― 2.8km ― 月ヶ岡駅 ― 2.6km ― 知来乙駅

地場野菜の直売所が開かれる月ヶ岡駅舎

公園内の四阿

直売所風景

月ヶ岡駅は整備された広い公園の中に建っているログハウスが駅舎である。「大売出し」のノボリが立っている風景は、正面からは駅舎には見えない。舎内は「野菜の直売所」になっていて、地元の沼で獲れたドジョウまで販売していた。ただし、5～10月の土・日曜日のみ開店。建物は町が建設したもので、公園内には四阿《あずまや》も建っている。自転車置場の上屋も含めて、すべて木製丸太組みで建てられていて、たいへんコンシステントな施設だ。国道沿いに位置し、駐車場も広く整備されているため、ドライバーの休憩所としても利用されている。ホームは駅舎後部にある。乗車券の販売はしていない。

ミニガイド　駅周辺は農耕地帯が広がり、この駅が野菜の直売所になっているのもわかる。

知《ち》来《らい》乙《おつ》駅

WC

樺戸郡月形町知来乙

月ヶ岡駅 ― 2.6km ― 知来乙駅 ― 2.1km ― 石狩月形駅

小さくてもトイレがある知来乙駅舎

ホーム

知来乙駅は、難読駅名の一つにあげた。

小さな木造待合所が駅舎の建物で、ホームの端にある。サイディング張りの外壁で、建物の後ろに飛び出しているのがトイレ部分である。

トイレの扉の鍵は故障していたが、使用できる状態にはある（女性は少々勇気が必要？）。今ごろは、すでに修理されただろうか？

のどかな風景が周りに展開する。

駅前には自転車が2台置かれ、常時の乗客がいることがわかる。ホームはコンクリート製だった。

ミニガイド　五つの地区に分かれた道民の森の月形地区には木工芸館や陶芸館があり、体験ができる。

石《いし》狩《かり》月《つき》形《がた》駅　S　WC

樺戸郡月形町赤川

知来乙駅 ― 2.1km ― 石狩月形駅 ― 4.7km ― 豊ヶ岡駅

樺戸集治監があった石狩月形駅舎

待合所

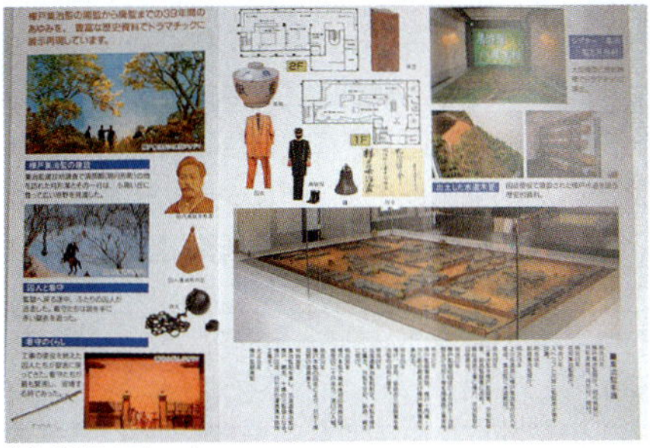
集治監パンフレット

集治監玄関

改築された駅が多い札沼線の中で、木造駅舎の月形駅は、昭和18(1943)年10月から同21年12月まで第二次世界大戦の影響で休止されていた。再開後に建てられた駅舎なのであろう。

舎内の待合室には「小上がり」が設けられており、「駅の図書館」という名称の図書コーナーもある。グリーンBOXも設置されている。

月形町が別棟に建設した明るく近代的なトイレがある。身体障害者専用トイレも併設されていて、利用者にやさしい施設だ。

窓口業務はされているが、改札は行っていないので、列車内での集札となる。監獄から発展した月形町は、「花の里」としても知られ、駅前には観光案内の地図が設置されている。駅前にはタクシーの待機があり、駐車場も確保されている。駅前通りには商店のほか、レンガ造りや軟石造りの倉庫もある。

月形町には明治14(1881)年、重罪の囚人を収監する「樺戸《かばと》集《しゅう》治《ち》監《かん》」が建設され、大正8(1919)年に廃止された。元新撰組副長助勤の永倉新八が、剣道指南役で一時期勤めたことでも知られている。昭和43(1968)年に北海道百年を記念して、月形樺戸博物館として開館され、文献や囚人の遺品が展示されている。

※「石狩月形」の由来は、樺戸監獄をこの地に選定し、開墾とともに第一次典獄として赴任した月形潔氏が、当地方の開発に功績が多かったので、その姓をとって村名としたもの。駅名は他に同音の駅があるため、国名を冠したものである。(「駅名の起源」より)

駅前

ミニガイド　月形温泉やキャンプや釣り、そしてサイクリングが楽しめる「皆楽公園」がある。
月形町役場・宿泊研修施設の「はな工房」、農業体験施設の「つち工房」がある。

豊《とよ》ヶ《が》岡《おか》駅

WC

樺戸郡月形町豊ヶ丘

石狩月形駅 — 4.7km — 豊ヶ岡駅 — 2.5km — 札比内駅

夏は鬱蒼とした雑草に埋もれる豊ヶ岡駅舎

駅全体

手彫りの駅銘標

山間のひっそりとした場所に、小さな小屋があって、それが豊ヶ岡駅の駅舎である。

待合所のみの建物で、駅舎から少し下がった位置にホームがあるが、反対側は熊笹が密生した谷になっている。

駅名標は手彫りの彫刻された板で、フックに鎖で引っ掛けられて設置されている。

出入口脇には、「チカン・変質者に注意！」の大きな看板が掲げられていた。周りを見渡すと、周辺に住宅がほとんどないので、確かに注意は必要と思われるが、駅周辺の雑草を刈り取ると、のどかな山間の駅であろう。ちなみに駅名は「豊ヶ岡」だが、地名は「豊ヶ丘」となる。

ミニガイド　周辺は丘陵地帯で、遠くにピンネシリ山(1,100m)を望み、列車は走る。

札《さっ》比《ぴ》内《ない》駅

WC

樺戸郡月形町札比内

豊ヶ岡駅 — 2.5km — 札比内駅 — 4.5km — 晩生内駅

同型駅舎も少なくなった札比内駅舎

出札窓口

昭和18(1943)年10月に休止され、昭和21年12月に再開した札比内駅舎は、左側部分が解体されて小さくなり、屋根に雪除小屋根が設けられたそうだ。開設時は、「本中小屋」駅や「晩生内」駅舎と同型だったが、残っているのは、この札比内と晩生内駅舎だけとなり、当時の駅舎を知る資料にもなる。もっとも、外壁仕上げは改装されている。

窓口業務は委託で行われているようだったが、日曜日は休み。舎内には「貸し文庫」が設けられている。トイレは駅横に別棟で建てられた。

駅周辺は住宅や農業用倉庫が建っている。駅前交番もある。

※アイヌ語の「サッ、ピ、ナイ」(細い涸《か》れ沢)から出たもので、現在の札比内川を指す。(「駅名の起源」より)

ミニガイド　国道から離れて山間を走っていた路線も、ここ札比内からは併走する。

晩《おそ》生《き》内《ない》駅

WC

樺戸郡浦臼町晩生内

札比内駅 ― 4.5km ― 晩生内駅 ― 2.9km ― 札的駅

以前はこの形状の駅舎が多かった　晩生内駅舎

ホーム側

難読駅名の上位に位置する駅である。やはり昭和18(1943)年10月から昭和21(1946)年12月まで休止されていた駅舎は、「札比内」駅舎とは全く同型で、左右対称の形になる。

ホーム側には昭和初期の駅舎らしい面影を残し、「本中小屋」駅や「中小屋」駅にとっても、先代駅舎の貴重な資料である。

この駅もトイレは別棟にあったが、出入口に鍵がかかっていた。使用中止だったのだろうか？　このあたりの駅のホームのほとんどは、砂利敷きになっている。窓口業務は委託(日曜は休み)。

※「晩生内」はアイヌ語の「オ、ショシケ、ナイ」(川尻が崩れている谷川)から変化したもので、同地の地勢からこのように名づけられた。(「駅名の起源」より)

ミニガイド　周辺には、石狩川流域の名残がある沼が数多く点在している。

札《さっ》的《てき》駅

WC

樺戸郡浦臼町浦臼内

晩生内駅 ― 2.9km ― 札的駅 ― 1.8km ― 浦臼駅

駅舎ではめずらしくモルタル塗りの札的駅舎

ホーム

札沼線には難読の駅名が多い。この札的駅もその一つであろう(割合簡単なほうだろうか？)。

待合所とトイレのみの駅舎が、珍しくホームの床の高さに建っていた。また、外壁はサイディング張り(旧式の停車場でも下《した》見《み》板《いた》張《ば》り)が多い傾向に反して、珍しく木造モルタル平屋建て、カラー鉄板張り屋根となっている。

窓や出入口の開口部には、今も木製建具が使用されている。かなりの経年があるようだが、メンテナンスがいいのだろう、外壁の亀裂も補修されていた。

コンクリート製のホームと待合所とは、鉄板の渡し板で接続されている。

ミニガイド　このあたりにも「新沼」「浦臼沼」といった沼が、石狩川沿いに点在している。

浦《うら》臼《うす》駅

WC

樺戸郡浦臼町浦臼内

札的駅 —— 1.8km —— 浦臼駅 —— 3.4km —— 鶴沼駅

個性的なデザインの施設に入居している浦臼駅

軟石造りの建物

出入口付近

国道沿いの商店

駅舎は平成11年の改築で、浦臼町建設の「ふれあいステーション」という建物に、待合所のみ入居、という形になっている。

近代的だが、木にこだわりをもった建物だ。外壁は木材を貼《は》りつけた仕上げで、左右のアーチ状の部分はレンガ調のタイル張り。正面のサッシにも連続性をもたせ、シンメトリーな形状を取り入れた。正面出入口には風除室が設けられ、扉には自動ドアを採用（内・外のドア間隔が近くて、両ドアともいっせいに開くことが少々気になった）。その出入口まで、ステンレスパイプの手摺《てす》り付きスロープがある。内部の仕上げはやはり木にこだわった板張りで、入ると、とたんに気持ちも穏やかになる。待合所の天井にはファンが設置され、室内の暖房ファンヒーターともに近代化されている。平成13年時点では、「浦臼町歯科診療所」と浦臼町農村センターの「移動図書館」が併設されていた。

駅前は綺麗《きれい》に整備され、歩道もインターロッキングブロック舗装。駅前の倉庫は軟石造りで、国道沿いの商店にも軟石やレンガ造りの古い建物が残る。

※「浦臼」は、アイヌ語の「ウライ、ウシ、ペッ」（簗《やな》が多い川）の変化である。むかし鮭鱒が豊かであったので、簗をかけたところから名づけたものである。（「駅名の起源」より）

浦臼駅前

ミニガイド　浦臼町役場・浦臼町郷土資料館がある。浦臼は坂本龍馬の甥にあたる坂本直寛が入植した場所で、子孫も多く住んでいる。郷土資料館にはそれらの資料も展示されている。

鶴《つる》沼《ぬま》駅

WC

樺戸郡浦臼町於札内

浦臼駅 ― 3.4km ― 鶴沼駅 ― 1.8km ― 於札内駅

鶴沼ワインの生産地にある鶴沼駅舎

鶴沼改善センター

以前、木造の駅があったという鶴沼駅だが、老朽化して解体されたのだろうか？　現在の駅舎は軽量鉄骨造りで、外壁はカラー亜鉛鉄板張りの待合所がある。

この鶴沼駅にはトイレがあるが、次の駅から終着の「新十津川」駅までは、トイレがない。ホームはPC（プレキャストコンクリート；あらかじめ成型ずみのコンクリート板）版製だった。駅前には「鶴沼改善センター」という立派な建物が隣接し、駅周辺には果樹園があって、季節には「○○狩り」の看板が目立つ。近くには立派な建物の「道の駅」があって、鶴沼ワインなどの販売をしている。

このあたりには、石狩川の蛇行による「ビラ沼」がある。

ミニガイド　鶴沼公園や浦臼温泉がある。石狩川を挟んで函館本線が併走している。

於《お》札《さつ》内《ない》駅

樺戸郡浦臼町於札内

鶴沼駅 ― 1.8km ― 於札内駅 ― 1.5km ― 南下徳富駅

冬季間は車が近づけない於札内駅舎

於札内駅前

難読駅名の一つにあげられる。於札内の駅舎は、小さな待合所の建物である。

同位置に木造の待合所があったという先代駅舎を改築したもので、軽量鉄骨造り、外壁はカラー亜鉛鉄板張り。出入口にはサッシが取りつけられている。この規模の待合所には出入口の開口部だけですませている施設が多いが、日本海から吹きつける寒風が厳しいことが窺《うかが》える。農耕地が広がる中で、スズメが舎内に巣作りをすることが多いので、サッシも必要だろう。

この駅に向かう道路は、12月1日～3月31日まで除雪をしないので、当然車では行けないし、徒歩も雪を踏みしめていかないと、厳しいものがある。

ミニガイド　のどかな農耕地帯の中を列車は走る。

南《みなみ》下《しも》徳《とっ》富《ぷ》駅

樺戸郡新十津川町花月

於札内駅 ― 1.5km ― 南下徳富駅 ― 2.1km ― 下徳富駅

遠くからは待合所とわからない南下徳富駅舎

駅全体

南下徳富駅は、札沼線の全線復活時に開設された駅である。

田んぼの真ん中に、周囲の風景に溶け込むごとく、木造平屋建て・下《した》見《み》板《いた》張《ば》りの駅舎がぽつんと建っている。ホームが横になければ、農業用の倉庫と見間違うかもしれない。舎内にトイレはあるが、閉鎖されている。

周囲に建物はなく、田園が広がる。秋の収穫時期になると、「実るほど頭《こうべ》を垂れる稲穂かな」という格言が思い浮かぶ光景が、見渡すかぎり広がる南下徳富駅である。

かつて、「徳富」のつく名称の駅は5駅あったが、うち3駅が廃線・廃駅となり、現在は2駅のみとなった。

ミニガイド のどかな田園地帯が、見渡すかぎり広がっている。ここから新十津川町に入る。

下《しも》徳《とっ》富《ぷ》駅

樺戸郡新十津川町花月

南下徳富駅 ― 2.1km ― 下徳富駅 ― 5.0km ― 新十津川駅

白亜の下徳富駅舎

下徳富駅前

モルタル塗りの白い外壁で、近隣駅とは違った規模の建物が下徳富駅舎である。このあたりの中心地であることが窺《うかが》える。舎内には、駅事務室や出札窓口の隣に手小荷物の受け渡しカウンターが設けられ、かつての盛況が想われるが、現在は閉鎖されている。

周囲には農業用倉庫が建ち並び、駅との相関関係が密接であったこともわかる。

平成18年3月17日まで、「新十津川」駅との間に「中徳富」駅があったが、廃駅となった。

※「下徳富」は、アイヌ語の「トック」(隆起すること)から出たもの。「下」は石狩川の下流に位置するため冠した。(「駅名の起源」より)

※かつて札沼線が石狩沼田駅まで接続していたときには、雨竜駅手前の新十津川駅寄りに「北下徳富駅」と「上徳富駅」があった。

ミニガイド 石狩川に架かる「砂川大橋」を渡ると、函館本線砂川駅に行くことができる。

新《しん》十《と》津《つ》川《がわ》駅

樺戸郡新十津川町中央

下徳富駅 ― 5.0km ― 新十津川駅（終着駅）

札沼線の終着駅 新十津川駅舎

札沼線終端点

新十津川駅は、昭和47（1972）年6月から札沼線の終着駅となった。

昭和31年11月まで「中徳富」駅と呼ばれていた（開設当初、「新十津川」駅として申請したところ、政治的絡みにより札幌鉄道局から認可されなかったという経緯がある）。

駅舎は以前、もう少し左側まで建物があったというが、半分解体された形で残っている。

かつてはここから石狩沼田まで路線が敷かれていたが、終着駅でも現在は無人駅で、待合所のみとなった。

駅前には新十津川温泉病院がある。

※「新十津川」の由来は、明治22（1889）年に奈良県十津川村から災害避難で、この地に集団移住してできた村であることから。（「駅名の起源」より）

ミニガイド 新十津川町役場、新十津川物産館、開拓記念館、滝川市航空動態博物館がある。

札沼線の歴史について その2

札沼線廃線区間

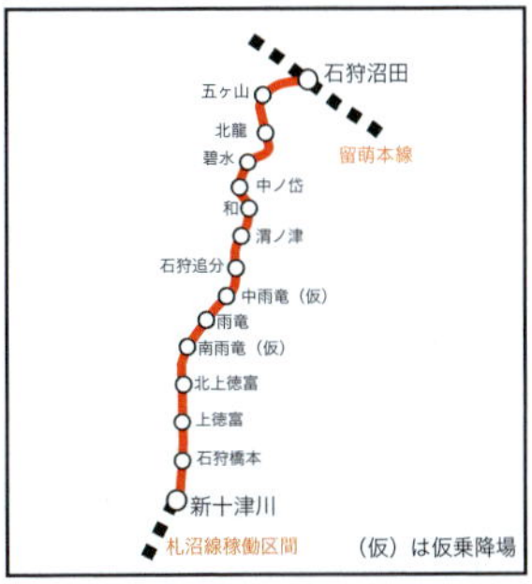

[札沼線の歴史について その1]のおさらいになるが、札沼線は全通後、太平洋戦争中の昭和18年、鋼材不足のため石狩沼田ー石狩追分（現・廃駅）間と石狩追分ー石狩月形駅間が線路を徴収され休止となった。昭和31年に復活再開されたものの、やがて並走する函館本線の利用率に押されて、昭和47年6月には新十津川ー石狩沼田間が廃線となり、石狩橋本駅以下の11駅（仮乗降場を加えると13駅）が廃駅となった。

現在稼働区間の終端駅は「新十津川」駅の名称で知られているが、開通当時は「中徳富《なかとっぷ》」駅と呼ばれ、昭和31（1965）年11月15日までその駅名だった。

これには深い経緯があって、大正11（1922）年、札沼線の敷設陳情の際に結成された有志会の2代目会長に、新十津川村出身の衆議院議員・東武氏が就任したことから始まっている。この東氏が翌大正12年には国会の予算委員長に就任したこともあり、札沼線に対する予算案を委員会で強引に可決させ、昭和2（1927）年10月に札沼線の敷設にこぎつけた。このような経緯があるため、札沼線は「東武鉄道」と称されたこともあった。

敷設計画の着手後に、新十津川村内でもめたことがあった。村内の駅数をいくつにし、そのうちどれに「新十津川」の駅名を冠するか、である。札幌鉄道局が仲裁に入り、けっきょく村内の駅数は4とし、そのいずれにも「新十津川」の名はつけないことで決着したようである。その後は太平洋戦争によって路線が休止となったため、戦後に復活再開されるまでの名称は「中徳富」のままであった。かつて村内を二分する論争のタネであった「新十津川」駅の名称は、この復活を契機として生まれたのである。札沼線着工以来、29年が経過していた。

新十津川が終端駅となった現在、「札幌」駅ー「あいの里教育大」駅までは乗降客が多く路線も複線となっているが、それより先、新十津川駅までは単線区間となり、「石狩当別」駅から新十津川駅まで一日3便のワンマン列車が発着するのみとなっている。

新十津川村内に残っていた4駅のうち「中徳富」駅（2代目）も平成18年3月に廃駅となり、いまや「札沼線」の名称じたいが名実ともに「学園都市線」に取って代わられようとしている。

神威岬
石狩湾
積丹半島
積丹
小樽
定山渓

留萌本線

営業距離
66.8km

駅舎数
19駅

留萌本線の起点駅は「深川」であるが、深川駅は「函館本線」に掲載した。したがって、本書では「留萌本線」は「北一已」駅から始まっている。

北《きた》一《いち》已《やん》駅

深川市一已町一已

深川駅 — 3.8km — 北一已駅 — 5.0km — 秩父別駅

難読駅名ナンバーワンの北一已駅舎

北一已駅前

「已」の字は普通、音読みで「イ」と読む。それを「やん」と読ませる。通常の漢字読解能力では読みがたい駅名（初めは「きたいちゃん」と読んでいた）は、難読駅名番付で堂々の横綱だ。

駅舎の外壁は下見板張《したみいたば》りだが、おそらくは昭和30（1965）年の開設当時からの建物だろう。初めは窓口業務も行われていたのだろうが、現在は待合所以外の部屋は板材で閉鎖されている。

駅は深川市の郊外に位置しているが、駅周辺には農耕地が広がり、農家が点在している。

駅舎は北海道代表型として保存したいところだ。

ミニガイド 桜山遊園地、丸山公園がある。

留萌本線沿線で見かけた観光ガイド（取材中に見かけたもののみ）

「増毛ノロッコ号」

これはＪＲ北海道のトラベルセンターに置かれている、増毛ノロッコ号運転のＰＲチラシ。運転日が4月末から5月の中旬までの季節限定であるが、裏面には増毛・留萌の観光お勧めコースやＪＲヘルシーウォーキング募集も掲載されている。ＪＲ北海道の発行だ。

Ａ4判 一枚 両面印刷 カラー

「ちっぷべつ」

観光ガイドで、ＣＤケースではない。秩父別町の観光地や特産品、それにイベントや施設の案内が掲載されている。北空知最大の秩父別温泉「ちっぷ・ゆう＆ゆ」の紹介もある。秩父別町観光協会発行

Ａ3判 六つ折 両面印刷 カラー

「ローズガーデンちっぷべつ」

秩父別町にある「ローズガーデンちっぷべつ」単独のガイド。同園には、バラの花だけではなく、ハマナスやつつじなど63品種2，700本の花や樹木が植えられている。6月下旬～10月中旬が開園期間だが、これだけの施設で入園料が無料なのには驚く。秩父別町企画振興課商工観光労働係発行

Ａ4判 三つ折 両面印刷 カラー

「明日萌ぐるぐるナビ」

北空知・南留萌広域観光連絡協議会発行のガイドブックで、深川・秩父別・沼田・留萌・増毛の広範囲にある景観地やイベント、そして温泉や特産品などを紹介。このほかに「明日萌の里アグリリゾート北海道」の見開きガイドも発行されているが、こちらには食事処などが一覧で紹介されています。

10㎝×21㎝ 観音開き 10ページ カラー

秩《ちっ》父《ぷ》別《べつ》駅

WC

雨竜郡秩父別町2条

北一已駅 ― 5.0km ― 秩父別駅 ― 2.4km ― 北秩父別駅

ローズガーデンが近い秩父別駅舎

秩父別駅前

北海道代表型駅舎の秩父別駅舎は、木製外壁等に経年による劣化が見られる。開設当時からは何度かの改修を経ているのであろうが、保存を期待したい建物の一つである。

駅前に山小屋風のトイレ棟があって、その横には「秩父別」の案内標が立っている。ホームは砂利敷きだった。

駅前は広場になっていて、「駐輪場に置いてください」の看板も空しく、駐輪自転車が多い。朝は通学の学生が多く、一両編成の列車に乗り切れないほどだ。駅周辺には農業用の倉庫が点在する。

※開設当時の駅名は「筑紫」駅だったが、改称して現在に至っている。由来は、アイヌ語の「チ、クシ、ペッ」(われわれの越える川)。(「駅名の起源」より)

ミニガイド 秩父別町役場、秩父別温泉、ファミリースポーツ公園、郷土館、ローズガーデンがある。

北《きた》秩《ちっ》父《ぷ》別《べつ》駅

雨竜郡秩父別町6条

秩父別駅 ― 2.4km ― 北秩父別駅 ― 3.2km ― 石狩沼田駅

白鳥が飛来する北秩父別駅舎

駅周辺の白鳥の群れ

手書きの駅名標

升目《ますめ》に走る道路の水田地帯の片隅に、小さな駅舎がある。ホームも建物も木造で、何となく心が癒《い》やされるのは、都会のコンクリートの建物ばかり見て過ごしているからかもしれない。

開設が昭和62(1987)年と新しい駅なので、開設当時の状態だと思われるが、外壁の板張りには割れが目立ち始めている。

舎内は待合所のみの建物で、トイレはない。ホームは木製デッキ式なので、歩くと独特の靴の音がする。壁面には、手作りの駅名標が設置されている。

駅周辺の水田では、4月下旬ごろになると多くの白鳥が群れをなして飛来し、餌を探している姿を目にする。

ミニガイド 桜の名所として知られる滝の上自然公園がある。

石《いし》狩《かり》沼《ぬま》田《た》駅

WC

雨竜郡沼田町北1条3丁目

北秩父別駅 ― 3.2km ― 石狩沼田駅 ― 3.4km ― 真布駅

個性的なデザインの石狩沼田駅舎

「札沼線」の終着駅として、昭和47(1972)年まで分岐駅の業務を行っていた。札沼線の開設は、留萌本線よりずっと後の昭和10(1935)年10月である。その後、16年後の昭和47年(1972)に一部が区間廃止となった。

待合所には、昭和44年まで留萠鉄道を走っていた日本最古のSL「クラウス15号」の雄姿を、額入り写真で見ることができる。この蒸気機関車は明治22(1889)年に製造され、旧「九州鉄道」から旧「東京横浜電鉄」を経たのち、「留萠鉄道」にやってきた。現在は沼田町指定文化財となっており、町の「農業資料館」に完全な状態で保存されている。

舎内に飾られているクラウス15号の写真

クラウス15号の保存車庫

※「石狩沼田」は、駅が沼田喜三郎氏の所有農場内に造られたことに由来する。開業当時は「沼田」と名づけられたが、他に同一駅名ができたため、大正13(1924)年4月25日から国名を冠したものである。(「駅名の起源」より)

ミニガイド 沼田町役場、ふるさと資料館、化石館がある。ほたるの里として知られる。毎年8月の第4金・土曜日には道内三大夜祭の「夜高《ようたか》あんどん祭り」が行われる。

真《まっ》布《ぷ》駅

雨竜郡沼田町真布

石狩沼田駅 ― 3.4km ― 真布駅 ― 2.9km ― 恵比島駅

手造り駅名標が保管されている真布駅舎

小さな木造待合所と木製デッキ式ホームがある。

この駅は昭和31(1956)年に仮乗降場として開設されているので、駅舎はその当時からの建物であろう。外壁を下見板《したみいた》張《ば》りに仕上げた待合所のみの建物で、積雪が多いためか、間口の割りには軒を高くし、屋根を急勾配《こうばい》にしている。

舎内には、壁面に手造りの小さな駅名標が設置されているが、以前は出入口横にあったものだろうか?

このあたりも農耕地が広がっている。

雨竜川に注ぐ多くの支流の一つで、近くを流れるシルトルマップ川から地名が発しているようだ。

手造りの駅名標

ミニガイド 藤沢貯水池、化石発掘体験場がある。

留萌本線の歴史について

留萌本線の歴史は、明治43（1910）年11月、「深川」停車場－「留萌」停車場間の開通から始まる。開通当時の名称は「留萠線」であった（当時は「萌」を「萠」と書いた）。

路線位置図

留萌本線は、明治29（1896）年に定められた「北海道鉄道敷設法」の第二期線であり、同法「第2条に規定する予定鉄道路線」には「石狩国雨龍原野ヨリ天塩国増毛二至ル鉄道」とある。起点駅である「深川」は明治31（1898）年の開業であるため、敷設法公布時の名称は「雨龍原野」となっている。

順調かのように思われた敷設工事であったが、第一次世界大戦の影響により資材が高騰し、「留萠」停車場－「増毛」停車場間で事業休止のやむなきにいたった。

その後、大正10（1927）年11月には留萠停車場－増毛停車場間までが「増毛線」として延長され、現在の留萌本線全線が開通した。

昭和2（1927）年10月には、「軽便鉄道法」により、のちの「羽幌線」となる留萠線の支線が開業する。「留萠」駅－「大椴《おおとど》」駅間に始まり、昭和7（1932）年9月には「羽幌」駅まで延長され、「深川」駅から「留萠駅」経由での運行が可能になった。

したがって、当初は羽幌線ではなく留萠線として運行していた路線も独立して「羽幌線」と改称し、その間の昭和6（1931）年10月には「留萠線」も「留萠本線」に改称した。（171ページ、[**日本海沿岸路線の歴史**]参照）

「羽幌線」の歴史については[**日本海沿岸路線の歴史**]を参照していただくとして、留萌本線にはその他にも、NHKの連続テレビドラマ「すずらん」で有名になった「明日萌」駅こと「恵比島」駅を起点とする「留萠鉄道」や、「留萠」駅を起点とする「天塩炭鉱鉄道」、そして「苗穂」駅から「石狩沼田」駅までをつなぐ「札沼線」があった。（「札沼線」編を参照）

留萠鉄道は昭和46（1971）年に廃線となったが、明治22（1889）年にドイツのクラウス社で製造された小型蒸気機関車としては日本最古の「クラウス15号」が走っていて人気だった。ちなみに、残存するクラウス号は全国で3両しか保存されていない貴重な資料であり、岩手県の遠野市と大分県の宇佐神宮境内に展示されている。宇佐神宮とクラウス号、なんの関係もないように思われるが、この神宮境内はやたらと広いため、「宇佐参宮鉄道」として昭和40（1965）年まで参拝者を乗せて境内を走っていた記念として展示されている。

留萠鉄道の「クラウス15号」も、遠野市や宇佐神宮に保存されている機種と同形のものである。もともとは明治27（1891）年に九州鉄道株式会社がクラウス社から20両輸入したうちの一両であったが、その後東京横浜電鉄を経て、昭和6（1931）年に留萠鉄道に配属され、石炭運搬に活躍した車両である。現在、沼田町の農業資料館に保存されている。

「札沼線」は「新十津川」駅－「石狩沼田」駅間が昭和47（1972）年に廃止され、「羽幌線」は昭和62（1987）年に廃線となった。「天塩炭鉱鉄道」は昭和17（1942）年8月に開業し、同42（1967）年7月に廃線となっている。

ところで、「留萠本線」や「留萠」駅の「萠」の字は、つい最近の平成9（1997）年3月まで使用されていた。しかし、地名としては昔から「萌」の字が使用されていたようである（古い地図を見ても、確かに鉄道名は「留萠本線」で、地名は「留萌」と記載されている）。

だとすると、NHKの連続テレビドラマ「すずらん」は時代設定が昭和初期ということなので、駅名は本来「留萠驛」と同じで、「明日萠驛」とするべきところであろう。あくまでも架空のドラマだから、詮索は野暮かもしれないが。

恵《え》比《び》島《しま》駅

S WC

雨竜郡沼田町恵比島

真布駅 ― 2.9km ― 恵比島駅 ― 7.6km ― 峠下駅

ロケセットの明日萌駅舎(架空)

本物の駅舎内

萌ちゃんの人形

駅長室ロケセット

「明日萌」駅？　平成11年4月から放映されたNHK連続TVドラマ「すずらん」のロケ駅として一躍世に出たこの駅は、本来リサイクル車両の駅舎しかなかった。町全体が観光地と化した今は、本物の駅舎の横に、昭和初期の駅舎らしく見せかけた、古ぼけた建物が建っている。架空の駅ではあるが、昭和初期の雰囲気を再現する博物館、そして記念館として、十分価値のあるものだ。

舎内には、撮影当時の小道具や出演者に似せた人気のロウ人形があり、駅周辺にもロケセットの家屋が残る。観光シーズンは混雑する。

本物の駅舎は今もリサイクル駅舎で、外壁に木製板が張られ(撮影時にはカムフラージュされていた)、列車の屋根がわずかに見えていた。観光地になったためだろうか、内部の塗装も新しく、清掃も行き届いていた。しかし、まもなく百年に及ぶ歴史ある「恵比島」駅の駅銘板はどこに行ったのだろうか？

昭和5(1930)年7月から、「留萠鉄道」が、雨竜炭田の「昭和」停車場まで運行していた。同46年に廃線となるまで「クラウス15号」が走り、栄えた駅なのである。

※「恵比島」の由来は、アイヌ語の「エ、ピシ、オマ、プ」(浜の方に行くため遡《さかのぼ》る川)の変化で、これを音訳して「恵比島」と称した。昔この付近の住民は増毛の浜に出稼ぎのため、この川を遡って行った。(「駅名の起源」より)

常盤次郎駅長の家(ロケセット)

ミニガイド　永徳寺の十一面薬師観音菩薩像がある。
ほろしん温泉や「ほたるの里」のほたる学習館に行くにはここから。

峠下《とうげした》駅

WC

留萌市留萌村峠下

恵比島駅 ― 7.6km ― 峠下駅 ― 6.2km ― 幌糠駅

駅名のとおり、峠下にある峠下駅舎

舎内

開通当時に開設された由緒ある駅は、駅名のとおり、山間にひっそりと佇《たたず》んでいた。北海道代表型駅舎ともいえる形状である。茶系の木製板張りの外壁が目につくが、観光地化した「恵比島」駅の次にこの駅を訪れると、人影もなく閑散としていて、ギャップを感じる。

平成10年からは無人駅となったが、舎内には出札窓口や手小荷物の受け渡し窓口があり、昭和59(1984)年まで窓口業務を行っていた名残がある。平成18年3月まで、次の「幌糠」駅との間に「東幌糠」駅があった。

※「峠下」の呼称は、アイヌ語の「ルチシ、ポク」、すなわち「峠の下」の意からとったもの。この峠とは、国道札幌－稚内間にある石狩・天塩国境付近の地をいうのであるが、この地がその峠の下にあるのでこう呼ばれたのであろう。(「駅名の起源」より)

ミニガイド 峠下を過ぎると、国道233号に併走した路線となる。峠下森林公園がある。

日本海沿岸路線の歴史

「羽幌線」の歴史については「宗谷本線」編の**[幌延駅接続線の歴史について]**(216ページ)で述べているが、羽幌線と留萌本線は歴史を共有していた時代もあり、ここでは双方をまとめて、地図に路線の歴史別色分けでご紹介しておこう。

冬は荒波躍る日本海を望み、晴れた日の夕方には水平線に沈む夕日が絶景の名勝として知られる「日本海オロロンライン」は、昭和2(1927)年10月から昭和62(1987)年3月までの60年間、羽幌線が大漁のニシンやあふれんばかりの石炭、そして観光客や一般の乗客を乗せて走っていた。ところが、相次ぐ炭坑の閉山やニシンの不漁が重なり、約141kmに及ぶ路線はあえなく廃線となってしまった。

現在は乗用車やバスなどで眺めるだけになってしまった「オロロンライン」であるが、熱海の海岸を走る列車のように、席がみんな海側のみを向いている観光列車などがあれば、観光客ももっと楽しいかもしれない。

路線位置図

区間	開通	
「深川」駅－「留萌」駅間	留萠線として明治43年11月開通	昭和6年10月に留萌本線に改称
「留萌」駅－「増毛」駅間	増毛線として大正10年11月開通	
「留萌」駅－「大椴」駅間	留萠線として昭和2年10月開通	昭和7年10月に羽幌線に改称
「大椴」駅－「羽幌」駅間	羽幌線として昭和7年9月開通	
「幌延」駅－「天塩」駅間	昭和10年6月開通	
「天塩」駅－「遠別」駅間	昭和11年10月開通	
「築別」駅－「築別炭鉱」駅間	羽幌炭鉱鉄道として昭和16年12月開通	
「留萌」駅－「達布」駅間	天塩炭鉱鉄道として昭和17年8月開通	
「羽幌」駅－「築別」駅間	昭和16年12月開通	
同 上	昭和33年10月開通(羽幌線全線開通)	
現在稼働中の他路線		

幌《ほろ》糠《ぬか》駅

留萌市留萌村幌糠

峠下駅 — 6.2km — 幌糠駅 — 5.5km — 藤山駅

宗谷本線と同じデザインの幌糠駅舎

幌糠駅前

リサイクル車両の駅舎である。リサイクル駅舎としての「恵比島」駅は、ロケ用カムフラージュのため外部からはわからないが、おそらく平成10年まではここと同様の状態にあったのだろう。この外壁の塗装とデザインは、「宗谷本線」のリサイクル駅舎と全く同じであると思う。すると、路線のシンボルデザインというわけではなく、この列車が稼働していた時代の状態そのままか、共通のデザインだろう。次の「藤山」駅との間に平成2年9月まで「桜庭」駅があったが、廃駅となった。

※「幌糠」の呼称は、アイヌ語の「ポロ、ヌプカ、ペッ」(大きな野の川)から出たもの。(「駅名の起源」より)

ミニガイド 留萌川に沿った国道と何度もクロスしながら、列車は走る。

藤《ふじ》山《やま》駅

留萌市留萌村藤山

幌糠駅 — 5.5km — 藤山駅 — 4.2km — 大和田駅

パッチワークのような藤山駅舎

先代駅舎の遺構

藤山駅舎は本来、北海道代表型駅舎であったようである。現在、左側に存在したであろう建物が解体され、見ることはできなくなってしまったが、残された大きな出入口上部の合掌《がっしょう》や土間コンクリートの部分からでも想像できるのだ。

立派な駅銘板も設置されている。外壁は寄せ集めた建材が貼られ、パッチワークのような模様をしているが、合掌部分の白壁と化粧柱や梁《はり》が、当時の駅舎を偲《しの》ばせる。残しておきたいという地元の人たちの意思を強く感じる。

駅横には、開拓碑が建立されている。

※藤山要吉氏所有の農場内に設置されたもので、その姓をとり名づけられた。(「駅名の起源」より)

ミニガイド このあたりになると、国道沿いに住宅が少しずつ増えてくる。

大《おお》和《わ》田《だ》駅

留萌市大和田3丁目

藤山駅 ― 4.2km ― 大和田駅 ― 5.9km ― 留萌駅

塗装の劣化が著しい大和田駅舎

先代駅舎の土間コンクリートが残る

留萌本線で三つ目のリサイクル車両の駅舎である。外壁の塗装は著しく劣化し、おそらく外壁に書かれていたであろう駅名も見えない。

ホームは駅舎から少し離れた場所にある。明治43(1910)年の路線開業当初からの駅で、先代駅舎の土間コンクリートが残されている。

先代の駅舎は、「藤山」駅舎とほぼ同型であったようだが、両者とも、ほとんどその形状を見ることができない。土間の大きさからすると、結構大きい駅舎であったことが窺《うかが》える。

同名の「大和田」駅は、この駅を含め日本に5カ所ある。

※「大和田」の駅名は、大和田荘七氏経営の炭坑所在地内に設置されたことから。(「駅名の起源」より)

ミニガイド この駅を過ぎると、留萌の日本海が見えてくる。駅近くには大和田郵便局がある。

留萌本線とその他路線の歴史と位置関係

留萌本線 (留萠線として開通)	明治43年11月部分開通 大正10年11月全通
札沼線	昭和10年10月開通
札沼線	昭和47年6月部分廃線
函館本線	明治31年7月 深川駅開業
留萠鉄道	昭和5年10月開通 昭和46年4月廃線
羽幌線 (留萠線として開通)	昭和2年10月留萌線として「大椴」駅まで開通。 昭和33年10月全線開通 昭和62年3月廃線
天塩炭鉱鉄道	昭和17年8月開通 昭和42年7月廃線
深名線	昭和16年10月開通 平成7年9月廃線
根室本線 (下富良野線として開通)	大正2年11月下富良野線として「滝川」駅－「下富良野」駅(現・富良野駅)間が開通

路線位置図

留萌本線は、「函館本線」の「深川」駅を起点駅として、「留萌」駅を経由し、「増毛」駅まで走行距離66.8kmの路線であるが、函館本線や札沼線と日本海側のニシン場を結ぶ重要な路線だった。また、天塩山地にある鉱山からの炭鉱線接続で、石炭運搬線としても重要な役目をもっていた。

各路線の歴史を振り返ると、全線が稼働していた昭和初期から中期までが、最も栄華を極めた時期だったようである。(171ページ、**[日本海沿岸路線の歴史]**もご参照ください)

留《る》萌《もい》駅

留萌市船場町2丁目

大和田駅 ― 5.9km ― 留萌駅 ― 2.1km ― 瀬越駅

FM局がある留萌駅舎

観光案内用のパソコンが置かれているコンコース

窓口・改札口

展示されているレール

留萌支庁の中心地にある駅だけに、鉄筋コンクリート造りの立派な駅舎である。

改築当時は国鉄職員用としてフルに利用されていたのが、その後の民営化という事情から、空室ができた。現在は「留萌青年会議所」や「文化振興会」が入居し、平成16年秋からは「るもいエフエム」も入った。

舎内では観葉植物が目を楽しませてくれるが、連窓からの太陽光が絶好の温室を作っているようだ。待合所には立ち喰いソバ店やKIOSKもある。改札口横には明治40(1907)年から昭和23(1948)年まで駅構内で使用されていたレール断片を展示。観光案内用のパソコンも置いてある。

ロータリー形式の広い駅前にはタクシーの待機も多く、ロータリー中心部には駐車場も確保されている。駅前交番の並びで、駅から50メートルほどの場所にある特産品・土産物の店内には「留萌観光案内所」がある。

かつてニシン漁で栄えた留萌港も駅から近く、「黄金岬」は「日本の夕陽百選」の一つ。

昭和62(1987)年まで「羽幌線」、昭和42(1967)年まで「天塩炭鉱鉄道」の起点駅であった。

※「留萌」は、アイヌ語の「ルル、モ、ペッ」(潮の静かな川)から変じたもの。留萌川が当地で日本海に注ぎ、水の流れが遅いため海水が常に遡《さかのぼ》ってくるからであろう。(「駅名の起源」より)

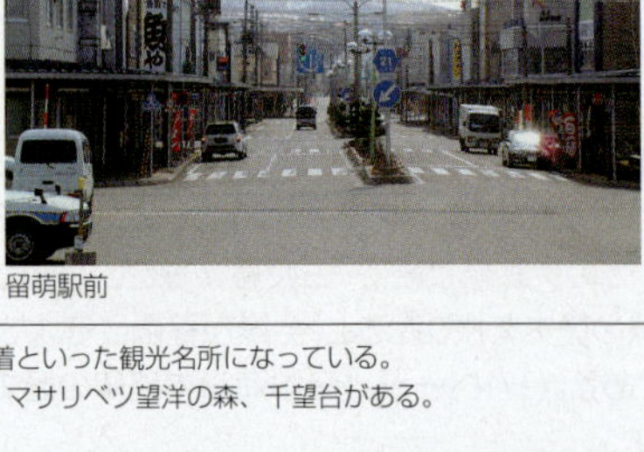
留萌駅前

ミニガイド 黄金岬や「海のふるさと館」そして「SLすずらん号」発着といった観光名所になっている。
留萌支庁、留萌市役所、神居岩温泉、石造り倉庫群、マサリベツ望洋の森、千望台がある。

瀬越駅《せごし》

留萌市瀬越町

留萌駅 ― 2.1km ― 瀬越駅 ― 4.0km ― 礼受駅

駅前に海水浴場がある瀬越駅舎

瀬越駅前

正面に日本海を望み、切り立った山を背にした砂利敷きのホームに、小さな軽量鉄骨造りの待合所が建つ。

大正15(1926)年7月に仮乗降場として開設された。昭和44(1969)年10月に瀬越海岸の海水浴客のための臨時乗降場となり、国鉄分割民営化後に駅に昇格した。

現在でも、夏場は駅前の沖見海岸の海水浴客で賑《にぎ》わい、夏以外でも休日となると釣り人や夕日を見る人びとが訪れる。

平成7年8月まで、次の「礼受」駅との間に「浜中海水浴場」という臨時乗降場があった。7月から8月限定で海水浴客を運んでいたが、いつの間にか廃駅となった(ホームはもともとなかった)。

ミニガイド 「ゴールデンビーチるもい」がある。

礼受駅《れうけ》

留萌市礼受町

瀬越駅 ― 4.0km ― 礼受駅 ― 1.3km ― 阿分駅

史跡・旧佐賀家に近い礼受駅舎

旧佐賀家母屋

日本海を見渡せる高台になっている国道沿いに、リサイクル車両の駅舎がある。日本海の強風をまともに受けるので、塗装は施してあっても、スチールボディーの劣化が進むのは早いと思われる。先代駅舎のコンクリートが残されているが、段差のため、踏み台を設けてある。

観光ガイドブックではあまり紹介されないが、駅の近くに「旧留萌佐賀家漁場」がある。ニシン漁で使用した家屋が点在し、特に母屋は江戸末期から明治初期にかけての建築で、見学者がよく訪れている。漁場全体が国指定史跡となっている。

※「礼受」は、アイヌ語の「レウケ、プ」(曲がっている所)から出たもので、ここの岬が突き出て曲がっているところを指したものであろう。(「駅名の起源」より)

ミニガイド 増毛駅まで日本海オロロンラインを見ながらの旅になる。国指定史跡の旧佐賀家がある。

阿《あ》分《ふん》駅

増毛郡増毛町阿分

礼受駅 ― 1.3km ― 阿分駅 ― 2.7km ― 信砂駅

リフレッシュされた阿分駅舎

ホーム

昭和38(1963)年12月に仮乗降場として開設され、同62年、他の7駅とともに駅に昇格した。

駅舎は阿分小学校の前にあり、鉄板張りの小さな待合所が、木製デッキ式ホームの横に建っている。駅に昇格後、間もなく建てられたと思われる。以前は待合所がホーム側に向いて窪《くぼ》地《ち》に建っていたが、かさ上げ(?)されて、向きも変わり塗装もリフレッシュされた。内部の床は玉砂利敷きで、人工芝が置かれている。

内部に掲示されているものから駅施設であるのはわかるというものの、駅名が明示されていないのは以前から。小学校が近いこともあり、学校施設と勘違いされそうだ。

ミニガイド もとは「増毛線」であった留萌駅から増毛駅の区間では、唯一の隧道《ずいどう》、「阿分隧道(トンネル)」がある。阿分漁港がある。

信《のぶ》砂《しゃ》駅

増毛郡増毛町舎熊

阿分駅 ― 2.7km ― 信砂駅 ― 0.8km ― 舎熊駅

河川改修で移設新築された信砂駅舎

ホーム

難読駅名の一つにあげられる信砂駅は、昭和38(1963)年12月に仮乗降場として設置され、国鉄分割民営化時の同62(1987)年4月に駅に昇格した。平成5(1993)年2月には、近くを流れる信砂川の改修工事により、少し増毛駅側寄りに移設された。

ホームの横に工事現場用プレハブ造りの建物があって、それが移設によって新築された待合所である。

木製デッキ式のホームには珍しく、誘導ブロックが貼《は》られている。

駅周辺には農耕地が広がっているが、民家や商店も建っている。

松浦武四郎の日誌にも「ノブシャ」として書かれている地名である。

ミニガイド 丸山靖生氏の「男爵とボク」の素材地である。

舎熊《しゃぐま》駅

増毛郡増毛町舎熊

信砂駅 ― 0.8km ― 舎熊駅 ― 1.7km ― 朱文別駅

増毛線当時から開設されていた舎熊駅の駅舎

ホームからの風景

舎熊駅は、「増毛線」開設当初に設置された駅の一つである。

取材を重ねた中でも、隣接駅との距離が800メートルというのは、最短距離ではないかと思う。この駅舎もリサイクル車両だが、日本海からの潮風は、スチール製駅舎の劣化を進め、塗装の剥離《はくり》や浮き錆《さび》が目立っている。加えて、先代駅舎の基礎コンクリートが廃虚のように放置されているのは、何か物悲しさを誘う。基礎の範囲から見て、先代駅舎の大きさが窺《うかが》えるだけに、なおさらである。

駅前はアスファルト舗装されていて、広い。

※「舎熊」の名は、アイヌ語の「サッ、クマ」(魚を乾かす棚)から出ているという。(「駅名の起源」より)

ミニガイド このあたりは、かつてニシン漁で栄えた千石場所があった所。

朱文別《しゅもんべつ》駅

増毛郡増毛町朱文別

舎熊駅 ― 1.7km ― 朱文別駅 ― 1.3km ― 箸別駅

阿分・朱文別・箸別と同型三兄弟の朱文別駅舎

駅を通過する列車

駅舎は「阿分」駅と同型の待合所でも、ホームにはプレコンを使用。ホームから少し離れた位置に、待合所は建っている。

やはり昭和38(1963)年12月に仮乗降場となり、昭和62(1987)年の国鉄分割民営化後に駅に昇格しており、阿分駅と同じである。建物の形状が同じなのもそのためであろう。内部の床が玉砂利敷きとなっているのまで阿分駅と同じだった。

「信砂」駅とは、駅に昇格するまでの歴史が同じで、次駅の「箸別」駅も同じ。そして箸別駅舎はここと同型であることなどを考え合わせると、信砂駅も、もともとはこの形状だったのだろうか？

駅の周辺は漁村で、駅舎の周りにも浮き球が所狭しと積まれている。

ミニガイド なかにし礼氏の「兄弟」の舞台で、テレビドラマにもなった。

箸《はし》別《べつ》駅

増毛郡増毛町箸別

朱文別駅 ― 1.3km ― 箸別駅 ― 2.8km ― 増毛駅

接続駅と同型の箸別駅舎

ホーム

駅前

箸別駅舎も「阿分」駅・「朱文別」駅と同型の待合所が建っている。しかし内部の土間は他駅と違い、コンクリート仕上げとなっている。ホームは木製デッキ式で阿分駅と同じ。

この駅は高台に位置し、枕木を使用した階段で昇った場所にある。

国道側には民家も多く、民家と民家の間の狭い路地を抜けた、畑の向こうに駅が見えてくる。

箸別川の河口にかかる橋の上には、多くの釣り人が竿《さお》を垂らしている。

駅の歴史は阿分駅・朱文別駅と同じだ。

ミニガイド　暑寒別岳登山の「箸別ルート」があり、吉岡康氏「牛が歩き出すとき」の舞台。

日本海オロロンライン風景

※注　留萌本線増毛駅から先の国道231号沿線雄冬岬から石狩地区近郊における日本海オロロンライン風景

増《まし》毛《け》駅

WC

増毛郡増毛町弁天町1丁目

箸別駅 —— 2.8km —— 増毛駅（終着駅）

映画のロケに使用された増毛駅舎

駅舎全体

ロケに使用された「富田屋」と「風待食堂」

丸一本間家

留萌本線の終着駅・増毛駅は、高倉健・倍賞千恵子主演の「駅・STATION」のロケ地として知られる。

駅舎は大正10(1921)年の開業当時に建てられたものの一部が残されている(駅舎の外観を損なわない近代的なトイレ棟もあって、駅舎に直行して建つ)。

舎内は待合所のスペースがあるだけの閑散とした風景になっているが、それでも観光客が盛んにシャッターを押していた。4月中旬から10月までの土・日・祝日は「手打ちそばコーナー」を営業する。

駅前は広い駐車場で、駅横には映画にも登場する「富田屋」という古い三階建ての旅館が残る(現在は閉鎖中)。その隣の「風待食堂」もロケに使用された建物で、現在は増毛駅前観光案内所になっているが、「駅・STATION」のカット写真やロケ風景等が展示され、観光案内のパンフレット等もある。駐車場は土日になると観光客の車で満車となる。

増毛町には「丸一本間家」(軟石造りで知られる商家)や「国稀酒造」のような古い史跡や歴史的建造物が残されている。昭和11(1936)年建造の「増毛小学校」は、まだ現役だ。

※「増毛」は、アイヌ語の「マシ、ケ」(鴎の多い所)から出たもの。この地はもと「ポロ、モイ」(大きな湾)といったが、運上屋をここに移し、この地を増毛と呼んだ。(「駅名の起源」より)

留萌本線終端点

ミニガイド　増毛町役場、エネルギー科学館、陣屋展望台、新潟県から移築した豪邸「旧吉田邸」の「ほくと陶房」、暑寒別岳登山の「暑寒ルート」、津軽藩の陣屋跡や山口藩の出張所跡がある。

増毛
雄冬岬
暑寒別岳
石狩湾
石狩川
札沼線
岩見沢
小樽
函館本線
室蘭本線
桑園
札幌
定山渓
追分
千歳線
ニセコアンヌプリ
羊蹄山
南千歳
新千歳空港
新千歳空港
支笏湖
支笏・洞爺
沼ノ端
苫小牧
洞爺湖

富良野線

営業距離
54.8km

駅舎数
17駅

旭《あさひ》川《かわ》駅

旭川市宮下通8丁目

近文駅8.8km(函館本線)(終着駅)　2.6km
旭川駅
(起点駅)　(宗谷本線)　1.8km 旭川四条駅
神楽岡駅

道内では2番目に発着列車がある旭川駅舎

スーベニアKIOSK

初代旭川駅舎(駅所蔵写真)

2代目旭川駅舎(駅所蔵写真)

駅舎の開設は古く、明治31(1898)年7月で、旧「上川線」の「旭川」-「空知太」間による開設であり、富良野線の開通は明治32年9月の旧「十勝線」の「旭川」-「美瑛」により始まった。大正2(1913)年までは「釧路線」(現根室本線)であった。「滝川」-「下富良野」(現富良野)間が大正2年に開通したことで、富良野線に改称された。

旭川駅は富良野線の起点駅であるが、「函館本線」の終着駅であり、「宗谷本線」の起点駅でもある。また、「石北本線」の事実上の起点駅の働きもある。このように旭川駅には4路線の列車が発着するので、一日の利用客数は5,000人を超える。一般の乗降客はもとより、観光客もここを基点として利用している。

舎内には郵便局やファストフード店など、さまざまな業種のテナントが入店し、KIOSKも土産物専門店を含め2店ある。観光情報センターも設置されていて、今や日本で一番の入園者を誇る、旭山動物園などの観光地を案内している。ここは中国語の案内も可能である。近郊の観光ガイドもほとんどそろう。

舎内2階には「道新文化センター」が入っている。各路線のホームまで1階改札口内からエスカレーターで連絡している。トイレも身体障害者用もあり充実している。

駅前にはタクシー乗り場や駐車場が整備されている。また駅前には大型店舗が建ち並び、駅から渡り廊下でデパートにも接続されている。駅前は「北彩都あさひかわ計画」と名づけられた開発で、平成22年までに高架化による新駅が完成予定で、駅前広場もその4年後には倍の広さに整備される。

旭山動物園には駅前の「アサヒビル」前から「旭川電気軌道」のバス便が出ている。

ミニガイド　旭川市役所、道立旭川美術館、旭川市民文化会館、青少年科学館、旭川大雪アリーナ、大雪クリスタルホール、三浦綾子記念文学館、旭山動物園(バスで40分)、旭川ターミナルホテルがある。

神《かぐ》楽《ら》岡《おか》駅

旭川市神楽4条14丁目

旭川駅 ― 2.6km ― 神楽岡駅 ― 1.8km ― 緑が丘駅

黄色のパネルがポイントの神楽岡駅舎

駅舎に貼られた注意書き

神楽岡駅の駅舎は地区の人々が設置したもので、「大切に使いましょう」の標識がある。

外壁はサイディング張り、内部は木製板張り。黄色でラインを表現して個性をつけている。ホーム上から待合所に入るようになっているが、最近ホームへは、スロープが設けられ、高齢者にやさしい駅になった。

落書きやイタズラについては、この駅に限らず利用者のモラルが問題となっている。公共施設は地域の顔、大切にしましょう！　常識だけれど、ドアも開けたらキチンと閉めること（夏は暑いが）。

この甲斐あって、神楽岡駅舎はたいへん綺麗に扱われている。

ミニガイド　三浦綾子記念文学館、外国樹種見本林がある。

富良野線の歴史について

もともと富良野線は、現在のようなローカル線として敷設されたわけではなく、道央圏と道東圏を結ぶ重要路線であった。

北海道において開拓を促進するには鉄道の新規敷設が不可欠であったのに、明治25（1892）年6月に公布された「鉄道敷設法」には、北海道の鉄道敷設予定は盛り込まれていなかった。

当時、「北海道炭礦鉄道」が設立されていたが、北海道庁自ら鉄道建設や運営を行うことが決定された。これが「北海道官設鉄道」として発足したことで、明治29（1896）年5月には「北海道鉄道敷設法」が公布される。

この「敷設法」中の第2条の規定に、第一期線の一つとして、旭川と網走を結ぶ「十勝線」が予定鉄道線として提案された。原文には、「石狩国旭川ヨリ十勝国十勝太及釧路国厚岸ヲ経テ北見国網走ニ至ル鉄道」とある。

工事は旭川停車場から進められ、「旭川」停車場－「美瑛」停車場間が明治32（1899）年9月に、「上富良野」停車場までは同年の11月と順調に開通し、「下富良野」停車場（現・富良野駅）までは明治33（1900）年8月に開通した。

一方、釧路側からも工事が進められ、明治40年9月に狩勝トンネルが貫通したことにより、「旭川」停車場－「釧路」停車場間が開通して明治42年10月に「釧路線」（現・根室本線）と改称した。

路線位置図

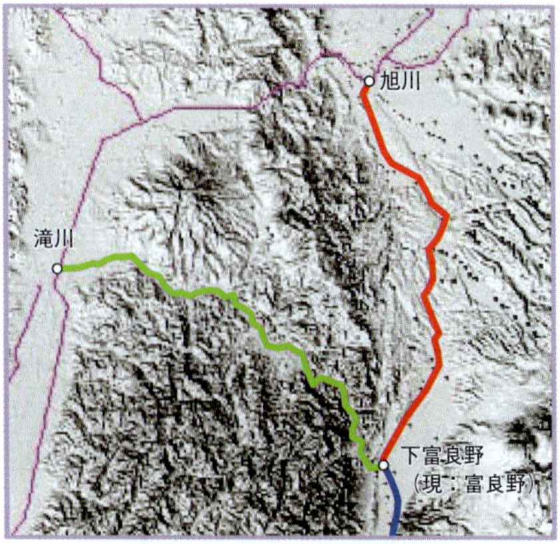

- 十勝線：明治33年開通（明治42年釧路線となり、大正２年から富良野線）
- 釧路線：明治40年開通（のち根室本線）
- 根室本線：大正２年開通
- 他の在来線

しかし、短絡線として大正2（1913）年12月に「下富良野」停車場－「滝川」停車場間が開通し、釧路線とは区間が分離されたことで「富良野線」と改称され、幹線路線からローカル路線となったが、逆に農村地帯で収穫した農産物を輸送する重要性が増してきた。

緑《みどり》が丘《おか》駅

旭川市神楽岡13条9丁目

神楽岡駅 ―― 1.8km ―― 緑が丘駅 ―― 1.3km ―― 西御料駅

ログハウス風の緑が丘駅舎

舎内にあるベンチ

停留場の個性はこのようであってほしいという、お手本にしたい駅。

新しい駅舎のホームはプレコン、誘導ブロックも設置されている。外壁は半丸太張りでログハウス風に建設されているから、小さくても楽しくなる。残るはスロープ設置であろう。舎内のベンチには、近隣の方が作った座布団が置かれていた。

ここは神楽岡公園に隣接した駅なので、桜の季節ともなると大勢の花見客で賑《にぎ》わう。神楽岡公園は大正3(1914)年創設という歴史を誇り、桜やニレ、ナラなどの木々や忠別川のせせらぎで自然を満喫できる場、レクリエーションの場としても市民に親しまれている。

ミニガイド 現在JR北海道では、2番目に新しく開設された駅舎。神楽岡公園がある。

西《にし》御《ご》料《りょう》駅

旭川市西神楽1線5号

緑が丘駅 ―― 1.3km ―― 西御料駅 ―― 2.4km ―― 西瑞穂駅

コンパクトな西御料駅舎

待合所

以前は簡易委託業務が行われていたが、平成4年4月から無人駅となった。

国道沿いにある駅舎は、うっかりすると見落としてしまいそうなほどシンプル。小さい待合所だけなので、ホームの手《て》摺《す》りと駅標で、どうにか駅があることがわかる。

平成11年に現在の場所に移設されたという待合所は、軽量鉄骨造りで外壁は鉄板張り。仮設事務所の建物ででもあったろうか(この形式が富良野線には多い)?ホームはプレコンを使用。

大雪山系への玄関口だけあって、シーズンともなると登山者が多く乗降する。この西御料駅から、駅名の頭に「西」がつく駅が四つ連続して続く。

ミニガイド 天人峡温泉や大雪山系登山の玄関口。

西瑞穂駅《にしみずほ》

旭川市西神楽1線9号

西御料駅 ― 2.4km ― 西瑞穂駅 ― 2.8km ― 西神楽駅

近くのバス停と同型の西瑞穂駅舎

ホーム

近くのバス停

一点透視図のように遥か彼方まで、レールが直線で続いている。平成4年までは簡易委託業務が行われていたが、現在は無人駅である。

駅舎は待合所のみの質素な建物で、勾《こう》配《ばい》のきつい屋根をもっている。ホームからの出入口は建具なしの開口のみとなっていて、そのためか舎内には小鳥が巣を作っていた。

駅に並行して走る道路には、この駅舎によく似たバス停留所が設置されていて、外壁も同じ色をした鉄板張りとなっている。同時に造られたものだろうか？

ミニガイド 道立林産試験場「木と暮らしの情報館」がある。

西神楽駅《にしかぐら》

WC

旭川市西神楽南1条1丁目

西瑞穂駅 ― 2.8km ― 西神楽駅 ― 2.6km ― 西聖和駅

個性的な外観の西神楽駅舎

一点透視図のような風景

駅前

明治32(1899)年開設と歴史があり、ホームからは、地平線を見ることができる。

昭和57(1982)年までは貨物の扱いもしていたが廃止され、さらに平成11年になって簡易委託業務も廃止となって、現在は無人駅である。平成元年に改築されて現在の姿になった駅舎は、大きい建物で、屋根の形状に個性がある。

駅前には国道に沿って銀行や商店が並んでいる。

※西神楽駅は昭和17(1942)年9月まで「邊別」駅と称していたが、語呂が悪いので現在のものに改めた。「神楽」の名称は、「神様が舞った」という伝説から、日本語の「神楽」を当てはめた。(「駅名の起源」より)

ミニガイド 駅前は神楽地区の中心。競馬場の「ばんえい十勝」が近くにある。

西《にし》聖《せい》和《わ》駅

旭川市西神楽2線17号

西神楽駅 ― 2.6km ― 西聖和駅 ― 4.8km ― 千代ヶ岡駅

同型駅舎三つ目の西聖和駅舎

ホーム

「西御料」駅、「西瑞穂」駅と開設年月日が同じで、駅舎も両駅と似た形状をしている。待合所を設置した年代も同じなのかもしれない。

晴れた日には遠くに十勝連峰をきれいに望むことができるこの駅の周辺も、農耕地帯が遥か遠くまで広がっていて、富良野線の開通当時と変わらない風景なのだろう。

ホームから富良野方面・旭川方面を見てもどちらも同じ風景に見える。

4駅続いた「西」の文字を冠した駅が、この「西聖和」駅で終了した。旭川空港に近い駅であるが、ここからの連絡バスはない。

ミニガイド　旭川空港が近くにあるが、徒歩ではきつい。

千《ち》代《よ》ヶ《が》岡《おか》駅

WC

旭川市西神楽1線24号

西聖和駅 ― 4.8km ― 千代ヶ岡駅 ― 4.0km ― 北美瑛駅

コンパクトに納まった千代ヶ岡駅舎

駅前のヤチダモとフクロウ

平成元年に改築された駅舎は、升目《ますめ》地のALC版とサイディング張りを併用した建物で、幅木《はばき》部分の色を変えている。大きい駅舎ではないが、この程度の規模だと愛着がわいてくるし、正面の大きな駅銘板も印象的である。

平成4年3月までは窓口業務が委託で行われていた。駅前には指定保存樹木であるヤチダモを守る立て看板があった。フクロウの彫刻（写真左下）は一刀彫か？

駅前は広く確保され、駐車場もある。駅前には商店や民家がある。

※駅裏の一帯はかつて宮内省（現宮内庁）御料地であったが、民間に払い下げのとき、この地方が千代に八千代に栄えるようにと、その一部を「千代ヶ岡」と命名したものを駅名とした。（「駅名の起源」より）

ミニガイド　大雪山系の連峰が眺望できる。

北《きた》美《び》瑛《えい》駅

上川郡美瑛町下宇莫別

千代ヶ岡駅 ― 4.0km ― 北美瑛駅 ― 3.9km ― 美瑛駅

箱型に趣きのある北美瑛駅舎

古タイヤを利用した花壇

「西御料」駅、「西瑞穂」駅と同じ開設年月日だが、駅舎の形状には他の駅舎に見られない個性がある。外壁はサイディング張りで、箱型の待合所だが趣きがある。

板張りのスロープは勾配《こうばい》が緩く利用しやすそうだが、車《くるま》椅《い》子《す》の使用は難しい。少々贅沢《ぜいたく》をいわせてもらえば、冬場など、駅舎内か近くにトイレがほしいところだ(到着時間に合わせて来るから不要?)。

駅前の花壇は古タイヤを利用。この辺に来ると、ラベンダーがあちこちに植えられている。近くには「パッチワークの丘」や「ぜるぶの丘」「北西の丘」があるが、駅周辺にレンタサイクル店が見当たらず、徒歩で行くことになる。「天人峡旭岳温泉」が最も近い駅だが、ここからバス便は出ていない。

ミニガイド 天人峡旭岳温泉がある。雨上がりの夜に露天風呂に入ると最高の雰囲気を味わえる。

富良野線沿線の風景(よく知られた風景が多いので下記2点のみ紹介致します)

中富良野のラベンダー園

深山峠にあるラベンダー園

美《び》瑛《えい》駅

S WC Ki

上川郡美瑛町本町1丁目

北美瑛駅 3.9km 美瑛駅 7.5km 美馬牛駅

美瑛軟石で装飾された美瑛駅舎

駅前のモニュメント

こだわりのトイレ

店舗正面には開設年(西暦)を表示

駅舎全体が石造りの駅舎は全国的にみても珍しいのではないだろうか。美瑛駅の改築年は古く、昭和27(1952)年にはすでに「美瑛軟石」で造られていたが、その後、昭和63(1988)年に現状のものに改築されて今に至っているとのことだ。駅舎のトイレも美瑛軟石張りで、デザインも駅舎に合わせている。これこそ、コンシステントなこだわりの施設だ。外観も駅舎らしい重厚な感じを受ける。ここまで整備されると、利用者も気持ちがいいだろう。

美瑛駅は富良野線のちょうど真ん中にあり、大雪山国立公園の観光に便利だ。近くには白金温泉もある。美瑛への観光客は国内以外からも多くなり、駅ホームの乗り場案内板は4カ国語で掲示されていた。駅前広場には噴水つきの洒落《しゃれ》たモニュメントが設置されている。たしか名前がつけられていたと思ったが(?)

駅前は整備されており、観光地らしくタクシーも多く待機していた。レンタサイクルの店が駅前にある。駅横にある自転車置場も大型である。駅横にはソフトクリーム店の建物もあるが、冬期間は閉鎖されている。「四季の情報館」は観光案内所である。

美瑛町は、北海道内では駅前再開発の草分け的な存在である。埋設電線や統一された街並みのデザインを参考にした町も多いのではないだろうか？

駅前再開発の元祖　駅前通り

※「美瑛」の呼称はアイヌ語の「ビイエ、ペッ」からきている。美瑛川の水源は硫黄山であるため、水が常に白濁していたので、「濁れる川」の意味。(「駅名の起源」より)

ミニガイド　美瑛町は、なだらかな丘陵地帯が広大に広がり「パッチワークの丘」としても有名。美瑛町役場、JR北海道カヌー工房、郷土資料館がある。

美《び》馬《ば》牛《うし》駅

WC

上川郡美瑛町美馬牛

美瑛駅 —7.5km— 美馬牛駅 —10.0km— 上富良野駅

めんこい美馬牛駅舎

駅舎の出入口上部にはリースが飾ってあり、個性を演出している。駅銘板には「WELCOME」の文字、屋根の赤色と壁の白色、それに庇《ひさし》の濃茶《こいちゃ》色がより存在感を出している。

駅舎建設当時の建物は現在の倍近い大きさだったようだが、縮小されて現在に至っている（出入口部分は昔と同じだとか）。平成4年4月から無人駅となり、平成12年には改修された。

取材時に中を覗《のぞ》くと、近所のおばあちゃんたちのコミュニケーションの場になっていた。駅本来の姿を見た気がする。駅前の商店にはレンタサイクルがある。

※「美馬牛」はアイヌ語の「ビバ、ウシ」から出たもので、「カラスガイのある所」の意味。（「駅名の起源」より）

春先の雪の丘

ミニガイド フォトギャラリーの「拓真館」、四季の丘がある。「農村景観百選」の地はこのあたり。

上《かみ》富《ふ》良《ら》野《の》駅

WC

空知郡上富良野町中町1丁目

美馬牛駅 —10.0km— 上富良野駅 —4.5km— 西中駅

北海道代表型の上富良野駅舎

開設は明治32（1899）年で、歴史のある駅だ。駅舎は北海道代表型として多い形状で、外壁はサイディング張りだが、以前の外壁が下《した》見《み》板《いた》張《ば》りだったので、古い形状を損ねないように、同じ張り方で改修されている。

夏場には観光客が大勢訪れるため、売店が設けられ、ソフトクリームも販売される。

駅前には観光ハイヤーが待機しているので、ラベンダー畑の観光には、ここからチャーターするのもよいだろう。駅前設置の観光案内板には「上富良野八景」と「五大名所」が記載されており、観光案内所も近くにある。

ラベンダー畑

ミニガイド 開拓記念館、眺望もよい深山峠、日の出公園のラベンダー畑、秘湯・十勝岳温泉郷がある。

西《にし》中《なか》駅

空知郡中富良野町中富良野基線北18号

上富良野駅 —4.5km— 西中駅 —1.6km— ラベンダー畑駅(臨)

ログハウス風の西中駅舎

残雪で白く化粧された
富良野盆地

富良野線には同じ昭和33(1958)年3月25日開設の駅が8駅あって、西中駅もその一つ。それぞれの建物に特徴があるが、このようなログハウス風も個性があって、癒《い》やされる感じがする。ただ、ログハウス風で待合所のみの駅舎が、ホームの上でなく隣家の庭先にあるため、隣家の建物と間違えそうだ。

駅からはのどかな田園風景と十勝岳連峰を望み、ラベンダー畑や色とりどりの花畑が広がっている。季節になると観光客で賑《にぎ》わう一帯で、ログハウスの駅舎も環境に溶け込んでいる。初夏の風に乗ってラベンダーの微かな香りが流れると、アグリーァブルな気持ちになる。

ミニガイド このあたりもラベンダーの畑が広がっている。この駅からも「ファーム富田」が近い。

ラベンダー畑《ばたけ》駅(臨)

空知郡中富良野町中富良野基線北15号

西中駅 —1.6km— ラベンダー畑駅 —1.5km— 中富良野駅

季節限定のラベンダー畑駅

ラベンダー畑駅のゲート

ファーム富田遠望

毎年6～10月の「ノロッコ号」の運転に合わせて、臨時停留場が開設される。

仮設の手《て》摺《す》りと木製デッキ式ホームのみの駅であるが、夏期になると大勢の観光客が乗降する。

ゲートには「1999　ラベンダー畑駅」と駅銘板が設置されていた。1999年から開設することになったのだろうか。ホームの駅名標は、景色が描かれた鮮やかなものが設置されている。

近くには「ファーム富田」があり、鮮やかなラベンダーの花が咲き乱れて、大勢の観光客で賑わっていた。

連休や休日には駅員さんも配置され、キップ販売も行われる。

ミニガイド 「ファーム富田」に行くには一番近い駅になる。季節には駐車場に入るのに時間がかかる。

中《なか》富《ふ》良《ら》野《の》駅

WC

空知郡中富良野町西町

ラベンダー畑駅(臨) — 1.5km — 中富良野駅 — 2.4km — 鹿討駅

個性的にデザインされた中富良野駅舎

目を引くデザインの連絡橋

　中富良野駅は規模の大きい駅舎で、駅舎の中には中富良野特産品コーナーもあるが、平成19年4月から無人駅となった。外壁はALC版の碁《ご》盤《ばん》目《め》模様とし、窓飾りも個性的なものにしている。

　駅横に設けられている連絡橋は近代的なデザインで、名称は「花人橋」という。駅前を走る国道237号は「花人街道」の愛称があり、このあたりの環境に最も適した名称であろう。

　軟石造りやレンガ造りの農業用倉庫が数多く建ち並んでいる駅前には観光案内図も掲示されているので、観光客も多い場所であるが、「上富良野」駅のように、夏季限定で売店を設置することはないのだろうか？

ミニガイド　町営ラベンダー園への観光リフトで見る景色は最高である。中富良野町役場がある。

鹿《しか》討《うち》駅

空知郡中富良野町中富良野基線北8号

中富良野駅 — 2.4km — 鹿討駅 — 2.8km — 学田駅

鹿討駅舎は教会？

ホームからの風景

明り採り窓

　こぢんまりとしたユニークな建物で、平成11年に改築されている。

　ホーム側外壁の化《け》粧《しょう》梁《ばり》と柱が十字になっているため、初めに訪れたときは駅舎とはわからず、キリスト教会関係の建物だと勘違いした。ログハウス風の駅舎もよいけれど、こんな駅舎も個性があって好きだ。

　中央の明り採りの塔は、キリスト教会だと、さしずめ釣鐘塔？　明るい日差しが四つの窓から差し込んでいる。

　せっかく改築したのだけれど、トイレは必要なかったのだろうか？　維持費は大変かもしれないけれど。

ミニガイド　このあたりは十字区画に区切られた、のどかな田園風景が車窓に広がり旅情が盛り上がる。

学《がく》田《でん》駅

富良野市西学田2区

鹿討駅 ―― 2.8km ―― 学田駅 ―― 2.3km ―― 富良野駅

コンパクトな待合所の学田駅舎

駅周辺の冬景色

学田駅は、やはり昭和33(1958)年開設組で、写真のようなコンパクトな駅舎があるだけだった。西神楽駅以外の「西」付き名駅とほとんど同じ、軽量鉄骨造りに鉄板張りで、サッシ関係は何もない。冬期の列車待ちは寒くはないのだろうか？

周辺に民家は点在するものの、ほとんどが畑で遮蔽物《しゃへいぶつ》はなく、遠くに防風林や工場の建物がわずかに見える程度だ。

バックに十勝岳連峰がそびえ、すばらしい環境にあるが、駅前の国道237号は、夏休み期間になると大勢の観光客で車が渋滞する。各駅停車で富良野線沿線の各駅周辺にある観光地をのんびり旅するのもお薦《すす》めだ。

ミニガイド ぶどう果汁工場、ワイン工場、ワインハウスがある。

富良野線沿線の風景（よく知られた風景が多いので下記２点のみ紹介致します）

美瑛町のパッチワークの丘

ケンとメリーの木

「ケンとメリーの木」

一時期車のコマーシャルに使用されて、ケンとメリーに扮したモデルさんが出演し、コマーシャルソングも同様の歌だったので、一躍有名になった樹である。一世代前の若者はよく知っている。

由来もあるようで、樹の幹に説明書きが添えられている。

富《ふ》良《ら》野《の》駅

富良野市日の出町

学田駅 2.3km ━ （終着駅）富良野駅（根室本線）━ 6.3km 布部駅
島ノ下駅 5.5km

北海道観光のメッカ　富良野駅舎

連絡橋内部

待合所

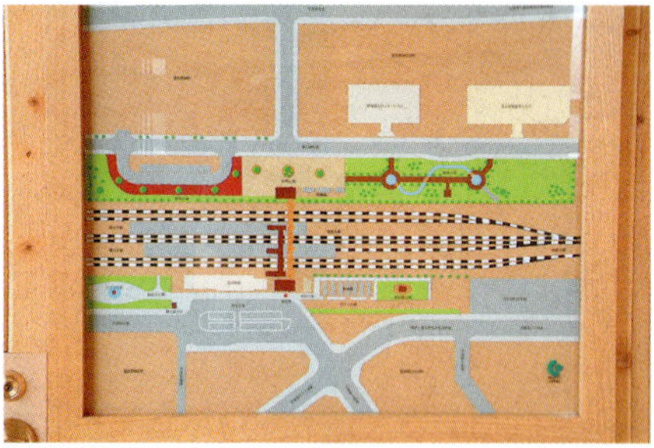
駅周辺案内が掲示されているドア

明治33年(1900)年に「旭川」駅からの路線延長により開設された駅である。当時は「下富良野」駅であり、大正2(1913)年に「富良野」駅となった。今も根室本線と富良野線の合流地点であり、富良野線には終着駅でもある。平成18年まではコンテナセンターもあったが、こちらは廃止となった。

平成6年にJR北海道が実施した「美瑛・富良野キャンペーン」や国鉄時代のディスカバー・ジャパンの「北海道大型観光キャンペーン」などの影響で、大勢の観光客が訪れるようになった。また、冬期間でも富良野スキー場の雪質のよさが注目され、海外からのスキー客も訪れはじめている。

駅舎に接続して観光客に欠かせない「富良野・美瑛広域観光インフォメーションセンター」がある。

季節になると道路が車で渋滞するので、自転車で観光する老若男女が年々増えているため、駅周辺にはレンタサイクルの店も多くある。

駅横には連絡橋があり、両橋詰めの昇降口は駅舎より目立っていた。この橋中央あたりから見た十勝岳は、晴れた日には最高の景観だろう。エレベーターまで整備されていて、バリアフリーにも配慮している。

駅舎にはそば屋が入っていて、外部側にも受け取り口がある。「圭子ちゃんの店」と名づけられていて、うどんもある。舎内には物産品展示ケースが置かれている。駅前やホームには「へそ踊り」の人形が飾られている。

※「富良野」の語源は、アイヌ語の「フーラ、ヌイ」である。「臭き炎」の意味で、硫黄をたくさん含んでいる十勝岳の噴煙を示している。(「駅名の起源」より)

ミニガイド　富良野市役所、「北の国から」のロケセット、チーズ工房、ラベンダーの森「ハイランドふらの」、熱気球フライト場、ぶどう果汁工場、ワイン工場がある。夏は「北海へそ祭り」が開催される。

礼文島
利尻山
利尻島
天売・焼尻
日本海
焼尻島
天売島
増毛
雄冬岬
暑寒別岳

宗谷本線

営業距離
259.4km

駅舎数
52駅

旭《あさひ》川《かわ》四《よ》条《じょう》駅

WC

旭川市四条通18丁目

旭川駅 ― 1.8km ― 旭川四条駅 ― 1.9km ― 新旭川駅

高架式となっている旭川四条駅舎

商店が並ぶ高架下

昭和47(1972)年12月まで、宗谷本線のほかに、旭川電気軌道の「東旭川線」や「東川線」が接続していた旭川四条駅は、旭川市街の中心地より東寄りに位置する。高架駅舎となっていて、待合所は高架下に設けられている。

高架下はテナント用にもなっていて、通りを挟んだ商店街を含め、「17丁目オール商店街」と呼ばれているが、シャッターを閉めている店や空き家が目立つ。

店舗だけでなく、駐車場や倉庫等がこのように高架下を利用する風景は、大きな都市部にはよく見かける風景のひとつだ。無駄のない利用方法なので、アウトレット店などの入店が待たれる。

ミニガイド 宗谷本線唯一の高架駅舎である。名産品店や食堂が高架に沿ってズラリと並んでいる。

宗谷本線沿線の旅

宗谷本線となると、どうしても「利尻・礼文・サロベツ国立公園」とノシャップ岬近辺の観光に目が向いてしまう。このあたりの風景や環境が、とくに心に訴えてくるからであろうか。利尻・礼文・サロベツ国立公園のうち、宗谷本線沿線のサロベツ原野とノシャップ岬近辺は多くの観光スポットをもっている。視覚的印象に「日本最北端」という地理的な条件がミックスされると、それぞれの場所で強い感動を覚えざるをえないことになってくる。

そこで、初探訪の印象は、「感情がショックを受ける」という言葉で表現しよう。今までに見た日本の風景とは異なる景色に瞠目《どうもく》し、心を癒《い》やされたり哀愁を誘《いざな》われたりで、次々と目の当たりに展開する変化の激しさに圧倒されるのである。

延長259kmの旅も、日本最北端が近づいてくると、長かったような短かったような宗谷本線となる。

宗谷本線沿線の旅

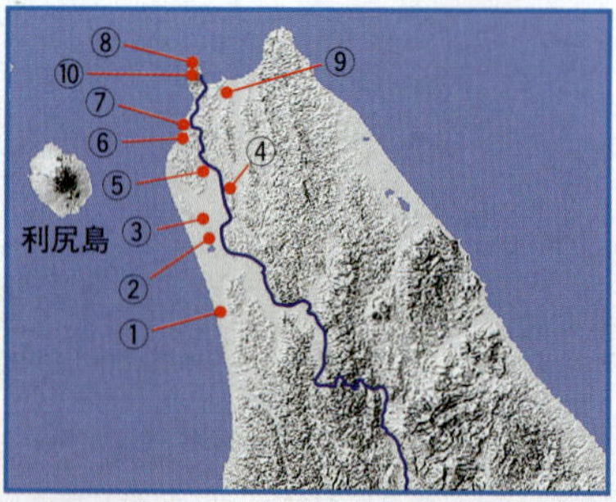

宗谷本線沿線に近い、観光スポットの十選と下車駅の紹介

記号	地名・名称	下車駅名	記号	地名・名称	下車駅名
①	日本海オロロンライン	抜海駅～下沼駅	⑥	浜勇知園地	勇知駅
②	パンケ沼・ペンケ沼	下沼駅	⑦	抜海原生花園	抜海駅
③	サロベツ原生花園	豊富駅	⑧	ノシャップ岬	稚内駅
④	宮の台展望台	徳満駅	⑨	大沼	南稚内駅・稚内駅
⑤	兜沼公園	兜沼駅	⑩	稚内駅周辺	稚内駅

利尻富士を望む

日本海オロロンライン

上サロベツ丘陵

大沼

新《しん》旭《あさひ》川《かわ》駅

WC

旭川市東8条6丁目

旭川四条駅 — 1.9km — 新旭川駅（起点駅）（石北本線） — 5.6km — 永山駅 2.5km南永山駅

北海道代表型駅舎の新旭川駅舎

新旭川駅前

「石北本線」の起点駅だが、現状は、旭川駅から列車は出発している。また、ここから旭川の各工場までの専用線があったが、平成9年にはすべて廃線となった。

都市型高架方式の「旭川四条」駅から一転、地上型の木造駅舎になった。「旭川」駅より開設が新しい「新旭川」駅の建物は、旧形式だ。旭川駅のほうは何度かの改築を経た近代的な建物なのだが、こちらは、もしかして開設当時の建物なのだろうか？　雁木《がんぎ》が設けられている現役の駅舎は少なくなっているので、貴重な駅舎である。

新旭川駅を過ぎると路線は石北本線と宗谷本線に分かれて進む。

※旭川市の発展に伴い、旅客、貨物取扱いの必要上新設されたために「新」をつけた。（「駅名の起源」より）

ミニガイド　スタルヒン球場がある。駅周辺の「パルプ町」の名称は、日本製紙旭川工場から出ている。

永《なが》山《やま》駅

S　WC

旭川市永山1条19丁目

新旭川駅 — 5.6km — 永山駅 — 2.1km — 北永山駅

美味しい大福が人気の永山駅舎

窓口・改札口

永山駅の開設時期も明治31（1898）年で、歴史がある。

券売機横には視覚障害者用の運賃表が備えてあり、グリーンBOXもあった。誘導ブロックも整備されている。

舎内横に蕎麦《そば》店が入っている。ここには蕎麦だけではなく、定食や弁当もある。この食堂の名物は「いなきび大福」という大福餅だが、人気があるため、タイミングよく行かないと売り切れになる。

周辺にはマンション等住宅が多く、利用客も多い駅で、駅前には駐車場がある。

※この地には明治24（1891）年屯田兵が駐屯して開墾に従事し、開拓の始めとした。その司令官が永山武四郎将軍であったため、その姓を取って「永山」村と名づけたのが駅名の由来。（「駅名の起源」より）

ミニガイド　上川支庁合同庁舎、旭川大学、旭川大学女子短期大学部、男山酒造り資料館がある。

北《きた》永《なが》山《やま》駅

旭川市永山町14丁目

永山駅 ― 2.1km ― 北永山駅 ― 3.3km ― 南比布駅

田園地帯にポツンと建つ北永山駅舎

ホームから見た大雪山系

旭川市と当麻町の町境近くに位置する駅である。旭川市の都市部から郊外の住宅を抜けて、景色は一転、上川盆地が一面に広がる田園風景へと変わる。

駅舎は、「富良野線」などに多く見られるような、待合所が木製デッキのホーム上に置いてあるだけのものである。

当駅を「比布」駅方面に向かうと、石狩川を渡り、上川盆地の遥か先に天塩山地が横たわる。比布町を過ぎると塩狩峠に向かうが、その山間に向かって列車は走る。この北永山駅から当分の間、大雪山系の山々の景色を眺めることができるが、どの駅からの眺望がベストだろうか？（ここのホームからの眺望もよいが、民家もアングルに入ってしまう）

ミニガイド このあたりは国道40号・39号、道央自動車道、宗谷本線、石北本線、石狩川が並行している。

南《みなみ》比《びっ》布《ぷ》駅

上川郡比布町基線3号

北永山駅 ― 3.3km ― 南比布駅 ― 2.4km ― 比布駅

駅位置での大雪山系ベストビュー　南比布駅舎

駅近くの農道から見た大雪山系

石狩川を渡ると比布町に入る。国道40号の手前に位置する南比布駅も「北永山」駅とほぼ同じパターンで、木製デッキのホームと木造の待合所があるだけだ。開設当初からそれほど変わることのない風景であろうが、待合所の建物は、地面が傾斜しているのか建物が傾いているのかと、錯覚をいだく。背後に国道40号の跨《こ》線橋《せんきょう》が線路を横断している。

このあたりの上川盆地に吹く風は、都会の埃《ほこり》っぽい風と違い、さわやかな木々の香りを運んでくる。駅近くの農道から見た大雪山系は、手前には畑が広がり、民家も遥か遠くにあり、電柱と電線が少しアングル内を横切っているだけである。ホームからの眺望にも迫力がある。

ミニガイド 男山自然公園がある。

比《ぴっ》布《ぷ》駅

上川郡比布町西町2丁目

南比布駅 ―2.4km― 比布駅 ―3.1km― 北比布駅

ピンク色に塗られ個性的な比布駅舎

軽食喫茶「pepe」

CMで有名になった比布駅は、かつては窓口業務を行っていたのであろうが、現在は委託になっている。

舎内には「pepe」という軽食喫茶の店が入っている。メニューは豊富で、ドリアやカレーライスもあるが、焼きソバとコーヒーがよく出るそうだ。軽食喫茶のほかに時計修理も行っているし、委託による発券業務もここがやっているため、年中無休だ。駅舎正面にある駅名標は、喫茶店の看板になっている。

駅前は広く整備され、駐車場もある。「ぴっぷ」の案内板もイラストつきで掲示されている。イチゴの産地としても有名。

※「比布」の語源は、アイヌ語の「ピプ」(石多き所、の意)。また、一説には「沼」の意であるとも。(「駅名の起源」より)

ミニガイド 比布町役場、地域ふれあい館「ブンブンハウス」がある。

北《きた》比《ぴっ》布《ぷ》駅

上川郡比布町北5線11号

比布駅 ―3.1km― 北比布駅 ―2.6km― 蘭留駅

コンクリートブロック造りの北比布駅舎

近くの道路から見た大雪山系

待合所のみの駅舎と木製デッキホームであるが、ホームにはノンスリップゴムが貼《は》られている。建物はコンクリートブロック造りで頑丈《がんじょう》だが、昼間でも照明が必要なほど真っ暗だった。窓ガラスも割られたままの状態で、長い時間が経っているようだ。メンテナンスをするとけっこう綺麗《きれい》になるので、もったいない気がする。利用客は時刻表を見て、列車の到着時刻に合わせて来るようで、待合所で時間を過ごすのは、厳冬期の間だけに限られているのかもしれない。氷点下20度を下まわる極寒の日などは、窓が少ないなど言っていられないほど、ありがたいものである。ここからも大雪山系が綺麗に眺望できる。

ミニガイド 車窓からは、碁盤目に走る道路で区切られた畑が広がっている風景と大雪山系が目に入る。

蘭留《らんる》駅

WC

上川郡比布町北9線14号

北比布駅 ― 2.6km ― 蘭留駅 ― 5.6km ― 塩狩駅

コンパクトでまとまりがある蘭留駅舎

国道から見た大雪山系

明治31（1898）年11月5日開設の、宗谷本線敷設当初からの駅である。駅舎は昭和63（1988）年に改築されたものだが、昭和59年にはすでに窓口業務が廃止されている。

水垢《みずあか》や錆《さび》が目立つ白色の外壁はメンテナンスがたいへんだが、建物はなかなか個性的だ。出入口の扉は引き分け戸の「バネ式自動ドア」になっていた。無人の停留場にはこの方式が一番だろう。

駅周辺には民家がある。駅前は広く確保され、自転車置場もあった。この駅を出発すると、いよいよ塩狩峠に差しかかる。

※「蘭留」の語源は、アイヌ語の「ラン、ル」。「下る道」という意味で、この付近の地形を示したもの。（「駅名の起源」より）

ミニガイド　温泉施設の遊湯ぴっぷがある。

塩狩《しおかり》駅

WC

上川郡和寒町塩狩

蘭留駅 ― 5.6km ― 塩狩駅 ― 7.9km ― 和寒駅

周りの環境に溶け込んでいる塩狩駅舎

塩狩峠記念館（三浦綾子旧宅）

大正５（1916）年開設の塩狩駅は、三浦綾子の小説『塩狩峠』の舞台として有名になった。駅裏には三浦綾子の旧宅である「塩狩峠記念館」もある。

木造の駅舎は、このあたりの山岳地帯に似合った建物である。駅銘板は彫刻による。昭和61（1986）年までは駅員さんがいた。春には「一目千本桜」の花見客で賑《にぎ》わう。

主人公の鉄道員が身を投げて暴走した列車を止めたという小説の『塩狩峠』は、明治33（1900）年に起きた実話が元になっていて、モデルになった殉職鉄道員の顕彰碑が駅の近くに建立されている。

※天塩、石狩の国境にあるため、「塩狩」と名づけられたものである。（「駅名の起源」より）

ミニガイド　塩狩温泉まで300m。三浦綾子の『塩狩峠』の舞台で、塩狩峠記念館もある。

和《わっ》寒《さむ》駅

WC

上川郡和寒町北町

塩狩駅 ―― 7.9km ―― 和寒駅 ―― 5.1km ―― 東六線駅

個性的にコンパクトにまとまった和寒駅舎

和寒駅前

和寒駅舎は昭和63(1988)年11月に改築された。外壁は碁《ご》盤《ばん》目地《めじ》が設けられたパネル張りで、近代的建物となり、舎内の床には誘導ブロックが設けられている。

昭和61年以降は無人駅となっている。最初から無人駅として改築された駅舎にはアーチ状の明り採りが設けられて、出入口の開口部も大きく、待合所は明るい場所となっていた。

駅前はアスファルト舗装で整備されている。駅前には「わっさむ地域マップ」が掲示され、写真つきで各施設が紹介されている。駅前通りには商店が並ぶ。

※「和寒」は、アイヌ語の「ワツサム」(ニレ樹の傍の意)に由来する。(「駅名の起源」より)

ミニガイド 和寒町役場、和寒東山スキー場、三笠山自然公園がある。玉入れ大会でも知られている。

東《ひがし》六《ろく》線《せん》駅

上川郡剣淵町第10区

和寒駅 ―― 5.1km ―― 東六線駅 ―― 3.8km ―― 剣淵駅

未だに乗降場？　東六線駅舎

焼畑の煙が上がる駅前

名寄盆地の南端で、西側を天塩山地、東側は北見山地に囲まれる、のどかな農耕地帯のど真ん中にある駅だ。待合所の小さな建物がホームの端にある。ホームは宗谷本線の停留場の多くに見られる「木製デッキホーム」である。駅は周りの風景に溶け込みすぎていて、近くに行かないと見落としそうだ。ホームの背後は鉄道防風林になっているが、他は農耕地帯が広がっている。取材時にはちょうど焼畑の真っ最中で、もうもうと煙がたなびいていた。待合所の出入口には「東六線乗降場」と書かれた駅銘板が設置されている。駅に昇格したのは昭和34(1959)年の11月からだから、この待合所はそれ以前から設置されていたということだろうか？

ミニガイド 農耕地帯の中にポツンと鉄道防風林があるが、それが東六線駅の目印である。

剣淵《けんぶち》駅

WC

上川郡剣淵町仲町

東六線駅 — 3.8km — 剣淵駅 — 5.0km — 北剣淵駅

絵本の町 剣淵駅舎

特産品展示コーナー

剣淵駅舎は昭和63（1988）年10月に改築されたが、この駅もその2年前から無人化しているので、無人駅として改築されたことになる。和寒駅舎とほぼ同時期の改築で、外壁の碁盤目地《ごばんめじ》が設けられたパネル張りは、和寒駅と同様だ。出入口上の屋根がアーチと合掌《がっしょう》の違いはあるが、何となく似ているような気もする。ホームは砂利敷きだった。駅前にある商店が乗車券を委託販売している。

舎内には特産品を展示している。剣淵町は「絵本の町」として知られているので、駅に絵本に関する説明があるものと思ったが、もう少しPRしてもよいのではないだろうか。

※「剣淵」の語源は、アイヌ語の「ケネニ、ペッ」（はんの木の川の意）。（「駅名の起源」より）

ミニガイド　絵本の館、剣淵町役場、びばからすスキー場、剣淵温泉、桜岡景湖園もある。

北剣淵《きたけんぶち》駅

上川郡剣淵町藤本町

剣淵駅 — 5.0km — 北剣淵駅 — 3.7km — 士別駅

いかにも手造りの北剣淵駅舎

ホーム

駅周辺

下見板張《したみいたば》りの外壁で、簡素な造りの北剣淵駅待合所は、風雪に耐えている。地域の有志の方々が、精魂込めて造られたものと思うが、素地の建具が劣化して、トタン板が張られていた。鬱蒼《うっそう》とした鉄道防風林の一角に駅はある。木製デッキ式のホームの周りに雑草が生い茂り、隠れてしまいそうだ。停車する列車は、上下合わせて7便しかない。

駅周辺は農耕地が広がり、どこに住宅があるのか、見渡す範囲内では、見つけられなかった。しかし、このように広大な農耕地帯とそれを横切る防風林がある景色は北海道ならではのもので、脱都会派にとって、不便さはさて置いて、憧《あこが》れの的になっている。

ミニガイド　北剣淵駅を過ぎると、剣淵川支流で町境を流れる犬牛別川を渡り、士別市に入る。

士《し》別《べつ》駅

士別市西3条8丁目

北剣淵駅 — 3.7km — 士別駅 — 4.4km — 下士別駅

羊と合宿の町として知られる町にある士別駅舎

士別市文化団体作品展示コーナー

「フーズサービスささき」

窓口・改札口

明治32(1899)年、屯田兵が最後の開墾に入植した士別市は、現在「羊の町」(サフォークランド)、そしてスポーツ選手たちが日本各地から合宿や研修に集まる「合宿の町」である。

待合ホールには「士別市文化団体作品展示コーナー」が設置され、乗降客の目を楽しませる。窓口にはグリーンBOXがある。券売機横に視覚障害者用の運賃表もあり、誘導ブロックも適正。大型のコインロッカーもあった。「フーズサービスささき」という店が入店していて、立ち喰いソバやたこ焼きのほかに、綿羊製の羊グッズも販売している。

駅横には交番や「士別市観光マップ」がある。駅前は広々と整備されていて、駐車場もゆったりとし、タクシーの待機も多い。駅前通りは無電柱でスッキリした街並みとなっている。町を東に向かうと「あさひスキー場」や「三望台シャンツェ」、さらには岩尾内湖がある。九十九《つくも》山にある士別神社の「エゾヤマザクラ」は名所として知られる。

「合宿の町」だけあって、駅前には旅館やホテルが目につく。

※「士別」はアイヌ語の「シ、ペッ」から出たもので、「大なる河」という意味。士別、剣淵の両河がここで合流し、天塩川となって水量が急に増加するためである。(「駅名の起源」より)

士別駅前

ミニガイド　士別市役所、市立博物館、士別自然公園、つくも水郷公園、世界のめん羊館がある。37haの牧場に30種類の羊を放牧、北海道屈指の規模を誇る牧場の「羊と雲の丘」がある。

下《しも》士《し》別《べつ》駅

WC

士別市下士別町42線

士別駅 ― 4.4km ― 下士別駅 ― 3.4km ― 多寄駅

住宅の玄関サッシが面白い下士別駅舎

駅全体の風景

ホームからの風景

下士別駅のホームは、宗谷本線の停留場によくある木製デッキホームと違って、プレコンを利用したものである。

駅舎は小さな待合所とトイレだけだが、何となくほんのりとした風景が、旅行者の心を癒《い》やす場面を演出しているかのようだ。外壁はカラー鉄板張りになっているが、改築前は下《した》見《み》板《いた》張《ば》りの建物だったそうである。出入口の住宅用サッシがおもしろい。隣に自転車置場棟が設置されている。

このあたりに来ると、名寄盆地の中にいることを感じさせない、広い平地が展開している。都会の雑踏や人口密度の濃い地域から離れて、リフレッシュもいいものだ。

ミニガイド　このあたりの天塩川支流には、多くの池が点在している。

多《た》寄《よろ》駅

WC

士別市多寄町36線東

下士別駅 ― 3.4km ― 多寄駅 ― 2.8km ― 瑞穂駅

バリアフリー化した多寄駅舎

多寄駅前

駅舎は昭和62(1987)年11月に改築され、平成11年7月に以前の駅前通りを線路横断するために、旭川駅寄りに約20m移動した。

外壁はパネル張りで、屋根形状もよくデザインされていた。

正面出入口にはスロープが設けられて、ホーム側にもスロープがあり、車《くるま》椅子《いす》や高齢者にはやさしい駅だ。誘導ブロックも設置されていた。小ぢんまりとした中にも、まとまりがある駅舎である(今後の停留場としては、この程度の整備をしていただきたい見本だ)。

駅前は整備されている。

※多寄の語源はアイヌ語の「タイ、オロマペッ」で、「森林の中にある川」を意味する。(「駅名の起源」より)

ミニガイド　キャンプができる日向森林公園、日向温泉がある。

瑞《みず》穂《ほ》駅

士別市多寄町31線東

多寄駅 — 2.8km — 瑞穂駅 — 3.6km — 風連駅

地域の方々が建てた自転車置場と瑞穂駅舎

駅全体風景

ホームからの眺め

昭和31(1956)年9月に仮乗降場として開設、同62(1987)年に駅に昇格した。

その当時はホームしかなかった瑞穂駅であるが、現在は、地域の皆さんが協力して建てた、小さな待合所のみの駅舎と自転車置場棟がある。待合所の両側に大きな青い文字で「みずほ」と書かれた駅銘板が印象的。

木製デッキのホームから周辺を見渡しても、広大な畑が延々と続き、遥か向こうに雪を被った山々が見えるだけである。のどかな田園風景に囲まれた環境は、心を和ませてくれる。

ミニガイド この駅を過ぎると、すぐに旧風連町に入る。

風《ふう》連《れん》駅

WC

名寄市風連町本町

瑞穂駅 — 3.6km — 風連駅 — 4.5km — 東風連駅

剣淵・和寒の両駅舎を合わせたような形状の風連駅舎

ホームの流木展示

平成18年3月、風連町の合併により名寄市に入った風連駅である。以前は駅前商店で乗車券の委託販売を行っていたが、平成15年に廃止された。

非常に個性的な駅舎の待合所には「小上がり」が設けられている。トイレは駅横にある。ホームは砂利敷きだが、「流木」が展示されていて、乗降客の目を和ませる。オットセイの形であろう。

駅前広場には「風連ガイド」が掲示されている。広い広場は、地域のイベント用に使用されることもあるのだろうか？駅前通りには農業用倉庫群が建っていて、通りに沿っては商店やJAの建物がある。

※「風連」の語源は、アイヌ語の「フウレ、ペッ」で、「赤く濁れる川」を意味している。(「駅名の起源」より)

ミニガイド 風連支所、ふうれん望湖台自然公園・同公園キャンプ場がある。

東《ひがし》風《ふう》連《れん》駅

WC

名寄市風連町東風連

風連駅 ― 4.5km ― 東風連駅 ― 3.6km ― 名寄駅

プレハブの東風連駅舎

ホームと待合所

東風連駅舎の待合所・トイレとも、主に工事現場用として使用するプレハブ造りである。仮設にはたいへん便利なものだが、これは仮設の駅舎ではなく、本設だと思う。この後に続く駅にも、同様のプレハブ造りの待合所がある。大きい駅銘板を設置していると駅舎とわかるのだが、現在の状態では少々わかりづらい感じだ。いつも利用されている方はわかっていると思うが、初めて訪れたときは戸惑うのでは？　いずれにしても、廃列車のリサイクルやプレハブの建物があったりで、宗谷本線は、知恵を絞った合理的な駅舎形態が多いように見受けられる。周りも砂利敷きできれいに整地されている。

ミニガイド　天然記念物の「名寄鈴石」の採取場が近くにある。ふうれん望湖台自然公園がある。

宗谷本線の歴史と天北線の関係

宗谷本線は、開通当初からは複雑な遍歴を経て今日に至っている。現在の宗谷本線はかつての「天塩線」であり、そのころ宗谷線→宗谷本線と呼ばれたのは、現在は廃線となった「天北線」であった。

路線の敷設年も着手地点も様々な所からスタートしている。順序をたどって、敷設年別に色分けをしてみた。

昭和5（1930）年4月に「天塩線」を「宗谷本線」（現・宗谷本線）とし、「音威子府」駅－「浜頓別」駅－「南稚内」駅間が「宗谷本線」から「北見線」と改称。さらに昭和36（1961）年4月には「天北線」に名称変更となったが、天北線は廃線となった。

以上が現宗谷本線と天北線の遍歴であるが、消えてしまった路線の名称にも、「天塩北線」「天塩南線」「天塩線」「北見線」の四つがある。これらの路線名は、遍歴の過程で名づけられた名称である。

- 明治31（1891）年6月から「旭川」 駅－「蘭留」駅間の着手。
- 明治36年9月に「天塩線」（現・宗谷本線）の「士別」駅－「名寄」駅間が開通。士別駅－「蘭留」駅間も開通。
- 明治42年からは天塩線（現・宗谷本線）の名寄駅より北に向かう方面に着手し、明治45＝大正元（1912）年11月には名寄駅－「音威子府」駅間が開通。
  大正8年10月からは名称も「宗谷本線」とする。
- 明治45（1912）年5月からは「宗谷線」の音威子府駅－「浜頓別」駅までに着手し、大正7年8月に開通。
  大正8（1919）年10月、「宗谷線」を「宗谷本線」に改称。
- 大正11年11月には宗谷本線（のちの「天北線」）の「南稚内」（当時は「稚内」）駅までが開通し、当時の旧・宗谷本線全線が開通。昭和5年4月から「北見線」と改称。
- 大正13年6月に南稚内（当時は「稚内」）駅－「兜沼」駅間の「天塩北線」が開通。
- 大正14年7月に現・宗谷本線である音威子府駅から「幌延」駅に至る間の「天塩南線」が開通。
- 大正15年9月に幌延－兜沼間が開通。
  南稚内（当時は稚内）－幌延－音威子府駅間を総合して「天塩線」とする。

路線位置図

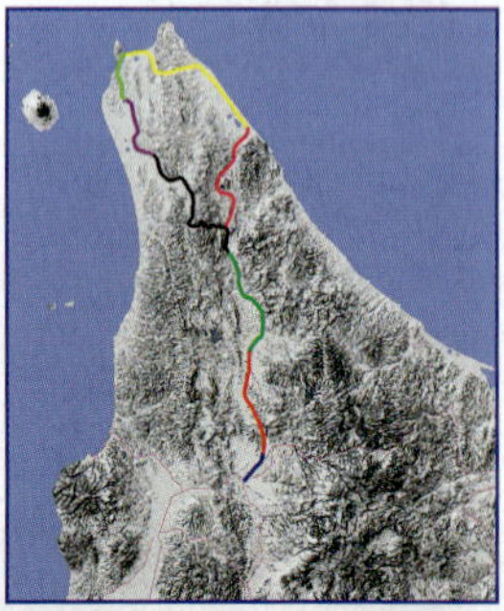

音威子府駅に併設されている「天北線資料室」

名《な》寄《よろ》駅

名寄市東1条南6丁目

東風連駅 —3.6km— 名寄駅 —4.0km— 日進駅

名寄本線・深名線の起点駅だった名寄駅舎

待合所

窓口・改札口

平成元(1989)年までは「名寄本線」、同7年までは「深名線」の起点駅でもあった名寄駅は、町の中心地にある。

駅舎は、北海道を代表するかのように古風で個性的だ。出入口上部の庇《ひさし》は他の駅舎にはない形状で、棟飾りには時計が設置されている。

券売機横には視覚障害者用の運賃表があり、グリーンBOXも設置されている。

舎内には立ち喰いソバと駅弁を販売する店がある。6種類の駅弁があり、「きのこごはん」などはマツタケまで入っていて、なかなかのものだ。

駅前広場はロータリー形式になっていて、タクシーが待機している。ロータリーの中央植え込みには電子掲示板つきの温度計が設置されている。駅前には交番があり、駅横には広い屋根つきの自転車置場がある。駅前通りには商店が多い。

廃線になった2線と宗谷本線とは、十字にクロスした配置になっていた。「名寄本線」「深名線」の廃止に伴い、両線合わせて59駅が廃駅となったが、今後、「音威子府」駅内の「天北線資料室」のようなコーナーは設けないのだろうか？

※「名寄」の呼称はアイヌ語の「ナイ、オロ、プツ」(河の傍なる川口の意)からで、名寄川がこの付近で天塩川に注いでいるからである。(「駅名の起源」より)

名寄駅前

ミニガイド 名寄市役所、木原天文台、上川支庁合同庁舎、サンピラー現象・ダイヤモンドダストが見られるピヤシリスキー場、体験学習施設の北国博物館、SLのキマロキ編成(除雪車の編成；名寄公園)がある。

日《にっ》進《しん》駅

WC

名寄市日進

名寄駅 ― 4.0km ― 日進駅 ― 9.1km ― 北星駅

窓も大きく舎内が明るい日進駅舎

ホーム風景

日進駅は、ピヤシリ山の望める位置にある。木製デッキホームで、待合所とトイレとは別棟になっているというスタイルの駅であるが、これは宗谷本線によくあるパターンのようだ。

小波鉄板張りの待合所は、出入口に小さな合掌《がっしょう》がつけられ、その中央には駅名とマークが表示されている。サッシのガラスにはクロスにテープが貼られていたが、以前ガラスが割れたものであろうか？　外装の塗装は塗り直されていた。

待合所横のトイレ棟は相当老朽化しているが、一応使用できる。

次の「北星」駅との間に平成18年3月まで「智東」という駅があり、リサイクル車両の待合所があったが、廃駅となった。

ミニガイド　なよろ温泉サンピラー、道立トムテ文化の森、国立薬用植物栽培試験場がある。

宗谷本線の沿線風景

天塩川（筬島）

天塩平野と利尻富士

北防波堤ドーム

最北端の地碑

北星《ほくせい》駅

名寄市智恵文北星

日進駅 9.1km 北星駅 1.9km 智恵文駅

経年の持つ風貌　北星駅舎

ホーム

天塩川の北東側に位置する北星駅は、ホームのみの駅かと思ったら、畑の中にかろうじて建っている待合所があった。

下見板張《したみいたば》りの外壁が今にも剥《は》がれ落ちそうな待合所は、相当老朽化している。農業用物置と間違えそうなうえにホームから離れているので、最初は駅舎とは思えなかったけれど、年代ものの看板とともに長い年月を頑張って建っている。

列車から見ると、この赤い看板は非常に目立つ。

トイレは別棟にあるが、待合所よりもっと老朽化しているため、使用できない。

ホームは木製デッキ式である。

ミニガイド　このあたりは、天塩山地の峰々を天塩川に沿って、蛇行しながら列車は走る。

智恵文《ちえぶん》駅

WC

名寄市智恵文11線

北星駅 1.9km 智恵文駅 2.1km 智北駅

艶やかな藤色の智恵文駅舎

先代駅舎の遺構

ひまわり畑

先代の駅舎の土間コンクリート上に、新駅舎は設置されている。

駅舎は列車のリサイクルながら、外壁は華やかな藤色の鋼板張りとしている。これは、以前にはメルヘンチックなひまわりの絵が描かれていた外側に張られたものだ。今後のリサイクル車両駅舎を改修する場合に、とても参考になる。

智恵文駅周辺は、季節になると「ひまわり畑」が一面に広がっている。

駅前にはレンタサイクルがあり、「ひまわり畑」に行くときは借りることができる。

※「智恵文」の語源はアイヌ語の「チエブ、ウン、トウ」で、「魚の沼」を意味している。（「駅名の起源」より）

ミニガイド　東京ドーム 2 個分ある日本一のひまわり畑、「ひぶなの里ちえぶん沼パーク」がある。

智《ち》北《ほく》駅

名寄市智恵文

智恵文駅 ─ 2.1km ─ 智北駅 ─ 2.3km ─ 南美深駅

ちえぶん沼パークに近い智北駅舎

駅近くから見たちえぶん沼

智北駅舎は「富良野線」でよく見かけるプレハブ駅舎のパターンで、軽量鉄骨のプレハブ小屋がホーム上に設置されている。写真は各駅停車の列車が到着したところだ。ワンマンの一両編成で、この程度の無人駅舎がちょうどよい大きさに見える。ホームまでは階段になっている。

智北駅を出発すると、路線は国道40号に近づき、並行して美深方面に向かう。智北駅からはちえぶん沼が目の前で、釣り船でのどかに釣りをしている人もいた。「ひぶなの里　ちえぶんパーク」の管理棟までは少し歩かなければならない。このあたりは天塩川の元の流れが残った沼や池が多い場所で、灌漑《かんがい》用水や養殖魚の成育に利用しているようだ。

ミニガイド　沼や湿地が多くあり、水芭蕉の花を観賞できる。

南《みなみ》美《び》深《ふか》駅

中川郡美深町美深

智北駅 ─ 2.3km ─ 南美深駅 ─ 2.7km ─ 美深駅

丁寧に造られてはいるが、窓がない南美深駅舎

ホーム

南美深駅前

南美深駅は最初ホームだけの駅かと思ったが、ホームから離れた場所に鉄板張りの待合所があった。

丁寧な手造り建物といったところだろうか、建物は結構なのだが、何せ窓がないので、舎内は真っ暗に近く、これではいくら何でも利用者はいないだろう。しかし、真冬の極寒の中で列車を待つことを考えると、天国の待合所である。照明器具は設置されていないように見えた。屋根は青色から塗り替えられた。

「南美深待合所」となっていたので、バスの待合所と最初は思ったのだが、どうやら駅待合所の建物かな、程度。

踏切の右側にホームがあるので、ずいぶん離れた位置だ。

ミニガイド　この駅から「美深町」に入る。碁盤目に走る道路脇に駅は位置する。

美《び》深《ふか》駅

中川郡美深町開運町

南美深駅 ― 2.7km ― 美深駅 ― 3.6km ― 初野駅

大胆な造りが印象的な美深駅舎

あんどん行列の張り鉾

待合所

レンガ倉庫群

美深町は林業が盛んで、昭和60(1985)年までは「美深」−「仁宇布」間の全長21.2kmを「美幸線」(昭和38＝1963年に廃止された「美深町営簡易軌道」(仁宇布《にうぶ》線)の後身となる路線)が走っていた。

昭和62年に建築された「美深町交通ターミナルビル」と名づけられた大胆な造りの建物が駅舎である。鐘楼が駅舎の屋上にそびえ、最上部には「美幸の鐘」が設けられている。待合所ホールには大型テレビ、文庫本・特産品コーナーもある。2階は以前トロッコが展示されていたが、「トロッコ王国」に移動し、現在は会議室となっている。売店は「美深町母子会」が運営する。トイレは身体障害者専用もあった。駅前にはスロープがあり、出入口は自動ドア。駅舎横には「びふかイベント館」があり、内部に「美深あんどん行列」に使用された張り鉾《ぼこ》が展示されていた。「列車から常によく見えるようにしたいのだが」と、係の方はいう。

駅前にはレンガ造りの農業用倉庫群があり、様々な商店が軒を並べる。駅前広場はスペース十分でよく整備されている。国道40号沿いの「道の駅」横には町営のキャンプ場があり、スポーツ施設や温泉もある。これほど区画の面積が広くて設備が整ったオートキャンプ場は少ない。

※「美深」は、アイヌ語の「ピウカ」(石の多い河床の意)に由来する。(「駅名の起源」より)

美深駅前

ミニガイド　「美深あんどん行列」で知られている。かつて「美幸線」の終着駅であった「仁宇布」駅にはNPO法人のトロッコ王国があり、エンジンつきのトロッコ列車に乗れる。美深町役場がある。

初《はつ》野《の》駅

中川郡美深町富岡

美深駅 ─ 3.6km ─ 初野駅 ─ 3.1km ─ 紋穂内駅

極限の広さでも最新式　初野駅舎

駅全体の風景

ホームからの風景

初野駅は、軽量鉄骨造りのプレハブ建築物である。踏み切りの横に小さな待合所がポツンとあるが、かつて手動式の踏み切りがあった時代に、係員の詰所がこのような状態であったことを思い出した。出入口にはスロープが設けられている。

同じプレハブ駅舎の「東風連」駅にはプレハブトイレがあったが、ここにはトイレがない。利用者が少ないのだろうか。もともと、ここには待合所もなく、ホームのみの駅だったそうである。

ホームは宗谷本線ではよく見かける木製デッキ式だった。駅の周辺は農耕地帯が東に広がり、駅の対面を流れる天塩川の反対側には、山岳地帯が迫っている。

ミニガイド　このあたりは道路が碁盤目になっている農耕地帯の中に位置する。

紋《もん》穂《ぽ》内《ない》駅

WC

中川郡美深町紋穂内

初野駅 ─ 3.1km ─ 紋穂内駅 ─ 7.1km ─ 恩根内駅

外装の塗装は限界だろう　紋穂内駅舎

先代駅舎の遺構が残る

かつては木造駅舎だったが改築されたそうで、2駅目の廃列車リサイクルの駅舎である。外壁の塗装は相当劣化しヒビ割れていた。かつての駅舎跡が、コンクリートの基礎や床により、確認できる。

宗谷本線以外にもリサイクル駅はあるが、舎内のトイレが使用できるのは宗谷本線だけかもしれない。冬場はストーブが置かれるのだろうか、煙突の接続ができるようになっていた。しかし、ストーブの管理はどうするのだろう。駅の管理者に委託されているのだろうか？

新しくスロープが設置されていた。

※「紋穂内」は、アイヌ語の「モム、ポ、ナイ」（穏やかに流れる小川）に由来し、「パンケニウプ川」を示したものである（「駅名の起源」より）。「モ、ヌッポ、ナイ」（小さい野にある川）の説もある。

ミニガイド　美深温泉、森林公園びふかアイランド、チョウザメ館がある。「水の郷百選」で知られている。

恩根内《おんねない》駅

WC

中川郡美深町恩根内

紋穂内駅 ― 7.1km ― 恩根内駅 ― 5.8km ― 豊清水駅

一工夫により個性を出した恩根内駅舎

舎内

リサイクル列車の駅舎から平成5年12月に改築された駅舎は、昭和60年から無人駅に合わせた規模ながらコンパクトにまとまった。外壁はサイディング張りだが、出入口上部に合掌《がっしょう》を加え、木製の板をヘリンボーン形に張り付け、ポイントに。新たに時計も設置された。

待合所の腰壁にも木製板張りが採用されていて、気持ちも落ち着く。ベンチには座布団も置かれ、内壁には「和凧《だこ》」が飾られている。駅は地域の玄関だけに、地域の「おもてなし」の心に通じるものがある。駅前には倉庫や民家がある。

※「恩根内」は、アイヌ語の「オンネ、ナイ」(大川の意)に由来する。(「駅名の起源」より)

ミニガイド　天塩川はこのあたりで大きく蛇行している。恩根内公園がある。

豊清水《とよしみず》駅

WC

中川郡美深町清水

恩根内駅 ― 5.8km ― 豊清水駅 ― 3.6km ― 天塩川温泉駅

牧草地を見渡す丘に建つ豊清水駅舎

ホームから見た駅舎

鬱蒼《うっそう》とした雑木が林立する丘の上に駅舎はあった。道路側から木製の階段で昇ると、「山小屋風」で、外部からは駅舎には見えない。外壁は下見板《したみいたば》張りだ。

かつては駅員さんが勤務されていたようだが、現在は冬期間のみ保線員が常駐している。舎内には小動物の剥製《はくせい》が飾られていた。

駅周辺には牧草地が広がり、倉庫はあるが、民家は見当たらない。倉庫も廃屋が多く、雪の重みで潰れていた。駅名の由来を考えると、寂しい気持ちになる。

※駅名は、付近にある清水川をはさみ、一方に常盤村清水、片方に美深町清水という2集落があったが、この両集落を合わせ、将来豊かな所となるようにという意味で「豊清水」と名づけたことに由来。(「駅名の起源」より)

ミニガイド　恩根内放牧場がある。駅は音威子府村と美深町の境近くに位置する。

天《て》塩《しお》川《がわ》温《おん》泉《せん》駅

WC

中川郡音威子府村咲来

豊清水駅 —3.6km— 天塩川温泉駅 —3.2km— 咲来駅

個性的な屋根の天塩川温泉駅舎

トーテムポールの案内塔

天塩川温泉駅は、「南咲来」仮乗降場として、昭和31(1956)年7月に開設された。その後に天塩川温泉が開かれたことで、同51年に「天塩川温泉」仮乗降場と改称し、同62(1987)年4月から現在の駅に昇格した。小さな待合所がホームの端にポツンと建っていた。外壁はサイディング張りで、屋根に個性がある。待合所には小さなストーブが置かれ、「小上がり」もある。ホームは木製のデッキ式。

天塩川温泉には1軒の温泉宿泊施設があり、ホテルとキャンプ場になっている。駅の周りには「蕎麦《そば》畑」が広がる。国道から分かれて、天塩川温泉に向かう道路の交差点には、異様なほど高く造られたトーテムポールの案内塔が立つ。

ミニガイド　駅名のとおり天塩川温泉の入り口で、リバーサイドパークのキャンプ場もある。

咲《さっ》来《くる》駅

WC

中川郡音威子府村咲来

天塩川温泉駅 —3.2km— 咲来駅 —4.6km— 音威子府駅

遠くからでも目立つ咲来駅舎

舎内

咲来駅前

一般的には「さっくる」とは読めず、難読駅名の一つである。

小さな小屋の待合所には、小さなストーブが置いてある。咲来駅舎は当初、木造の大きい駅舎であったが、リサイクル列車の駅舎を経て改築後は小ぢんまりとした建物になった。もう三代目駅舎なのであろうか。

元の外壁塗装は乳白色に薄いブルーのラインが入ったもので、宗谷本線のリサイクル列車の配色と同じだったが、塗り替えられ、黄色の目立つ色となった。

駅銘板も新たに設置された。

※「咲来」は、アイヌ語の「サクルー」(夏期通行できる所の意)に由来する。(「駅名の起源」より)

ミニガイド　駅前には「ライダーハウス咲来」がある。元の日本通運事務所を改装したものだ。

音《おと》威《い》子《ねっ》府《ぷ》駅

S　WC

中川郡音威子府村音威子府

咲来駅 —— 4.6km —— 音威子府駅 —— 6.3km —— 筬島駅

天北線資料室がある音威子府駅舎

駅舎の木彫柱

天北線資料室

舎内

かつては「天北線」と宗谷本線がここで分岐しており、重要な駅だった。平成2年に改築された駅舎は「交通ターミナル」となっていて（「宗谷バス」の案内所兼乗車券販売窓口もあって、天北線の代替バスも発着）、出入口上部の大きな合掌《がっしょう》、山小屋風の外壁と、正面横の彫刻柱が印象的である。舎内には「天北線資料室」が併設され、天北線の走っていた時代の様々な資料を展示している。

蕎《そ》麦《ば》殻《がら》もいっしょに製粉した音威子府村独特の「黒い蕎麦」は、舎内にある人気の立ち喰いソバ店で味わえる（毎週水曜が定休日）。立ち喰いと言っても、待合所の小上がりやイスに座って食べるので、昼食時の舎内はまるで食堂のようだ。改札には手彫りの行先表示板が設置されているし、ホームには木彫のSLもあって楽しい。

駅周辺には一面に蕎麦畑が広がる。駅前にも舎内のソバ店が店舗を出し、駅隣はJR北海道の貨物事務所。広い駅前にはタクシーも待機、駐車場も十分にある。

往時の宗谷本線は、音威子府駅からは「浜頓別」経由「南稚内」間となっており、現在のルートは、かつては「天塩線」と呼ばれていた。

※「音威子府」は、アイヌ語の「オトイ、ネップ」（濁りたる泥川、漂木の堆積する川口の意）に由来。（「駅名の起源」より）

音威子府駅前

ミニガイド　「音威子府そば」が有名。音威子府村役場、山村都市交流センターがある。北大演習林庁舎前には、砂澤ビッキ制作の巨大なトーテムポールが設置されている。

筬《おさ》島《しま》駅

WC

中川郡音威子府村物満内筬島

音威子府駅 ―― 6.3km ―― 筬島駅 ―― 18.0km ―― 佐久駅

故・砂澤ビッキのアトリエが駅前にある筬島駅舎

アトリエ3モア入り口

先代駅舎の遺構が残る

リサイクル車両の駅舎で、「紋穂内」駅と外壁の塗装色が同じだった。これは、宗谷本線としての統一的デザインなのだろうか？　列車内で居眠りをし、車内放送を聞き損じて飛び起きると、間違って下車しないだろうか？　周りの景色が違うから間違うことはないのか？　それとも駅舎の向きが違うので、そのようなこともありえないのだろうか？

この駅にもトイレがあった。

この駅舎も先代駅舎の土間コンクリートの上に設置されているが、先代の駅舎の大きさが、写真からもわかると思う。

※「筬島」の呼称は、アイヌ語の「オサシマナイ」(川尻を下る所にある小沢の意味)に由来する。駅付近の地形を指したものであろう。(「駅名の起源」より)

ミニガイド　駅前に旧筬島小学校を改築した彫刻家の故・砂澤ビッキの活動拠点「アトリエ3モア」がある。

幌延駅接続線の歴史について

幌延駅は昭和62(1987)年3月まで、同駅と「留萌」駅とを結ぶ「羽幌線」の発着駅でもあった。現在、同駅にその形跡は残っていないが、留萌駅に至る間の旧駅の所在地には、一部路線跡等が残存している。

「宗谷本線」が開通当初よりさまざまな歴史をたどったように、羽幌線も開通時期が区間によって異なっている。

着手は昭和2(1927)年10月のことで、留萌駅から始まった。その後、昭和16(1941)年12月には「築別」駅まで延長となり、「築別炭鉱」駅まで運行していた「羽幌炭鉱鉄道」に接続され、留萌港までの石炭運搬事業に貢献した。

幌延駅方面からは、昭和10(1935)年6月に「天塩」駅までの間が開通し、同11年10月には「遠別」駅まで延長された。

全線が開通したのは昭和33(1958)年10月になってからのことで、総延長141.1kmの長大路線が完成した。

鉄道路線位置図

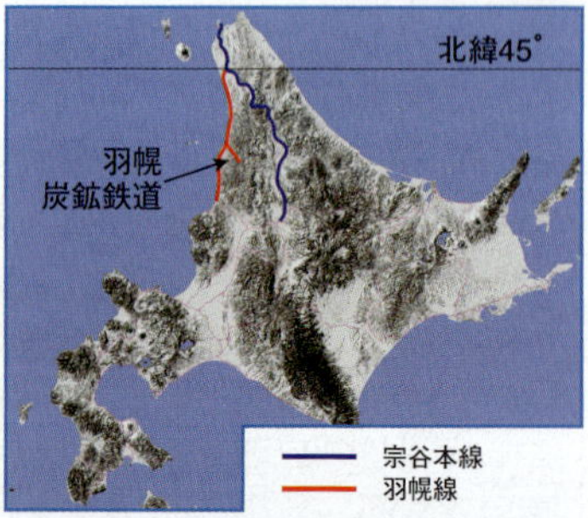

しかし、昭和55(1980)年12月に公布された「日本国有鉄道経営再建促進特別措置法」により、昭和62(1987)年3月29日をもって60年に及ぶ歴史に終止符を打つこととなった。それに伴って全34駅が廃止になった。

この路線は、日本海に沿う絶景の「オロロンライン」に並走していて、幌延側からは遠く利尻富士が望め、また羽幌側からはオロロン鳥等の海鳥生息地である天売島や焼尻島を望むことができる。

幌延駅はまた、天北線(平成元年4月30日廃線)の「沼川」駅とを結ぶ「幌延線」「幌沼線」「沼川線」の発着駅でもあった(区間ごとの開通・廃線のため、それぞれ名称がつけられている)。この路線は昭和9(1934)年8月に開通し、昭和39(1964)年まで走っていた。

■幌延町は北緯45°の町

幌延町は、ちょうど北緯45°に位置している。当然、地図のような黒い線は描かれていないが、その位置がわかるように標識が道路脇に設置されている(右の写真)。他に、日本でも珍しい「トナカイ観光牧場」があり、5～6月ごろにはトナカイの赤ちゃんも見ることができる。

佐久《さく》駅

WC

中川郡中川町佐久

筬島駅 ― 18.0km ― 佐久駅 ― 8.3km ― 天塩中川駅

博物館のような佐久駅舎

アンモナイトの化石

舎内の絵画に残る旧駅舎の姿

舎内は古道具の展示場

「佐久ふるさと伝承館」という名の大きい駅舎は、平成2（1990）年、中川町が「北海道補助対策施設」としての融資を受けて建設した。すばらしい施設で、名称どおりの内容があった。

改築以前の駅舎の面影は、舎内の絵画によって伝わる。こういった資料の展示が大事だ。また、この地方の産業古具やアンモナイト化石等が展示され、一見して博物館の趣きがある。2階には研修室を併設、壁には大きな馬橇《ばそり》の絵も掲げられ、圧巻だ。このような場所で列車を待つのは退屈しないだろう。ただ、床に置かれた農機具が大きいこともあって、避けて通る必要がある。公共施設だけに、誘導ブロックは必要であろう。

昭和13〜35（1938〜60）年にかけての路線図には、「筬島」駅と佐久駅の間に「神路《かみじ》」信号場があったが、廃駅になっていた。国道40号からは天塩川の対岸に集落と吊《つ》り橋《ばし》があったのが、なくなったためである。また、次の「天塩中川」駅との間にも平成8年まで「琴平」駅があったが、利用客がなくなり、廃駅となった。

※「佐久」は、アイヌ語の「サク、コタン、ナイ」（夏村のある沢の意）に由来する。昔は夏の間ここで生活したためであろうという。（「駅名の起源」より）

佐久駅前

ミニガイド　ラクヨウキノコが本文記載の「神路」で採れる。ギョウジャニンニクも、佐久駅を過ぎた場所で採れるそうだ。くれぐれも私有地には入らないように。

天《て》塩《しお》中《なか》川《がわ》駅

WC

中川郡中川町中川

佐久駅 ―― 8.3km ―― 天塩中川駅 ―― 8.4km ―― 歌内駅

中川町の中心地にある天塩中川駅舎

天塩中川駅前

天塩川風景

駅舎は規模の大きい建物だが、平成17年6月に無人駅となっている。駅横には別棟で、鉄骨二階建ての保線事務所がある。

この事務所でも切符販売が行われているが、予約切符のみの販売となっている。また、駅前のJAで委託販売も行われている。

駅前は広く確保されて、アーチがかかる門柱が建てられている。駅前通りは町の中心地で、商店や民家が建ち並んでいる。旅館もあった。

※天塩中川駅は、昭和26(1951)年7月20日「誉平《ぽんぴら》」駅から改称して現在の名称になった。「ぽんぴら温泉」の名称が当時の駅名の名残だ。

ミニガイド　ぽんぴら温泉、中川町役場、首長竜の化石骨が展示されているエコミュージアムセンターがある。

歌《うた》内《ない》駅

WC

中川郡中川町歌内

天塩中川駅 ―― 8.4km ―― 歌内駅 ―― 5.5km ―― 問寒別駅

塗装の亀裂が模様のようになっている歌内駅舎

先代駅舎の遺構と現駅舎

以前は北海道代表型の木造駅舎であったが無人駅となってから、リサイクル車両の駅舎に改築(？)されたという。

これで四つ目のリサイクル駅舎だが、紋穂内駅舎とまるで色も向きも同じ、駅名の表示が違うだけといったぐあいで、やはり先代駅舎の土間コンクリートの上にあるし、同時期の設置なのだろう。

宗谷本線のリサイクル車両駅の出入口には、共通してスロープが設置された。

この駅の手前に、平成13年6月までは「下中川」駅の小さな待合所があったそうだが、廃駅となって撤去されている。

※昭和26年7月20日に「宇《う》戸《と》内《ない》駅」から現在のものに改称した。

ミニガイド　このあたりは「山わさび」を採取している。エゾモモンガの生息地。

問《とい》寒《かん》別《べつ》駅

WC

天塩郡幌延町問寒別

歌内駅 ― 5.5km ― 問寒別駅 ― 2.2km ― 糠南駅

塗装の劣化が進む問寒別駅舎

先代駅舎の遺構と現駅舎

五つ目のリサイクル車両の駅舎。外壁については、しつこくなるので触れない。内部はきれいに掃除されていた。別棟にプレハブ式トイレがある。

改築前の木造駅舎では窓口業務も行われていたそうである。その先代駅舎の土間コンクリートが残されていて、撤去方法が大雑《おおざっ》把《ぱ》なのは、階段として利用しているからか？　新しくスロープが設けられたが、砕石で盛り土した上にアスファルトが敷かれている。これもけっこう大雑把な方法だが、予算の関係だろうか？

※「問寒別」の語源は、アイヌ語の「トイ、カン、ペッ」（土のかぶさる川）。（「駅名の起源」より）

問寒別駅付近には、昭和5（1930）年9月から「二十線停車場」まで「幌延村営簡易軌道」（問寒別線）が走っていたが、昭和46（1971）年5月に廃線となっている。

ミニガイド　天塩川は相変わらず蛇行しているが、どうやら天塩山地はこのあたりから抜け出たようだ。

糠《ぬか》南《なん》駅

天塩郡幌延町問寒別川口

問寒別駅 ― 2.2km ― 糠南駅 ― 5.7km ― 雄信内駅

れっきとした待合所です。糠南駅舎

駅全体

天塩川の風景

上下線合わせて5便の列車が停車する糠南駅。

木製デッキ式ホームだけの駅かと思いきや、ホーム上にプレハブ物置が置かれているので、これが駅舎でもあるらしいということがわかった。

中を覗《のぞ》いてみると、除雪道具などを格納する物置であったが、窓があって座る席もしつらえてあるところを見ると、間違いなくこれは待合所として使用されている。この大きさなので、中に列車待ちの人がいると、後から来た人は入れないし、驚くだろう。

ミニガイド　宗谷本線は天塩町と幌延町の境も走るが、一度も天塩町には入らずに幌延駅に向かう。

雄《お》信《のぶ》内《ない》駅

WC

天塩郡幌延町雄興雄信内

糠南駅 — 5.7km — 雄信内駅 — 6.0km — 安牛駅

まだまだ現役　北海道代表型の雄信内駅舎

ホーム側の駅銘板

雄信内駅前

難読駅名の一つである。

北海道代表型駅舎の典型ともいえる雄信内駅舎。腰壁は下見板《したみいたば》張りで、窓上はモルタル塗り仕上げである。残念ながら外壁の一部は剥《は》がれて、下地が覗《のぞ》いていた。手入れをすると、まだまだ現役で使用できそうだ。

ホーム側出入口には立派な「駅銘板」がかけてある。舎内のトイレは閉鎖されているが、駅横にプレハブ式のトイレがある。

駅前は廃屋が目立ち、過疎化が進んでいるようである。

「糠南」駅の次駅は平成13年6月30日まで「上雄信内」駅だったが、廃駅となった。

※「雄信内」は、アイヌ語の「オ、ヌプ、ナイ」(川尻に平原のある谷川)から出ている。(「駅名の起源」より)

ミニガイド　昔の天塩川蛇行によりできた沼が、このあたりから数多くある。

安《やす》牛《うし》駅

天塩郡幌延町開進安牛

雄信内駅 — 6.0km — 安牛駅 — 1.9km — 南幌延駅

これでは少しかわいそう　安牛駅舎

先代駅舎の遺構と現駅舎

これで六つ目のリサイクル車両の駅舎である。合理的でよいが、あまり多いと寂しくもなる。先代駅舎の解体状況と撤去状況、リサイクル駅舎の配置も、ほとんど「問寒別」駅と似ている。ただし、問寒別の駅舎と同時期の設置なのであれば､このあたりの環境が厳しいのか､今までのリサイクル駅舎の中で、最も外壁塗装の劣化が著しい状態だった。塗り替えるとしたら、同じ色なのだろうか？

トイレは閉鎖されている。先代駅舎の土間コンクリートがそのまま残されているが、かなり規模の大きい駅舎だったようである。

※「安牛」は、アイヌ語の「ヤシ、ウシ」(網を曳く所)の変化に由来する。天塩川の網曳き場であったためである。(「駅名の起源」より)

ミニガイド　このあたりは、牧草地が広がっていることがわかる。天塩川に沿って沼地も多く点在している。

南《みなみ》幌《ほろ》延《のべ》駅

天塩郡幌延町開進南幌延

安牛駅 ― 1.9km ― 南幌延駅 ― 3.0km ― 上幌延駅

物置になった南幌延駅舎

ホーム

駅前風景

一日に上下合わせて3便が停車するだけの駅である。

駅舎はホームの横、踏み切り手前に、木造の鉄板張り待合所がある。しかし、待合所としてよりは、除雪道具などを格納する物置として使用されているようだ。

内部には、一応ベンチが設置してあったので、本来の目的は待合所であろう。せっかく造られたのに、開口部が出入口だけで窓がないのでは、昼でも暗くて気持ちが滅入る。極寒の冬にはまことにありがたい待合所である。

木製のデッキ式ホームがある。

駅の周囲は原野と牧場が広がっている。利用客は、どこから来るのだろうか？

ミニガイド 天塩川の向こうは天塩町で、天塩高台大規模草地が広がっている。

上《かみ》幌《ほろ》延《のべ》駅

天塩郡幌延町上幌延

南幌延駅 ― 3.0km ― 上幌延駅 ― 4.8km ― 幌延駅

北緯45°通過地点の上幌延駅舎

北緯45°通過点を示す看板

先代駅舎の遺構と現駅舎

七つ目のリサイクル車両の駅舎である。先代の駅舎は「安牛」駅舎と同形の典型的な北海道型の駅舎だったというが、両駅舎とも廃列車リサイクル駅舎に改築（置換？）されている。塗装の劣化は、安牛駅舎ほどでもない。

待合室もあり、おまけに窓も多く、ついでにストーブまで置かれている。これほど合理的でかつアピール性に富み、資源の再利用ができている駅舎は、停留場としてヒットであろう。トイレが使用できると最高なのだが、閉鎖されていた。

駅近くには北緯45°通過点の表示がある。駅前は牧場が広がり、農家やサイロが点在する。

ミニガイド このあたりは、高低差の少ない原野が広がり、牧場に牛が静止画のように点在している。

幌延《ほろのべ》駅

S　WC

天塩郡幌延町1条南1丁目

上幌延駅 ― 4.8km ― 幌延駅 ― 7.8km ― 下沼駅

かつては羽幌線の起点駅 幌延駅舎

窓口・改札口

幌延駅前

幌延駅は、かつて「羽幌線」や「幌沼線」の起点駅として賑《にぎ》わった町であるが、久々に近代的駅舎に出会えたという感じがした。

待合所には「小上がり」がある。

舎内には「沿岸バス」の乗車券発売所を併設、観光案内所もある。

駅前は広くスペースを確保し、駅前通りには商店が多く建ち並ぶ。駅前からは「沿岸バス」が発着してはいるが、これはかつての羽幌線廃線に伴う代替バスだ。

5台分のパーク＆トレインもあり、予約なしであるが往復特急が条件としている。

※「幌延」は、アイヌ語の「ポロ、ヌプ」(大きな野原)から出ている。(「駅名の起源」より)

平成18年3月18日まで、下沼駅との間に「南下沼」駅があったが、廃駅になった。

ミニガイド 幌延町役場、トナカイ観光牧場、金田心象書道美術館、ふるさとの森林公園がある。

下沼《しもぬま》駅

天塩郡幌延町下沼

幌延駅 ― 7.8km ― 下沼駅 ― 8.7km ― 豊富駅

駅前に湧水がある下沼駅舎

下沼駅周辺

下沼駅舎でついに八つ目のリサイクル車両の駅舎となった。周りの景色も、他のリサイクル駅舎と何となく似ている気がする。ここも安牛駅舎同様に塗装の劣化が激しく、見るに耐えない状況にまでなっていた。

駅の西側には、「下サロベツ原野」が広がり、その中に大きな「パンケ沼」がある。サロベツ原野、利尻富士を展望するには、駅近くの名山台展望台がベストビューである。

駅前通りには「下沼湧水」があり、近隣の人だろうか、タンクに汲《く》んでいた。隠れた名水なのだろうか？

※「下沼」は、アイヌ語の「パンケ、トウ」(下の沼)の語義に由来する。(「駅名の起源」より)

ミニガイド 近くの「パンケ沼」には鯉やイトウが生息している。名山台展望公園があり、原野が望める。

豊《とよ》富《とみ》駅

S WC

天塩郡豊富町豊富駅前通

下沼駅 —8.7km— 豊富駅 —5.0km— 徳満駅

軽食喫茶「すてーしょん」がある豊富駅舎

山小屋風の「すてーしょん」店内

待合所

「すてーしょん」店内

鉄骨造りの豊富駅舎は、壁面一杯の大きなサッシから、内部に陽光が明るく注ぐ。待合ホールの腰壁は石張り。冬期にはストーブが中央に設置されるので、イスは「ロ」の字型の配置である。自由に本を読める図書コーナーがある。

「豊富町観光情報センター」を併設しており、ここでサロベツ観光に関する様々な資料や情報を提供してもらえる。また、「すてーしょん」という軽食喫茶がある。窓から明るい光が差し込む山小屋風の店で、サロベツファーム産の牛タン定食など地産食材もある（グラタンやドリアは若者に好評。定休日＝毎月7のつく日）。

広くて整備された駅前では、「国立公園サロベツ」と「豊富温泉」の巨大な歓迎アーチが出迎えてくれる。豊富温泉郷には10軒ほどの温泉施設があって、温泉自然観察館もある。「豊富町観光案内図」の大看板を見て行くといいだろう。この駅を出発すると、視覚を遮ることもない「上サロベツ原野」の彼方に利尻富士が顔を見せる。いよいよ、日本最北端の駅に向かって進んでいる実感が湧《わ》いてくる。

※付近を流れる「イペ、コロ、ペッ」が「魚の豊富な川」の意味であるので、その意訳をとって村名とし駅名としたという。（「駅名の起源」より）

豊富駅前

ミニガイド　豊富町役場、スポーツセンター、サロベツ原生花園、豊富温泉、ペンケ沼、とよとみ自然公園がある。温泉スキー場も観光地として賑わう。「利尻礼文サロベツ国立公園」に属する。

徳《とく》満《みつ》駅

WC

天塩郡豊富町徳満

豊富駅 — 5.0km — 徳満駅 — 10.0km — 兜沼駅

舎内は地域の心遣いでいっぱいの徳満駅舎

上サロベツ丘陵

決して工事現場の写真ではない。間違いなくこれは〝徳満駅舎〟である。先代の駅舎は平成12年7月に解体撤去され、現在のプレハブが置かれた。壁面に取り付けられている駅銘板は新しく作られた。建物の形状は違うが、「東風連」駅舎と同様の考え方で設置されている。トイレも同じく、工事現場用の仮設トイレだった。舎内はきれいに清掃され、壁には飾りを設置、窓にはレースのカーテンまでかけられていた。地域の心遣いが伝わってくる。形態がどうあれ、町の玄関として十分通じる駅舎である。

※駅所在地の集落を「福満」といったが、他に同音の駅があるため、駅名を「徳満」と改めたという。(「駅名の起源」より)

ミニガイド　宮の台展望台がある。サロベツ原野を一望できる名所として知られている。

兜《かぶと》沼《ぬま》駅

WC

天塩郡豊富町兜沼

徳満駅 — 10.0km — 兜沼駅 — 5.8km — 勇知駅

兜沼は駅の後ろ　兜沼駅舎

「兜沼・郷土資料室」の正面

ホームから見た兜沼

兜沼駅は名前のとおり、「兜沼」の畔《ほとり》に位置している。

ホームに立つと、前を遮るものが何もなく、兜沼が一望できて絶景である。ホームからは利尻富士も一段と近づいて見える。

駅舎は個性的な形状の建物で、外壁はサイディング張りになっている。

近くには「郷土資料室」があるが、この古い建物は、建築学的に興味を抱かせるものである。昭和9(1934)年建築の旧兜沼郵便局を再利用したものだ。

平成13年6月まで、前の「徳満」駅との間に「芦川」駅があったが、廃駅となり撤去された。

※「兜沼」の呼称は、沼の形が「兜」の鍬形《くわがた》に似ていることに由来する。(「駅名の起源」より)

ミニガイド　兜沼はサロベツのレジャースポットで、「言問の松」は樹齢1200年、日本最北の巨松である。

勇《ゆう》知《ち》駅

WC

稚内市抜海村上勇知

兜沼駅 ― 5.8km ― 勇知駅 ― 8.3km ― 抜海駅

九つ目のリサイクル駅舎　勇知駅舎

駅舎内部

勇知駅前

勇知駅で九つ目、同型としては八つ目となったリサイクル車両の駅舎である。

宗谷本線全53駅のうち8駅が同型ということだけを見れば、特段に多いわけではない。しかし8駅が全く同じ外壁塗装ともなると、これが宗谷本線のシンボルカラーだろうか、と考えてしまうようになる。

「個性がなくてつまらない」と見るか、あるいは「シンボル的なので逆に個性がある」と見るかは迷うところだ。

この駅にもスロープが設けられたが、リサイクル車両の駅舎にいっせいに設けられたようだ。

※「勇知」は、アイヌ語の「イオチ」(蛇の多い所)から採ったもの。(「駅名の起源」より)

ミニガイド　西に約7.5km行くと「浜勇知園地」があり、利尻富士が見られる絶好のビューポイント。

抜《ばっ》海《かい》駅

WC

稚内市抜海村クトネベツ

勇知駅 ― 8.3km ― 抜海駅 ― 11.7km ― 南稚内駅

厳しい風雪に耐える抜海駅舎

ホーム側駅舎と駅銘板

木製板張りの抜海駅舎は、劣化が激しく、一部サイディングボードに張り替えられた。このあたりは樹木が高く育たないことからも、日本海からの風雪が厳しい環境であることが容易に窺《うかが》える。ずいぶん永く耐えてきたこの駅舎も外壁は修繕した形跡が多く、その都度材料を変えているので、パッチワークのようになっている。建物全体の外郭は以前の駅舎と同じだが、正面出入口の形状は改築されたそうだ。ホーム側の駅舎の壁にかかる古い駅銘板の文字は、貝殻を貼《は》りつけたものである。ちなみにこの駅は、映画「南極物語」のロケ駅でもある。

※「抜海」は、アイヌ語の「パッカイ」(背負う)から採ったもの。付近の丘の上の大石が児《こ》を負うて立っているのに似ているためであるという。(「駅名の起源」より)

ミニガイド　近くの抜海港は冬の間、ゴマちゃんウォッチングで楽しめる。抜海原生花園がある。

南《みなみ》稚《わっか》内《ない》駅

稚内市大黒1丁目

抜海駅 ― 11.7km ― 南稚内駅 ― 2.7km ― 稚内駅

天北線時代は「稚内」駅だった　南稚内駅舎

窓口・改札口

南稚内駅前

南稚内駅は、かつての「稚内」駅で、「天北線」の終着駅であった。改称は昭和14(1939)年2月である。さすがに稚内市内になると、駅舎も大きい。

乗車券の販売機横には、視覚障害者用の運賃表が備えられている。

日本最北端のトロッコ列車(「抜海」駅まで)がある。

駅前は広く確保され、タクシーも待機している。駅前には駐車場もある。また、海員会館があり、一般の宿泊もできる。駅周辺には大型郊外店や宿泊施設も多く建ち並んでいる。10台分のパーク＆トレインは往復特急での予約が必要。

※天北線については[宗谷本線の歴史と天北線の関係](206ページ)を参照されたい。

ミニガイド　宗谷支庁、稚内開発建設部、道立稚内水産試験場、白鳥の飛来地の大沼がある。

宗谷本線沿線で見かけた観光ガイド(取材中に見かけたもののみ)

「わっさむ」
キャッチフレーズは「自然の恵み野」。和寒にある各施設を詳細に紹介、もちろん塩狩峠も掲載されている。イベントも豊富で、全日本選手権もモトクロスやスノーモービル等が開催されている。宿泊施設も紹介。
B5判　観音開き　10ページ　カラー

「士別」観光ガイド
朝日町は士別市と合併したが、士別市観光協会と朝日観光協会合同で発行の観光ガイドである。サフォークランドはもちろんのこと、観光場所やイベント、さらに宿泊施設や歴史・文化まで細かく紹介している。説明書は英語と日本語の2カ国語で書かれている。ガイドの地図にもこれらの場所が掲載されている。
10cm×26cm　観音開き　14ページ　カラー

「けんぶち絵本の里の名産品」
剣渕町地場産業開発研究会と剣淵・生命を育てる大地の会が発行しているガイド。絵本の里として知られる剣淵の「絵本の館」の紹介や、名産品が紹介されている。名産品の紹介では、店舗の場所や生産者の顔写真入りで詳細に掲載されている。
21cm×40cm　4つ折　両面印刷　カラー

「なよろ」
キャッチフレーズは、「太陽と雪の恵みが、いっぱい!」。風連町と合併後に観光協会から発行されたものだ。広域地図・詳細地図が豊富で、観光場所やイベント、特産品から宿泊施設にいたるまで細かく紹介されている。
A1判　8つ折　両面印刷　カラー

稚《わっか》内《ない》駅

稚内市中央3丁目

南稚内駅 ―― 2.7km ―― 稚内駅（終着駅）

日本最北の駅 稚内駅舎

構内にある最北端標柱

舎内

稚内駅前

ついにやって来た、日本で一番北にある駅舎である。昭和3（1928）年に、現在の「南稚内」（その当時の「稚内」）と「稚内桟橋」との間に路線が開通した。その際「稚内港」駅として開設されたのが、現在のこの「稚内」駅である（昭和14年2月に名称変更）。

駅舎は鉄筋コンクリート造り二階建てで、立派な建物である。外壁はタイル張り、一部ガラスブロックで、このガラスブロック壁ほど、旅行者に見られ、写真に撮影されたものは他にないだろう。なぜならば、駅舎の正面ガラスブロック壁の駅名位置には、「日本最北端」の表示があり、ほとんど記念の写真撮影をしていく。

稚内駅は終着駅である。ここより北には当然駅はないわけで、ホームには発車待ちの列車が待機することになる。したがって、跨《こ》線橋《せんきょう》も不要であり、小階段でホームに上がるようになっている。終端地点には、「日本最北端の駅」の白い標柱が立っている。乗車券出札窓口に「証明書をください」と申し込むと、「入場券付き証明書」が買える。これは結構、記念になる。

駅左横には「観光センター」がある。駅前は土産物店や食堂、ホテル、レンタカー会社などが多く、まずはここを拠点に観光できる。

※「稚内」は（本来は南稚内についての由来だが）、アイヌ語の「ワッカ、ナイ」（飲水の沢）から出たもので、この辺一帯飲水がなく、この地に良い水があるため名づけられたものである。（「駅名の起源」より）

証 明 書

日本最北端の駅に到着した事を証明致します。

北緯 45° 24′ 44″
東経 141° 39′ 00″

平成19年4月28日

宗谷本線 稚内駅長

入場券付き証明書

ミニガイド　稚内市役所、港湾合同庁舎、氷雪の門、北方記念館、野寒布岬、樺太犬記念碑がある。
世界でも珍しい建造物である「稚内港北防波堤ドーム」も見逃せない。北海道遺産の一つである。

宗谷本線と接続線について

宗谷本線には「旭川」駅–「稚内」駅間の主要駅に多くの接続線があったが、平成7(1995)年9月3日廃線の「深名線」を最後に、現・宗谷本線のみを残してその歴史を閉じた。

また、現在のルートに落ち着くまでには様々な遍歴を経ており、その過程においても、四つの路線名が消え去っている。「音威子府」駅に併設されている「天北線資料室」を見ても、なぜ路線がそこにあったのかと、過去の路線の歴史を次世代に伝えていくことができるであろう。

鉄道路線位置図

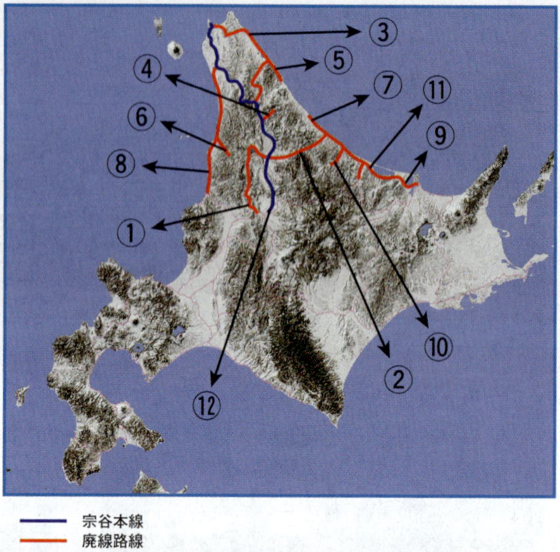

廃線後に「ごくろうさま」だけでその歴史が終わる駅舎もあれば、皆に親しまれながら記念碑や資料室まで建立・設置されて過去を振り返ることができる駅舎もあるようだが、前者の場合には痕跡を探すことすら難しく、情報自体も少なくなっているのが現状である(もっとも、両者とも旧駅舎・路線跡を有効利用している例は少ないようである。サイクリングロードになっている路線が見受けられ、いくつかの旧駅舎は資料館もしくは倉庫、または住宅に利用されるなどしていたが)。「廃線後はどうなっているのか」、また「駅舎は残存しているのか？　もし残っているのであれば、どのように利用されているのか」を記録として残すことには意義を見出すことができよう。

本書では「駅舎」に主眼を置いているが、それら過去に廃線になった路線についても調査・取材することによって、廃線路線の資料が整うのではないかと考えるしだいである。

記号	廃線路線名	始発駅名–終着駅名	廃線年月日	記号	廃線路線名	始発駅名–終着駅名	廃線年月日
①	深名線	深川駅–名寄駅	H 7. 9. 3	⑦	興浜南線	興部駅–雄武駅	S60. 7.15
②	名寄本線	名寄駅–中湧別駅	H 1. 4.30	⑧	羽幌線	幌延駅–留萌駅	S62. 3.29
③	天北線(北見線)	音威子府駅–南稚内駅	H 1. 4.30	⑨	湧網線	中湧別駅–網走駅	S62. 3.20
④	美幸線	美深駅–仁宇布駅	S60. 9.17	⑩	渚滑線	渚滑駅–北見滝ノ上駅	S60. 4. 1
⑤	興浜北線	浜頓別駅–北見枝幸駅	S60. 7. 1	⑪	名寄本線	湧別駅–中湧別駅	H 1. 4.30
⑥	羽幌炭坑鉄道	築別駅–築別炭坑駅	S45.12.16	⑫	手塩北・南線	現宗谷本線	S 5. 4. 1

現在の「稚内」駅から「南稚内」駅の開通はというと、昭和3(1928)年の「稚内港」駅(現在の稚内駅)として新たに開業することになり、「稚内桟橋」までの開設が始まりで、駅の名称が現在のものに変更になったのは、昭和14(1939)年2月である。この稚内桟橋までのルートは、現在はない(港北防波堤ドームが路線跡の名残である)。

宗谷本線に接続していた主な廃線探訪

天北線　総延長距離148.9km

明治38(1905)年に日露戦争で日本が戦勝したことで、樺太の北緯50°以南が日本領となり、小樽～大泊間を結ぶ日本郵船での航路が就航したこともあり、稚内から南樺太までの航路を就航させる目的と当時旭川から北に伸びる路線が無かったため、明治31(1898)年6月から旭川停車場以北のために敷設した路線である。全通から67年後の平成元(1989)年4月30日に廃線となった。

名寄本線　総延長距離143.0km

敷設の歴史は一部「石北本線」と被るが、大正元(1912)年11月に開通していた「網走」停車場から「野付牛(現:北見)」停車場の「網走線」があった。その延長として、「名寄東線」「名寄西線」「名寄線」の開通区間の名称を経てから「湧別線」を加えて、「名寄本線」となった。沿線の第一次産業の発展に大いに貢献した。平成元(1989)年4月30日に全通から68年間の歴史を閉じた。

羽幌線　総延長距離141.1km

羽幌線の歴史については、当時「深川」停車場から「留萠」停車場を経由して「増毛」停車場まで走っていた「留萠線」の支線として、軽便鉄道法により築別炭鉱の石炭運搬を目的で鉄道敷設が開始された。

昭和33(1958)10月に全線が開通した。

しかし、賑わっていた鰊漁も不振に陥り、沿線人口の減少が相次ぎ、昭和62(1987)年3月30日に29年の歴史を閉じた。

深名線　総延長距離121.8km

深名線は大正13(1924)年10月に雨竜第一ダムの建設と伐採林運搬の目的で深川から多度志間の開通から始まっている。

「雨龍線」「幌加内線」「名羽線」「名雨線」などの名称も一部区間開通時にはあったが、最終的に「深名線」となった。

平成7(1995)年9月4日に廃線となるまで、全通から54年間稼働した。

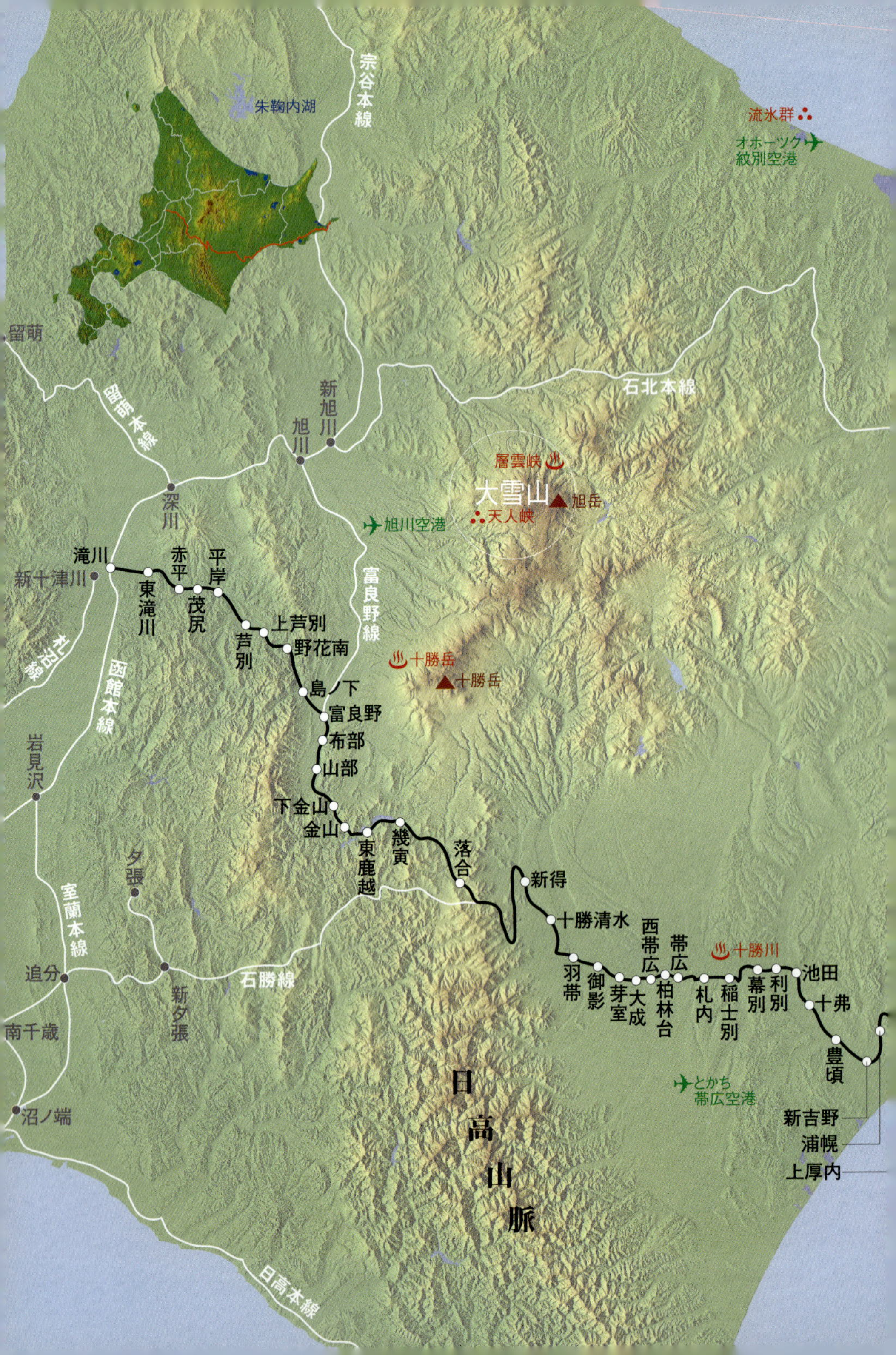

宗谷本線
朱鞠内湖
流氷群
オホーツク紋別空港
留萌
留萌本線
新旭川
旭川
石北本線
層雲峡
大雪山
旭岳
天人峡
旭川空港
深川
滝川
赤平
平岸
新十津川
東滝川
茂尻
上芦別
芦別
野花南
札沼線
函館本線
富良野線
十勝岳
十勝岳
島ノ下
富良野
布部
山部
岩見沢
下金山
金山
東鹿越
幾寅
落合
新得
夕張
室蘭本線
十勝清水
西帯広
帯広
十勝川
羽帯
御影
芽室
大成
柏林台
札内
稲士別
幕別
利別
池田
十弗
追分
石勝線
新夕張
南千歳
豊頃
とかち帯広空港
沼ノ端
新吉野
浦幌
上厚内
日高山脈
日高本線

根室本線

営業距離
446.8km

駅舎数
67駅

①根室本線の起点駅は「滝川」であるが、滝川駅は「函館本線」に掲載したため、本書では「根室本線」は「東滝川」駅から始まっている。
②「富良野」駅は富良野線の起点駅であるため、「富良野線」に掲載した。

東《ひがし》滝《たき》川《かわ》駅

WC

滝川市東滝川町

滝川駅 —— 7.2km —— 東滝川駅 —— 6.5km —— 赤平駅

開設当時の雰囲気を残す東滝川駅舎

仁木他喜雄顕彰歌碑

大正初期の「木造駅舎らしさ」が残っている東滝川駅舎。外壁と建具は改築されたが、雰囲気は開設当時の駅舎と変わりない。トイレは別棟にあるが、取材時には手洗いの水洗が故障して使用できなかった。水呑み場があり、それを使用することにしていた。

駅前には「めんこい仔馬」で知られている「仁木他喜雄顕彰歌碑」が建立されている。開設当時の駅名は「幌倉《ほろくら》」駅と呼ばれていたが、昭和29(1954)年11月に現在のものに改称している。かつては、窓口業務を行っていたが、昭和57(1982)年5月より無人駅となった。

ミニガイド　スカイスポーツ振興センター、滝川自然の家がある。

根室本線に接続していた主な廃線探訪 その1

三井芦別鉄道　総延長距離9.9km

昭和15(1940)年11月に「三井鉱山専用鉄道」として「下芦別」駅(現・芦別駅)—「頼城」駅まで稼働し、旅客営業は昭和24(1949)年1月から行った。昭和35(1960)年10月に三井鉱山から分離し「三井芦別鉄道」となった。

相次ぐ炭鉱の閉山や人口流出による旅客減少で、旅客営業の廃止も止むをえなくなり、昭和47(1972)年6月からは元の石炭運搬専用線に戻った。49年間稼働し、平成元年3月に廃線となった。

北海道拓殖鉄道　総延長距離54.3km

通称「拓鉄」は沿線での伐採林や入植者の輸送目的で、昭和3(1928)年2月に「新得」停車場—「鹿追」停車場間の開設から始まり、昭和6(1931)年11月に「上士幌」停車場まで開通後「足寄」まで延長する計画もあった。

戦後は木材運送も減少して、経営が悪化した時期や朝鮮戦争特需で持ち直したこともあったが、その後に橋の流失やトンネルの老朽化などもあり、37年間稼働したが、昭和43(1968)年10月に廃線となった。

根室本線の歴史について

路線位置図

道内で函館本線に次いで2番目に長い根室本線は、総延長距離が443.8kmある。本州なら2～3県を縦走するほどの路線長であるが、北海道だからこそ1道の中だけを走る1路線として存在するのである。

敷設工事には他の路線と同じく、紆余曲折《うよきょくせつ》の変遷があって、路線の名称も敷設区間ごとにつけられていた。

北海道の中央部に位置する「滝川」駅から太平洋に抜けて根室海峡まで走る路線は、昭和56(1981)年10月に「石勝線」が開業したことにより、主要な列車はそちらに移ってしまったが、かつては漁業・農業・林業・石炭の主要産業の地を経由して走る重要な路線であった。

また、根室本線の主要駅からは、「短絡線」や周辺地場産業製品輸送のための多くの路線が敷設・接続されていたが、現在残っているのは「釧網本線」「富良野線」(もと「十勝線」)「石勝線」の3路線だけになってしまった。

根室本線の歴史は、道庁鉄道部が、明治32(1899)年9月に「旭川」停車場－「美瑛」停車場間、同年11月に「美瑛」－「上富良野」停車場、そして翌33年８月に「上富良野」－「下富良野」(現・富良野)間を「北海道官設鉄道下富良野線」として開設したことから始まった。現在の富良野線のルートである。

この明治32年12月には、「北海道官設鉄道十勝線」として「下富良野」－「鹿越」間の敷設もスタートし、同34年9月に「鹿越」－「落合」間、同40年9月には「落合」－「帯広」間が開通したことにより、十勝線が全線開通した。

いっぽう、明治34年7月には「釧路」停車場(のち「浜釧路」駅:平成元年8月廃駅)－「白糠」停車場間が開通、2年後の明治36年3月には「白糠」－「音別」間、12月には「音別」－「浦幌」の短区間が開通していった。翌37年12月には「浦幌」－「利別」、38年10月には「利別」－「帯広」間が開通して釧路停車場(のちの浜釧路駅)－帯広停車場間が全線開通した。この路線は「北海道官設鉄道釧路線」と呼ばれ、当初は「北海道官設鉄道十勝線」とは別個の路線であったが、旭川－釧路間が全通し、国鉄に買収された明治40(1907)年9月以後、「釧路線」と改称した。

明治38(1905)年10月、「帯広」停車場－「利別」停車場間開通により、釧路線全線が開通した。それから遅れること８年、「滝川」－「下富良野」(現・富良野)間の「富良野線」が開通したが、それに伴って旭川－下富良野間を「富良野線」、滝川－釧路間を「釧路本線」と改称した。富良野線は、そのまま現在に至っている。

路線位置図

釧路駅以東の開業は、大正6(1917)年12月に「釧路」停車場－「厚岸」停車場間に始まり、同8年11月「厚岸」－「厚床」、翌9年11月に「厚床」－「西和田」間、大正10年8月に「西和田」停車場－「根室」停車場間が開通し、現在の根室本線にいちばん近いルートが完成している。この年に、「釧路本線」の名称を「根室本線」と改称している。

昭和9(1934)年8月には「根室」駅－「根室港」駅間が開通しているが、昭和40(1965)年10月に廃線になっている。平成元(1989)年8月には「釧路」駅－「浜釧路」駅間が廃線となり、浜釧路駅は廃駅となった。最近では、釧路駅－根室駅間の愛称を「花咲線」としている。

以上が根室本線の概略と歴史の流れであるが、昭和41年9月に金山ダム建設に伴っての新ルート開通や「落合」駅－「新得」駅間の狩勝峠越えを廃止し、「石勝線」と合流する新狩勝トンネルの新設による新ルートが開通したことによって、現在に至っている。

主な接続線の歴史では、昭和4(1929)年12月から同34(1959)年9月まで、「根室」駅から先の根室半島に「歯舞」までの間を、「根室拓殖鉄道」がガソリンカーの自走客車を使用して走っていた。昭和12(1937)年10月から平成元年4月までは「標津線」が、「釧網本線」の「標茶」駅から「標津」駅(現・廃駅)、「中標津」駅(同)を経由して、根室本線の「厚床」駅まで、合計116.9kmを走っていた。昭和47(1972)年9月から同58年10月までの短期間では、「白糠線」が「白糠」駅から「北進」駅までの33.1kmを走っている。昭和14年11月から同62年3月までは、帯広駅から「十勝三股」駅までの78.3kmを「士幌線」が、昭和7年11月から同62年2月までは同じく帯広駅から「広尾」駅までの84kmを「広尾線」が走っていた。以上の他にもあるが、ここでは割愛する。

赤《あか》平《びら》駅

WC

赤平市泉町1丁目

東滝川駅 —6.5km— 赤平駅 —3.5km— 茂尻駅

超個性的な市の施設にある赤平駅舎

ホールの時計

駅事務所と改札口

C58模型

この駅が最も賑わったのは昭和35(1960)年ごろで、石炭の貨物輸送では日本で有数の駅であった。

その後は廃鉱が相次ぎ、平成6(1994)年には最後の住友石炭も廃鉱となり、平成8年3月には貨物駅が廃止となった。現在は、駅舎というよりも市の施設としての役割が強い建物である。

赤平駅は赤平市の「交流センターみらい」の中に併設されている。平成11年10月に改築された地上六階建ての建物内には、研修室・多目的ホール・ギャラリー・展示スペース・音楽練習室などの施設が設けられ、1階の多目的ホールを通り抜けた位置に駅事務室と改札口がある。

施設横にはホームに直接出られるスロープが設置されている。1階の多目的ホールは「地場産品コーナー」や「交流都市紹介コーナー」がある。

ホールの片隅に、蒸気機関車のC58型の1/12模型がショーケースに入れて展示されている。石炭を運搬するSLが走り、賑《にぎ》わっていたころの想い出として展示されている。

ホール壁面にはデザインされた時計が掛けられている。

※「赤平」の呼称は、アイヌ語の「フレ、ピラ」から採ったもので、「フレ」は「赤い」、「ピラ」は「崖」の意。地名をつけるとき、アイヌ語の音と意とを混じてつけたもので、駅名もこれを採ったものである。もと「上赤平」といったのを、昭和18(1933)年6月、現在の「赤平」に改めたという。(「駅名の起源」より)

赤平駅前

ミニガイド 赤平市役所、悲別ロマン座(歌志内市)、かもい岳温泉(同)がある。周辺には多くのキャンプ場も。

茂尻《もしり》駅

WC

赤平市茂尻元町南2丁目

赤平駅 —3.5km— 茂尻駅 —3.5km— 平岸駅

高台に建つ茂尻駅舎

ホーム側

当初は貨物駅だったが、大正15(1926)年7月から一般営業を開始した。

駅舎が建っている地盤面は河岸段丘の高台になっているため、駅前にある広い駐車場から階段で昇ることになる。

舎内には絵画が数枚飾られていて、その中の一枚に昭和40(1965)年ごろの「雄別茂尻炭鉱風景」がある。この駅舎の建物は、外壁とサッシそれに出入口下屋に改築跡が残っているが、外観的にはホーム側とも、それほど改築された場所はなさそうである。以前は窓口業務もされていたが、昭和57(1982)年5月に業務は廃止された。

※「茂尻」の呼称は、アイヌ語の「モシリ、ケシ、オマ、ナイ」(国の下手にある川)に由来。上部「モシリ」を音訳したものだという。(「駅名の起源」より)

ミニガイド　悲別ロマン座(歌志内市)、国木田独歩の曽遊地「独歩苑」、エルム高原温泉がある。

平岸駅

WC

赤平市平岸仲町4丁目

茂尻駅 —3.5km— 平岸駅 —5.9km— 芦別駅

千歳線には同型の兄弟駅がある平岸駅舎

建設途中で中止となった橋脚

「千歳線」でよく見かけた駅舎型である。窓の高さに合わせて、ピンク色のラインが塗られている。

この駅も先代の駅舎から改築後の昭和57(1982)年まで窓口業務が行われていたが、現在は窓口が閉鎖されている。

平岸駅から芦別駅に向かう途中に、コンクリート造りの橋脚が空知川を渡る方向にある。これは、現在の道道4号(旭川芦別線)と同じルートで建設されていたが、稼働するまでには至らず、建設途中で中止となった路線の名残である。

駅前には民家があり、国道沿いには多くの商店が並んでいる。

ミニガイド　このあたりは空知川の蛇行に合わせるように、国道38号と根室本線が並行して走っている。

芦《あし》別《べつ》駅

S　WC

芦別市本町

平岸駅　5.9km　芦別駅　3.9km　上芦別駅

〝五重塔〟がある芦別駅舎

北の京芦別

芦別駅前

待合所

「星降る里」として知られる芦別市は、かつて三井芦別鉱山からの石炭運送基地として栄えた。

現在はJR根室本線のみとなってしまった広い構内には、複線が走っているだけである。構内には7本ほどの引き込み線があり、駅舎から一番離れている所に「三井芦別鉄道」のホームと石炭積み替え場があったが、現在はすべて撤去されて、空き地になっている。芦別大橋手前の山間に、昭和47(1972)年に廃線となった三井芦別鉄道のトンネルが今でも残されている。

芦別駅は「下芦別」停車場の名称から始まり、現在の名称になったのは、昭和21(1946)年5月からである。

駅前には五重塔の形をした建物があるが、これは芦別市が建てた電話BOXであり、観光客の目を引く。

芦別には、宿泊・温泉施設で、芸能人のショーも開催する「北の京芦別」がある。ここには高さが88mもある世界一高い大観音があり、展望台にもなっている。また、ここにある五重塔は奈良の法隆寺の模写で、内部は十階建ての宿泊施設となっている。他に三十三間堂を模した宿泊所もある。

※「芦別」の呼称は、アイヌ語の「ハシュ、ペツ」(灌木の中を流れる川)から出たものと思われる。開設当初は「下芦別」駅であり、起源も「アシュペ」(魚の背びれ)から出たとしている。(「駅名の起源」より)

構内に残る三井芦別鉄道跡

ミニガイド　芦別市役所、北の京芦別、「新・日本名木百選」に選ばれた樹齢3,000年の「黄金の水松」がある。芦別温泉、星の降る里百年記念館がある。

上《かみ》芦《あし》別《べつ》駅

WC

芦別市上芦別町

芦別駅 ― 3.9km ― 上芦別駅 ― 4.7km ― 野花南駅

平岸駅舎と兄弟の上芦別駅舎

擬木の公衆電話BOX

「平岸駅舎」とは左右の向きは違うものの、同型である。改築年代が近いのだろう。

上芦別駅は、窓の高さに合わせたラインの色を青色にして個性を出している。

現在窓口業務は行われず、待合所とトイレのみが使用できる。

駅前には屋根つきの自転車置場とログハウス風のバス待合、それに切り株を模した面白い電話BOXがある。駅前のスペースは広く確保され、広場になっている。

構内には複線間を連絡する跨線橋《こせんきょう》があるが、線路を歩いて横断しホームによじ登っている豪傑《ごうけつ》おばあさんがいた。

かつては林業や炭鉱用の鉄道が走り、栄えた街である。

ミニガイド 上芦別公園(キャンプ場)、野花南湖がある。

野《の》花《か》南《なん》駅

WC

芦別市野花南町

上芦別駅 ― 4.7km ― 野花南駅 ― 13.9km ― 島ノ下駅

兄弟駅舎が多い野花南駅舎

野花南湖風景

窓口は閉鎖され、現在は無人駅となっている。野花南駅と「島ノ下」駅との間には、「滝里」駅があったが、「滝里ダム」建設により、平成3(1991)年10月に廃駅となり湖底に沈んだ。この滝里駅は、開設当初「奔茂尻《ぽんもしり》」駅だったが、昭和21(1946)年5月に改名している。

「上芦別」駅・「平岸」駅と同型の駅舎で、窓の高さに合わせたラインは緑色で、平岸駅舎と同じ向きである。これらの駅舎は、先代の駅舎の解体時期が同じなのだろう。駅前に「国鉄開通記念碑」が建立されていて、平成8年9月8日に開基百年事業で駅を修復した、とあった。

※「野花南」の語源は、アイヌ語の「ノッカ、アン」(機弓(アマッポ)の糸のある)であるという。(「駅名の起源」より)

ミニガイド 人工湖の滝里湖、滝里ダム資料館がある。

島《しま》ノ《の》下《した》駅

WC

富良野市島ノ下

野花南駅 ― 13.9km ― 島ノ下駅 ― 5.5km ― 富良野駅

同型駅舎が続く　島ノ下駅舎

構内風景

昭和後期から平成初期の北海道代表型駅舎の一つといってよいほど、同型の駅が多い。この駅は、窓の高さにあるラインを水色としている。舎内やトイレ等の設備は、同型の駅舎はすべて同じである。

この駅も開設年月日が「平岸」駅と同じである。開設当時から改築された。

ホームへの連絡は跨線橋《こせんきょう》方式と平面横断方式の2種類だが、島ノ下駅は後者の方式となっている。この駅も窓口業務は現在行われていない。

駅周辺を山々が囲んでいるが、民家も点在している。

※「島ノ下」は、駅の付近を流れる「モシリ、ケシ、オマ、ナイ」(国の下手にある川)の語義を採ったものである。(「駅名の起源」より)

ミニガイド　ハイランドふらの温泉、ラベンダーの森がある。

根室本線に接続していた主な廃線探訪 その2

士幌線　総延長距離78.3km

大正14(1925)年12月「帯広」停車場～「士幌」停車場間の開通から始まり、全通が「十勝三股」駅の昭和14(1939)年11月である。

その後の昭和28(1953)年に「糠平ダム」の建設に伴い、「黒石平」駅から先は湖底に沈むことになり、対岸に新線を建設し直した。「第二音更川橋梁」「旧第四音更川橋梁」そして「タウシュベツ川橋梁」が対岸の旧線に残されたままになっている。昭和62(1987)年3月に廃線になるまでの62年間稼働した。

広尾線　総延長距離84.0km

広尾線は元々明治43(1910)年頃の計画では、幕別から広尾を経由して、浦河を経て門別にまで延びる日高山脈越えの敷設計画であった。昭和4(1929)年11月に「帯広」停車場～「中札内」停車場間の開通で始まり、昭和7(1932)年に「広尾」停車場まで開通したが、その後、戦争の影響でこの計画は中止となった。

「愛国から幸福ゆき」の乗車券が人気の路線であったが、昭和62(1987)年2月に廃線となった。55年間稼働した。

布《ぬの》部《べ》駅

WC

富良野市布部市街地

富良野駅 —6.3km— 布部駅 —5.8km— 山部駅

これぞ駅舎！　布部駅舎

倉本聡氏直筆の看板

落ち着いた雰囲気が漂い、ずっと残しておきたい駅舎である。外壁と建具の改築が行われていたが、建物外郭は改築前の状態を残している。

駅前には植え込みがあり、植樹の傍らには倉本聡氏原作のドラマ、「北の国から」の記念碑が設けられている。「北の国此処に始る」と書かれている。倉本聡氏直筆だそうだ。この駅はドラマの第一話に登場した駅だが、ファンならば覚えていることだろう。

駅前の広場は地域の人びとに大事にされ、よく清掃されていた。

※「布部」の語源はアイヌ語の「ヌム、オッ、ペッ」(果実の多くある川)で、和人がこれを訛《なま》って「ヌノッペ」といい、漢字「布部」をあてたものである。他説もある。(「駅名の起源」より)

ミニガイド　空知川イカダ下りの出発点、布部公園、麓郷の森、麓郷展望台、ハーブガーデンがある。

山《やま》部《べ》駅

WC

富良野市山部市街地1条通り南

布部駅 —5.8km— 山部駅 —8.0km— 下金山駅

山小屋をイメージ　山部駅舎

舎内天井

山部駅前

超個性派といってもよい山部駅舎。

山小屋のロッジを思わせる建物は、正面の駅銘板がないと、そのままロッジとして通用しそうな外観である。

舎内の天井は小屋組を表し、照明器具に至るまで山小屋らしさを演出している。

それもそのはずで、芦別岳(1,727m)の登山口に駅は位置している。駅前からすぐに登山口に向かうことができるので、駅に降りた時点からすでに登山の雰囲気になる。

駅前には旅館があった。

平成6年から無人駅となった。

※「山部」の由来は、アイヌ語の「ヤムベ」(栗の木が多い所)が訛ったものと思われる。(「駅名の起源」より)

ミニガイド　芦別岳、屏風岩、夫婦岩、東大演習林、山部自然公園がある。

下《しも》金《かな》山《やま》駅

WC

空知郡南富良野町下金山

山部駅 ― 8.0km ― 下金山駅 ― 6.9km ― 金山駅

山間に建つ下金山駅舎

舎内

駅は国道沿いにあるが、国道より地盤が高い位置に建っている。このあたりは山々が迫ってきて、いよいよ山岳ルートに入ってきた観がある。

下金山駅も、無人駅としては規模が大きく、かつては窓口業務も行われていた。窓口は業務を行っていた当時のまま残されている。現在は、待合所とトイレのみ使用されている。

正面外壁の胴縁状に設けられた軽量鉄骨は、何かの目的でつけられているのだろうか。サッシに被っている縦材もあるので、このままだと外壁材用の胴縁ではなさそうだ。

舎内のイスには地元の方の寄贈だろうか、座布団が置かれていた。

ミニガイド 国道237号と空知川に沿って列車は金山湖に向かう。東京大学演習林がある。

金《かな》山《やま》駅

WC

空知郡南富良野町金山

下金山駅 ― 6.9km ― 金山駅 ― 13.2km ― 東鹿越駅

北海道代表型の金山駅舎

舎内に貼られていたポスター

金山駅はかつて貨物も扱っていたが、昭和62(1987)年ごろに廃止となった。砂金を採取していた古き良き時代は再び訪れることもなく、名前のみが残っている。

駅舎は外壁と建具は改築されているものの、外郭においては建設時の状態を濃く残している。山間に佇《たたず》む駅舎は、周りの景色に溶け込んでいた。この駅舎は、「幾寅」駅が近いこともあり、いまでも映画の「鉄道員」を観たファンが、列車に乗って足を延ばしてくるようだ。舎内には、他の駅にはなかった「公徳傘」が設置されている。また、地元の子供たちが描いたポスターが展示されていた。

※空知川が駅付近を流れているが、その「トナシ、ペツ」(速い川)の流域および河口は、到る所砂金を産したので、「金山」の名があるという。(「駅名の起源」より)

ミニガイド かなやま湖、トナシベツ渓谷がある。湖畔にある展望台から金山ダムが眼下に望める。

東《ひがし》鹿《しか》越《ごえ》駅

WC

空知郡南富良野町東鹿越

金山駅 ―13.2km― 東鹿越駅 ―4.0km― 幾寅駅

太公望が集まる東鹿越駅舎

湖畔にいるエゾシカ

舎内に飾られているイトウの魚拓

「金山駅」との間に昭和41(1966)年9月まで「鹿越」駅があったが、金山ダム建設に伴って、新ルートが開通し、鹿越駅は廃駅となった。

東鹿越駅舎は、建設時の外郭を色濃く残した建物である。出入口上部の合掌《がっしょう》庇《ぴさし》と駅銘板も、改築前から変わらない。

舎内には「魚拓」が飾られている。よく見ると、幻の魚「イトウ」。

駅前は太公望の憧れの湖「かなやま湖」が180度に広がっている。この駅の対岸にはキャンプ場もあり、ニジマスやワカサギ釣りでも賑《にぎ》わう。地名のとおり、かなやま湖岸を走る道路際の崖《がけ》には、数え切れないほどのエゾシカが群れをなしていた。

ミニガイド　7月末には「湖水まつり」が開催される。

根室本線に接続していた主な廃線探訪　その3

白糠線　総延長距離33.1km

白糠線は廃線路線だけを見ると、根室本線の「白糠」駅—「北進」駅までを走らせた盲腸線のように見えるが、もともとこの路線は、池北線(のち、ふるさと銀河線→廃線)の「足寄」駅間を結ぶ計画で進められていた。

当初は、昭和33(1958)年に上茶路炭鉱の石炭運搬や伐採林の運搬目的で敷設を始め、昭和39(1964)年10月に「白糠」駅—「上茶路」駅間の開通から始まり、昭和47(1972)年9月に「足寄」駅までの延長を期待する地域住民の願いを込めて、「釧路二股」駅は開業と同時に「北進」駅と改称した。「北進」駅まで開通後は足寄までの延長計画も空しく、昭和58(1983)年10月に25年間稼働して廃線となった。

白糠線は短い路線であったが、「茶路川」と交差しながら走っていたため、駅舎は残されていないが、沿線跡に多くの遺構が残されている。橋梁の多くは今でもその姿を見ることができる。

幾《いく》寅《とら》駅

S WC

空知郡南富良野町幾寅

東鹿越駅 ― 4.0km ― 幾寅駅 ― 9.4km ― 落合駅

「鉄道員」の幾寅（幌舞）駅舎

ロケ用のキハ1223気動車を展示

待合所

映画と同じアングルで

駅に到着すると、そこにあった駅舎は「幌舞」駅だった。

実は、映画「鉄道員（ぽっぽや）」（浅田次郎原作）のロケに使用され、駅名も架空の名前だが、撮影当時の状態をそのまま残して、観光用に展示されている。正面出入口上部の駅銘板も「幾寅駅」ではなく、ロケで使用された幌舞駅のものがそのまま設置されている。駅前通りの名前まで「ぽっぽや通り」と名づけられた。

舎内の駅事務室や待合所も、ロケ用に昭和初期の古さに造っている。舎内には映画のロケシーンの写真やサイン、使用された小道具類などがたくさん展示されている。

「駅舎便所」「駅前食堂」「散髪屋」の3軒はロケセットなので架空のもの。ただし、「駅舎便所」は使用できる。「駅前食堂」「散髪屋」は建物の外郭のみで、中には入れない。

舎内も復元されて、窓口業務も委託で行われていたが、平成15年に廃止となった。

駅前には新たに、映画で使用した「キハ1223」の一部が展示してあった。（本当はキハ40）

観光客や映画ファンは雪のない季節に訪れているようだが、雪化粧した「幌舞」駅はよりすばらしく、映画のシーンそのままだ。

※「幾寅」は、アイヌ語の「ユクトラシ」（鹿の登る所）から出た。「イクトラン」で（大いなる帯または崖の粗い所）の意味もある。（「駅名の起源」より）

駅前のロケセット

ミニガイド 高倉健・広末涼子・大竹しのぶ・小林稔侍の名キャスティングで、心にしみる名作である。セリフの中で、「廃線となった後は、元の原野に返る」といった駅長の言葉はジーンとくる。

落《おち》合《あい》駅

WC

空知郡南富良野町落合

幾寅駅 ― 9.4km ― 落合駅 ― 28.1km ― 新得駅

古い型で残る落合駅舎

ポツンと建つ跨線橋

駅前

　落合駅舎は左側部分や、出入口部分にあった合掌《がっしょう》型の小庇《びさし》が解体されてなくなったそうだが、古い駅舎の状態を保っている建物である。

　構内には駅舎から離れた位置に、跨線《こせん》橋《きょう》がポツンと建っている。この跨線橋、利用者はいるのだろうか。

　落合駅を過ぎると、以前は難所の狩勝峠越えだったが、昭和41(1966)年9月に「新狩勝トンネル」が完成したことによって新ルートが開通し、景観美で知られた「狩勝」駅と、運転上の都合で設置された「新内」駅は廃駅となった。

※「落合」はアイヌ語の「オ、チアイ、ペッ」の上部を採ったもので、「河口の会う所」の意味であり、この付近で何本もの川が合流している。(「駅名の起源」より)

ミニガイド　落合岳(1,168m)が北西の方向に見える。その後にトマム山(1,239m)がある。

根室本線に接続していた主な廃線探訪 その4

雄別炭鑛尺別鉄道　総延長距離10.8km

北日本鉱業が採掘を始めた「尺別炭礦」の石炭運搬を目的として大正9(1920)年1月に開通させた「尺別炭礦軽便線」から始まる。

　昭和17(1942)年11月に開通した路線は「尺別炭礦専用鉄道」として名称も変わり、炭鉱が「尺別炭礦」から「雄別炭礦」に吸収合併され、鉄道名称も「雄別炭礦尺別専用鉄道」と改称された。昭和45年に尺別炭鉱の閉山により、半世紀の稼働に幕を閉じた。

標津線厚床支線　総延長距離47.5km

　標津線は「厚床支線」と「東標津支線」の2路線があるが、根室本線側に絞ると、昭和9(1934)年10月に「厚床」停車場—「中標津」停車場まで完成し、昭和12(1937)年10月に「根室標津」駅まで全通した。「計根別線」を「標津線」に改称して、先に「中標津」駅まで開通していた「根北線」を編入して「標津線」が誕生した。

　しかし、平成元年4月に全通から52年間の稼働の歴史に幕を閉じた。

新《しん》得《とく》駅《》

上川郡新得町本通北1丁目

落合駅 ― 28.1km ― 新得駅 ― 9.1km ― 十勝清水駅
トマム駅 33.8km(石勝線)(終着駅)

ルネッサンス風建築の新得駅舎

特産品展示コーナー

「北海道の重心地」のモニュメント

待合所・KIOSK

舎内には「新得町商工会館」が併設されていて、駅舎部分は平屋建てである。駅舎は個性的な外観で、正面出入口上部に合掌《がっしょう》を設け、ルネッサンス風の雰囲気がある。

新得は蕎麦《そば》の名産地として有名で、商工会館の特産品コーナーの中には蕎麦製品が多く展示されている。新得蕎麦の立ち喰いコーナーも人気がある。

新得町は北海道の重心地である(平成3年3月、建設省(現国土交通省)国土地理院指定)。駅前広場には、それを示すモニュメントと標示板が設置されている。また、SL時代の記念碑も建立されている。

新得駅は「石勝線」の終着駅である。かつて「北海道拓殖鉄道」の起点駅であったが、昭和43(1968) 9月に廃線となっている。

開設当時は「真徳」と書いたが、のちに現在の「新得」という表記に変更された。

開通当時には「幾寅」駅の次が「新内」駅で、続いて「真徳」駅だった。新線の開通により「新内」駅は廃駅となった。新線開通後も「上落合」駅が廃駅となった。

新得駅前ロータリーには、スキーのメッカ「サホロリゾート」までのバス発着場がある。舎内にもサホロリゾートのコマーシャルが多い。

※「新得」は、アイヌ語の「シツトクナイ」(山崎の川)から出たもの。また、「シントコ」と呼ぶ漆器を製作する土地であったからとの説もある。(「駅名の起源」より)

新得駅前

ミニガイド　新得町役場、新得温泉、新得そばの館、サホロリゾート、新得山スキー場がある。

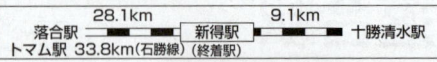

十《と》勝《かち》清《しみ》水《ず》駅

上川郡清水町本通1丁目

新得駅 ― 9.1km ― 十勝清水駅 ― 7.5km ― 羽帯駅

第九のまち清水町の十勝清水駅舎

清水町第九合唱団の写真

待合所

改札・窓口

十勝清水は日勝峠越えをした国道274号と、狩勝峠越えをした国道38号が交差する場所に位置する。

駅舎は、隣接する清水町の近代的な施設である「ハーモニープラザ」と外壁の仕様がまったく同じなので、同施設の新築時期に合わせて改築されたのだろう。

駅舎自体の専用面積は、それほど広くはない。むしろ併設されている「カメラ店」のほうが大きいくらいだ。駅舎内は待合所と駅事務室のみで、トイレは隣に接続されている「ハーモニープラザ」のトイレを使用することになる。床に段差もなく車《くるま》椅《い》子《す》でも十分に移動できるが、床に誘導ブロックが設けられていなかった。

舎内の壁には「第九のまちしみず」と題した、合唱団の写真が展示されている。これは昭和55(1980)年12月7日に「清水町文化センター」のオープンを記念して、清水町第九合唱団総勢104名の出演で、札幌交響楽団の第九演奏が行われたときの写真だ。

駅前は広く、駅横には大型店舗もある。

昭和26年(1951) 7月まで「河西鉄道」(のちに「十勝鉄道清水部線」)の起点駅であった。

※「十勝清水」の由来は、アイヌ語の「ペケレペツ」から採ったもので、「清き流れ」を意味し、付近を流れるペケレペツ川の水の清らかなのによっている。他に同じ「清水」駅があるので、これと区別するため、昭和9(1934)年11月に、国名「十勝」を冠したのであるという。(「駅名の起源」より)

十勝清水駅前

ミニガイド　清水町役場、清水町郷土史料館、開拓農機具資料館、美蔓《びまん》パノラマパークがある。

羽帯駅《はおび》

上川郡清水町羽帯

十勝清水駅 ― 7.5km ― 羽帯駅 ― 3.0km ― 御影駅

静寂の中に佇む羽帯駅舎

一点透視図のホーム

プレコンのホームと小さな待合所がある。待合所はホーム上からの使用となり、高床式のようになっている。裏面には、角材でバットレス(つっかい棒)が設置されている。傾いたためか、構造的に最初から設置されていたのかは不明。

線路の両側には防雪林が繋《つな》がり、ホームから見た風景は、まるで一点透視図を見ているようである。

都会の雑踏の中にある駅から、このような駅に来ると、自然が織り成す風景が見渡す限り続き、静寂に飲み込まれそうな気持ちになる。貸切駅のような状態で、一人佇《たたず》んでいると、人恋しくもなる。

駅周辺に集落があるが、一日に上下線で5便しか停車しない。

ミニガイド　周囲は麦畑などの農耕地や林が広がっている。

御影駅《みかげ》

WC

上川郡清水町御影本通1丁目

羽帯駅 ― 3.0km ― 御影駅 ― 10.6km ― 芽室駅

規模の大きい御影駅舎

「人造石研ぎ出し」の改札柵

アイスホッケーの街灯

御影駅はかつて、窓口業務がされていたが、現在は閉鎖されている。窓口も2カ所あり、荷渡しカウンターも残されている。乗降客も多かったのだろう。

現在は待合所とトイレのみの使用となっている。構内には個性的な跨線橋《こせんきょう》が設置され、他の駅ではあまり見かけない形状で、半円形の屋根が階段から続いている。改札には「人造石研ぎ出し」の懐かしい改札柵《さく》がある。

駅前はロータリー形式になっている。御影はアイスホッケーがさかんな場所で、街灯にはアイスホッケーのスティックがデザインされたものがあった。

※御影駅はもと「佐念頃」(アイヌ語で「サン、エン、コロ」(出ばな))といっていたが、語音が悪いため大正11(1922)年9月、この地の産物花崗岩《かこうがん》にちなんで改称した。(「駅名の起源」より)

ミニガイド　剣山(1,205m)清水町登山口がある。アイスホッケーがさかんな所である。

芽室《めむろ》駅

S 👤 WC 💺 P🚗

河西郡芽室町本通り1丁目

御影駅 —10.6km— 芽室駅 —2.1km— 大成駅

芸術的アイテムが多い芽室駅舎

からくり時計

駅前モニュメント

待合所兼ギャラリー

平成12年に先代のブロック造り駅舎から一変した。デザインされた時計を備え、塔の上に風見鶏を設置した時計台が中央に高くそびえ、訪れた人の目を引く。この大時計はからくり時計で、11～4月は曲のみ演奏し、時間により6曲のバリエーションがある。他の時期には、からくり人形の演奏もあるようだ。

「msg」と名づけられているこの駅舎は、「めむろステーションギャラリー」の略で、舎内の待合所には数多くの絵画が展示されている。一角にはプラネタリウムを思わせる天井を設け、その下にはカクテルライトに照らされた噴水があり、癒《い》やしの空間となっている。

舎内の出入口付近には、地元の情報発信基地「FM･STA･BEAT」が入っている。FM放送局が併設されている駅は、道内の駅では「留萌」駅とここだけだ（舎内で出張放送している駅は、他にもある）。

駅前広場は歩行者用に整備されて広く、「開町100年記念」の「ゆめポスト」と名づけられたモニュメントがあり、ベンチにもなっている。

駅前通りは電柱がなく、可愛いブロンズ像がたくさん設置されている。

駅横には、大きな駅前プラザビルがある。

※「芽室」は、アイヌ語の「メム、オロ、ペツ」（湧き壷から流れ来る川）から変化したもので、その川とは芽室川を指したものである。（「駅名の起源」より）

モニュメントのある駅前風景

ミニガイド　芽室町役場、川北温泉、ニジマス料理の松久園がある。

大成駅《たいせい》

河西郡芽室町東芽室南2線

芽室駅 —— 2.1km —— 大成駅 —— 4.8km —— 西帯広駅

高校の登下校時用の大成駅舎

ホームからの風景

近くにある芽室高校の学生の通学用に設置された。開設当時は臨時乗降場だったが、昭和62(1987)年4月から駅に昇格した。登下校時のみ列車が停車する。

コンクリート製のホームと、ホーム上に建つ片持ち折板《せっぱん》屋根と背面の金属製壁を設置しているだけの駅である。これらを建築物と見るかどうかは判断が難しいところだが、プラットホームの上屋はもともと建築物扱いしないことになっている。

駅の周りには麦畑や雑木林が広がっていて、広い十勝平野の向こうに、十勝連峰の山々が霞んで見えている。駅南側は碁盤《ごばん》の目に区画している道路が四方に走り、十勝平野の広さを感じさせる。

ミニガイド 芽室温泉がある。

西帯広駅《にしおびひろ》

WC

帯広市西23条南1丁目

大成駅 —— 4.8km —— 西帯広駅 —— 3.2km —— 柏林台駅

小さくても個性がある西帯広駅舎

西帯広駅前

開設当時は「虎伏《とらふし》」駅、次に「伏古《ふしこ》」駅に変わって、昭和29(1954)年11月10日に現在の駅名に改称された。先代の駅舎は切妻屋根で、外壁は板張りだったそうだ。

平成13年11月に改築された駅舎の外壁はスチールパネル張り。スリットサッシや半円形の庇《ひさし》が個性を出している。扉はバネ式の自動引き戸を採用している。駅舎出入口横にスロープが設置されているが、ホームは駅舎から離れた場所にあるため、南北を結ぶ連絡橋を利用して、ホームに行くことになる。舎内は待合所のスペースのみで、トイレは別棟にある。

駅前には商店や民家が並び、駅横にはアパートもある。

ミニガイド 帯広の森運動公園、帯広工業団地がある。南側の地区には柏林台まで学校が数多くある。

柏《はく》林《りん》台《だい》駅

帯広市西17条南1丁目

西帯広駅 —3.2km— 柏林台駅 —3.5km— 帯広駅

高架式の柏林台駅舎

ホーム

帯広市の郊外型大型店舗が建ち並ぶ場所に位置し、住宅も多く見かける。

柏林台駅では、平成８年11月から高架になり、当然駅舎も高架式になった。

コンクリート成形板の壁に、サッシが取り付けられた位置がホームとなる。

高架下は自転車置場となっているが、車輪止めにはレールと鉄筋が加工使用されている。

この駅も割合新しく開設された駅で、「大成」駅と同じ年月日に臨時乗降場として開設され、駅に昇格した年月日も同じである。

都会の駅舎ではあるがトイレがなく、待合所はホームのみである。ベンチもないので、列車が来るまでホームに立っていなければならない。

ミニガイド 馬事公苑、陸上自衛隊十勝飛行場がある。

根室本線沿線風景　その１

かなやま湖のエゾシカ

十勝清水側から望む日勝峠

幕別温泉付近から見た夕陽

国道38号から太平洋を望む

帯《おび》広《ひろ》駅

S WC Ki

帯広市西2条南12丁目

柏林台駅 ―― 3.5km ―― 帯広駅 ―― 4.8km ―― 札内駅

十勝地方最大の帯広駅舎(北口)

北口の温度計

改札口

待合所

十勝地方最大の都市、帯広市の中心地にある近代的な帯広駅舎は、「柏林台」駅とともに平成8年11月に高架形式になった。外壁は南北ともに金属とガラスのカーテンウォールでデザインされている。

帯広駅には、主な接続路線として3路線あったが、すべて廃線となっている。私鉄では「十勝鉄道」があり、「とてっぽ通り」の名称が残されている。国鉄線では「広尾線」が昭和62(1987)年2月に、「士幌線」が同年3月に廃線となっている。広尾線・士幌線を合わせて32駅が廃駅となった(仮乗降場を除く)。

先代の駅舎は「帯広ステーションビル」というホテルが併設されたタイル張りの立派な建物だったが、改築時にホテルが撤退した。

現在は舎内の南北を結ぶ通路の両側に、さまざまなテナントが入店し、乗降客や買い物客で賑《にぎ》わっている。他に、十勝観光物産センターがあり、観光案内所も併設されている。

3種類のKIOSKもある。規模の大きい駅舎だが、舎内にホテルがなくなった分スマートになった。

北口駅前には大きな温度計が設置され、駅のシンボル的存在の一つでもある。

舎内には「鉄道警察隊」も併設されている。

ホームと1階を結ぶエレベーターが北口に設置されているが、ホームに行くにはインターホンで駅事務室に連絡すると利用できる。

舎内の待合所は木製のデザインされたイスや観葉植物それに大型テレビが置かれ、感じのよい空間となっている。舎内にはツインクルプラザも設置されている。

ミニガイド　帯広市役所、十勝支庁、帯広開発建設部、市民文化ホール、ビート資料館、百年記念館、馬の資料館、植村直己記念館、道立帯広美術館、帯広図書館、帯広の森、丸美ヶ丘温泉がある。

ショッピングセンター

北口広場の噴水

北口地下駐車場風景

帯広駅構内（シンボルブリッジも見える）

南口広場の「とかちプラザ」

一日の利用者数は2,000人を超える。出張などの会社員や観光客などが舎内の店舗で買い物をするため、コインロッカーも数が多い。

床はタイルで統一されたデザイン張りで、誘導ブロックも設置されている。

舎内のバリアフリー化は整っている。

帯広駅はJR貨物の駅でもあるが、旅客駅の帯広駅とは相当離れている。

北口駅前には路線バスターミナルや空港バス、長距離バスの乗降場があり、タクシーの待機台数も多い駅である。

北口地下は、大規模な地下駐車場ができている。その分北口側の地上には一般乗用車の駐車場はなく、すべてこの地下駐車場の利用となるが、この点は札幌駅北口に似ている。南口側には有料の地上駐車場がある。パーク＆トレインは北口・南口・中央口の3カ所にある（合わせて約300台分）が、往復特急利用者のみという条件つきだ。

北口駅前広場にはガラスブロックでできた噴水やブロンズでできた「鹿」を設置している。また、個性的な建物の駅前交番もある。

南口には「とかちプラザ」の大規模施設や市民文化ホール、それに大規模店舗やホテルが建ち並び、JRホテル日航の「ノースランド帯広」もある。

※「帯広」の由来は、アイヌ語の「オ、ペレペレ、ケプ」（川尻がいくつにも裂けている所）から変化したものに「帯広」の字を当てはめたものである。（「駅名の起源」より）

札《さつ》内《ない》駅

WC

中川郡幕別町札内中央町

帯広駅 — 4.8km — 札内駅 — 3.6km — 稲士別駅

正面出入口の形状が個性的　札内駅舎

改札・窓口

デザインが目を引く連絡橋

〝メッセージコーナー〟の黒板

鉄骨造りでALC版（断熱性に優れた軽量気泡コンクリートの成型板）張りの駅舎は、全体としては勾配《こうばい》屋根だが、正面出入口風除室部分は、時計つきの上屋が逆勾配《こうばい》で大屋根に流れた形式を採っている。正面から見ると、建物前に看板が立っているように見える。駅舎右に見えるのは、駅の南北を結ぶ連絡橋。エレベーターつきで、デザインも個性的だ。複線線路間の連絡は、横断歩道式となっている。駅舎建物の右側がトイレで、正面側にはガラスブロックでできたスクリーンが設置されている。

駅前は広くロータリーになっていて、駐車場もある。タクシーも待機している。

舎内には「メッセージコーナー」と名づけられた黒板がある。昔、伝言板として黒板が各駅に設けられていたが、最近では携帯電話の普及で、ほとんど見かけなくなった。

道内の駅舎を取材してみて、多くの無人駅舎内に落書きがされていることがわかった。どんなに厳しく注意してもなくならないのが落書きである。このようなチョーク式の落書きコーナーを設置するのも一案だろう。何度でも書いて消せるのだから。特に都市近郊の駅舎内には必要。

※「札内」の語源は、アイヌ語の「サツ、ナイ」（乾いた谷川）。すなわち涸《か》れた川の意である。この付近にある札内川は、もと一定の河心がなく、水が増すごとに河の流れを変え、水が減ると一帯が河原となったので、この称があるという。（「駅名の起源」より）

札内駅前

ミニガイド　幕別温泉、十勝川温泉（植物モール温泉が有名）、幕別町ふるさと館がある。

稲《いな》士《し》別《べつ》駅

WC

中川郡幕別町千住

札内駅 — 3.6km — 稲士別駅 — 5.8km — 幕別駅

バス停に間違えそうな稲士別駅舎

ホーム

木製デッキ式ホームと、木造の小さな待合所がある。

ホームは待合所の地盤より若干高い築堤上にある。待合所はホームから下の道路沿いにあるため、バス停の待合所と間違えてしまいそうだ。待合所は窓ガラスが割れて、出入口上部に設置されている照明器具の電球もなくなっていた。

トイレは別棟に仮設トイレがある。

ホームまでは、木製の板に、滑り止めを施したスロープが設置されている。

前面の道路は国道38号の抜け道になっているため、交通量が非常に多い道路である。駅周辺には民家が建っていて、利用者はいるが、停車本数が少なく、普通列車の通過便もある。

ミニガイド　十勝川温泉、蝦夷文化考古館、十勝ヶ丘公園、十勝ヶ丘展望台がある。

根室本線沿線風景 その2

パシクル沼

釧路港

厚岸湾

道内唯一の駅逓　奥行臼駅逓所

幕《まく》別《べつ》駅

中川郡幕別町錦町

稲士別駅 — 5.8km — 幕別駅 — 6.5km — 利別駅

どこか昔懐しい幕別駅舎

改札・窓口

幕別パークプラザ

パークゴルフのブロンズ像

幕別町はパークゴルフの発祥の地である。幕別町近辺だけでも、パークゴルフコースが8カ所もある。幕別駅の横にも、「幕別パークプラザ」というパークゴルフの殿堂がある。

駅舎は、昔ながらの匂《にお》いを残す形状をしている。コンクリートブロック造りである。

出入口は駅舎中央にあるが、正面ではなく、本体から突出した風除室の横側にある。その風除室屋根上には、時計が設置されている。

駅舎の正面は階段になっていて、その両側には花壇が設けられ、綺麗《きれい》な花が乗降客の目を楽しませてくれる。

駅前広場は広く歩行者用に確保されており、パークゴルフを行っている人物像が設置され、「和の里」と名づけられている。

また、ロータリーに沿ってバスやタクシー待ち用の雨よけ庇《ひさし》が設けられ、アカゲラの模様がスパンごとに描かれている。街灯にも同様の模様が入っている。

幕別駅は開設当時、「止若《やむわっか》」駅と名づけられていたが、昭和38(1963)年11月に現在のものに改称された。これは、現在は廃線の「天北線」の「幕別」駅(稚内市内;大正11(1922)年開設でのち「恵北」駅に改称、現在は廃駅)から採った。

駅前に発着する十勝バスは「ふるさと銀河線」の廃線に伴う代替バスである。

幕別温泉付近から見た十勝岳連峰

ミニガイド 幕別町役場、幕別図書館、明野ヶ丘公園と「ピラ・リ」、新田の森記念館がある。

利《とし》別《べつ》駅

WC

中川郡池田町利別西町

幕別駅 —— 6.5km —— 利別駅 —— 3.5km —— 池田駅

規模の大きい利別駅舎

ホームと列車

無人駅だが、鉄筋コンクリート造りで規模も大きく堂々とした駅舎である。現在は窓口業務が廃止され、駅事務室は保線員さんの休憩室や保線資材置場になっているようだ。

窓口や小手荷物の受渡しカウンターが残され、駅舎の2/3は駅業務の部屋になっているが、かつては窓口業務や荷物の受渡しも行われ、駅に勤務する駅員さんや乗降客も多かったのだろう。

乗降客は、舎内の待合所とトイレのみの使用となっている。

駅横には、屋根つきの駐輪場が設置されている。

※「利別」は、アイヌ語の「トシ、ペツ」(長蛇のごとき川)を採ったもので、利別川が曲がりくねっているのにちなんだものである。(「駅名の起源」より)

ミニガイド 駅名の由来どおり、十勝川と利別川の合流地点にあり、川の蛇行跡が数多く見られる。

根室本線沿線風景 その3

浜松海岸と風力発電風景

花咲漁港

根室港　弁天島

納沙布岬　四島のかけはし

池《いけ》田《だ》駅

中川郡池田町東1条

利別駅 —3.5km— 池田駅 —8.5km— 十弗駅

ワインカラーも鮮やかな池田駅舎

在りし日の銀河線風景

ワイン城

KIOSK・改札口

目にも鮮やかな「ワインカラー」!

池田町はワインの町として有名で、池田駅舎は柱・梁《はり》、さらには駅銘板までもワインカラーに塗装されている。

駅横の広場にはコルク抜きの形をしたステンレス製のモニュメントが輝いていて、電動式で回転している。駅前にはワイングラスをイメージした噴水もある。夜になるとライトアップでワインレッドに輝く。(冬は閉鎖)

駅前に待機しているタクシーの名前も「ワインタクシー」。駅裏にはワイン城も見える。

駅前の街灯には、日本全国の「池田」名をもつ市町村のイベント等をデザインした色ガラスが設けられている。

池田駅は平成18年4月21日をもって廃線となった「ふるさと銀河線」の終始発駅でもあった。池田駅には、この「ふるさと銀河線」の前身である「池北線」の起点駅として、明治43(1910)年からの歴史がある。

廃線後は十勝バスが代替運行していて、「スターライン」というバスが走っている。

池田駅では「十勝ワイン漬ステーキ弁当」や「親子弁当」が有名である。

※「駅名の起源」によれば、ここはもと、「凋寒(セーオロサム)」といった所であるが、語感がよくないので、当駅を池田侯爵家の農場内に設置したことから「池田」と名づけたものである。池田侯爵とは、第15代将軍徳川慶喜の5男で、鳥取32万石の継嗣であった池田仲博侯爵である。

池田駅前

ミニガイド　池田町役場、ワイン城、キャスルランドいけだ、十勝川資料館、清見ヶ丘公園がある。

十《とお》弗《ふつ》駅

WC

中川郡豊頃町十弗宝町

池田駅 ― 8.5km ― 十弗駅 ― 5.4km ― 豊頃駅

北海道代表型駅舎の十弗駅舎

ホームの10＄看板

十弗駅舎は外壁や建具の改築が行われてはいるものの、建物の外郭や屋根材については、長期間変わらず使用されている。屋根材の鉄板張り菱形《ひしがた》葺《ぶ》きが補修塗装され、残されているのは珍しい。

平成4(1992)年に無人駅となったが、駅舎内には窓口業務を行っていた形跡も残されている。

図書コーナーには文庫本があった。トイレは別棟になる。

ホームには「十弗は10＄駅」の掲示板が立っていた。「十弗」の「弗」は、戦時中に用いられた「ドル」の当て字だ。「10＄持って旅に出よう」となっていた。

※「十弗」は、アイヌ語の「トウ、プッ」(沼の口)から出たものである。(「駅名の起源」より)

ミニガイド　白鳥飛来地、新田牧場がある。

豊《とよ》頃《ころ》駅

WC

中川郡豊頃町豊頃旭町

十弗駅 ― 5.4km ― 豊頃駅 ― 7.1km ― 新吉野駅

個性的な外観の豊頃駅舎

駅前の「とよころMAP」

平成7(1995)年3月まで窓口業務を行っていたが、現在は閉鎖されている。

駅舎の正面側にトイレの出入口が向いていて、わかりやすい。駅舎自体の形状も変わっていて、先代の駅舎とはずいぶん違ったものになった。風除室もサッシで組まれていて、内部が明るくなっている。

舎内のイスはビニールレザー張りを使用している。

ホーム間は跨《こ》線《せん》橋《きょう》接続となっている。

駅横には豊頃地域コミュニティセンターやイラストタッチの「とよころMAP」も設置されている。

駅前はロータリー形式になっていて、商店や郵便局がある。

ミニガイド　豊頃町役場、ハルニレの木、MIC豊頃飛行場がある。

新《しん》吉《よし》野《の》駅

WC

十勝郡浦幌町平和吉野

豊頃駅 — 7.1km — 新吉野駅 — 6.4km — 浦幌駅

オープンな新吉野駅舎

日高本線の清畠駅舎と類似型

平成4(1992)年4月から無人駅となった新吉野駅は、日高本線の「清畠」駅舎、「豊郷」駅舎と形状が同じである。

先代の駅舎から比べると、ずいぶんとコンパクトな駅舎となったようだ。外観は、折板《せっぱん》屋根にサイディング張りの外壁、アルミサッシのパネルに引き戸といった感じか。

駅前は広く、アスファルト舗装がされている。屋根つきの駐輪場が設置されているので、乗降客もそれなりに多い。駅前には商店もある。

※当駅はもと「下頃部《したころべ》」といい、アイヌ語「シタ、コロ、ペ」(犬が交尾した所)を採ったものであったが、昭和17年4月、駅近くに吉野桜に似た山桜が多いので、このように改称した。(「駅名の起源」より)

ミニガイド 豊北原生花園、大津原生花園、十勝太遺跡群がある。

根室本線駅舎内で見かけた観光ガイド(取材時に見かけたもののみ)その1

「まるごと富良野」
2004-2005
これは富良野町の特産品ガイドだが、富良野町で造られている銘菓名産の紹介である。販売店の名前や住所・電話番号も掲載されているので、お土産を購入するには便利。また、それらの店を掲載した地図も描かれているので観光地図にも利用できる。
A2判　12折　両面印刷
富良野市物産振興会が発行

「SHINTOKU」
大地を舞台に、新たな「しんとく」物語を…がキャッチフレーズで、新得町のイベント・特産・観光・温泉・宿泊などが紹介されている。これ一冊で新得町すべての観光ができそうだ。特に冊子の最後のページに町の詳細地図が掲載されているので便利。
A3判　見開き　14P
新得町・観光協会発行

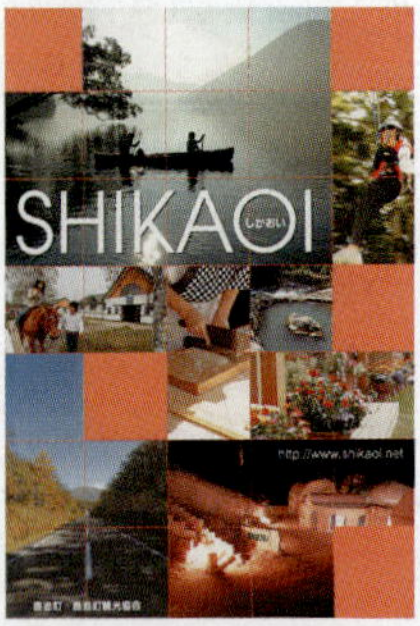

「SHIKAOI」
「見るも良し、食べるも良し、体験するも良し。鹿追町は北海道ならではの魅力が満載!」がキャッチフレーズ。物産・温泉・体験・イベント・宿泊と、すべてのことが紹介されている。「鹿追の魅力大図鑑」となっている。お勧めスポットも地図で紹介している。
A2判　4ツ折
両面印刷　観光協会発行

「夢 Land とかち」
このガイドは十勝管内19の商工会青年部・女性部が十勝ブランドとして認定した31の観光・イベント・食を掲載したもので、大変すぐれものだ。そしてここに足を運んで実際に食し経験しても間違いのないものを認定している。内容の写真と所在地が掲載され、地図にも位置を掲載している。
A2判　8ツ折両面印刷

浦《うら》幌《ほろ》駅

十勝郡浦幌町本町

新吉野駅 ― 6.4km ― 浦幌駅 ― 11.8km ― 上厚内駅

駅前が綺麗な浦幌駅舎

自転車置場

窓口・改札

待合所

浦幌駅は規模の大きい、鉄骨造りの駅舎である。昭和53(1978)年11月に改築した。改築に伴い記念切符まで発行した。

風除室正面は、ガラスパネルが嵌《は》め込んであり、明るいスペースになっている。風除室正面側は花壇になっていて、横側が出入口となり、その片側にスロープが設置されている。外壁はサイディング張りとなっているが、風除室屋根上部分から本体屋根までの外壁面は、サッシが設置されて、待合所の吹き抜け空間への明り採りとなっている。

待合所ベンチは、他駅ではあまり見かけない木製の加工品を使用している。

ホーム間の連絡は、跨《こ》線橋《せんきょう》を使用することになっている。待合所には誘導ブロックは設置されていないが、ホームには設置されている。

駅前は再開発により整備され、ロータリー形式となっている。「コスミック広場」と名づけられ、噴水も設置されている。

駅前には「浦幌町コスミックホール」の施設がある。駅前通りは再開発されて、電柱がなくすっきりしている。商店が多く建ち並び、民宿や旅館もある。駅前の公衆電話は、身体障害者用もあった。

※「浦幌」はアイヌ語の「ウライ、ポロ」から出たもので、「大なる網代」の意である。「オラ、ポロ」(川蘆多き所)の意であるともいい、その他にも諸説ある。(「駅名の起源」より)

浦幌駅前とコスミックホール

ミニガイド　浦幌町役場、浦幌町教育文化センター、うらほろ森林公園、ふるさとのみのり館がある。

上《かみ》厚《あつ》内《ない》駅

WC

十勝郡浦幌町上厚内

浦幌駅 ― 11.8km ― 上厚内駅 ― 6.6km ― 厚内駅

タイムスリップした感じの上厚内駅舎

別棟のトイレ

少し高台になっている場所に建っている駅舎を目の当たりにすると、タイムスリップしたような感じを受ける。しかし、まだ現役の駅舎だ。

上厚内駅舎は、内装の改修が行われた程度で、外周りは屋根の葺《ふ》き替えが行われているのを除くと、建具や外壁は開設時の状態が保たれている。典型的な北海道代表型駅舎である。

こういった北海道の歴史を今に残す建物は、古くなったから危険なので新しいものに改築するといった安易な考えでは、今までの歴史を閉じてしまう。この駅のように、まずは大切に使用し、補強・保存することから考えなくてはならない。

駅周辺には農家が点在している。

ミニガイド　十勝オコッペ遺跡がある。

厚《あつ》内《ない》駅

WC

十勝郡浦幌町厚内

上厚内駅 ― 6.6km ― 厚内駅 ― 7.2km ― 直別駅

テナントの入店が待たれる厚内駅舎

厚内駅前

先代の駅舎が改築され、外壁はサイディング張りで、左側の3分の1が待合所として使用されている。以前「海猫」という名の飲食店が入店していたが、現在は閉鎖され開口部は板でふさがれている。屋根に合掌《がっしょう》形の「雪除小屋根」を設けている部分が、駅出入口になる。

この駅からの始発電車が午前中に1便だけある。窓口業務は平成4年に廃止された。トイレは別棟で建てられていたが撤去され、現在は駅前の町営トイレが使用できる。駅前は広く、アスファルト舗装で整備されて、駐車場にも使用している。駅前には商店がある。

※「厚内」の語源は、アイヌ語の「アプナイ」(釣針の川)である。(「駅名の起源」より)

ミニガイド　オタフンペチャシ跡、十勝オコッペ遺跡、厚内漁港がある。

直《ちょく》別《べつ》駅

WC

釧路市音別町直別

厚内駅 —7.2km— 直別駅 —4.0km— 尺別駅

個性的になった直別駅舎

先代の直別駅舎

直別駅の北側には直別原野が広がり、南側も太平洋の雄大な大海原が広がる。太平洋側（駅裏側）には小さな湿原地帯があり、釧路湿原に近づいている雰囲気がある。ここから先の太平洋沿岸は、大小の沼や湿原が数多く存在する。

平成15年9月の十勝沖地震で先代の駅舎が倒壊したため、同年の12月に新築され、現在の建物になった。現駅舎は山小屋風の建物で、待合所とトイレが設けられている。これで何代目だろうか。

駅前には散歩道があった。

※「直別」の呼称は、アイヌ語の「チュク、ペツ」（秋の川）から出たといわれるが、チュクはチュク・イペ（秋味）の略ではなかろうか。（「駅名の起源」より）

ミニガイド 直別原野がある。ここから先は、車窓からの太平洋の眺望がすばらしい場所である。

尺《しゃく》別《べつ》駅

WC

釧路市音別町尺別

直別駅 —4.0km— 尺別駅 —3.8km— 音別駅

かつて雄別炭鑛尺別鉄道の起点駅だった尺別駅舎

ホーム（廃線跡が残る）

過疎化が進む駅前

木造モルタル塗りの駅舎では、かつて賑《にぎ》わっていたころには、窓口業務がされていた。現在は閉鎖され、待合所と窓口間に新しく間仕切壁ができて、待合所とトイレのみの使用となっている。

ホームには跨線橋《こせんきょう》での連絡となる。駅舎は正面に向かって右側の一段低くなった部分が、左側と同じ規模としてあったが、解体されたそうだ。出入口横には大きな窓もあったようだが、改修されていた。

駅周辺は過疎化が進んでいる。尺別駅は「雄別炭鑛尺別鉄道」の起点駅で、昭和45(1970)年4月に廃線となった。ホームに路線の跡がいまだに残されている。

ミニガイド 太平洋が目の前に広がる。尺別原野がある。

音《おん》別《べつ》駅

釧路市音別町本町1丁目

尺別駅 — 3.8km — 音別駅 — 9.7km — 古瀬駅

昔からの形状を保っている音別駅舎

窓口・待合所

音別駅舎は、以前からの駅舎を、建物の外郭や屋根の形状を保ちながら部分的な改修を行い、手を加えて使用しているようだ。風除室はなくなり、外壁はサイディング張りになっている。舎内には模型のヘリコプターが吊り下げられている。グリーンBOXも置かれている。

音別駅はJR貨物の駅でもある。

駅前には広いスペースがあり、駐車場、商店、旅館もある。駅横には屋根つきの駐輪場もあった。

音別町は飛び地合併により釧路市になった。

※「音別」の語源は、アイヌ語の「オ、ム、ペツ」(川尻の塞がる川)というが、別説もある。(「駅名の起源」より)

ミニガイド 音別行政センター、大塚製薬釧路工場、大塚食品釧路工場、パシクル自然公園がある。

古《ふる》瀬《せ》駅

白糠郡白糠町和天別

音別駅 — 9.7km — 古瀬駅 — 6.3km — 白糠駅

信号所の建物のみの古瀬駅舎

撤去前の待合所

ホーム

木製デッキ式のホームと二階建ての駅舎かと思ったが、その建物は信号所用の建物だった。

以前はホームの前にぽつんと小さな小屋が建っていたが、現在は撤去されている。それが待合所の建物で、見たところ1坪(3.3㎡)程度のものだった。

複線になっているが、ホーム間がやけに離れていて、そこに行くには踏み切りを渡って行くようである。

以前は官舎があり、そこに住む国鉄職員と家族の方のみが乗降していたようだが、今は官舎もなく、一日往復7便が停車している。

ミニガイド この区間は原野で、鬱蒼とした雑木林の中を列車は走っている。馬主来(パシクル)峠や沼がある。

白糠駅《しらぬか》

白糠郡白糠町東1条南1丁目

古瀬駅 — 6.3km — 白糠駅 — 5.4km — 西庶路駅

大判焼き・タコ焼きが人気の白糠駅舎

「駅の家ハッピー」

白糠駅は昭和58(1983)年10月まで白糠線の起点駅だった。廃線跡には多くの橋梁が残されている。白糠町は「駒おどり」と乳牛でよく知られた町である。

町の中心に位置する駅舎は、鉄筋コンクリート造りの規模の大きい建物で、舎内の待合所も広い。昭和44(1969)年に建てられた。

舎内には「駅の家ハッピー」という、タコ焼き・大判焼きの店が入店している。

駅前は広く確保され、タクシーの待機台数も多く、駅横にはバスターミナルの建物がある。ここには「白糠線」の資料が収められている。

※「白糠」は、アイヌ語の「シラル、カ」(平磯)に由来する。(「駅名の起源」より)

ミニガイド　白糠町役場・岬の森東山公園がある。

西庶路駅《にししょろ》

白糠郡白糠町西庶路西1条南2丁目

白糠駅 — 5.4km — 西庶路駅 — 2.1km — 庶路駅

個性的な形状の西庶路駅舎

西庶路駅前

西庶路駅は、平成17年7月まで窓口委託業務が行われていたが、現在は廃止されて、板張りで閉鎖されていた。

山間や原野に建つ駅舎と違って、西庶路駅前周辺には住宅も多いので、乗降客は多いものと思ったが、利用客が少なくなってきたのだろうか。

取材中、窓口が閉鎖された駅舎をずいぶん見かけたが、今後もこういった光景を見続けることになるのだろうか。

ホーム間は跨線橋《こせんきょう》での連絡となっている。ホームは砂利敷きだった。

駅前はアスファルト舗装で整備され、屋根つきの駐輪場が設置されていた。

ミニガイド　乳呑自然公園がある。

庶《しょ》路《ろ》駅

白糠郡白糠町庶路甲区

西庶路駅 —2.1km— 庶路駅 —10.4km— 大楽毛駅

駅では見かけない階段を持つ庶路駅舎

駅前の石碑

国道沿いにある駅舎。駅前には大きな石に、庶路駅の由来などが書かれた石碑が置かれている。

昭和58(1983)年に改築されて、木造の駅舎から近代的な駅舎に生まれ変わった。ALC版(軽量気泡コンクリートの成型板)張りの外壁にスリット状の窓がつけられ、中央階段は裾《すそ》広がりの珍しい形状である。平成4(1992)年4月から無人駅となった。

駅周辺には民家が多く、コンビニもあった。駅前はロータリー形式で、中央部分は植栽となっている。植え込みの中に、「しらぬか彩発見・庶路：恋ドンと来い」と書かれた看板が設置されていた。

※「庶路」の語源は、「駅名の起源」によればアイヌ語の「ショ、オロ」(滝川のある所)だというが、駅前の石碑とは、由来の内容が若干違っているようだ。

ミニガイド 共同利用模範牧場、釧路白糠工業団地がある。

大《お》楽《たのし》毛《け》駅

WC ☕

釧路市大楽毛南4丁目

庶路駅 —10.4km— 大楽毛駅 —1.8km— 新大楽毛駅

シンメトリーに造られた大楽毛駅舎

待合所

「日本釧路種」のブロンズ像

難読駅名の一つにあげられる。

駅舎は平成元年にシンメトリーに造られた個性的な建物。中央がエントランスホール兼駅施設で、右側が市の支所、左側が飲食店(長期休業予定)となっている。

待合所は広く、腰壁は木製板張りの仕様となっている。トイレは身体障害者用があるが、市施設が休みのときは施錠されている。飲食店は休業する予定とのことで、取材していない。

駅前には、戦前に軍馬の集散地として栄えた場所であることを記念した「日本釧路種」のブロンズ像が設置されている。

かつては本州製紙(現王子製紙)の木材チップの貨物駅として栄えた。

ミニガイド 阿寒湖への南の玄関口。釧路空港、丹頂鶴自然公園、釧路家畜市場がある。

新《しん》大《お》楽《たのし》毛《け》駅

釧路市大楽毛南1丁目

大楽毛駅 ― 1.8km ― 新大楽毛駅 ― 4.9km ― 新富士駅

片持ち屋根の待合がある　新大楽毛駅

ホームと片持ち屋根の上屋のみの駅。「大成」駅も同様な仕様だ。

駅の開設は昭和63（1988）年で、根室本線にあっては新しい駅なのだが、手摺《てす》りに張られた鉄板は、海が近いこともあって錆《さび》だらけだった。

この周辺は釧路湿原を埋め立てた場所で、太平洋と釧路湿原に挟まれた狭い場所に位置している。「大楽毛」駅からは1.8kmと近く、駅周辺には民家や工場もある。

駅裏には自動車教習場があった。大型の郊外店も国道沿いにあり、開発が進んでいる地域だ。

※「大楽毛」は、アイヌ語の「オタ、ノシケ」（砂浜の中央）から採ったものである。（「駅名の起源」より）

新大楽毛駅前

ミニガイド　北側には釧路湿原が見え始める。釧路運転免許試験場、王子製紙釧路工場がある。

新《しん》富《ふ》士《じ》駅

釧路市新富士町3丁目

新大楽毛駅 ― 4.9km ― 新富士駅 ― 2.7km ― 釧路駅

跨線橋の駅舎　新富士駅

釧路西港に近い駅で、周囲にはオイルタンクが数多く設置されている。駅舎上部にも、近くの製紙工場に引かれたチップのコンベアラインが走っていて、見慣れない風景に圧倒される。

跨線橋《こせんきょう》の階段が駅出入口となっていて、ホーム上に待合所が設置されている。

この駅は貨物駅にもなっていて、コンテナが数多く野積みされている。

新富士駅は「雄別鉄道埠頭線」が「雄別埠頭」まで敷設されていたが、昭和45（1970）年4月に廃線となり、昭和52年12月に開通した「釧路開発埠頭西港線」も、昭和59年2月に廃線になっている。

ホームからの風景

ミニガイド　釧路西港、製紙工場、火力発電所、釧路港湾事務所、石油貯槽所などがある。

釧路《くしろ》駅

釧路市北大通14丁目

新富士駅 —— 2.7km —— 釧路駅 —— 2.9km —— 東釧路駅

JR北海道釧路支社がある釧路駅舎

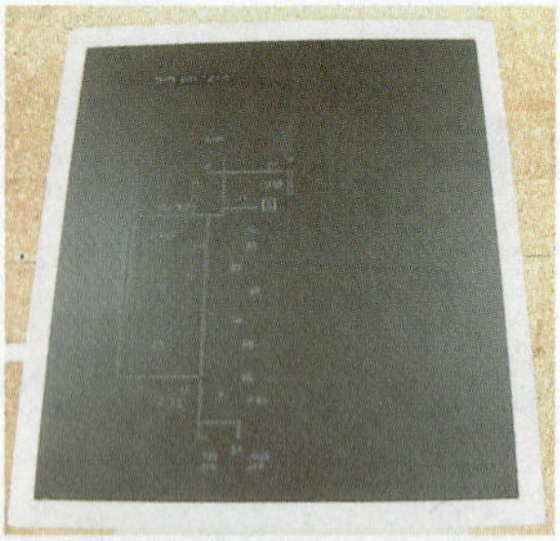
視覚障害者用の駅案内図

改札口風景

鶴が舞うコンコース

観光案内のショーケース

釧路駅は明治34(1901)年7月に、「北海道官設鉄道釧路線」として開設した「浜釧路」停車場が始まりである。大正6(1917)年12月に「釧路」駅－「厚岸」駅間の開通に伴い、現在地に移設され、「釧路」駅－「浜釧路」駅間は貨物線になった。この路線は平成元年8月に廃線となった。

根室本線は釧路駅を境に帯広方面と根室方面で運転系統を分けているため、根室方面は「花咲線」と愛称で呼んでいる。なお、根室本線は根室方面に行くにはここで乗り換えとなる。また、「釧網本線」の列車が釧路駅に発着し、事実上の起点駅であり、網走方面もここで乗り換えとなる。

一時は「炭鉱」「漁業」「製紙工場」「観光」と賑《にぎ》わいを見せた釧路の街だが、相次ぐ炭鉱の閉山と漁業等の不振に、その活気に陰りが出始めていて、経済界・行政ともども再興を模索している。

昭和36(1961)年12月に改築された地上4階・地下1階の駅舎は、栄華の絶頂期で多くの乗降客が利用していた当時、地下に「釧路ステーションデパート」があり、改札口もあったが、平成16年6月に閉鎖された。現在は一日の利用客数は1,800人程度である。駅舎はもともとJR北海道釧路支社が大部分を占めていて、旅客関連は1階のみであったが、現在、2・3階はテナント貸しのフロアで、1階は商業テナントの他に各種の事務所や鉄道警察隊も入居している。

駅舎は現在、改築を計画しているそうだが、その形式や工事時期については未定である。

駅正面には観光客用に観光地の案内ショーケースが設けられ、駅前広場にはSL動輪などのモニュメントが設置されている。

駅のコンコースは天井が高く、天井面からは「鶴」の飾り物が、本物の鶴が舞って飛んでいる

ミニガイド　釧路港、釧路支庁、市役所、釧路湿原、フィッシャーマンズワーフMOO、幣舞橋、JR北海道釧路運転所、釧路機関区、釧路開発建設部、遊覧船発着所、マリントポスくしろがある。

駅前広場のモニュメント

スーベニアKIOSKとシーフード店

多くの店舗が並ぶ駅通路

ステーション画廊

ホームとの連絡エスカレーター

ような連係で吊るされている。釧路湿原は、丹頂鶴の飛来地としても知られた場所だ。

舎内の出入口近くには、視覚障害者用の駅案内図が設置してある。自動券売機横には視覚障害者用の運賃表やグリーンBOXも備えてあった。コンコースには「みどりの窓口」やツインクルプラザがある。

舎内の「ふれあい館」には「釧路ステーション画廊」がある。時間に余裕のある方は、列車の発車前に立ち寄って感性に刺激を与えてはいかがだろうか？　根室本線には「芽室」駅にもギャラリーが設置されている。

駅通路の両側にもさまざまな業種のテナントが入店し、観光案内所・コインロッカー・待合所もその一角にある。待合所には大型のテレビが設置されている。

舎内のトイレは車《くるま》椅子《いす》対応の障害者用やオストメイト対応トイレも設置されていて、一般トイレにも手《て》摺《す》りが設置されている。トイレ内は広く、便器数も多い。

コンコースにはスーベニアKIOSKとシーフード専門の「skipp」（スキップ）が並んで店を構えている。他にコンビニKIOSKや一般のKIOSKもある。

改札口内では、1番線以外は地下通路を渡り、階段か昇り降り各専用のエスカレーターでホーム間の移動となる。エレベーターは設置されていないので、車椅子の場合はエスカレーター手前に設置されているインターホンで駅事務室に連絡して、駅員さんの協力を待つことになる。

ホームには「バーベキュー列車ナハ3900形」（厚岸湖バーベキュー号）が停車していた。予約制なので、腹が減ったからといって即乗車する

釧路駅

ホームに停車中のバーベキュー列車「ナハ3900形」

ステーション画廊看板

釧路駅前

チャペルのある風景

ことはできない。列車の換気口からは空腹を刺激する匂《にお》いが漂っていた。この列車は季節臨時列車なので、利用するには注意が必要である。

駅前にはタクシーの待機台数も多く、有料だが駐車場も確保されている。ロータリー形式となっている駅の右端コーナー部分には、身体障害者用の昇降スペースも確保されているが、いわゆる乗用車タッチであり、駐車はできない。

駅の西側の「新富士」駅に向かった喜多町には、釧路運輸車両所の機関区がある。

駅前には商業ビルやホテルが多く、駅横にはホテルの結婚式用チャペルが建っている。

パーク＆トレインは道内4番目に収容台数が多く、429台を収容する（平成19年現在）が、利用できるのは往復とも特急を利用する乗客のみなので、注意が必要だ。

釧路駅にはかつて、「雄別鉄道本線」と冒頭で紹介した「浜釧路貨物線」が敷設されていたが、雄別鉄道本線は昭和45（1970）年4月に廃線となった。6番ホームを使用していたが、現在は閉鎖されている。平成18年4月にはJR貨物駅も廃止となった。

【石川啄木の軌跡】

石川啄木と釧路の関係は言わずもがなだが、釧路駅にも彼が釧路新聞記者時代に訪れて、詠んだ歌がある。

「さいはての駅に降り立ち雪明り さびしき町にあゆみ入りにき」の歌はご存じの方も多いだろう。これは明治41（1908）年1月21日のことだった。このころの釧路駅は、旧浜釧路駅の場所にあった。

※「釧路」はアイヌ語の「クッチャロ」の変化したもので、「咽喉」の意である。市内を流れる釧路川がその源を「クッチャロ湖」に発しているので、この名が出た。（「駅名の起源」より）

東《ひがし》釧《くし》路《ろ》駅

釧路市貝塚2丁目

釧路駅 ― 2.9km ― 東釧路駅（起点駅） ― 1.2km ― 武佐駅
（釧網本線） 7.4km 遠矢駅

釧網本線の起点駅の東釧路駅舎

釧網本線起点

駅名標

構内

コンクリートブロック造りでできた東釧路駅は、「釧網本線」の起点駅だが、実質「釧路」駅起点の状況になっている。当初は「別保信号場」といったが、昭和3（1928）年11月より旅客営業を開始。駅昇格後から窓口業務を行っていたが、現在は閉鎖されて、保線用の事務所に使用されている。舎内の造作は、開設時の状態を保存しているのだろう。格天井《ごうてんじょう》や天井廻縁、塗装仕上げの白ペンキが時代を感じさせる。

ホーム上に立つ駅名標は「釧網本線」と「根室本線」の分岐の駅であることを表示している。また、構内には釧網本線起点ポイントがある。

東釧路駅は周囲に住宅が多いが、旧国鉄の清算事業団が駅構内の土地を払い下げたためで、それらの土地に住宅が建って、現在に至っている。現在、駅構内で広く残されているのは、旧「釧路臨港鉄道」の構内用地のみだ。

東釧路駅は釧路臨港鉄道の起点駅でもあった。大正14（1925）年3月営業開始の同鉄道は、最盛期には火力発電所の9割の石炭を釧路港まで運搬していたが、昭和41（1966）年12月ごろから規模縮小となった。昭和60年6月以降廃止区間が出始め、「春採」駅から「知人」駅の専用埠頭《ふとう》での運行があり、ディーゼル機関車DD13形が走っていたが、平成14年1月26日、「太平洋炭鉱」が良質の石炭を残したまま閉山したため、廃止となった。その後、「釧路コールマイン」が海外研修生を受け入れて研修用に採掘しているが、路線の使用は時々しかない。

釧路臨港鉄道跡（長い連絡橋は当時からのもの）

ミニガイド　旧釧路川を渡った場所に位置している。

武《む》佐《さ》駅

釧路市武佐4丁目

東釧路駅 ―― 1.2km ―― 武佐駅 ―― 4.5km ―― 別保駅

片持ち屋根のみの武佐駅

武佐駅前

釧路市郊外にある駅で、駅周辺には、戸建の住宅や共同住宅が建ち並んで、釧路市のベッドタウン化が進んでいる。

プレコンのデッキ式ホームと、その上に建つ鉄骨造りの片持ち式上屋のみの駅舎である。「大成」駅と形式は同じだ。

駅の開設当時には、ホームのみの駅であったそうだが、その後に階段から左側のホームと上屋が増築されたようだ。

駅の東側は開発されていない。荒涼と広がる土地は、雑草が茂っていた。

「東釧路」駅を過ぎると路線は2手に分かれ、「釧網本線」が釧路湿原に向かって北東に走っている。武佐駅は釧網本線が東釧路駅から分かれ、根室本線のみとなった最初の駅となる。

ミニガイド　釧路駅から根室駅間は根室本線に愛称がつけられ、「花咲線」という。武佐の森がある。

別《べっ》保《ぼ》駅

WC

釧路郡釧路町別保4丁目

武佐駅 ―― 4.5km ―― 別保駅 ―― 14.7km ―― 上尾幌駅

コンパクトにまとまっている別保駅舎

駅横の公園

改築されコンパクトになって、先代の駅舎の面影は残っていない。出入口上部に書かれている駅名表示文字が目立つせいか、何となく存在感がある駅舎である。

舎内には待合所とトイレ設備が設置されている。駅横には、線路の南北を結ぶ連絡橋が設置されている。

駅前には商店や消防署がある。駅前の公園はイルミネーションで飾られていた。

別保駅は開設当時「上別保駅」と名づけられていたが、昭和27(1952)年11月に改称した。平成4年から無人駅となっている。

※「別保」の語源はアイヌ語の「ペッ、ポ」(小川)で、駅が別保川の上流にあるため「上」を冠した。(「駅名の起源」より)

ミニガイド　釧路町役場がある。釧路町メモリアルパークは桜の名所。

上《かみ》尾《お》幌《ぼろ》駅

WC

厚岸郡厚岸町苫多村上尾幌市街

別保駅 ― 14.7km ― 上尾幌駅 ― 9.2km ― 尾幌駅

きのこの里にある上尾幌駅舎

トイレ棟とホーム

　駅舎は出入り口両側にある窓や外壁が改修されているものの、古い時代の外郭を残した建物である。駅舎は大正15(1926)年に建設されたもので大切に使用されている。待合所のみの使用となっていて、他の部屋は保線用に使用されているようだ。以前は窓口業務が行われていたようだが、現在は閉鎖されている。

　トイレは別棟となっているが、この建物は時代を感じさせる古いもので、恐らく開設当時からのものだろう。

　ホームには大丸太に彫られた「きのこの里」の標識が立っており、現在は、きのこの里の案内文も設置されている。

　駅前には商店もあったが、廃屋が目立つ。

ミニガイド　周囲は雑木林が茂り、小高い山間を蛇行して流れる尾幌川に沿ったルートを列車は走る。

尾《お》幌《ぼろ》駅

厚岸郡厚岸町苫多村尾幌

上尾幌駅 ― 9.2km ― 尾幌駅 ― 9.2km ― 門静駅

可愛いイラストが描かれた尾幌駅舎

横から見たイラスト

　遊園地にあるような、可愛い動物のイラストが描かれた廃列車リサイクルの駅舎である。先代の駅舎は、旧「音別」駅舎などと同じ外観だったようだが、解体撤去された。舎内には待合所とトイレが設置されているが、取材時には故障中で使用できなかった。

　外壁に描かれたイラストは不定期で描き換えられているようで、平成14年時の取材では別のキャラクターだった。以前の絵も可愛い動物が描かれていた。

　駅前周辺は砂利敷きである。コンクリート基礎が周囲に残されているが、これが先代駅舎の唯一《ゆいいつ》の名残となった。

※「尾幌」の語源は、アイヌ語の「オ、ポロ、ペツ」(川尻の大なる川)である。(「駅名の起源」より)

ミニガイド　尾幌原野、昆布森・シレパ自然休養林がある。

門静駅《もんしず》

厚岸郡厚岸町真龍町門静

尾幌駅 —9.2km— 門静駅 —4.9km— 厚岸駅

改築された門静駅舎

先代の門静駅舎

門静駅舎は平成15年6月に改築され、以前の北海道代表型の建物は解体撤去された。以前の駅舎は「糸魚沢」駅舎と同形であり、昭和22(1947)年に建築されたものだった。新しい駅舎はログハウス風の木組みで、待合所と駅事務所が設けられている。トイレはない。先代の駅舎と単純に比べることはできないが、乗降客や地域の方々の駅に対する懐かしい想いと新しい駅舎を望む気持ちが交錯して、新しい駅舎が誕生したのだろう。

待合所まで手摺《てす》りつきのスロープが設けられ、高齢者には優しい配慮がなされている。

※「門静」の語源は、アイヌ語の「モイ、シュッ」(湾の傍)。(「駅名の起源」より)

ミニガイド 大田屯田兵屋、大田屯田開拓記念館、望洋台がある。

根室本線駅舎内で見かけた観光ガイド（取材時に見かけたもののみ）その2

「駅からマップ」
JR北海道の主要駅に置かれている季刊パンフレットの帯広駅版である。これはWINTER版で、内容は「北の屋台特集」だった。駅長のコメントも入っていた。地図と屋台の特徴が紹介され、駅長のおすすめになっている。観光旅行者にはありがたいガイドである。
A3判　2ツ折両面印刷

「駅からマップ」
これは左記の池田駅版で、ワインと十勝牛の街をコマーシャルしたものだ。同じく駅長のコメントが入っている。他にも池田町にある景観地や資料館などが掲載されている。このパンフレットは期日が入っていないので、季刊ではないだろうか?
A4判　両面印刷

「駅からマップ」
これもJR北海道で発行しているパンフレットで、主要駅に置かれているパンフレットで、釧路駅版である。駅からマップは共通して、駅長の似顔絵が入っている。これも季刊号で、「あつあつ鍋特集」だったから、季節が変わると新しい号が発行されるのであろう。釧路の鍋料理店の紹介やイベントの紹介がされている。
A3判　2ツ折両面印刷

「くしろ」
これは釧路湿原を囲む8市町村が共同で発行した観光案内パンフレット。(釧路市・釧路町・厚岸町・浜中町・標茶町・弟子屈町・鶴居村・白糠町)各種イベントや景観地それに観光モデルコースの紹介の他に温泉地や名物料理それに体験観光の紹介まであり、盛り沢山のパンフレットである。このパンフレットで釧路湿原の観光は満喫できる。
釧路観光連盟の企画
A2判　12折　両面印刷

厚《あっ》岸《けし》駅

厚岸郡厚岸町宮園町1丁目

門静駅 ― 4.9km ― 厚岸駅 ― 10.6km ― 糸魚沢駅

牡蠣の街・厚岸の中心地にある厚岸駅舎

駅前歩道に貼られた観光案内タイル
(国泰寺は蝦夷三官寺の一つ)

出札・改札・待合所

厚岸駅前

厚岸湾と厚岸湖の両方に面した現在の駅舎は鉄筋コンクリート造りの大きな駅舎で、昭和46(1971)年1月に改築された2代目の建物である。厚岸駅は「釧路本線」と呼ばれていた大正6(1917)年は「浜厚岸」駅だったが、根室方面に延長された大正8年に現在地の場所に移転となって、浜厚岸駅は貨物駅となった(昭和57年11月廃線・廃駅)。駅前の歩道には観光案内のタイル。風除室内には特産品コーナーが設けられている。駅舎外壁は色を替えて塗装された。

昭和44年に完成した「厚岸大橋」により「北太平洋シーサイドライン」(道道123号)をドライブすると、周辺の観光スポットを見ることができる。

厚岸は牡蠣《かき》の養殖と漁業でよく知られた町である。駅前の「ホテル五味」の1階にあるレストランでは、名物の牡蠣づくし料理があり、生牡蠣・フライ・焼牡蠣などのフルコースが自慢だ。冬は何といっても牡蠣鍋《かきなべ》がお薦めだ。

根室本線は根室駅に向かって、国道44号に沿った内陸を走っているが、観光スポットはこれとは逆の海側にあって、海岸線には多くの奇岩や沼、それに展望台がある。

※「厚岸」は、アイヌ語の「アッケシ、ナイ」(牡蠣のある所)の変化であるといわれているが、「アッ、ケ、ウシ」(オヒョウニレの皮をいつもはぐ所)と思われる。他にも説がある。(「駅名の起源」より)

厚岸湾風景

ミニガイド　厚岸湖、海事記念館、郷土館、牡蠣島、樹海観察塔、アッケシ草群落、北大水族館、厚岸水鳥観察館、多くの奇岩、愛冠岬、桜の名所で禅寺の国泰寺、ピリカウタ海岸、厚岸町役場がある。

糸《いと》魚《い》沢《ざわ》駅

厚岸郡厚岸町真龍町糸魚沢

厚岸駅 ―10.6km― 糸魚沢駅 ―9.6km― 茶内駅

北海道代表型駅舎の糸魚沢駅舎

ホーム側の駅銘板

建具と屋根材や内装の改修はあるものの、外壁の下見板張《したみいたば》りを残していて、外郭においては新築当時の姿を見ることができる。先代の「門静」駅と兄弟形状の駅舎だったが、この形状の駅舎は、現在ここのみとなってしまった。

正面出入口上部の駅銘板は、国鉄時代のものを使用していたが、現在はJRの駅銘板になっている。左写真は平成14年のものである。ホーム側出入口上部に設置されている駅銘板は、木板に彫り込み文字で作られている。

駅周辺は厚岸湖に注ぐチライカリベツ川の湿原が広がり、「霧多布湿原」と「別寒辺牛湿原」の中間に位置している。

※「糸魚沢」は、アイヌ語の「チライ、カリ、ペツ」(糸魚が通る川)に由来する。(「駅名の起源」より)

ミニガイド アッケシ草群落がある。北には根釧原野が広がる。

茶《ちゃ》内《ない》駅

WC

厚岸郡浜中町琵琶瀬村茶内市街

糸魚沢駅 ―9.6km― 茶内駅 ―7.0km― 浜中駅

展示室がある茶内駅舎

湿原案内図

開設当時の面影を色濃く残しているが、外壁は派手な色で塗り替えられた。かつての駅事務室は、「ふれ茶内(ちゃう)館」として、陶芸・木工芸品と「浜中町簡易軌道」の展示室となっている。駅前には茶内小学校の児童が描いた「湿原案内」が設置されている。

茶内駅からは、昭和2(1927)年に「西円朱別」駅までと、「秩父内」駅から分岐して厚岸町の「若松」駅、さらに分岐して「東円朱別」駅までのルートがあり、昭和40(1965)年には別海村「開南小学校」駅まで延長した総延長距離34.2kmの「浜中町簡易軌道」(最終名称)が走っていたが、昭和47(1972)年5月1日に廃線となった。

ミニガイド 霧多布湿原、霧多布温泉、琵琶瀬展望台、火散布沼《ひちりっぷとう》、霧多布湿原センター、霧多布岬がある。

浜《はま》中《なか》駅

S WC

厚岸郡浜中町後静村浜中市街

茶内駅 — 7.0km — 浜中駅 — 10.1km — 姉別駅

非常に個性的な浜中駅舎

明るい舎内

浜中駅舎は交差型切妻屋根を設けた建物である。平成元年に改築された。正面出入口面の合掌《がっしょう》部分外壁は木製斜め板張りにして、建具にはステンドグラス風のパネルが嵌《は》め込まれ、舎内の天井は化《け》粧梁《しょうばり》表しとしているため、ステンドグラスの窓から光が舎内に差し込む。トイレの窓(建物左側)も三角形になっているなど、造形に凝《こ》っている。内装の腰壁は半丸太板張りで温かみがある。

待合所には浜中町の物産品がショーケースに展示されている。他に、「浜中町観光十景」の写真パネルも掲示されている。

窓口業務は委託で行われている。

駅前には商店や民家がある。浜中町役場は少し離れた霧多布岬近くにある。

ミニガイド 浜中町役場、榊町展望台、酪農展望台、霧多布岬がある。

姉《あね》別《べつ》駅

厚岸郡浜中町後静村姉別市街

浜中駅 — 10.1km — 姉別駅 — 6.6km — 厚床駅

姉別駅舎

新吉野駅舎

2枚の写真で違っている場所はどこでしょう？

姉別駅と「新吉野」駅——この二つの駅は、それぞれ厚岸郡と十勝郡に属し、ずいぶんと離れている。偶然にも改築時期が近かったのだろう。

姉別駅舎は、先代駅舎の土間コンクリートが残され、地盤より上がっているので、スロープが設けられていた。先代の駅舎のほうは、旧「音別」駅舎と同型であったようだ。

駅前は砂利敷きだが、広く確保されている。駅前には商店がある。

最近は舎内での喫煙ができなくなり、写真のように灰皿は屋外に置かれている。

※「姉別」は、アイヌ語の「アネ、ペツ」(細い川)を採ったものである。(「駅名の起源」より)

ミニガイド 広大な根釧原野が丘陵地帯となって広がる、姉別原野に位置している。

厚床《あっとこ》駅

WC

根室市厚床1丁目

姉別駅 ― 6.6km ― 厚床駅 ― 7.1km ― 初田牛駅

規模の大きい厚床駅舎

舎内

標津線分岐の碑

厚床駅舎内の腰壁は木製板張りで、待合所のイスも木製を使用している。平成元年に改築された。駅前もアスファルト舗装で整備され、広い駐車場もある。駅横には観光マップが設置されている。

ホームには別棟で待合所が設置され、ホーム側には「標津線」の分岐駅であったことが書かれた説明書や標識が設置されている。厚床駅は平成元(1989)年4月まで「標津線厚床支線」の起点駅だった。標津線は「釧網本線・標茶駅」から出る「標津線東標津支線」もあり、中標津で合流して、標津まで走っていた。

平成7年に無人駅となった。窓口は開いているが、これは根室交通の案内所が営業している。

ミニガイド　野付半島、風蓮湖、奥行臼駅逓所(北海道に唯一残る駅逓で、北海道指定有形文化財)がある。

初田牛《はったうし》駅

根室市初田牛

厚床駅 ― 7.1km ― 初田牛駅 ― 8.5km ― 別当賀駅

原野に建つ初田牛駅舎

新吉野駅舎

姉別駅舎

似たような外観をした新吉野駅舎、姉別駅舎を含めた根室本線3兄弟が出そろった。

初田牛駅舎は、これまでの兄弟駅舎とは少し建具の仕様が違っている。袖《そで》パネルが1枚で袖壁が長く、配色もグリーンが基調になっている。

もともとは木造駅舎で駅員さんもいたが、昭和46(1971)年から無人駅となった。トイレは使用できない。

駅周辺は原野が広がり、木々は灌木《かんぼく》が多いことが示すとおり、強風が吹きさらしていた。

※「初田牛」は、アイヌ語の「ハッタラ、ウシ」(山葡萄を採る沢)から出たものであるといわれているが、「ハッタラ、ウシ」(淵のある所)から出たのではないかと思われる。(「駅名の起源」より)

ミニガイド　太平洋からの強風と灌木が密集した、低い丘陵地帯を根室半島に向けて列車は走る。

別当賀《べっとが》駅

根室市別当賀

初田牛駅 ―8.5km― 別当賀駅 ―10.3km― 落石駅

イラストが可愛い別当賀駅舎

ホームからの風景

リサイクル列車の駅舎である。壁面には様々な動植物のイラストが、綺麗《きれい》な配色で描かれている。この列車が設置された当初は、このようなイラストは描かれていなかったようだ。このイラストも定期的に変更されている。

根室本線のリサイクル列車の駅舎はどれも可愛いイラストを描き、個性的に仕上がっている。

この駅も、先代の駅舎は、窓口業務を行った規模の大きな木造建築物だったようだ。

駅前は砂利敷きの広場になっている。

別当賀駅を過ぎると、路線を右にカーブして、「厚岸」駅以来の太平洋岸に出る。

※「別当賀」は、アイヌ語の「ベッ、ウッカ」（川の瀬）から変化したものである。（「駅名の起源」より）

ミニガイド 春国岱原生野鳥公園、白鳥台センター、風蓮湖の白鳥飛来地がある。

落石《おちいし》駅

WC

根室市落石東

別当賀駅 ―10.3km― 落石駅 ―4.0km― 昆布盛駅

先代の駅舎部分を残している落石駅舎

浜松海岸

出入口を中心にシンメトリーになっている。先代の駅舎の正面出入口部分のみを残して、左側にあった駅事務室部分を解体した。

先代駅舎の外壁は下見板張《したみいたば》りだったようで、改築後も下見板張り形状のサイディング張りとなった。材料は変わったが、改築方法の一案として、このような残し方もあったのかと感心させられた。

駅近くにある「浜松海岸」は、「'98北の国から時代」のロケ地にもなった。

平成4年に無人駅となっている。

※「落石」は、アイヌ語の「オクチシ」（山の鞍部《あんぶ》）からの変化で、落石岬と本土との間の凹部をいったものであろう。（「駅名の起源」より）

ミニガイド 国の天然記念物「サカイツツジ」や高山植物が群生する落石岬、浜松海浜公園がある。

昆《こん》布《ぶ》盛《もり》駅

根室市昆布盛

落石駅 ―4.0km― 昆布盛駅 ―4.8km― 西和田駅

簡素な待合所のみの昆布盛駅舎

ホームの横に
待合所はある

アスファルト舗装したホームの後ろに、外壁と屋根がカラー鉄板張りの小さな待合所が建っている。

昆布盛漁港が近くにあるが、駅は森の中に位置している。昆布盛漁港は、駅横の道を下った場所にある。

この駅は根室半島の付け根に位置し、昆布盛漁港の沖には「エトピリカ」の繁殖地であるユルリ島やモユルリ島があり、温《おん》根《ね》沼《とう》も駅の西側にある。

浜松海浜公園にも近い場所で、昆布盛駅から「西和田」駅間の路線は、温根沼と長節湖に挟まれた場所を走っている。

ミニガイド　温根沼、ユルリ島、モユルリ島、長節湖遊歩道の45体の仏像がある。

西《にし》和《わ》田《だ》駅

根室市西和田

昆布盛駅 ―4.8km― 西和田駅 ―4.6km― 花咲駅

三つ目のリサイクル駅舎　西和田駅

西和田駅前

廃列車リサイクルの駅舎である。

この駅舎も壁面にイラストが描かれていて、この地域の雰囲気がよく表されている。

舎内にはトイレがあったようだが、閉鎖されていて、使用できない。

先代の駅舎は窓口業務が行われるなど比較的規模が大きかったようだが、その名残はない。

※ここは明治19(1886)年、福井・石川・新潟・山形・鳥取の士族220戸を移した屯田兵第二大隊第一中隊によって開拓された所で、当時の大隊長和田正苗氏の姓にちなんで和田村と呼んだという。その後増員編成替えして第四大隊となり、うち1中隊は村内東部に居して東和田、2中隊は西部に居して西和田と称したのであるが、その西和田にあった駅なので、「西和田」駅と名づけたのである。(「駅名の起源」より)

ミニガイド　北海道指定有形文化財の和田屯田兵村の被服庫があり、札幌時計台と同様の建築様式である。

花《はな》咲《さき》駅

根室市花咲港

西和田駅 —— 4.6km —— **花咲駅** —— 4.1km —— 東根室駅

イラストで飾られている花咲駅舎

知床連峰が望める駅前風景

列車リサイクルの駅舎である。全体が青色に塗装され、魚の絵が描かれていて、駅名文字も魚の形で模《かたど》られている。ホーム側は花咲蟹《がに》と大漁旗のようなイラストである。

花咲は花咲蟹や漁業で知られているが、この花咲駅は、花咲漁港から少し離れた位置に建っている。

トイレは設置されているが、閉鎖されており、使用できない。

ホーム側に立つと、眼下に花咲港と風力発電の風車が見える。

近くの牧草地では、エゾシカが2頭、牧草を食べていた。

※「花咲」は、アイヌ語の「ポロ、ノッ」(大きな岬)から採ったもので、「ノッ」は「山のはな」の意であるため「花咲」と雅《が》称《しょう》したものである。(「駅名の起源」より)

ミニガイド　花咲港・花咲蟹が有名である。根室市郷土資料館保存センター、花咲灯台車石、花咲港湾合同庁舎がある。

東《ひがし》根《ね》室《むろ》駅

根室市昭和町4丁目

花咲駅 —— 4.1km —— **東根室駅** —— 1.5km —— 根室駅

日本最東端の駅 東根室駅

証明書の発行はないので、証明写真はいかが？

ホームのみの駅で、木製のデッキ式である。日本最東端の駅で、東経145°36′05″の地点にある。ホーム下やホーム上に「日本最東端の駅」と明記した掲示が設置されている。もっとも「根室拓殖鉄道」が「歯舞」駅まで走っていたときには、まだこの駅がなかった。昭和34(1959)年9月に「根室拓殖鉄道」が廃線となって、昭和36年9月にこの東根室駅が開設されたため、「日本最東端の駅」となった。

「根室」駅にも「日本最東端の駅」という表示があるが、こちらは有人駅での日本最東端の駅であり、「『日本最東端の駅』到達証明書」を発行している。残念ながら東根室駅は無人駅なので、証明書は発行していない。

ミニガイド　航空自衛隊根室分屯基地がある。

根《ね》室《むろ》駅

S　WC　Ki

根室市光和町2丁目

東根室駅　1.5km　根室駅　(終着駅)

日本最東端の有人駅 根室駅舎

駅正面の案内図

ホームの「最東端」表示

待合所

構内のホーム先端に「日本最東端の駅」の掲示がある。ここは、東経145°35′12″、東根室駅より西側になるので、正確には「最東端の有人駅」になる。

昭和34(1959)年9月まで「根室拓殖鉄道」が「歯舞」駅まで走っていたので、昭和34年9月までは歯舞駅が日本最東端の駅であった。

駅舎はコンクリートブロック造りで、何度か改修工事が行われ、屋根材や外壁、風除室周辺などが修復されたが、構造や外郭は同形で残っている。

先代の駅舎は、「旧室蘭駅舎」(現在は観光案内所兼展示場)に似た形状の、入母屋《いりもや》式の大屋根の下に、雁木《がんぎ》がついた北海道代表型駅舎の建物だった。

駅舎正面には、木製の案内地図が設置されている。駅横には「根室市観光インフォメーションセンター」がある。

駅前からは根室交通バスで納沙布岬観光もできる。道道35号沿いに駅から24kmを車で走ると、「納沙布岬」に到着する。ここから見た北方領土は、どう見ても日本固有の領土としか思えない近さにあった。

ホーム側では、マウンテンバイクの無料貸し出しも行っている。途中に北方原生花園を見ながらのツーリングも楽しめる。北方原生花園も観光スポットの一つである。

納沙布岬

ミニガイド　根室市役所、根室支庁、根室港、かに市場、北方資料館、道立北方交流センターがある。
納沙布岬方面には北方原生花園、北方・望郷の家、平和の塔があり、水晶島が目の前である。

「駅」と「停車場」どっちが本当?

日本では列車が停車して客が乗降する場所を「駅」と言ってみたり「停車場」と言うこともある。割合高齢者の方が「停車場」と言うことが多いと思ったが、高齢者でも子どものときから「駅」と言っていた方もいる。

これは、どちらが本当か調べてみる必要があるが、それには歴史を遡《さかのぼ》らなくてはならない。

本書でも、随所に駅名を示すのに「駅」と「停車場」の2種類の表現があるが、本来、「駅」も「停車場」もその内容については同じであり、使い分ける必要性はない。しかし、統一することも歴史的な事情によりできない場合もあることがわかった。

そのことを解説する前に、そもそも「駅」という漢字の意味するところは、その部首の「馬」がかかわっているとはすぐにわかる。漢字はその漢字の持つ意味をひもとくには本当に便利である。英語などではこうはいかない。

それでは、その歴史からわかることは?

古代中国では、律令制による中央集権を確立するために、国内の通信網に馬が使用された。しかし、馬は長い距離を走れないため途中で取り替えなければならず、馬の乗り換え場所が必要であった。そのため、国内各所に乗り換えのための「駅」と呼ばれる場所が設けられた。中国や古い日本の漢字では「驛」と書く。

日本では「大化の改新」で「大宝律令」が制定されたが、その際に、この中国から伝来した方式を取り入れ、事細かく規定した。その中の「兵部省」に関する事項で「諸国駅伝馬条」という項目があり、多数の「宿駅」場所を設置している。ここで「駅伝」という言葉が日本では初めて使用されており、現在の陸上スポーツである「駅伝」の謂《いわ》れが現れる。馬を乗り継ぐ場所の名称が「駅」として固定されたわけである。

明治に入って、北海道は開拓使時代に「駅逓所」という独自の制度が設けられ、人と馬の休憩・宿泊所としての役割を担った。他に郵便物や荷物の運輸も取り扱った。いわゆる江戸時代の「宿場」と「飛脚屋」を兼ね備えたもので、広くて未開拓地の多い北海道にはなくてはならない施設であった。「駅逓所《えきていじょ》」には馬が数頭つながれていて、依頼があれば馬喰《ばくろう》(人足)が馬を引いて人や荷物を次の「駅逓所」まで引いていった。

それでは、いつごろから鉄道の「駅」というものが定まったかについて説明すると、明治5(1872)年に初めて日本に鉄道が敷設された時代は、列車が停まる場所をすべて「停車場」と呼んでいた。しかし、乗客や鉄道員は、馬を乗り継ぐ場所を鉄道がとって代わったので「駅」と呼んでみたり、列車が停まる場所を略して「停車場」と呼んでいることもあり、統一されていなかった。明治から大正にかけての鉄道路線図や歴史本では「停車場」としていることが多い。また、北海道でも駅前通りの名称を「○○停車場線」とつけている。

昭和に入って、当時の「鉄道省」が昭和11(1936)年になってから初めて、すべての「停車場」を「駅」に統一した。また、「停車場」あるいは「停留場」の使い分けされている所や「乗降場」としている所もあるが、本書では歴史的な意味合いにおいて、明治から昭和11年以前は「停車場」とし、以降を「駅」として表現を統一した。ただし、臨時駅などに使われる「仮乗降場」の表現はそのまま使用している。

参考として「大辞林」には「停車場」とは【「駅」の古い言い方。操車場・信号場を含めることもある】と記載され、多くは記載されていないが、この「古い言い方」こそが昭和11年以前を示しているのだろう。

これで「駅」と「停車場」の使い分けについて、一応の区切りがあることがわかっていただけたであろうか?

新十津川
滝川
富良野線
函館本線
富良野
札沼線
石狩川
桑園
札幌
夕張
鹿ノ谷
清水沢
南清水沢
沼ノ沢
室蘭本線
占冠
追分
東追分
川端
滝ノ上
十三里
新夕張
千歳線
南千歳
新千歳空港
新千歳空港
支笏湖
沼ノ端
苫小牧
日高本線

石勝線

営業距離
148.5km

駅舎数
12駅

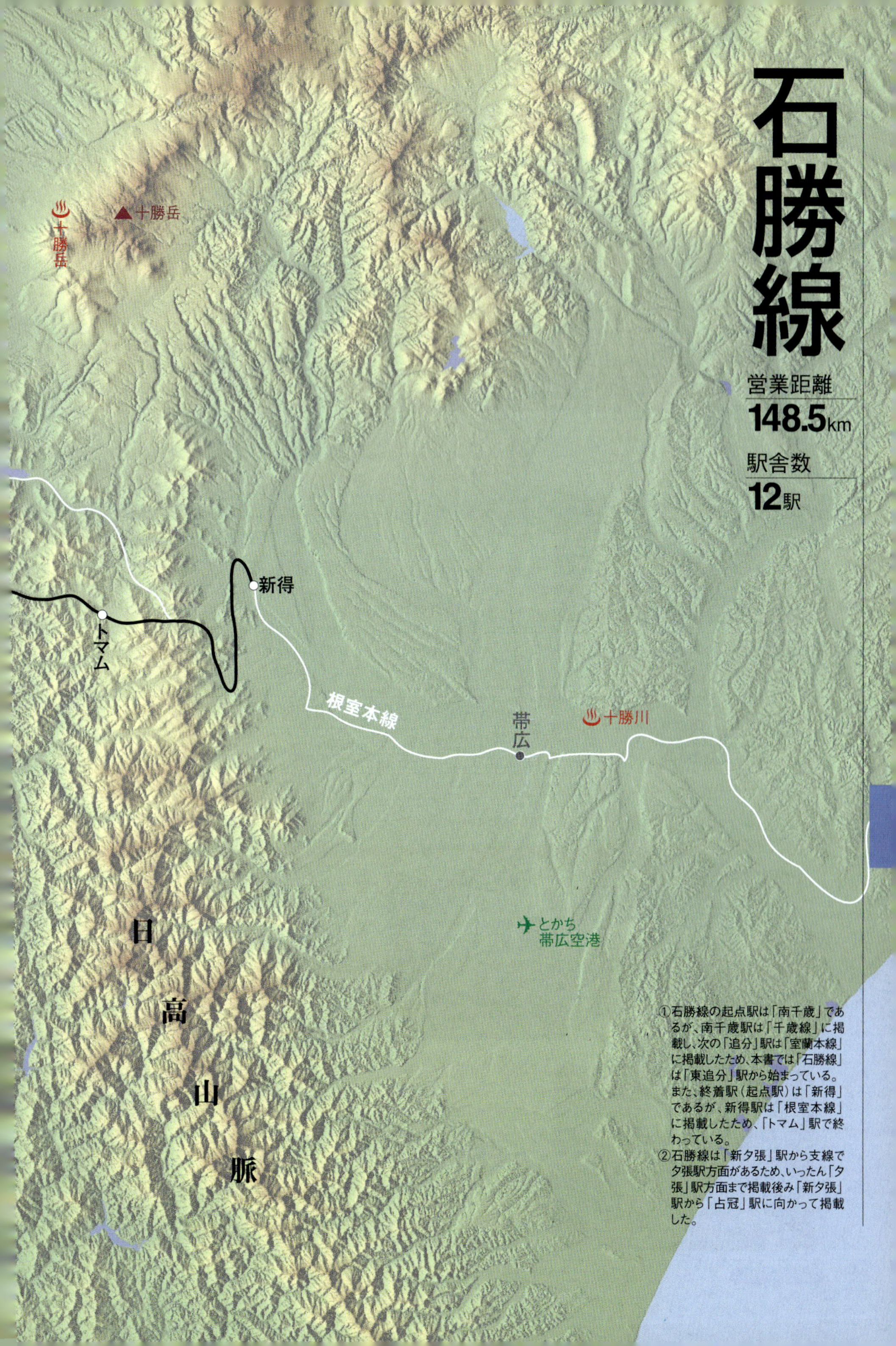

①石勝線の起点駅は「南千歳」であるが、南千歳駅は「千歳線」に掲載し、次の「追分」駅は「室蘭本線」に掲載したため、本書では「石勝線」は「東追分」駅から始まっている。また、終着駅（起点駅）は「新得」であるが、新得駅は「根室本線」に掲載したため、「トマム」駅で終わっている。

②石勝線は「新夕張」駅から支線で夕張駅方面があるため、いったん「夕張」駅方面まで掲載後み「新夕張」駅から「占冠」駅に向かって掲載した。

東《ひがし》追《おい》分《わけ》駅

勇払郡安平町追分美園

追分駅 ― 4.0km ― 東追分駅 ― 5.4km ― 川端駅

跨線橋が駅舎の東追分駅

ホームと周辺

東追分駅は、複線に架かる跨《こ》線橋《せんきょう》の両橋詰に、小さな待合所が設けられている駅である。跨線橋を利用した駅舎は多いが、それらの原型のような形態をしている。昭和40(1965)年に開設された。

追分町は平成18年3月27日に早来町と合併し、安平町となった。駅周辺には農耕地帯が広がり、農家が点在している。このあたりは、「由仁・安平低地」の名称どおり、開けた場所となっている。「川端駅」側にはスノーシェルターが設けられている。

周辺は畑が広がっていて、鉄道防雪林が設けられていないので、吹雪のときには必要な施設だ。

ミニガイド 社台ファームがある。

川《かわ》端《ばた》駅

WC

夕張郡由仁町川端

東追分駅 ― 5.4km ― 川端駅 ― 8.8km ― 滝ノ上駅

砂金を運んだ時代もある川端駅舎

「かわばた元気村」内

川端駅は開設時期が古い。「北海道炭鉱鉄道」の「追分」停車場－「夕張」停車場間の開通が明治25(1892)年11月なので、初期に開設された駅である。

先代の駅舎は味のある建物で、出入口の周りに特徴があった。現在の駅舎は現代的によくまとまった建物で、外壁はサイディング張り、規模も大きい。夕張川では砂金が採れたこともあるから、先代の駅は砂金も運んだのであろう。

駅前の広場は駐車できるスペースも多く、「かわばた元気村」という建物があり、地元で作った工芸品・ポプリ・ソフトクリームの販売をしている。冬期間は閉鎖されている。

※「川端」の由来は、夕張川に近い所に設置されたので、名づけたものである。(「駅名の起源」より)

ミニガイド 滝ノ上公園がある。駅前には「砂金の話」という、夕張川にちなんだ昔話が展示されている。

滝《たき》ノ《の》上《うえ》駅

WC

夕張市滝ノ上

川端駅 ― 8.8km ― 滝ノ上駅 ― 4.4km ― 十三里駅

川端駅と兄弟駅舎　滝ノ上駅

雪景色のホームとスノーシェルター

滝ノ上駅舎は「川端」駅舎と同型の建物である。この駅も開設年が古く、この駅舎の建物になるまで、改築は何回行われてきたのだろうか。先代の駅舎は小ぢんまりとした、木造駅舎だったそうだ。

石勝線も「千歳線」と同様に、各駅で外壁の塗装色に変化をつけ、駅により個性はもたせている。駅前には商店もある。

この駅を過ぎると「由仁・安平低地」も終わり、いよいよ夕張川に沿って夕張山地に入っていく。

駅前には銘産センターがある。

※「滝ノ上」の由来は、駅付近に千鳥の滝(千鳥ヶ滝)という有名な滝があり、当駅はその上流にあるため、こう名づけたものである。(「駅名の起源」より)

ミニガイド　夕張市銘産センター、滝ノ上公園・千鳥ヶ滝、竜仙峡がある。

十《と》三《み》里《さと》駅

夕張市紅葉山

滝ノ上駅 ― 4.4km ― 十三里駅 ― 2.8km ― 新夕張駅

跨線橋が駅舎の十三里駅

駅名が大きく書かれている

山間を夕張川が流れ、それに沿った狭《きょう》隘《あい》な場所を鉄道と国道274号が併走している。「十三里」という名の由来は、北海道炭鉱鉄道時代に起点駅が「追分」停車場であり、そこから13マイルの道程標が設置されていたので、駅名にしたそうだ。マイルは漢字にすると「哩」と書く。「口」の部首を取り「里」にしたのだろう。

十三里駅舎は「東追分」駅舎と同じく、複線に架かる跨《こ》線橋《せんきょう》の両橋詰に待合所が設けられた駅舎である。開設年も東追分駅と近いので、この形状を東追分駅にも適用したのだろう。

構内にある継電器の建物に「十三里駅」と大きく駅名が描かれている。

ミニガイド　鉄道の上部を夕張までの「道東自動車道」が高架で走っている。

新《しん》夕《ゆう》張《ばり》駅

S WC Ki

夕張市紅葉山

十三里駅 —2.8km— 新夕張駅（分岐駅） —34.3km— 占冠駅
新夕張駅 —2.7km— 沼ノ沢駅

石勝線の管理駅・新夕張駅の駅舎

夕張線・紅葉山駅の駅名標

ホーム風景

待合所とKIOSK

昭和56（1981）年10月に、かつての「夕張線」「紅葉山」駅の傍らに造られた駅である。紅葉山駅といったほうが何となく風流で、周りの景色にも融合している気がする。

紅葉山駅を起点駅として「登川支線」が、昭和2（1927）年8月から昭和56年7月まで走っていた。「新夕張」駅の次に「占冠」駅方面に「楓」駅があったが、平成16年3月12日をもって信号場に格下げとなった。登川支線は今では線路の跡もなく、狭い山道をたどって行くと登川駅があった場所に着く。

新夕張駅舎のある位置は少し高台で、駅前は広場となっている。そこには夕張線時代の紅葉山駅の駅名標が設置されていて、かつてこの位置が夕張線の駅であったことを物語る。実際には10mほど移動しているのだが。

駅舎の建物は近代的なデザインで、2階部分の外壁はスチール成型板張りになっている。現在は石勝線の保線事務所も併設され、要の駅となっている。

改札口を抜けると、長いトンネル状の通路があり、階段を登り各ホームに出る。

ホームは2カ所に分かれているが、枝線の関係で必要なのである。

※「紅葉山」の由来は、紅葉の景勝地であったため。（「駅名の起源」より）

改札口

ミニガイド　夕張方面と帯広方面に行くための、鉄道と国道の分岐点でもある。北海道物産センター、夕張メロンドームがある。

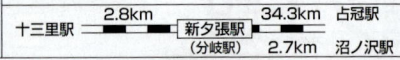

沼《ぬま》ノ《の》沢《さわ》駅

WC

夕張市沼ノ沢

新夕張駅 ― 2.7km ― 沼ノ沢駅 ― 4.0km ― 南清水沢駅

本格レストランがある沼ノ沢駅舎

レストラン「おーやま」店内

明治43(1910)年8月から一般営業を開始した駅である。沼ノ沢駅の開設年月日は明治38(1905)年11月だが、当時は貨物を扱うのみの駅だった。現在はレストラン「おーやま」が入店し、外部からは駅舎には見えない。駅前には広い駐車場もある。レストランはテーブル席・カウンター席・お座敷席があり、広い空間となっている。料理も帝国ホテルの味をベースにしていて、メニューも豊富。特に「長芋ハンバーグ」はシェフのお勧めだ。

昭和62(1987)年10月まで「北海道炭鉱汽船真谷地炭鉱専用鉄道」の起点駅で、この駅舎の反対側に専用の乗降場があった。

※「沼ノ沢」は、駅付近の沢の中に沼があったので、この付近を沼の沢といっていたのを駅名としたものである。(「駅名の起源」より)

ミニガイド　真谷地には、夕張木炭十連窯がある。周辺はメロン農家が多い。

南《みなみ》清《し》水《みず》沢《さわ》駅

WC

夕張市南清水沢2丁目

沼ノ沢駅 ― 4.0km ― 南清水沢駅 ― 1.5km ― 清水沢駅

面白い窓使いの南清水沢駅舎

舎内

駅舎の形状が「川端」駅や「滝ノ上」駅に似ているが、窓や出入口のデザインは全く違っている。外壁の仕上げもモルタル塗りに吹き付け塗装となっていて、この点でも違っている。

かつて駅舎正面に設置されていた煙道がなくなったようである。現在は委託で窓口業務を行っている。舎内も図書コーナーやいろいろな飾りがあって、観葉植物も置かれていた。

駅前はいきなりの歩道となっていて、広場はない。駅前にはスーパーマーケットがあった。

「十三里」駅と同時の、昭和37(1962)年のクリスマスに開設されている。

ミニガイド　創作の館がある。シューパロ湖には国道452号に沿って行く。

清《し》水《みず》沢《さわ》駅

夕張市清水沢3丁目

南清水沢駅 —1.5km— 清水沢駅 —6.6km— 鹿ノ谷駅

かつての栄華を偲ばせる清水沢駅舎

駅構内と跨線橋

旧南大夕張駅跡のラッセル車

改札口（平成13年）

清水沢駅は「北海道炭鉱鉄道」時代に開設された。明治44（1911）年6月から昭和62（1987）年7月までの間、三菱石炭鉱業の「大夕張鉄道」が清水沢駅と「大夕張炭山」駅との間（全9駅）を走っていた。駅舎が大きいのは、かつて炭鉱線接続の駅だったからだろう。駅員さんも勤務していて、出札窓口業務も行っている。

駅舎から石勝線のホームまでは、長い跨線《こせん》橋《きょう》を渡り一番遠い位置にある。構内にはその他のレールもなく、現在は単線区間なのに跨線橋を渡る広場があるのは、清水沢駅がかつて大夕張鉄道の路線と石勝線の路線そして引き込み線など合わせて7路線をまたいでいた名残である。

現在も跨線橋は残るものの、通行が廃止され、工事用の単管で地上通路が設けられて、そこを通行している。

道道「夕張・岩見沢線」沿いには、かつて大夕張鉄道を走っていたラッセル車「キ1号」や石炭車それにスハニの客車が、保存会により補修展示されている。そこが旧南大夕張駅跡だった場所である。ホームも補修されて、当時からの上屋も残っている。車内には当時の写真パネルなどの展示もされていた。

※「清水沢」の由来は、志幌加別川鉄橋付近に清水の湧き出る所があり、地名はこれにちなんで清水の沢と称したものである。（「駅名の起源」より）

ほとんどが板で覆われているが、その先に大夕張鉄道の線路が残る

ミニガイド　「ゆうばりユーパロの湯」が近くにある。
高倉健主演映画「幸福の黄色いハンカチ」のロケ地に「黄色いハンカチ広場」がある。

鹿《しか》ノ《の》谷《たに》駅

WC

夕張市鹿の谷3丁目

清水沢駅 —6.6km— 鹿ノ谷駅 —1.3km— 夕張駅

かつては通学生でにぎわった鹿ノ谷駅舎

歩道橋と構内風景

鹿ノ谷駅は、「北海道炭礦鉄道」時代に開設された駅で、昭和50(1975)年3月まで函館本線「野幌」駅－「夕張本町」駅(現在は廃駅)間を走る「夕張鉄道」の駅の一つで、北炭幹部の住宅街があった。

かつては炭鉱専用線が何本も構内を走り、蒸気機関車から出る煙で駅の周辺は煙っていたことが嘘のように静まりかえっている。構内には「夕張鉄道」が走っていたときのレール跡地が夏草に覆われて残っていて、上を歩道橋が跨《また》いでいる。

舎内ではかつて窓口業務をしていたようだが、現在は閉鎖されている。駅舎も縮小された。

※「鹿ノ谷」の由来は、この地の山間には昔、鹿が群生していたからであるという。(「駅名の起源」より)

ミニガイド　夕張鹿鳴館がある。夕張鉄道との立体交差跡もある。

石勝線沿線風景

寝台特急のダイニングカー

トマムのタワーホテル棟

シューパロ湖と三弦橋

夕張《ゆうばり》駅

WC

夕張市末広2丁目

鹿ノ谷駅 ―1.3km― 夕張駅 （支線終着駅）

教会建築のような夕張駅舎（後ろにあるのはホテルマウントレースイ）

塔の上にある風見鶏

終端点

夕張キネマ街道（平成13年）

現在の駅舎は、個性的でメルヘンチックな建物で、かつての炭鉱の街のイメージはまったく残っていない。夕張駅の開設は明治25（1892）年で、「北海道炭礦鉄道」時代である。ただし、開設当初の場所は現在地ではない。明治25年の開設時期からは、昭和60（1985）年と平成2年に移築されて、現在の場所に落ち着いた。昭和50年代の夕張駅舎は、木造平屋建ての一般家屋とあまり変わらない表情の駅舎で、それからすでに3代にわたって改築・移転を行っている。

高くそびえる塔の上には「風見鶏」が設置されている。駅舎の後ろにある近代的な建物は「ホテルマウントレースイ」で、スキーシーズンの12月ごろから賑《にぎ》わう。新しく日帰り温泉もオープンした。

駅舎内は化《け》粧梁《しょうばり》が表しになっていて、壁面は白い塗装が施され、腰壁は木製板張りとなっている。天井にはスポット照明が設置され、まるで教会の中にいるようである。駅舎からホームまでは、長い通路で移動するが、頭端型《とうたんがた》であるため跨《こ》線橋《せんきょう》を造る必要がない。

夕張の町は「映画の町」として有名である。各商店には昔の映画看板が設置されていて、訪れる人の目を楽しませてくれる。通りの名称も「夕張キネマ街道」であり、毎年冬開催の映画祭はよく知られている。

舎内

※「夕張」の呼称は、アイヌ語の「ユー、パロ」（温泉口）から出たものであるという。（「駅名の起源」より）

ミニガイド　夕張市役所、石炭の歴史村・石炭博物館、グリーン大劇場、ローズガーデン、めろん城がある。夕張Mt.レースイスキー場は夕張駅の後ろに展開している。ユーパロの湯もある。

占《しむ》冠《かっぷ》駅

S　WC

勇払郡占冠村占冠

新夕張駅 ―34.3km― 占冠駅 ―21.3km― トマム駅

富良野や日高地区の人にとって重要な占冠駅の駅舎

窓口・改札口

駅銘板と標高表示

「新得」駅方面に戻って紹介すると、難読駅名の一つにあげられる占冠駅は、海抜348mの駅である。富良野や日高地区の人々にとって、地理的に札幌や新千歳空港に向かうための最も近い駅として重要な位置にある。

駅舎の規模は大きく近代的で、「追分工務所占冠管理室（占冠総合詰所）」を併設している。駅前は広く、整備されていて、駐車場も十分なスペースがある。

駅の窓口業務は昭和61（1986）年11月から占冠村が委託で行っている。

駅横には「占冠村物産館」があり、ラベンダーアイスクリームも販売している。ここには食堂や自動販売機もある。

平成16年3月12日まで「楓」駅があったが、信号場となった。

ミニガイド　占冠村役場、湯の沢温泉がある。楓駅がなくなったので新夕張駅から占冠駅まで34.3kmもある。

トマム駅

WC

勇払郡占冠村中トマム

占冠駅 ―21.3km― トマム駅 ―33.8km― 新得駅

乗降客はスキー客　トマム駅舎

4月中旬でも冬景色のホーム

数少ないカタカナの駅名の一つ。昭和60年1月までは「石勝高原」駅だったが、リゾート開発により改称された。

駅舎は近代的な建物である。ホームから延々と続く連絡橋は「スカイウオーク」と名付けられ、リゾートホテルまでつながっている。ホテルまで無料のシャトルバスもある。乗降客のほとんどがスキー客で、シーズン中にはホテルの従業員が歓送迎を行っている。

舎内には出札窓口があるが、閉鎖されていた。連絡橋を渡るとJRトラベルセンターがあり、そこに「みどりの窓口」がある。

駅横には数台分の駐車場がある。

トマム駅は標高538mで、北海道では最も標高の高い駅である。

ミニガイド　アルファリゾートがある。石勝線は途中の新狩勝トンネルで根室本線と合流する。

石勝線の歴史について

現在は「根室本線」の短絡線の様相を呈している石勝線であるが、このようになるまではさまざまな変遷があり、夕張の炭鉱史においても鉄道史においても、これらの歴史を除いて語ることはできない。そして、この路線が単純な需要によって計画されたものではなく、いくつもの路線の集合体で形成されていたという歴史を語らなくてはならない。

石勝線は、当初、「北海道炭礦鉄道」の「追分」停車場－「夕張」停車場間の開通から始まり、このときに「紅葉山」停車場が開設された。しかし、こののち根室本線の「新得」駅までの開通となると、昭和後期まで待たなくてはならなかった。

「北海道炭礦鉄道」以降は、明治39(1906)年の「鉄道国有法」により、その年の10月に追分停車場－夕張停車場間が買収・国有化され官設鉄道となった。

路線位置図

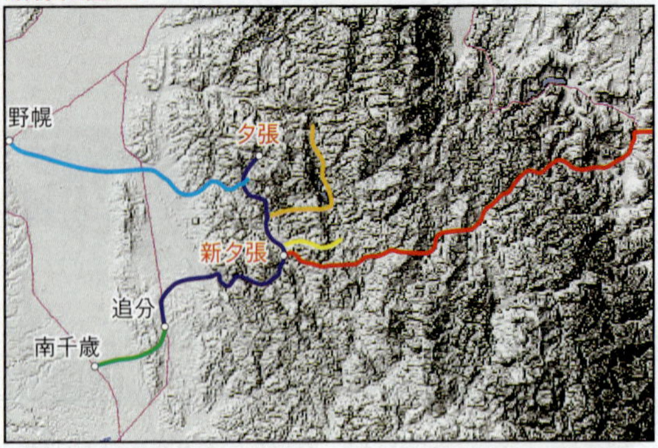

夕張線（現・石勝線）
追分線（現・石勝線）
紅葉山線・狩勝線（現・石勝線）
夕張鉄道（昭和50年4月廃線）
大夕張鉄道（昭和62年7月廃線）
紅葉山線　のち夕張線登川支線（昭和56年7月廃線）
その他の在来線

明治40(1907)年には「紅葉山」停車場(現・新夕張駅)－「楓」停車場(現・信号場)間が石炭運搬専用線として開通し、明治42年10月には「夕張線」と路線名がつけられた。この区間がいわゆる〝夕張線〟であり、石勝線となった現在でも追分駅－夕張駅間はこう呼ばれている。

続いて官設延長された区間は、大正5(1916)年7月に三井鉱山専用鉄道であった「楓」停車場－「登川」停車場(現・廃駅)間が譲渡され、「改正鉄道敷設法」別表134号の「胆振国鵡川ヨリ石狩国金山ニ至ル鉄道及ペンケオロロツナイ付近ヨリ分岐シテ石狩国登川ニ至ル鉄道」の一部を合わせて「紅葉山線」(のち「夕張線登川支線」)となった。

占冠から上落合間は「改正鉄道敷設法」別表142の2号にある「十勝国御影附近ヨリ日高国右左府ヲ経テ胆振国辺富内ニ至ル鉄道」の一部であり、これが「狩勝線」である。

次には、「改正鉄道敷設法」別表137号に「石狩国白石ヨリ胆振国広島ヲ経テ追分ニ至ル鉄道」とあるものの一部が、「南千歳」停車場－「追分」停車場間の「追分線」である。

落合から新得間は同法・別表142の4号では「落合ヨリ串内附近ニ至ル鉄道」の一部であり、根室本線を使用している。開通したのは昭和41(1966)年9月であった。なお、「落合」とは「上落合」信号場のことで、将来駅昇格を予定していたようであるが、信号場のままとなった。楓駅のほうは移設後に駅に昇格したが、現在はまた信号場となっている。

昭和56(1981)年10月、「千歳空港」駅(現・南千歳駅)－「追分」駅間と「新夕張」－「新得」間がつながったことによって、つなぎ合わせの路線が開通し、路線名も「石勝線」と改称された。当初の敷設予定計画とは異なっているが、この石勝線を開通させた意図は、町や村を結び乗降客を運ぶ従来型の路線ではなく、「札幌」駅と「千歳空港」駅－「新得」駅間の時間短縮がねらいであったようである。

新夕張駅と新得駅の間は、距離の割には駅が少なく、3つしかない。駅間の距離が北海道全路線で最長の34.3㎞といった区間もあるし、単線なので信号場がやたらと多いため、当然ながら列車待ちも出てくる。途中の新狩勝トンネル内で根室本線に合流している。

夕張地域には資源豊富な炭鉱や森林が多くあり、石炭や伐採樹林の運搬用鉄道が多く敷設されている。石勝線の前身である「北海道炭礦鉄道」(明治25=1892年敷設)や「三井鉱山専用鉄道」(明治44=1911年敷設)などがあるが、大正2(1913)年12月には「北海道炭礦汽船真谷地炭鉱専用鉄道」が「沼ノ沢」－「真谷地」間4.4㎞に運炭専用鉄道として敷設され、これが大正4年12月からは旅客運送を始めており、昭和62(1987)年10月13日まで走っていた。

昭和5(1930)年11月には「夕張鉄道」が「函館本線」の「野幌」駅から「鹿ノ谷」駅経由で「夕張本町」駅まで開通し、このあたりの夕張炭田における石炭運搬が小樽港まで可能になった。

その後、昭和9年から33年ごろまでに、「夕張森林鉄道」が「主夕張線」から「盤の沢線」まで約72㎞に及ぶ5路線の伐採林運搬専用の鉄道を敷設し、石炭とともに夕張地方の2大産業として貢献しているが、その森林鉄道については、旅客用路線ではないので、ここでは省略する。昭和14年4月には三菱石炭鉱業鉄道の「大夕張鉄道」が「清水沢」駅－「大夕張炭山」駅まで開通している。この路線は石炭の運搬専用線であったが、旅客も運んでいたので、路線図に示しておく。

楓駅があったころ

信号場になって解体撤去された旧楓駅舎

引き込み線は今も残る

平成16年3月12日まで「新夕張」駅—「占冠」駅間に楓駅があった。

楓駅は明治40(1907)年5月に貨物駅として「紅葉山」停車場(現・新夕張駅)から支線延長された駅で、大正5(1916)年には登川駅まで「夕張線登川支線」として稼働していた。

昭和42(1967)年には北側の並走する国道274号に近い山裾《やますそ》に移転し、木造切妻屋根の駅舎だったようだが、昭和56(1981)年6月に「石勝線」開通に合わせてこの線も廃線となり、当時の駅位置から現在の場所に移設され、10月1日に新たに開設となった。

現在、楓駅は平成16年3月13日に旅客営業が廃止され信号場となり、駅舎は同年10月に解体撤去された。しかし、ホームのみ現在も残されている。

ベストアングル

駅舎の取材は写真撮影を伴う。これらの写真は、駅舎の状態が一目でわかるかたちで読者に提供できるようでなくてはならないから、取材においてもっとも気をつかう作業である。

したがって、外観撮影にはできるだけ条件のよい時間帯と天候を選びたいところである。しかし日程は限られているし、連続していくつもの駅を訪れたりもするので、どうしても逆光になってしまう場合もある。せっかく撮影するのだから、せめて雨や雪の日は避けたいし、冬期では、なるべく駅舎の屋根に雪のない時期としたい。

問題は、駅舎の外観撮影における逆光と軒下の影である。出入口上の駅名がうまく撮影できるかどうか、であろう。ここがうまくいかなければ、ありきたりの建物の撮影となんら変わるところがない。何度も同じ駅に足を運ぶことはできないので、できるだけベストの状態のアングルと、あとは撮影の腕しだいであろうか(私の「腕」も自慢できるものではないが)。

ところで、駅舎の撮影での禁止事項もある。

①よりよいアングルをねらって、危険な場所での撮影・無謀な撮影はご法度(構内撮影では当然であるけれど)なので、JR北海道や駅で事前に承諾を得ておきたい。

②駅舎内に入店している店舗の撮影は、(これも当然だが)必ずそのお店の承諾が必要なので、お忘れなく。

③列車撮影でストロボを使用した撮影をしているのを見かけることがあるが、停車時間以外は運転手さんに迷惑がかかるので、これも要注意である。

以上3点のほかに、撮影時間帯にも気をつかう。乗降客があまりに多い時間帯であれば迷惑になることもあるから、土・日あたりの乗降客の少ない時間帯を選んだほうが無難である。

また、できるだけ新しい情報をと心がけている身にとっては、撮影期日以降に駅舎内外の変更事項(駅舎そのものや展示物・備品などについての変化)がありうるので、これに意外と気をもむことになる。変更がないと判断したものについては初回取材時の写真を使用しているが、どうかすると、待合所の現在はなくなっている灰皿だとか古いキャペーンポスターなどが写っていることもある。時間の流れは速く、すべてをベストの状態でカバーすることはなかなか難しい。

サロマ湖
サロマ湖
石北本線
北見
層雲峡
大雪山
旭岳
天人峡
阿寒
阿寒湖
雌阿寒岳
新得
帯広
十勝川

釧網本線

営業距離
169.1km

駅舎数
25駅

釧網本線の起点駅は「東釧路」であるが、東釧路駅は「根室本線」に掲載したため、本書では「釧網本線」は「遠矢」駅から始まっている。また、終着駅（起点駅）は「網走」であるが、網走駅は「石北本線」に掲載したため、「桂台」駅で終わっている。

遠《とお》矢《や》駅

釧路郡釧路町遠矢2丁目

東釧路駅 —7.4km— 遠矢駅 —7.3km— 釧路湿原駅

個性的な庇が設けられた遠矢駅舎

駅近くを流れる釧路川

「遠矢」は「とおや」と読む。室蘭本線の「洞爺」駅と同じ発音である。先代の駅舎を昭和63(1988)年に改築した。外壁は一般的なサイディング張りだが、ボーダーにブルーのラインを入れ、出入口の庇《ひさし》下は曲面という、個性的な駅舎である。

「釧路町花と緑の沿線づくり運動」で、地元の中学生により構内に記念植樹が行われている。周辺は宅地化が進んでいるが、近くには釧路川が満々とした水をたたえて流れている。

釧網本線の起点駅は東釧路駅であるが、起点実態は釧路駅となっている。

※「遠矢」の語源は、アイヌ語の「トー、ヤ」で、「沼の岸」の意味である。(「駅名の起源」より)

ミニガイド　このあたりはすでに釧路湿原が広がっていて、列車は釧路川と湿原に沿って走る。

釧《くし》路《ろ》湿《しつ》原《げん》駅

WC

釧路郡釧路町達古武

遠矢駅 —7.3km— 釧路湿原駅 —2.4km— 細岡駅

ログハウスの釧路湿原駅舎

湿原を走るノロッコ号

展望台から見た釧路湿原

季節になると大勢の観光客で賑《にぎ》わう駅である。釧路湿原が国立公園に指定された昭和63(1988)年に開設され、平成8年に臨時駅から常設の駅となった。

駅舎はログハウス。ほとんどの材料は木製で、駅銘板も大きな一枚板に達筆文字で駅名が書かれており、釧路湿原国立公園内の景色にマッチしている。屋根の形状はタンチョウが羽根を広げた姿をデザインしているそうだ。

観光客はこの駅で下車して展望台に行くルートが一般的である。

5～11月の期間は湿原見学用の「ノロッコ号」が、冬は「SL冬の湿原号」が、釧路湿原駅の白銀の世界に停車する。

ミニガイド　細岡展望台がある。ここからの釧路湿原の眺望は絶景だ。

細《ほそ》岡《おか》駅

WC

釧路郡釧路町達古武

釧路湿原駅 ― 2.4km ― 細岡駅 ― 7.2km ― 塘路駅

ロッジ風の細岡駅舎

達古武沼

観光案内図

ロッジ風の駅舎は平成5年5月に改築された新しいもので、釧路湿原駅と同様のログハウスである。

トイレは駅舎内にあるが、小便器のみ手《て》摺《す》りが設置されている。ホームは砂利敷きだった。

釧路湿原国立公園の中にあり、広大な原野には芦《あし》がびっしりと生えている。その向こう側を釧路川がゆっくりと流れる風景に、時間の経つのを忘れる。

駅前には「観光案内図」がイラスト入りで掲示されている。

湿原と達古武沼に挟まれた場所に駅はあり、自転車による散策やカヌー体験ができる。オートキャンプ場も近くにある。

ミニガイド 達古武沼がある。釧路川を下るカヌーステーションがあり、川下り体験ができる。

塘《とう》路《ろ》駅

WC ☕

川上郡標茶町塘路

細岡駅 ― 7.2km ― 塘路駅 ― 7.0km ― 茅沼駅

アウトドア観光で賑わう塘路駅舎

「ノロッコ&8001」

湿原と塘路湖の間の駅には「釧路湿原ノロッコ号」「SL冬の湿原号」「トロッコ列車」なども停車し、シーズン中は観光客が途切れない。平成10年に改築された木造の丸太小屋仕様の駅舎は雰囲気がよく、「ノロッコ&8001」という喫茶店がある。

整備された駅前には大型バスの駐車場もあり、ソフトクリーム店、木工芸品・手作りカヌーの店などがある。映画「仔鹿物語」のロケ地にもなった駅の横にはエゾシカも飼われている。周辺にはアウトドア観光の諸施設が整い、マウンテンバイクを借りてツーリング、カヌーによる湿原ウォッチング、わかさぎ釣り、スノーシュー、シベリアンハスキー犬ゾリ観光など、年間を通して最高に楽しめる。

ミニガイド 明治18(1885)年に建設された旧北海道集治監釧路分監の本館(標茶町郷土館)、サルボ展望台がある。

茅《かや》沼《ぬま》駅

川上郡標茶町シラルトロエトロ

塘路駅 —— 7.0km —— 茅沼駅 —— 5.4km —— 五十石駅

タンチョウツルが飛来する茅沼駅舎

ホーム側の駅銘板

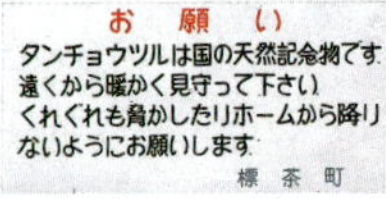

駅看板

綺麗《きれい》なログハウスの茅沼駅は、「日本で唯一《ゆいいつ》タンチョウツルが飛来する駅」なので、駅舎の出入口の両側にはタンチョウのマークが設置されている。

先代の駅舎は「五十石」駅や「南弟子屈」駅とともに北海道代表型駅舎の一つだったというが、両駅ともに改築されて当時の面影はなくなってしまったとのこと。

シーズンになると多くのカメラマンがタンチョウの撮影に訪れるが、心無い人がホームから降りるようで、「お願い」の看板が設置されていた。

駅前にはペンションや喫茶店もあり、タンチョウウォッチングの人びとで賑《にぎ》わうのだろう。駅横にはウォッチング用のハイドボードも設置されていた。

ミニガイド 茅沼温泉、展望塔、シラルトロ沼がある。ラムサール条約登録湿地。

五十石《ごじっこく》駅

川上郡標茶町オソツベツ原野

茅沼駅 —— 5.4km —— 五十石駅 —— 8.5km —— 標茶駅

タンチョウツルが描かれた五十石駅舎

五十石駅前

土地柄であろう。リアルなタンチョウツルの絵が描かれている、廃列車リサイクル駅舎が五十石駅である。この絵は2代目であり、書き換えられて「釧路川」の形状が変更になったそうだ。

先代の木造駅舎は、北海道代表型駅舎の典型であったと思われる「茅沼」駅舎と同形であったらしい。

舎内は待合所のみで、トイレ等の施設はない。

駅前にはレストランがあった。

ホームから見る景色は、遠くに雌阿寒岳や雄阿寒岳が望める。

※「五十石」の名称は、明治20年代（1890年代ごろ）アトサヌプリの硫黄運搬のため、釧路川を五十石船がここまで遡行したことに由来する。（「駅名の起源」より）

ミニガイド 五十石温泉、標茶温泉がある。

標《しべ》茶《ちゃ》駅

川上郡標茶町標茶

五十石駅 8.5km 標茶駅 10.6km 磯分内駅

道東の鉄道発祥地・標茶駅の駅舎

タンチョウツルが舞う舎内

「ラッキーミルク」店内

窓口・改札口

「道東の鉄道発祥の地」である。冬期間に釧路駅との間を走る「SL冬の湿原号」の発着駅。駅舎の出入口上部には「SLのふるさと標茶駅」と、浮かし彫りの大きな駅銘板が掲げられている。

駅舎の左端には「湿原号」が運んできた観光客の待合所があり、隣では「クリームファクトリー ラッキーミルク」という軽食・喫茶の店が営業(年中無休)しているが、ここのワッフルは人気がある。

舎内天井にはタンチョウツルの飾りが吊るされ、窓口カウンターにはグリーンBOXが置かれている。

ホームには「C11171ふるさとの鐘」や1世紀前のレール断片を展示、1番線ホームには「釧網本線の歴史」が書かれた立て札が設置されている。

また、ここ標茶駅は昭和11(1936)年10月から「計根別線」(のち標津線・根室標津駅まで)116.9kmの起点駅でもあったが、平成元(1989)年4月に廃線となっている。その標津線のレール跡が2・3番線ホームに今でも残されている。

駅前は広く、ロータリー形式となっていて、駅横にバスターミナルがある。

※「標茶」は、アイヌ語の「シ、ペッ、チャ」(大きな川の端)を採ったものである。(「駅名の起源」より)

ふるさとの鐘

釧網本線

ミニガイド 標茶町役場、富士温泉、シロンドー温泉がある。

磯《いそ》分《ぶん》内《ない》駅

川上郡標茶町熊牛原野16線西1番地

標茶駅 ― 10.6km ― 磯分内駅 ― 6.5km ― 南弟子屈駅

出入口の庇が個性的な磯分内駅舎

磯分内駅前

磯分内駅舎は、先代の駅舎から比べると、ずいぶんとコンパクトになったそうである。

丁《てい》の字型に切妻屋根を設置し、本体から飛び出したような屋根が、出入口の庇《ひさし》に代わる屋根となっている。外壁はサイディング張りで白色に塗装され、隣にある小さくて赤いポストとの対比がおもしろい。

舎内は待合所のみとなっていて、広くゆったりとしている。

平成4年4月から無人駅となった。

駅前通りには民家が並んでいる。

※「磯分内」は、アイヌ語の「イソポ、ウシ、ナイ」(兎のいる谷川)から変化したもので、この付近にはウサギが多く生息していたためである。(「駅名の起源」より)

ミニガイド　多和平展望台がある。

南《みなみ》弟《て》子《し》屈《かが》駅

川上郡弟子屈町熊牛原野

磯分内駅 ― 6.5km ― 南弟子屈駅 ― 8.2km ― 摩周駅

釧網本線で二つ目のリサイクル駅舎　南弟子屈駅舎

ホームからの風景

次駅の「弟子屈」駅が、平成2年11月に「摩周」駅と改称されているので、難読駅名はこの「南弟子屈」としている。

廃列車の車両を利用したリサイクル駅舎である。先代の駅舎は「茅沼」駅、「五十石」駅、「札弦」駅等と同形の、北海道代表型の駅舎だったと思われるが、どの駅も改築され、その形状を残していない。

外壁はデザインを工夫して、英文字で駅名を表示しているが、いくぶん塗装が劣化していた。

トイレは以前には使用できたのであろうが、現在は閉鎖されている。

※「南弟子屈」の由来は、弟子屈村の南にあたることから。この地方は昔アイヌ語で「クマ、ウシ」(魚を乾かす棚のある所)といっていたが、他に同じ駅名があるので、開駅のときこのように名づけた。(「駅名の起源」より)

ミニガイド　駅周辺の丘陵地には牧場地が広がっている。

摩周《ましゅう》駅

川上郡弟子屈町朝日1丁目

南弟子屈駅 ― 8.2km ― 摩周駅 ― 8.7km ― 美留和駅

観光客も多い摩周駅舎

飲用温泉水

窓口・改札口(平成14年)

駅横の足湯

かつての難読駅のひとつ「弟子屈」駅を、観光振興を目的に平成2(1990)年11月に改称し、全国に知れた駅名となった。

改称と同時に、それまでの大きな木造駅舎から、外壁はサイディング張りとタイル張りで、夜間はライトアップされる個性的な駅舎に改築された。

語呂《ごろ》がよくないため改称される駅名はあったけれど、観光振興のために改称されたのは、道内ではこの「摩周」駅のみだろう。しかし、全国的に有名な摩周湖・阿寒湖・屈斜路湖の道内三大湖がある阿寒国立公園での観光拠点となる駅で、観光客の乗降も多いから、改称は正解なのだろう。

駅舎には弟子屈町の特産品展示コーナーがある。また舎内には摩周温泉からの飲用の湯が引かれており、全国的にも珍しい。

駅横には足湯も設けられ、源泉かけ流しで42℃あり、「ぽっぽゆ」と名づけられている。舎内の売店には貸し座布団やタオルも置いてある。

駅前中央の広場は摩周湖を象徴したモニュメントが設置されており、4～11月の夜間は〝摩周ブルー〟に輝く。

駅前にはタクシーも多く、商店街には土産物店が並んでいる。

摩周駅前

ミニガイド 弟子屈町役場、摩周・鐺別・奥摩周・和琴・コタンの各温泉、摩周観光文化センター、弟子屈飛行場、屈斜路湖遊覧船、屈斜路コタンアイヌ民族資料館、町営観光牧場で牧歌的な風景の「900草原」がある。

美《び》留《る》和《わ》駅

川上郡弟子屈町美留和

摩周駅 — 8.7km — 美留和駅 — 7.2km — 川湯温泉駅

美留和小学校児童が外壁にイラストを描いた美留和駅舎

舎内は研究発表の場

美留和駅舎は廃列車のリサイクル駅舎であるが、今まで取材したリサイクル駅舎の中で最も夢があり、地域の中で存在感があり、愛されている駅に見えた。外壁には美留和小学校児童の制作で、様々な動物が蒸気機関車に乗って、空には鳥や昆虫が飛んでいるイラストが描かれている。ホーム側は牧場の風景画である。

また、舎内は「美留和小学校ボランティアクラブ」による動物の生態や「フキ料理」のレシピ等の研究発表の場になっていて（平成14年当時）、すばらしいアイデアだと感じた。列車を待つ人も退屈しないし、続けていただきたい活動だ。

※「美留和」の名は、アイヌ語の「ペル、ア」から出たもので、「泉が湧き出る」の意である。（「駅名の起源」より）

ミニガイド　摩周湖畔にあるカムイヌプリと西別岳の登山ルートがある。

釧網本線沿線風景 その１

釧路湿原（釧路湿原駅付近）

塘路湖（塘路駅付近）

シラルトロ沼（茅沼駅付近）

屈斜路湖（川湯温泉駅付近）

川《かわ》湯《ゆ》温《おん》泉《せん》駅

S　WC

川上郡弟子屈町川湯駅前

美留和駅 — 7.2km — 川湯温泉駅 — 14.5km — 緑　駅

料理も美味しい川湯温泉駅舎

足湯

「オーチャードグラス」店内

駅名のとおり温泉地の駅であるが、開設時は「川湯」駅だった。

駅舎は腰壁が丸太造りで、昭和11(1936)年に改築した2代目。

駅の前には摩周温泉から引かれた飲料用のお湯と、新しくできた足湯がある。足湯は以前のトイレ棟を改修したもので、外装はそのまま使用している。

舎内には、「オーチャードグラス」というレストランが昭和62(1987)年から入店していて、手造りソフトクリームやビーフシチューが自慢。特に摩周湖の水を使用したコーヒーは美味しく、店内の雰囲気もよい。定休日は火曜、夏は無休で営業している。食事やコーヒーをめあてにくる方もいる。

ミニガイド　川湯・砂湯・仁伏・池の湯の各温泉がある。川湯相撲記念館、硫黄山、エゾツツジ群落がある。

緑《みどり》駅

WC

斜里郡清里町緑町

川湯温泉駅 — 14.5km — 緑　駅 — 8.3km — 札弦駅

タイムカプセルがある緑駅舎

通りにある看板

緑駅は開設当時「上札鶴《かみさっつる》」駅といっていたが、昭和31年4月に改称された。駅舎の形状は「磯分内」駅によく似ている。外壁にはイラストが描かれている、可愛い駅舎だ。

平成13年9月16日に「釧網本線全通七十周年記念式典」が執り行われ、記念して構内にエゾヤマザクラ70本が植樹され、「感謝と新たなる出発」と書かれたモニュメントが設置された。このモニュメントにはタイムカプセルが内蔵されていて、10年後に開封することになっている。

駅前通りには「いんでないみどり」の文字と小動物の型が貼られて掲示されているが、町おこしの一環だろう。個性的で目立っていた。

ミニガイド　緑の湯温泉がある。裏摩周展望台へのルートがある。

札《さっ》弦《つる》駅

WC

斜里郡清里町札弦町

緑　駅 ― 8.3km ― 札弦駅 ― 7.8km ― 清里町駅

オンコの樹が似合う札弦駅舎

斜里岳の見える駅前

札弦駅も開設当時は「札鶴《さっつる》」駅だった。発音は同じであるが、昭和31(1956)年4月に改称された。

駅横に大きなオンコ(イチイ)の樹があるコンパクトな駅舎で、平成4年から無人駅となっている。開設当時の駅舎は「五十石」駅や「南弟子屈」駅と同形の、いかにも北海道を代表する駅舎の一つのようだったが、いずれの駅舎も改築されて、元の姿は残っていない。

トイレはホーム側からの使用になっている。ホームの反対側には、大きなベニヤ工場がある。駅前通りの向こう側には斜里岳が微《かす》かな姿を見せている。

※「札鶴」は、アイヌ語の「サック、ルー」(夏の道)から出たもので、ここの川を伝って夏に北見から根室または釧路方面へ出たことによる。(「駅名の起源」より)

ミニガイド　パパスランド温泉、宇宙展望台がある。

清《きよ》里《さと》町《ちょう》駅

WC

斜里郡清里町水元町

札弦駅 ― 7.8km ― 清里町駅 ― 5.1km ― 南斜里駅

規模は大きいが無人の清里町駅舎

清里町駅前

開設当時の「上斜里《かみしゃり》」駅が昭和31(1956)年4月に改称され、駅名に珍しく「町」がついた駅となった。

昭和40(1965)年に建てられた鉄筋コンクリート造りの駅舎は無人で、最近まで業務が行われていたらしい窓口部分には新しく間仕切りが設けられ、待合所のみの駅となっている。

他の部屋は使用されず空室状態だが、待合所は俳句の短冊や生花で飾られ、イスはストーブを囲む形に配置されている。駅の規模や建物の状態からも、無人駅には見えない。

駅の近くには商店や民宿、観光案内所もあって賑《にぎ》わっている。駅横には地域のトイレが建てられた。

ミニガイド　清里町役場、清里温泉、男鹿の滝、斜里岳登山口がある。

南《みなみ》斜《しゃ》里《り》駅

斜里郡斜里町川上

清里町駅 ―― 5.1km ―― 南斜里駅 ―― 2.2km ―― 中斜里駅

ホームのみの南斜里駅

駅周辺風景

久々に、ホームのみの駅に出会った。北海道の路線では敷設時期が新しい釧網本線のなかでも一番新しい駅であるが、コンクリート製のホームがあるだけで、駅舎はない。平成14年から5年間に7駅が廃駅となっているが、その多くはホームのみの駅であるから、よく残っていたという感じである。

ホームしかない駅は比較的ロケーションも似通っており、目標物の駅舎がないので、撮影するときにはいつも同じアングルとなってしまう。駅名標の文字だけが駅の存在を示しているような、上の写真のアングルである。周囲には農耕地が広がり、遠くに別海岳や斜里岳を望む位置に駅はある。

ミニガイド 南斜里駅付近は、碁盤の目に区画された道路の端に位置している。

中《なか》斜《しゃ》里《り》駅

WC

斜里郡斜里町中斜里

南斜里駅 ―― 2.2km ―― 中斜里駅 ―― 4.6km ―― 知床斜里駅

開設当初は「猿間川《さるまがわ》」駅であったが、昭和25(1950)年に改称。

白く塗装されたサイディング張りの外壁に、臙脂《えんじ》色の折板《せっぱん》屋根。今や北海道を代表する仕上げ材料の一つであるが、建物の形状だけなら、先代の駅舎によく似ているとか。改築もこのような選択肢があってもよい。駅舎の出入口の扉は、バネ式の引き戸になっている。平成9年3月まで窓口業務がなされていたようだが、現在は閉鎖され、待合所とトイレのみが利用できる。昭和62(1987)年4月からJR貨物駅として稼働していたが、それも平成14年3月に廃止された。駅横には屋根つきの可愛い自転車置場、駅前には四阿《あずまや》が置かれた小公園があった。

北海道代表型駅舎の形状を残す中斜里駅舎

ミニガイド 中斜里駅を出て国道を過ぎたあたりから線路は大きく左に曲がり、オホーツク海沿岸に向かう。

知《しれ》床《とこ》斜《しゃ》里《り》駅

斜里郡斜里町港町17

中斜里駅 ―4.6km― 知床斜里駅 ―11.5km― 止別駅

世界自然遺産の地にある知床斜里駅舎

知床連山の風景

窓口・改札口風景

ホームからの風景

開設当時は「斜里」駅であったのを、平成10年4月に、それまでの名称の上に「知床」を冠し、改称した。

昭和32(1957)年11月から「根北線」の起点駅でもあったが、わずか13年後の昭和45(1970)年12月に廃線となっている。この駅には「流氷ノロッコ号」や「マウントレイク摩周号」「SL冬の湿原号」などの観光列車が停車する。観光線・グルメ線として人気がある路線である。

駅舎は鉄筋コンクリート造りの建物で、屋上に大きな駅銘板が設置されている。舎内の券売機横には視覚障害者用の運賃表やグリーンBOXが備えられている。売店には知床を題材にした本も置かれている。また、知床・斜里岳の名水を「来運の水」と称して販売しているが、その説明書も駅長名で設置されていた。

駅前は広くロータリー形式となっていて、「斜里バス」のターミナルや観光案内所それに駐車場もある。駅前商店街には旅館や商店が並んでいる。平成19年度中に改修し、新しく観光センターができる。

説明するまでもなく、知床は平成17年7月にユネスコの世界自然遺産に登録され、一躍有名になった。今後は登録地での焚《た》き火《び》やゴミ問題それに漁業関係者との共存など問題が山積みで、保全状態を6年ごとに報告し、再審査を受ける。登録維持できるか、これからが正念場であろう。

また、昭和35(1960)年には戸川幸夫氏の小説「オホーツク老人」の映画化である「地の涯《はて》に生きるもの」のロケが羅臼町を舞台に、森繁久弥さん主演で行われた。撮影の合間に、森繁さんが即興で作った「知床旅情」が主題歌となった。

※「斜里」は、アイヌ語の「シャリ」(葦の生えている湿地)から出たものである。別説として「サライ」の変化で、「広々とした野原」を意味する。他に「サルン、ペッ」から出たもので「芦川」の義である等の3説がある。(「駅名の起源」より)

斜里町役場、知床博物館、以久科原生花園、斜里湯元館、ウナベツ温泉、斜里原生花園、朱円ストーンサークルがある。知床国立公園は5月ごろからがよいだろう(ただし、道路除雪状況により通行止めあり)。

釧網本線の歴史について

路線位置図

大正13年　昭和2年
昭和4年　昭和5年
昭和6年
安田礦山鉄道（釧路鉄道）
標津線　湧網線
根北線と未成線　在来他路線

釧網本線の歴史は、路線の位置がほぼ同じであった「安田鉄道」の歴史抜きには語れない。安田礦山鉄道は明治20（1887）年、川湯のアトサヌプリ（通称・硫黄山）で産出された硫黄の鉱石を標茶に運ぶために敷設された。この明治20年の敷設は、道内で2番目に古い鉄道ということになる（「札幌」–「手宮」間の「幌内鉄道」=明治15年開通に次ぐ）。

安田礦山鉄道は、戦前の4大財閥の一つである安田財閥の安田善次郎氏によって敷設された。旅客鉄道としての収益を見込んで、明治25（1892）年には新たに「釧路鉄道株式会社」として開業することにしたものであったが、硫黄山での資源も枯渇しはじめて採算が悪化し、ついに明治29年7月に硫黄の採掘が中止され、経営が行き詰まった釧路鉄道は、同年8月1日をもって営業を休止した。翌30年には政府によって買い上げられることとなる。

現在の釧網本線の「標茶」駅–「川湯温泉」駅区間の路線位置は、この安田礦山鉄道の路線跡とほぼ同じ位置を走っている。

ここで不思議なのは、釧網本線の敷設計画は明治29年5月にはすでに「北海道鉄道敷設法」により予定線としてできあがっていたことである。当時は「厚岸ヲ経テ網走ニ至ル鉄道」となっていて、「東釧路」起点と決定したのは大正8年7月になってからである。

敷設工事の全線の半ばを請け負ったのは、札幌市にあった川村組である。組の代表者を川村音吉といい、もとレンガ工事を生業《なりわい》とした職人ながら、鉄道指定業者の下請けを一手に請け負った。ついには彼自身が鉄道指定業者にまで成長し、その後は不動産取引で百万長者（現代ならば億万長者）となった人物であった。

釧網本線は6工程によりできあがっている。①「網走」駅–「斜里」駅間の工事は大正13（1924）年に始まり翌年に開通し、②昭和4（1929）年には「札鶴」駅（現「札弦」駅）まで開通、この線を網走本線とした。③「釧路」駅–「標茶」駅間は昭和2年に「釧網線」として開通し、翌3年には東釧路駅を起点としている。④昭和4年には「弟子屈」駅（現「摩周」駅）まで、⑤翌5年には「川湯」駅（現「川湯温泉」駅）まで開通し、⑥最後に昭和6年9月に「川湯」–「札鶴」間が完成、これで全線が開通し、同時に路線名も「釧網本線」に改められた。

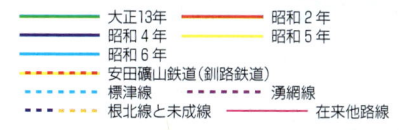

止《やむ》別《べつ》駅

S WC

斜里郡小清水町止別

知床斜里駅 —11.5km— 止別駅 —5.7km— 浜小清水駅

白馬が目印 止別駅舎

難読駅名のひとつに挙げられる駅である。木製の駅舎は部分的に改修しながら使用している。屋根にはペガサスの飾りがあって、外壁は下《した》見《み》板《いた》張《ば》り。

駅舎の中ではラーメン喫茶「えきばしゃ」が営業している。かつては発券業務を委託されていたそうで、窓口も当時の状態で残され、スタンプも作られているので、店に頼んで押すことができる。不定休であるが、地元や観光客にはとても人気がある。

待合所には懐かしいダルマストーブが置かれている。待合所のイスの一部は、客車用のものを利用している。駐車場も整備されている。

menu(平成14年)

「えきばしゃ」店内

※「止別」の名称は、アイヌ語の「ヤム、ペッ」(冷たい川)から出たものである。(「駅名の起源」より)

ミニガイド ニクル、濤釣沼、ヤンベツ遺跡がある。ここからオホーツク海沿岸を列車は走る。

浜《はま》小《こ》清《し》水《みず》駅

S WC

斜里郡小清水町浜小清水

止別駅 —5.7km— 浜小清水駅 —3.2km— 原生花園駅(臨)

道の駅に併設されている浜小清水駅舎

「古樋《ふるとい》」駅を、昭和27(1952)年11月に改称。列車はここから、網走国定公園の観光目玉の一つ「小清水原生花園」の中を走る。「葉菜野花(はなやか)小清水」の道の駅に併設される駅舎は個性的・近代的。設備は道の駅仕様で、特にトイレは身体障害者用にも整備され、スロープも玄関横に設置されている。道の駅なのでKIOSKはないが、売店がある。「うどん・カレー店」も入り、「流氷パフェ」と名づけられたメニューもあった。ギャラリーも来訪者の目を楽しませてくれる。駅施設としては、玄関ホールの延長部分が待合所となっている。平成19年4月から、「藻琴」駅との間にDMV(デュアル・モード・ビークル)の運行が行われている。

浜小清水駅前

ミニガイド フレトイ展望台、チカンプトウ(濤沸湖)展望台がある。

原《げん》生《せい》花《か》園《えん》駅(臨) S WC

斜里郡小清水町浜小清水

浜小清水駅 —3.2km— 原生花園駅 —5.4km— 北浜駅

シーズン中は観光客で賑わう原生花園駅舎

ホーム

観察できる植物や鳥の案内図

原生花園駅は、その駅名が示すとおり「小清水原生花園」の中に位置し、オホーツク海と濤沸《とうふつ》湖《こ》に挟まれた場所にある。

地図上では心細いほどの狭い陸地上に、国道と線路が走っている。展望台下にログハウスのような季節限定臨時駅舎があって、5月1日〜10月31日の間は列車が停車する。花を見るなら6月〜7月。

駅長さんの制服・制帽を貸していて、記念撮影もできる。駅長さんが勤務しているときは、自然や野鳥の話を聞くことができるそうだ。観光記念入場券も販売しているが、普通乗車券は販売していない。

このあたりは、冬に流氷を観察することもできるが、駅は閉鎖されている。

昭和53(1978)年に一度廃駅になった。

ミニガイド 原生花園展望台、「インフォメーションセンタ-Hana」がある。

釧網本線沿線風景 その2

硫黄山(川湯温泉駅付近)

斜里岳と原生花園(原生花園駅付近)

オホーツク海と釧網本線(北浜駅付近)

スタンディングトレイン(網走駅)

北《きた》浜《はま》駅

WC

網走市北浜

原生花園駅(臨) ― 5.4km ― 北浜駅 ― 2.8km ― 藻琴駅

駅舎に停車場が入っている？　北浜駅舎

「停車場」店内

「ミニ展望台」

北浜駅には、「停車場」と名づけられた軽食喫茶店が入って営業している。

待合所には、所狭しと名刺が貼《は》りつけてあった。トイレはあるが、店が営業中の間だけ使用できる。

ここには以前「ニャンタロ」と名づけられた猫が飼われていたが、平成16年5月に天国に旅立った。

「停車場」はラーメンからフランス料理(要予約)までメニューが豊富で、紅茶はもっと種類が豊富(火曜日が定休日)。

この駅には、丸太を組んだ「ミニ展望台」がある。「オホーツク海に一番近い駅」となっているので、流氷観察にはベストの位置なのだろう。羅臼岳・海別岳も望める。

ミニガイド　どさんこ花園牧場、白鳥飛来地の北浜白鳥公園がある。

藻《も》琴《こと》駅

WC

網走市藻琴

北浜駅 ― 2.8km ― 藻琴駅 ― 2.5km ― 鱒浦駅

人気のラーメンはいかが？　藻琴駅舎

「トロッコ」店内

北海道らしさを代表しているような駅舎の一つにあげられる藻琴駅舎には、軽食喫茶店「トロッコ」が入店している。

店内には駅長の制帽や列車のライトなどが展示されている。釧網本線のグルメ線としての草分けの店である。

ここのコーヒーは名水の「銀嶺水」を使用していて美味しく、ラーメンの種類も豊富で、人気がある(不定休)。

駅前の「トロッコ」看板下にはトロッコが置かれていた。

開設当時からの駅舎は多少改修がなされているが、表情は変わらずに残されている。トイレは別棟となっている。

※「藻琴」は、アイヌ語の「ムク、トウ」から出たもので、「尻の塞がっている沼」の意である。(「駅名の起源」より)

ミニガイド　藻琴湖がある。平成19年4月から浜小清水駅との間にDMVが運行を始めた。

鱒《ます》浦《うら》駅

網走市鱒浦

藻琴駅 —— 2.5km —— 鱒浦駅 —— 4.8km —— 桂台駅

北海道らしくゆかしい姿だが、老朽化が激しい鱒浦駅舎

鱒浦駅前

　オホーツク海に面する国道沿いに、北海道代表型駅舎の一つがかろうじて残っていた。外壁の下《した》見《み》板《いた》張《ば》りはそのままだし、屋根材も、半分程度が昔の状態で残されている。ホーム側の外壁は傷みが激しいのか、一部セメント板で補修されている。出入口上部には、旧国鉄時代の駅銘板が残されている。かつては窓口業務が行われていたはずであるが、新造の間仕切りで塞がれ、待合所のみが利用できる。トイレも閉鎖されている。正面の階段は波を打っており、老朽化が激しい。以前は海水浴客が多く利用した駅だが、現在海水浴場は閉鎖されている。

※この近海は昔からアイヌの鱒漁の好適地として知られているため、このように名づけたのである。(「駅名の起源」より)

ミニガイド　道立水産試験場がある。

桂《かつら》台《だい》駅

網走市南10条東3丁目

鱒浦駅 —— 4.8km —— 桂台駅 —— 1.4km —— 網走駅

鉄骨フレームが個性的な桂台駅舎

桂台駅前

　坂道の途中、道路沿いに、鉄骨フレーム組の個性的な建物があるが、バスの停留所ではない。

　平成6年11月に改築された駅舎は待合所のみの小さな建物だが、存在感はある。屋根つきの階段がホームに続いている。木製・デッキ式のホームには木のベンチが置かれて列車待ちができるのにくわえ、プランターの花が咲き揃《そろ》ってガーデニングの庭のようだ。

　出入口横の壁には大きなホワイトボードが設置されている。伝言板用に置かれたものであろうか。

　駅周辺は住宅街であり、学校もあるため、駅舎を利用する学生も多い。

ミニガイド　網走市役所、郷土博物館、網走運動公園、網走港がある。

宗谷本線
瀬戸瀬
丸瀬布
下白滝
旧白滝
白滝
上白滝
上川
東雲
安足間
愛山
中愛別
愛別
伊香牛
将軍山
当麻
桜岡
北日ノ出
東旭川
新旭川
南永山
旭川
旭川空港
層雲峡
大雪山
旭岳
天人峡
富良野線
十勝岳
十勝岳
富良野

石北本線

営業距離
234.0km

駅舎数
39駅

石北本線の起点駅は「新旭川」であるが、新旭川駅は「宗谷本線」に掲載した。このため、本書では「石北本線」は「南永山」駅から始まっている。

南《みなみ》永《なが》山《やま》駅

旭川市永山10条3丁目

新旭川駅 ―― 2.5km ―― 南永山駅 ―― 2.7km ―― 東旭川駅

学生の乗降客が多い南永山駅の駅舎

ホームからの風景

南永山駅舎は形状にも、外壁の塗装分けにおいても特徴がある。外壁はセメント系パネル張りで、グリッド目地を強調し、塗装も色分けがなされている。待合所のみの駅舎であるが、乗降客が多い市内なので、広く造られている。学生の利用者が多く、したがって駅前に自転車も多く駐輪している。

ホームから東旭川方面を見ると、大雪山系の山々が遥かに望める。

駅舎はホームからの利用のみとなっている。ホーム側の出入口には三角形の庇《ひさし》が設けられ、シンメトリーのデザインになっている。

駅前にはラーメン店があり、学生にも人気がある。

ミニガイド　旭川ラーメン村がある。

東《ひがし》旭《あさひ》川《かわ》駅

WC

旭川市東旭川北3条5丁目

南永山駅 ―― 2.7km ―― 東旭川駅 ―― 2.1km ―― 北日ノ出駅

個性的にデザインされた東旭川駅舎

駅前通り

東旭川駅も、小ぢんまりとした待合所のみの駅舎だ。ゴールデンウィークともなると、旭山動物園までのシャトルバスが出ていることもあり、観光客で混雑する。

外壁はALC版（軽量気泡コンクリート成型板）に吹付剤で仕上げられ、出入口廻りはセメント系パネルで、外壁より少し奥まって造られている。

駅前は広く確保されて、駐車場もある。駅前通りの突き当たりに大きな鳥居が建ち、兵村記念館が見える。

改築されて2代目の駅舎。先代の駅舎は一部に「雁《がん》木《ぎ》」が設けられた立派な建物であったそうで、旧「中愛別」駅舎や旧「伊香牛」駅舎と同形であったようだ。

ミニガイド　旭川兵村記念館がある。屯田兵に関する資料や記録の量は道内最大。

北《きた》日《ひ》ノ《の》出《で》駅

旭川市東旭川町日ノ出

東旭川駅 ― 2.1km ― 北日ノ出駅 ― 2.9km ― 桜岡駅

補修が待たれる北日ノ出駅舎

ホーム

ホームから少し離れた位置に、コンクリートブロック造りの待合所がある。梁《はり》や屋根のコンクリートの豆砂利が露出し、凍害でボロボロの状態である。特に屋根版はこのままだと陥没の危険がありそうだ。余計なお世話かもしれないが、速やかな補修が待たれる。せっかくの待合所だから、ぜひ存続させたい。

出入口上部に設置されている駅銘板は、写真では「の」の字がひらがなになっているが、現在は正しく書き換えられている。

このあたりまで来ると、郊外の景色となってくる。旭山動物園が近くにあり、目の前に旭山が見えるが、ここからバスは出ないので、徒歩で行く方法しかない。

ミニガイド　旭山動物園、旭山公園があるが、徒歩では厳しい。

桜《さくら》岡《おか》駅

WC

旭川市東旭川町桜岡

北日ノ出駅 ― 2.9km ― 桜岡駅 ― 3.7km ― 当麻駅

正面の合掌が印象的な桜岡駅舎

駅前の石

駅銘板

桜岡駅は一枚板の木板に駅名を彫った個性的な駅銘板が、正面出入り口上部の合掌《がっしょう》部に設置されている。

駅舎はコンパクトな建物で、待合所とトイレのみが設置されている。外壁はセメント系のパネル張りで正方形のグリッド目地である。

駅前にはピンク色の大きな石が何個かあるが、説明書きがないので、何の石かはわからない。

改築されて2代目の駅舎だが、先代の駅舎は規模の大きい建物だったそうだ。

跨線橋があり、2番線のホームもあるが使用されていない。

※「桜岡」の由来は、駅付近の丘に桜が多いためこのように名づけたのである。（「駅名の起源」より）

ミニガイド　桜岡駅を出発すると、旭川市街地から離れ当麻町に入る。

当《とう》麻《ま》駅

WC

上川郡当麻町4条東3丁目

桜岡駅 ―3.7km― 当麻駅 ―3.5km― 将軍山駅

物産品販売所がある当麻駅舎

昇り龍の時計塔

昭和41(1966)年改築の、鉄筋コンクリート造りの規模の大きな建物が当麻駅舎である。元の駅事務所に「アグリステーション」と名づけらた売店があり、㈲当麻グリーンライフが経営している。店内は特産品や種苗それにソフトクリームや甘酒を販売している。

平成17年12月に無人駅となったが、駅前は広く確保され、駐車場もある。駅横には整備されたトイレがあり、身体障害者用もある。

当麻町は8年連続米生産が北海道1位とあって、駅前にはJA当麻やホクレンショップが並んでいる。駅前公園内には「昇り龍」の時計塔もある。

※「当麻」は、アイヌ語の「ト、オマ、ナイ」(沼のある谷川)から出たものである。(「駅名の起源」より)

ミニガイド　世界的にも珍しい「管状鍾乳石《しょうにゅうせき》」が当麻鍾乳洞にある。当麻町役場、スポーツランドもある。

将《しょう》軍《ぐん》山《ざん》駅

WC

上川郡当麻町北星2区

当麻駅 ―3.5km― 将軍山駅 ―2.1km― 伊香牛駅

コンクリートブロック造りの待合所を持つ将軍山駅

ホーム

プレコン製のデッキ式ホームだけかと思ったが、ホームから少し離れた位置にコンクリートブロック造りの待合所があった。舎内の床は砂利敷きで、どなたかが置いたソファーがあった。駅舎周囲は清掃されてきれいに扱われ、トイレは別棟で、プレハブ式。

駅名が立派なだけに、出入口上部の駅銘板も個性的な毛筆書きだが、劣化して消えそう。ホームの端にも金文字の駅銘板が設置してある。

踏み切りを渡った場所に自転車置場も設けられている。列車の停車本数は上下合わせて一日にわずか10便。周辺は農耕地が多く、その中に民家が点在している。

ミニガイド　石狩川を挟んで、宗谷本線と並行した位置関係にある。

伊香牛《いかうし》駅

WC

上川郡当麻町伊香牛

将軍山駅 ―2.1km― 伊香牛駅 ―6.4km― 愛別駅

ロケーションもいい　伊香牛駅舎

伊香牛ぷらっとホール

伊香牛駅舎はログハウスで造られたロッジ風の建物である。駅舎の後ろに大雪山系の山々が望め、ロケーションもピタッと決まっている。

ただ、先代の駅舎を知る方々にとっては、この駅舎自体に違和感を覚えるかもしれない。昭和63(1988)年に現在の駅舎に改築された。

駅前には「伊香牛ぷらっとホール」がある。「プラットホーム」にかけたのだろうか？

駅前の駐車場は、ホールと兼用で使用できそう。駅前には商店もある。

※「伊香牛」は、アイヌ語の「イカ、ウシ」(越す所)から出たものであるが、また「溢《あふ》れる所」の意、とも解される。(「駅名の起源」より)

ミニガイド　スカイパークがある。当麻ダム近くには当麻鍾乳洞がある(徒歩では厳しい距離だ)。

愛別《あいべつ》駅

WC

上川郡愛別町東町

伊香牛駅 ―6.4km― 愛別駅 ―6.1km― 中愛別駅

個性的な愛別駅舎

愛別駅前

「森林公園を訪ねる道Ⅲ」の標識

鉄筋コンクリート造りの愛別駅舎は改築されて2代目の駅舎である。個性的な建物で、正面出入口の大面ブロンズガラスが印象的だ。建物の開口部の高さに合わせたグリーンの帯は色分けの塗装で、個性を出している。

平成15年4月から無人化され、現在は舎内の待合所とトイレのみ使用されている。駅前には商店もあるが、他に農業用倉庫が多くある。駅出入り口横には「森林公園を訪ねる道Ⅲ」の標識が設置されている。

※「愛別」は、アイヌ語の「アイ、ペッ」(いら草のある川)からとったものであるが、アイは「弓の矢」とも訳されるから、「矢の川」といい、矢のように流れが早いからだともいわれる。また昔、十勝アイヌの首長がこの地方を攻撃して敗れ、矢にあたって川に転落し、矢を流した川であるという伝説さえある。(「駅名の起源」より)

ミニガイド　愛別町役場、ダイコロ愛別飛行場、湯元協和温泉、総合スポーツ公園、十本桜などが付近にある。

中《なか》愛《あい》別《べつ》駅

WC

上川郡愛別町中央

愛別駅 ―― 6.1km ―― 中愛別駅 ―― 4.0km ―― 愛山駅

出入り口の合掌が印象的な中愛別駅舎

函館本線にある同類の「駒ケ岳」駅舎

個性的なデザインをした中愛別駅舎。正面出入口を覆う、大きな合掌《がっしょう》が印象的だが、山岳を眺望できる地区の駅舎は、山のイメージに合わせて、必然的にこのようなデザインになるのだろうか（函館本線の「駒ケ岳」駅舎も同様なデザインだが、合掌の位置が右寄り）？　急勾配《こうばい》の屋根は、雪の堆雪《たいせつ》防止や雪よけにもなり、デザインと合わせて合理的である。

外壁はサイディング張りで、水色。昭和63年に改築した2代目の駅舎で、先代の駅舎は旧「東旭川」駅舎・旧「伊香牛」駅舎と同形であったそうだが、今となっては比べようもない。

駅横には、屋根つきの自転車置場が設けられている。

ミニガイド　周囲はきのこの里で知られている。

愛《あい》山《ざん》駅

上川郡愛別町愛山

中愛別駅 ―― 4.0km ―― 愛山駅 ―― 2.0km ―― 安足間駅

コンパクトな愛山駅舎

ホーム

愛山駅はホームのみの駅かと思ったが、ホームから少し離れた場所に、コンパクトな待合所の建物がある。

この建物には駅名や待合所の名称が何も書かれていないので、農業用の倉庫と勘違いしそうだ。中を覗《のぞ》いて初めて待合所だとわかった。待合所横には、老朽化はしているが、屋根つきの自転車置場が設置されている。

開設当初は仮乗降場として設置された駅で、昭和62（1987）年3月に駅に昇格した。

駅のホームからは、晴れた日には大雪山系の山々がよく見える。ホームはプレコン製のデッキ式になっている。

ミニガイド　大雪山国立公園と天塩岳道立自然公園に挟まれた、自然環境の豊かな場所にある。

安《あん》足《たろ》間《ま》駅

WC

上川郡愛別町愛山

愛山駅 ―2.0km― 安足間駅 ―2.4km― 東雲駅

戸建住宅のような形状の安足間駅舎

映画のシーンに使えそうな、ホームからの風景

スッキリとしたデザインの安足間駅舎は、駅銘板が外壁に取り付けられていないと、戸建住宅に間違えてしまいそうである。

二重母屋の屋根のようだが、正面出入口用の雨よけ屋根がダブって設置されているだけである。外壁はサイディング張りで茶系に塗装され、梁《はり》と束《つか》立てを白く塗装し、破風《はふ》を濃紺にするなど、工夫がなされている。

ホームからは大雪山系が近くに見え、映画の中の風景のようである。

難読駅名の一つにあげられる。

※「安足間」は、アイヌ語の「アンタル、オマ、プ」(淵のある所)の変化である。(「駅名の起源」より)

ミニガイド　百田宗治詩碑がある。愛山渓温泉への玄関口でもある。

東《とう》雲《うん》駅

上川郡上川町東雲

安足間駅 ―2.4km― 東雲駅 ―4.5km― 上川駅

コンクリートブロック造りの待合所を持つ東雲駅

ホーム

一般的に難しく読むと「しののめ」だが、そのまま「とううん」である。ホームのみの駅かと思ったら、ホーム横にコンクリートブロック造りの待合所があった。後ろの住宅の庭先に、駅銘板もなく建っている状態なので、中を覗《のぞ》くまで待合所とはわからない。石北本線では、コンクリートブロック造りの待合所をよく見かける。待合所のみの建物にしては規模が大きいのだが、トイレはない。梁《はり》や楣《まぐさ》(開口部などの補強)のコンクリートが、部分的に表面が剥離《はくり》し始め、豆砂利等の骨材が露出している。

ホームはプレコン製のデッキ式で、アスファルト舗装が施されている。駅周辺には民家やビニールハウスの畑が広がっている。

ミニガイド　列車はこの先で蛇行する石狩川を渡り、上川駅に向かう。

上《かみ》川《かわ》駅

上川郡上川町中央町

東雲駅 —4.5km— 上川駅 —34.0km— 上白滝駅

層雲峡の玄関口 上川駅舎

駅出入口

駅前のモニュメント

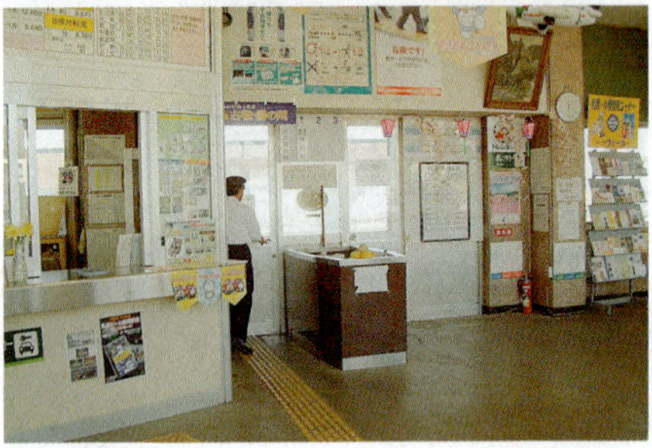

窓口・改札口

「層雲峡温泉」の玄関口としてもよく知られた駅である。層雲峡までの石狩川渓谷は、「柱状節理」と呼ばれる断崖《だんがい》絶壁が延々と続く観光名所だ。

このあたりの駅の管理駅だけあって昭和37(1962)年に建てられた上川駅は規模も大きく、施設も整っている。「ルベシベ線」当時は「ルベシベ」停車場といっていたが、石北本線開通と同時に改称された。

正面出入口には木板に大きく書かれた駅銘板があり、その下には木彫りの熊像が置いてある。この場所は「思い出の写真撮影所」となっていて、撮影のアングルまで指定している。右上の写真は、その指定位置で撮影したものだが、駅銘板横に人物が納まるのだろう。

季節には、イワツバメが軒裏に巣を造るという。

駅前は広く確保され、ロータリー形式になっている。タクシーの待機や駐車場もある。また、「層雲峡温泉」へ歓迎する大きなモニュメントや、上川町はラーメンの美味い街だけに、「ラーメン日本一」の看板もある。舎内に立ち喰いラーメン屋があってもよさそうだが、入店はしていない。駅横には環境省の「北海道地方環境事務所上川自然保護官事務所」があり、反対側には層雲峡観光協会やバス会社が入った「森のテラス ヌプリ」が建っている。

上川駅の次には「天幕」駅が平成13年6月まであったが廃駅となり、「中越」「奥白滝」の2駅は停車場になった。現在は34km先の「上白滝」駅が次の駅になる。

※「上川」の由来は、アイヌ語の「ペニ、ウン、グル、コタン」(上川人の村)である。昔、神居古潭を境として、その上流に住む人をペニウングルととなえ、下流に住む人をパナウングル(川下人)といって区別したのによる。(「駅名の起源」より)

ミニガイド 上川町役場、層雲峡温泉、大雪展望台、熊公園、北の森ガーデン・アイスパビリオン、清川水芭蕉園、柱状節理の万景壁、双子岩、大函・小函、銀河の滝などがある。

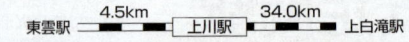

上白滝駅《かみしらたき》

WC

紋別郡遠軽町上白滝

上川駅 —34.0km— 上白滝駅 —3.0km— 白滝駅

一日2便が停車する上白滝駅の駅舎

ホームからの風景
柵が並んでいるのは鉄道用の防雪柵

よく残っていたといえる上白滝駅舎である。この駅の列車停車は上下線合わせて一日2便。

手前の3駅が廃駅や信号場になったことを考えると、残っていることが不思議なくらいだが、周囲はこれらの駅と違い、牧場や農場があり民家も点在しているようであるし、駅前には商店がある。

駅舎は木造平屋建てで外壁は下見板張《したみいたば》り、屋根はカラー折板《せっぱん》張《ば》りにしているが、屋根は何度か葺《ふ》き替えられているようである。建具は改修されている。過疎化が進んでおり、廃駅にならなければよいがと思う。トイレは別棟にあり、昔懐かしい便器がある。

ミニガイド 北大雪スキー場、天狗平温泉「文化村ロッジ」がある。

白滝駅《しらたき》

WC

紋別郡遠軽町白滝

上白滝駅 —3.0km— 白滝駅 —6.1km— 旧白滝駅

時計台が印象的な白滝駅舎

ガラスケースに特産品を展示

駅前の「黒曜水」と「開通記念碑」

白滝駅舎は平成元年に改築された。中央部に時計台がそびえて、印象的な建物である。

舎内の待合所は明るく、白滝地区の特産品がガラスケースの中に展示されている。また、木製の大テーブルと長椅子《ながいす》が置かれ、ちょっとした会議室の雰囲気である。

駅前は広く確保され、整備されている。黒曜石がよく採取されるので、黒曜石の水飲み場が設置され、「黒曜水」と名づけられている。その横に「開通記念碑」が建立されている。

白滝村は平成17年10月に遠軽町と合併した。

ミニガイド 白滝支所、白滝温泉、郷土館がある。合気道の創設者・植芝盛平ゆかりの地。

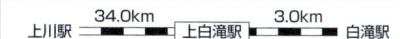

旧《きゅう》白《しら》滝《たき》駅

紋別郡遠軽町旧白滝

白滝駅 — 6.1km — 旧白滝駅 — 4.4km — 下白滝駅

めんこいっしょ 旧白滝駅舎

ホームからの風景

「旧白滝駅」といっても廃駅ではない。駅舎の取材をしていると、「旧」とついていると廃駅のイメージをもってしまう。駅名にも色々あるが、「旧」の文字がついた駅名は珍しく、北海道では唯一《ゆいいつ》ここだけである。この地域はもともと「白滝」と名づけられ、その後開拓者たちが現在の「白滝」に移住したため、元の地名に「旧」の字を冠したものである。

ホームの上に、ポツンと下見板《したみいたば》張りの待合所だけがある。

伝言板や落書き帳が舎内にあった。この駅も一日の停車本数が、上下合わせて4便。

ここからも大雪山系の山々を近くの山間から望める。

ミニガイド　白滝遺跡がある。

下《しも》白《しら》滝《たき》駅

紋別郡遠軽町下白滝

旧白滝駅 — 4.4km — 下白滝駅 — 9.2km — 丸瀬布駅

歴史を物語る下白滝駅舎

ホームからの風景

駅舎は、開設当時の建物を補修しながら現在に至っている。もちろん、アルミの建具や屋根材等は、後から取り替えられている。

正面出入口廻りにおいては、開設当時には合掌《がっしょう》の風除室か庇《ひさし》があったようだが、撤去されている。したがって、出入口の開口部周りを修復した跡が残っている。

外壁は下見板張りで、年数を感じさせる。開設当時に建てられた駅舎が、改築されないでよく残ったものだ。修復内容いかんによっては、今後も地域の歴史記念物となりそうである。

ここも一日の停車本数が上下合わせて4便である。

ミニガイド　湧別川に落ちる白滝がある。

丸《まる》瀬《せっ》布《ぷ》駅

WC

紋別郡遠軽町丸瀬布水谷町

下白滝駅 ― 9.2km ― 丸瀬布駅 ― 7.8km ― 瀬戸瀬駅

近代的な施設に同居している丸瀬布駅

丸瀬布観光案内看板

舎内のスロープ

ホームの待合所

丸瀬布町は平成17年10月に生田原町·白滝村·遠軽町との4カ町村合併で、遠軽町となった。丸瀬布駅は町営施設の「丸瀬布生涯学習館」の中に同居している。平成12年改築の近代的なデザインの建物で、この地域では非常に目立つ。

駅舎の部分としては、待合所とトイレがあるだけで、他は図書館と研修施設になっている。正面の雨雪よけ用の長い現代版「雁木《がんぎ》」が印象的な建物である。高い塔には「蝶」のデフォルメが描かれているが、丸瀬布は「SLと昆虫のまち」で知られている。かつて森林鉄道で活躍した小型蒸気機関車の「雨宮21号」が、森林公園いこいの森内に保存されている。

木材の町としても栄えた所である。そのこともあり、舎内の内壁は木製板張りにしているが、地場産の木材なのだろう。開口部の建具も内側に木製建具が使用されていて、非常に温かみのある待合所となっている。

ホームにも木造の待合所が設置されている。

先代の丸瀬布駅舎は、木造平屋建てだったが、規模も大きく、発券窓口や手小荷物受渡口も設置され、駅員数も多い駅であったそうだ。

駅前は商店や民家が並び、地区の中心地になっている。次の「瀬戸瀬」駅との間に、平成2年8月まで「伊奈牛」駅があった。

※「丸瀬布」の由来は、アイヌ語の「マルセップ」から変化したもので、「三つの川の集まる広い所」の意だといわれているが、真否は不明である。(「駅名の起源」より)

駅前

ミニガイド　丸瀬布支所、丸瀬布温泉、木芸館、昆虫生態館、平和山公園、藤園、郷土資料館、森林公園いこいの森、神霊水広場、山彦の滝、鹿鳴の滝、大平高原牧場、奇城岩がある。

瀬《せ》戸《と》瀬《せ》駅

紋別郡遠軽町瀬戸瀬西町

丸瀬布駅 ― 7.8km ― 瀬戸瀬駅 ― 11.1km ― 遠軽駅

コンパクトだが大きく見える瀬戸瀬駅舎

瀬戸瀬駅前

駅舎はコンパクトな建物で、昭和63(1988)年に改築された。出入口には個性的な風防壁が設置されている。外壁はサイディング張り。

コンパクトな建物の割りに、正面外壁に設置されている大きな駅銘板が「ここは駅です」といっているようで印象的である。駅前はオンコ(イチイ)の樹を中心としたロータリー形式になっている。

次の遠軽駅との間に「新栄野」駅があったが、平成18年3月に廃駅となった。

※「瀬戸瀬」の由来は、駅の上方に「セタニ、ウシ」(山梨の生えている所)という山があり、この山に源を発する川を「セトセ川」という。市街はこの川と湧別川の合する所にあるためこのように名づけたもので、「セトセ」は「セタニ、ウシ、ウトル、コツ」(山梨のある所の間の谷)の約音されたものである。(「駅名の起源」より)

ミニガイド 瀬戸瀬温泉と、桜の名所である寒河江公園がある。

遠《えん》軽《がる》駅

紋別郡遠軽町岩見通南1丁目

瀬戸瀬駅 ― 11.1km ― 遠軽駅 ― 8.0km ― 安国駅

スイッチバック式が残る遠軽駅舎

窓口・改札口

遠軽駅前

接続線の影響でスイッチバック式となった遠軽駅は、平成元年4月まで「名寄本線」の起点駅として稼働していた。木造駅舎は、開設当時からのものを修理しながら現在に至っている。「函館本線」の「岩見沢」駅舎(焼失前の駅舎)より古い歴史をもっている。高台に駅舎があるため、正面の階段を上るが、段の蹴上《けあげ》に絵が描かれ、正面から見ると一枚絵になる。

舎内には視覚障害者用の運賃表が設置されている。そば店と「かにめし」の弁当販売もあり、構内には、名寄本線のターンテーブルが残されている。

※「遠軽」は、アイヌ語の「インガルシペ」(見張りする所)から出たもので、駅の後ろに高さ70メートルの「瞰《がん》望岩《ぼういわ》」と呼ばれる一大巨岩があることに由来。(「駅名の起源」より)

ミニガイド 遠軽町役場、太陽の丘えんがる公園、地名の発祥である瞰望岩、先史資料館、木楽館がある。

石北本線沿線の風景

石北本線から見た風景は、ほとんどが山間を走るので、開けた場所から見える「大雪山系」の頂と、後は網走湖とオホーツク海が女満別駅以降に展開する。

周りの木々に緑が戻り、山々も赤褐色の装いから緑が濃くなってきた卯月の晦日《みそか》近く、稜線が分かれた視界の先には、うねった雪渓が美しく光を反射する大雪山系が姿を見せている。映画のロケには最高の場所である。

安足間駅ホームから見た大雪山系

国道39号は別名「大雪国道」という。石北本線「愛山」駅あたりからは、雪に覆われた迫力ある大雪山系の山々が真正面に現れる。

国道39号から見た大雪山系

オホーツク海に面した道東にも、けだるい夏が訪れ、観光地網走湖畔に響く観光客の喚声に一区切り着く薄暮、気持ちよい緑風が湖面を渡り、昼間の熱気もやっと落ち着きを取り戻す。

石北本線と網走湖（呼人駅付近）
国道39号も並走している

初春のオホーツク海はすでに流氷もなく、海の色も穏やかなブルーに変わっていた。しかし、まだ吹く風は冷たく、夏には沿線が緑に覆われる国道244号が網走に向かって延びている風景と、能取半島を遠くに望める。

オホーツク海（釧網本線・北浜駅付近）
流氷のベストビュー地域

安国《やすくに》駅

WC

紋別郡遠軽町生田原安国

遠軽駅 ― 8.0km ― 安国駅 ― 3.9km ― 生野駅

木工芸品が展示されている安国駅舎

舎内のショーケース

ホーム側

開設当時の駅名は「下生田原」だったが、昭和21(1966)年3月に現在のものに改称された。また、町も合併し遠軽町となった。

2代目の駅舎で、ロッジ風の建物。舎内やホーム側には、「木のおもちゃ王国」のショーケースが設置され、木工芸品の数々が置かれている。ホーム側からもショーケースを見ることができるように工夫されている。駅舎の建物も、地元でとれた木材で建設されたのだろうか？　非常に丁寧な仕上がりである。

駅前はロータリー形式になっていて、駐車場もある。

ミニガイド　ピノキオハウスがある。国道は石北本線に沿う242号と国道333号に分かれる。

生野《いくの》駅

紋別郡遠軽町生田原豊原

安国駅 ― 3.9km ― 生野駅 ― 5.0km ― 生田原駅

一日4便が停車する生野駅舎

待合所風景

生野駅前

ホームのみの駅ではない。ホーム後ろに置かれている廃バスが待合所である。車内には「列車時刻表」や「注意書き」が置かれているから、間違いなく待合所なのだ。塗装は無惨にも剥《は》がれ、錆《さび》だらけになっている。廃列車の待合所は数多くあったが、廃バスは初めて。

都会だと、すぐに窓ガラスが割られてしまうが、一枚も割られていない。すばらしいことである。

ホームはプレコン製のデッキ式である。昭和21年3月に「上生田原」駅から改称した。

ミニガイド　周囲は牧草地が広がり、のんびりとした時間が流れる。

生《いく》田《た》原《はら》駅

WC

紋別郡遠軽町生田原

生野駅 ― 5.0km ― 生田原駅 ― 15.0km ― 金華駅

オホーツク文学館の中にある生田原駅

広場の時計台

エントランスホール兼待合所

図書館・文学館出入口

生田原町も平成17年10月に遠軽町と合併した。生田原駅は「生田原図書館・オホーツク文学館」のエントランスホールを利用した駅である。一応、待合のイスは設置されているが、図書館の玄関先の一部を間借りしている状態だ。合理的ではあるが、駅としては何か寂しい気がする。ホーム側出入口横にデザインされた「駅銘板」が設置されている。トイレは図書館と共同になっていて、身体障害者用もある。駅舎の紹介内容としては、この程度のものであり、他は別用途なので、ここでは省略する。施設から少し離れた場所に「オホーツク文学碑公園」があり、「田宮虎彦」「渡辺淳一」「三浦綾子」などの十数名の文学碑や歌碑が設置されている。

改築は平成5年3月で、平成5年以前の駅舎を想像していた方は、駅と駅前の変わりように驚く。駅前は広く確保され、タイル張りとなっている。ロータリー形式の中心にはモニュメントの時計台が設置されている。駅近くには、子供たちのあこがれ「ちゃちゃワールド」があり、休日になると、大勢の親子連れで賑《にぎ》わっている。木工品のおもちゃが多数置かれ、一日中楽しめる。

※「生田原」は、アイヌ語の「イキタラ」の変化したもので、「笹」を意味している。この付近に笹が多いところから名づけたものである。(「駅名の起源」より)

ちゃちゃワールド

ミニガイド　まさに駅がオホーツク文学館です。生田原支所、木工芸品おもちゃワールド館の「ちゃちゃワールド」、オホーツク文学碑公園、屏風岩、生田原温泉「ノースキング」がある。

金《かね》華《はな》駅

WC

北見市留辺蘂町金華

生田原駅 ── 15.0km ── 金華駅 ── 3.5km ── 西留辺蘂駅

ホーム側に大きな駅銘板がある金華駅舎

ホーム側から見た駅舎

留辺蘂町は平成18年6月に北見市と合併した。

金華駅舎は昭和9(1934)年に改築された北海道代表型駅舎である。開口部の建具および外壁の一部などは改修されている。当然屋根材も幾度か葺《ふ》き替えられているが、原型としては当時の形状を維持している。正面の駅銘板は小さいが、ホーム側には木板に大きく平仮名で「かねはな」と書かれた駅銘板が設置されている。

駅前は廃屋になった商店や住宅が多く、過疎化が進んでいる。開設当時「奔《ぽん》無《む》加《か》」駅と称していたが、昭和26(1951)年7月に現在の名称に改称された。

※「奔無加」は、アイヌ語の「ポン、ムカ」(小さいムカ川)に由来する。(「駅名の起源」より)

ミニガイド 生田原駅との間に「常紋トンネル」があり、その建設に伴う強制労働で死亡したタコ部屋労働者の慰霊碑がある。

西《にし》留《る》辺《べ》蘂《しべ》駅

北見市留辺蘂町旭西

金華駅 ── 3.5km ── 西留辺蘂駅 ── 2.0km ── 留辺蘂駅

ログハウスの西留辺蘂駅舎

スロープの状態

廃駅となる駅が出始めているなかで、平成12年4月に開設された非常に新しい駅である。駅舎はログハウスの待合所のみの建物であるが、緩勾配《かんこうばい》のスロープが設けられている。

新しい駅は、バリアフリー対策が必要とされてきているので、新設や改築を行う場合、こういった対策を講じる駅が増えてくるだろう。

同駅のスロープ前は砂利敷きとなっているので、車《くるま》椅《い》子《す》利用を考えると、スロープ始点と砂利敷き面に段差がつかないよう注意が必要になる。

駅前には学校があり、通学には非常に便利だ。

ミニガイド 温根湯・塩別・滝の湯の各温泉がある。周辺には物産館、つつじ公園(エゾムラサキツツジ群生地)も。

留《る》辺《べ》蘂《しべ》駅

S　WC

北見市留辺蘂町東町

西留辺蘂駅 —2.0km— 留辺蘂駅 —10.9km— 相内駅

温根湯温泉の玄関口　留辺蘂駅舎

はぁとふるプラザ

改札口、改札柵も木製

ホームの待合所

留辺蘂町·端野町·常呂町と北見市4市町は、平成18年3月5日に合併した。北海道にお住まいの方には「何で」と言われそうだが、「留辺蘂」は難読駅名の一つである。

駅舎は近代的な鉄筋コンクリート造りの建物であるが、舎内は木製板張りを多く使用していて、温かみのある待合所となっている。改札柵《さく》板も同様の仕上げとなっている。無機質な金属製に比べると個性もあり、落ち着いた雰囲気になっている。

駅前広場には、待機するタクシーも多く見られ、駐車場もある。駅舎の屋上には、温根湯温泉やポン湯・滝の湯各温泉の歓迎看板が設置されている。

舎内のトイレ便器前には生花が飾られて、乗降客に対する駅員さんの心遣いが伝わってくる。ホームにもロッジ風の待合所が設けられ、駅横の自転車置場も木製で、公衆電話BOXも丸太組で飾られている。

駅前広場に面して「はあとふるプラザ」という施設があり、1階はバス待合所となっている。この近くには、「高浜虚子」の句碑がある。

※「留辺蘂」の由来は、アイヌ語の「ルペシペ」の音をとったもの。「越え下っていく道」の意である。　この地は佐呂間峠を越えて武華川に下った所であるため、このようにいわれたものであると思われる。(「駅名の起源」より)

廃駅となった「中越」駅の由来と同じだが、こちらは発音を採って留辺蘂としたわけである。

公衆電話ボックス

ミニガイド　留辺蘂町役場、温根湯・ポン湯・滝の湯・塩別の各温泉、山の水族館・郷土館、北きつね牧場、開拓資料館、エゾムラサキツツジ群生地(北海道指定天然記念物)のつつじ公園がある。

相内《あいのない》駅

WC

北見市相内町

留辺蘂駅 ― 10.9km ― 相内駅 ― 4.6km ― 東相内駅

正面形状が面白い相内駅舎

正面のスロープ

デザインされた駐輪場

昭和63年に改築され近代的になった相内駅舎は、駐輪場の小屋が本体駅舎より目を引く。収容台数も多い駐輪場はよくデザインされた形状で機能性に満ちている。駐輪台数も多く、これだけ必要なのかと思うくらい。

駅舎正面にはスロープが設置され、二段手摺《てす》りもつけられている。でも誘導ブロックはない。

駅前は整備された広場となっているが、平成4年4月から無人駅となっている。

※「相内」は、アイヌ語の「アイヌ、オマ、ナイ」(人の多くいる沢)から転じたものらしい。もとは、「上相ノ内」と名づけられていたが、昭和9(1934)年2月5日に現在のものに改められた。(「駅名の起源」より)

ミニガイド　富里湖森林公園・北見モイワスポーツワールドがある。

東相内《ひがしあいのない》駅

WC

北見市東相内町

相内駅 ― 4.6km ― 東相内駅 ― 2.6km ― 西北見駅

規模の大きな東相内駅舎

ホーム

割合規模が大きい木造駅舎は、平成4年まで窓口業務が行われていたので、手小荷物の受渡しカウンターや発券窓口があるが、現在は閉鎖されている。

駅舎外壁はモルタル塗りの上にペンキで塗装され、2色に塗り分けられている。外形はそのままで、外壁や建具、それに屋根葺《ふ》き材が改修されて、現在に至っている。

駅前には大きく育った樹木が3本あり広い敷地が確保され、部分的にアスファルト舗装されている。駅前には「タコ焼とカキ氷」の店があった。

相内と東相内は「ノ」の字が現在はなくなっているが、読みは「の」を入れる。平成9年4月に改称された。

ミニガイド　昭和9(1934)年2月4日まで、「東相ノ内駅」が「相ノ内駅」だった。

西《にし》北《きた》見《み》駅

北見市緑町6丁目

東相内駅 ―― 2.6km ―― 西北見駅 ―― 4.7km ―― 北見駅

優れたデザインの西北見駅舎

駅舎後ろ側

印象的なデザインの西北見駅舎は、最近あまり見かけなくなったコンクリート打ち放しで造られている。それも、リブつきで、駅舎の妻側はアール面にしており、小規模の場合には非常に高額となる設計。これは北見特産のタマネギをデザインしたものだという。ガラスブロックの開口部と、扉の小窓もよくデザインされている。待合所のみの駅舎だが、外部にも木製のイスが建物に連係した形状で設置され、機能性とデザインを楽しんだ建物といえるだろう。西北見駅から北見駅に向かう途中で、列車はいったん地下に潜る。地上に出るとすぐ北見駅に到着する。

ミニガイド 緑ヶ丘森林公園、北見卸売団地がある。

石北本線駅舎内で見かけた観光ガイド（取材時に見かけたもののみ）

「上川・広域ガイドマップ」
上川町にある見所が写真入りで紹介されている。また、宿泊施設やお食事処も電話番号入りで紹介されている。裏面には層雲峡の観光ガイドがイラストで描かれている。イベント情報も紹介されている。

B4判　二つ折り　両面印刷

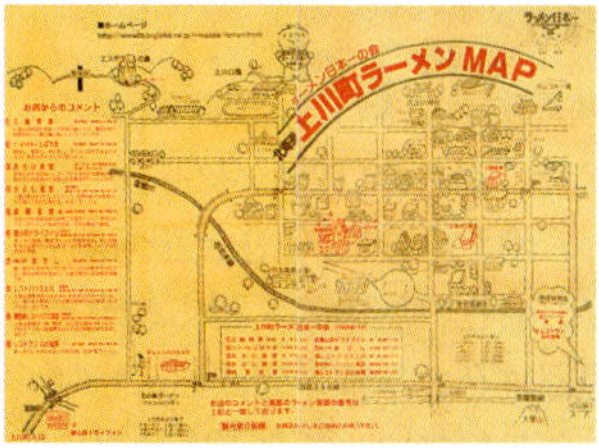

「上川町ラーメンMAP」
上川町には別の観光マップもある。ラーメン日本一の町を十分に紹介した地図で、町内にあるラーメン店の場所とお勧めのラーメンを紹介している。イラストの地図が描かれているので、すぐに場所もわかる。

A3判　二つ折り　両面印刷

「えんがる」
キャッチフレーズは「太陽のぽえむ四つの花弁《はなびら》」となっている。遠軽町は平成17年10月1日に、生田原町・丸瀬布町・白滝村との4カ町村で合併したが、もともとはこれらの町村は当時の遠軽村から分村した街で、古くは大正12年から分村している。独立していた4カ町村が、また一つの町となり、観光やイベントを盛り上げていくＰＲパンフレットである。

21cm×63cm　六つ折り　両面印刷

「彩花紀行」
キャッチフレーズは「日本最大級のコスモス園」で、これは遠軽町観光協会が発行している、単独地の観光パンフレットだ。「太陽の丘えんがる公園」には1,000万本といわれるコスモスや1万本のツツジが植えられていて、季節には色とりどりの花を咲かせる。その他にもさまざまな花が植えられていて、5月から9月まで楽しませてくれる。

A3判　六つ折り　両面印刷

北《きた》見《み》駅

北見市大通西1丁目

西北見駅 ―― 4.7km ―― 北見駅 ―― 2.7km ―― 柏陽駅

独特の形状が印象的な北見駅舎

駅弁販売所

ショーケースにレールを展示

連絡橋昇降口

「北見」駅は旧国鉄「池北線」の北見駅開通時に開設されたもので、明治44(1911)年9月の開設となる。しかし、池北線が「ふるさと銀河線」になってから駅が分断されたので、石北本線・北見駅の開設年月日は石北本線の開通日にしなくてはならないかもしれない。平成18年4月に廃線となったふるさと銀河線・北見駅は、石北本線・北見駅の横にあり、単独のホームを使用していた。昭和時代の北見駅舎は、池北線と石北本線両路線を抱える規模の大きい駅舎で、平成元年に分断されたことで、新しい駅舎に生まれ変わった。現在も規模は大きく、JR貨物を併設している。

舎内にはレール断片がショーケースに展示され、物産展示コーナーには北見市の特産品も展示されている。待合所にはテレビも設置され、コンコースにはコンビニKIOSKや手づくり弁当の販売もあり、「ほたてめし弁当」や「かに弁当」など数種類の弁当が置かれている。

駅横には「中央プロムナード」と名づけられた連絡橋が設置されて、路線の南北を繋《つな》いでいる。内部にはエレベーターもあり、自転車も使用できるが、ホームには通じていない。

ホームには、立ち喰いそば・うどん店がある。

駅前はロータリー形式となっていて、タクシーの待機台数も多く、そのロータリーに沿って一般駐車場も設けられている。

北見駅前

ミニガイド　北見市役所、河西牡丹園、ハッカ記念館、芸術文化ホール(きた・アート21)、オホーツク木のプラザ、地ビールのオホーツクビールもある。

柏《はく》陽《よう》駅

北見市並木町

北見駅 2.7km 柏陽駅 2.2km 愛し野駅

高架式の柏陽駅舎

公衆電話BOX

柏陽駅は高架式になっている。平成4年10月の高架化で改築された。したがって、ホームは当然2階になる。

階段の昇降位置には、鉄骨でデザインされた屋根型の合掌《がっしょう》が組まれている。駅前にある公衆電話BOXも鉄骨と同色で塗装され、地上部分はカラーの平板ブロックで舗装されている。

高架下は「野付牛モール」と名づけられた通路が延々と続いている。北見駅はかつて、「野付牛」駅と呼ばれ、野付牛公園も近くにあることから、「野付牛モール」の名称も理解できる。

乗降客は学生が多い。

ミニガイド 野付牛公園、道立体育センターがある東陵公園や北見工業大学がある。

愛《いと》し野《の》駅

北見市端野町三区

柏陽駅 2.2km 愛し野駅 1.4km 端野駅

清掃が行き届いている愛し野駅舎

舎内に貼られているポスター

木造の自転車置場

ログハウスの待合所が設置されている。待合所のみの建物で、トイレ等はない。駅横には木造で屋根つきの自転車置場がある。

待合所内部は丸太に塗装が施されている。以前は木肌を表していたが、落書きが多くなり、それらを消すために塗られたのだろう。現在は、北見商業高等学校の生徒たちが定期的に清掃している。また、生徒が制作したポスターも掲示されている。「駅名のごとし」であってほしい。

北海道にはログハウス式の駅舎が多い。規模の大きい本格的なものから、小さな待合所に利用しているものまでさまざま。利用者の駅に対する扱いを見ると、街の雰囲気を感じることもできる。

ミニガイド このあたりは北見盆地が広がっていて、郊外店や商店、それに民家が混在している。

端《たん》野《の》駅

WC

北見市端野町端野

愛し野駅 ―1.4km― 端野駅 ―7.3km― 緋牛内駅

メルヘンチックな施設に同居している端野駅

駅前倉庫群風景

端野駅舎は、「端野町物産センター」と名づけられている。ここは、端野町商工会の建物で、駅が併設されている格好になっている。平成3年2月に改築された。

駅前はよく整備されたロータリー形式で、その中心にはブロンズ像があり、「シンフォニー」と名づけられている。また、街路灯は「白樺」をイメージしたもので、駅前はメルヘンチックな雰囲気が漂う。

駅前には農業用倉庫が数棟あり、かつての駅との相関関係が窺《うかが》える。

駅前駐車場もある。端野町は平成18年3月に北見市と合併した。

※「端野」は、北見をかつて「野付牛」と呼んでいたが、その語訳を当てはめたもので、「ヌプ、ウン、ケシ」（野の端）の意訳に由来している。（「駅名の起源」より）

ミニガイド　端野支所、歴史民俗資料館、のんたの湯、北見名水公園がある。

緋《ひ》牛《うし》内《ない》駅

WC

北見市端野町緋牛内

端野駅 ―7.3km― 緋牛内駅 ―11.5km― 美幌駅

面白いデザインの緋牛内駅舎

「鎖塚と供養碑」の案内看板

外壁正面には「JR緋牛内駅」の大きな駅銘板が設置され、遠くからでも駅舎であることがよくわかる。昭和63年に改築された駅舎外壁はサイディング張りで、出入口周りはタイル調のボードが張られ、文字の大きさを含め、バランスが整っている。

駅前はアスファルトで舗装され、駅横には「緋牛内メモリアルハウス」と名づけられた建物がある。

パークゴルフのコースが駅横にある。構内には「鎖塚と供養碑」の看板が設置されている。国道工事で亡くなって路傍に埋設された囚人の塚の案内板である。

※「緋牛内」の由来は、アイヌ語の「シュシュ、ウシ、ナイ」（柳の生えている谷川）の変化である。（「駅名の起源」より）

ミニガイド　鎖塚は旭川から網走までの国道工事で亡くなった、300名の囚人の塚だという。

美《び》幌《ほろ》駅

網走郡美幌町新町3丁目

緋牛内駅 —— 11.5km —— 美幌駅 —— 7.0km —— 西女満別駅

個性豊かな施設に同居の美幌駅

窓口・改札口

林業館入り口の木彫動物風景

駅横のまち子松と石碑

美幌駅舎は昭和60（1985）年12月に改築された。美幌林業館「ぽっぽ屋」の中に併設されている。内部には観光協会や物産センターもある。

外壁はALC版と木製板張りを併用し、中央には時計台がそびえていた。駅前には「開駅60年記念」のレールと蒸気機関車の動輪モニュメントが設置されている。レールは明治23（1890）年、英国から輸入されて、美幌駅開業当時使用されていたようだ。

美幌林業館の入り口を入ると、「北の動物達」と名づけた木彫の動物たちが出迎えてくれる。クマゲラ、エゾリス、シカ、キタキツネ、ヒグマなど、多くの木彫動物が展示されている。駅横には「君の名は」「黒百合の花」の記念碑が建立され、まち子松も植えられている。

駅横には美幌駅バスターミナルがあり、定期路線や都市間路線数が非常に多いターミナルである。

美幌駅は昭和60年3月まで「相生線」の起点駅で、「北見相生」駅まで路線があり、1番線の使用を行っていたが、廃線となった時点で、単純に1番線使用をなくした。現在は2・3番線が石北本線のホームとして残り、使用しているので、乗降客は跨《こ》線《せん》橋《きょう》を渡ることになっている。

※「美幌」は、アイヌ語の「ペ、ポロ」（水の多い）から変化したもの。当地は多くの清流が合流して水量が豊富であるので、このように名づけたものである。（「駅名の起源」より）

商店街も整備された駅前

ミニガイド　美幌町役場、美幌博物館・農業館、峠の湯びほろ温泉、美幌後楽園温泉などがある。

西《にし》女《め》満《まん》別《べつ》駅

網走郡大空町女満別本郷

美幌駅 ― 7.0km ― 西女満別駅 ― 5.0km ― 女満別駅

コンパクトな西女満別駅舎

駅周辺

コンパクトな建物は「西女満別」駅舎の待合所。改築後それほど時間が経っていないこの建物は、サイディング張りの外壁とカラー折板《せっぱん》の屋根でできている。

待合所以外の施設はなく、駅銘板も設置されていないので、駅の施設であることは内部を見るまでわからない。

周囲は森林の他に、農耕地が広がり、農家も見られる。

この屋根形状の待合所は、道北・道東地方の路線（廃線も含め）でよく見かけた建物である。かつては、外壁が下見板張《したみいたば》りで、臨時乗降場時代は「旭野《あさひの》」駅で、旅客駅に昇格してから現在の名称となった。

女満別空港まではDMV（デュアル・モード・ビークル）の試験運行が行われた。

ミニガイド 女満別空港がある。徒歩で30分かかる。

女《め》満《まん》別《べつ》駅

S WC

網走郡大空町女満別本通1丁目

西女満別駅 ― 5.0km ― 女満別駅 ― 7.8km ― 呼人駅

メルヘンチックな施設に同居する西女満別駅

女満別駅前

駅前周辺

この駅も端野駅と同じく、メルヘンチックな建物である。

訪れた人も驚くこの施設は、平成2年に改築された大空町立の図書館であり、女満別駅舎でもある。改築前の木造平屋建ての単独駅舎とはすっかり様変わりした。

町の施設とあって、身体障害者用のトイレも設置されている。特産品の展示コーナーや喫茶店、パークゴルフ用具のレンタル貸し出しもある。

駅前もよく整備されていて、駐車場もある。

駅横には「ぶたぬきつねこ」と名づけられた4両編成の不思議な列車もある。

東藻琴村と女満別町が平成18年2月に合併して大空町となった。

ミニガイド 網走湖に面する場所で、女満別支所、女満別温泉、湿生植物群生地がある。

呼《よび》人《と》駅

網走市呼人

女満別駅 ― 7.8km ― 呼人駅 ― 8.1km ― 網走駅

コンパクトにまとまった呼人駅舎

網走湖（薄暮）

昭和63年、綺麗《きれい》に改築された呼人駅舎はコンパクトな建物で、観光客がよく訪れる駅である。目的はやはり網走湖の風景で、晴れた日の昼間の景観も素晴らしいのだが、夕方の薄暮は旅情を一段と深めてくれる。

駅舎は待合所のみの施設で、トイレは設置されていたが閉鎖されている。外壁はサイディング張り。

複線のホーム間は跨《こ》線《せん》橋《きょう》で接続する。ホームも駅前広場も、砂利敷きになっている。駅周辺には観光客用のホテルなどの宿泊施設がある。

※「呼人」は、網走湖に続く湖のアイヌ名「ヨビトー」から出たものである。「ヨビトー」とは「イ、オピ、トー」の変化で、「別れ出ている湖」の意である。（「駅名の起源」より）

ミニガイド 当然、網走湖だろう。湖畔温泉、呼人半島がある。

石北本線の廃駅（最近の廃駅抜粋）

新栄野駅

昭和21年12月1日に「野上」仮乗降場として開設された。瀬戸瀬駅と遠軽駅の間にあった駅としては、昭和62年4月1日から。上下線合わせて4便が停車したが、最後は利用者ゼロとなり、平成18年3月18日に廃駅となった。ホームに簡易プレハブの待合所があった。

天幕駅

開設は昭和4年11月20日、上川駅と上白滝駅の間にあったが、平成13年6月30日に廃駅となった。翌14年4月の時点で駅はすでに撤去され、跡地にJR北海道旭川支社が建立した石碑があった。この石碑には駅名の由も記入されている。

中越駅

昭和4年11月20日に開設され上川駅と上白滝駅の間にあったが、平成13年6月30日に信号場となった。駅舎が当時の状態で残る。駅前の石碑に示されるように、官設の駅逓所としての歴史も古く、明治34年7月にこの地に移設されたことが書かれている。

奥白滝駅

やはり上川駅と上白滝駅間にあった駅で、駅舎が当時の状態のまま残されている。昭和7年10月1日に開設され、平成13年6月30日には信号場となった。中越駅の次には昭和7年10月1日開設の「上越」駅があったが、こちらは昭和50年12月24日に廃駅となっている。

網《あ》走《ばしり》駅

網走市新町2丁目

呼人駅 ── 8.1km ── （終着駅）網走駅（釧網本線） ── 1.4km ── 桂台駅

丘の上にある網走駅舎

パラソルが並ぶ駅前テラス

窓口・改札口

網走駅前

駅舎は駅前広場より少し小高くなった位置にあり、階段で登るが、長いスロープも設置されている。その階段の昇降位置に、今や観光名所となった「網走監獄」をイメージさせるゴツい駅銘板が設置されている。

保線事務所を併設する駅舎は、規模も大きく近代的で、昭和52年に改築された。

駅前テラスにはデッキつきのテーブルとイスとパラソルが置かれ、休憩することもできる（夏期のみ）。小高くなっている特長を生かしている。また、駅前の公衆電話の屋根は流氷をイメージしたものになっていた。駅前広場は国道沿いに並行して敷地が展開しているため、少々手狭な感じを受ける。駅前の商店街には、レンタカー会社やホテル、観光土産物店が並んでいる。レンタサイクル店もある。

階段横には6～10世紀ごろにサハリンからオホーツク文化をもたらしたモヨロ人の像が立っている。

観光案内所やバス案内所は舎内の左側にある。

名物の流氷飴はKIOSKで販売している。

駅前は狭いが、ロータリー形式となっている。

旧「網走線」開通から昭和59（1984）年2月まで、網走駅より先に「浜網走」駅があった。網走駅は昭和62（1987）年3月に廃線となった「湧網線」の終着・始発駅でもあった。

モヨロ人の像

※「網走」の由来については、アイヌ語「ア、パ、シリ」（われらが見つけた土地）から出たとも、「アパ、シリ」（入口の土地）から出たとも、諸説がある。（「駅名の起源」より）

ミニガイド　網走市役所、網走支庁、網走刑務所、旧網走監獄、オホーツク流氷館、網走港、モヨロ貝塚館がある。2～4月まで流氷が観測でき、流氷ノロッコ号が網走駅から出発する。

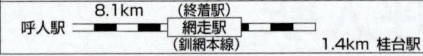

石北本線の歴史について

石北本線の歴史は、かつて開業していた路線の鉄道遺産により形成されていったといってもよいだろう。

①大正元(1912)年10月、「野付牛」(現「北見」)－「網走」(旧「浜網走」)両停車場間の「網走線」開通から始まり、②同じく「野付牛」停車場－「留辺蘂」停車場間の「湧別軽便線」の部分開通があり、③大正3年10月に「留辺蘂」停車場－「生田原」停車場(現・安国駅)まで延長され、大正4年11月には「名寄本線」(現・廃線)の「開盛」停車場(のちの「社名淵」駅＝現・廃駅)まで延長し、大正11年11月には名称が湧別軽便線から「湧別線」に変わった。④同時期に「新旭川」停車場－「愛別」停車場間が「ルベシベ線」として開通し、翌年には「上川」停車場(開通当初は「ルベシベ」停車場といったのを、大正12年11月に改称)まで延長されている。⑤昭和2年10月に「遠軽」停車場－「丸瀬布」停車場間が開通し、名称も「石北東《せきほくとう》線」に改称された。それに伴って、新旭川停車場－上川停車場間もルベシベ線から「石《せき》北西《ほくせい》線」に改めた。⑥昭和4年8月には石北東線の「丸瀬布」停車場－「白滝」停車場間が開通し、同年11月に「石北西線」の「上川」停車場－「中越」停車場(現・廃駅)まで延長された。⑦昭和7年10月には石北西線の「中越」停車場(現・廃駅)から石北東線の「白滝」停車場間がつながり、新旭川駅から遠軽駅、そして湧別線の「野付牛」停車場(現・北見駅)までが開通し、名称も「石北線」と改称した。これにより、「旭川」駅－「網走」駅までの短絡線ができあがったのである。昭和36年、網走線と石北線を一本化して「石北本線」と改称した。

路線位置図

旧網走線（現・石北本線）大正元年開通
湧別軽便線（現・石北本線）大正4年開通
湧別線（のち名寄本線）大正4年開通
石北西線（現・石北本線）大正12年開通
石北東線（現・石北本線）昭和2年開通
石北線（現・石北本線）昭和7年開通

ところで、遠軽駅へはスイッチバック方式の路線となっているが、路線の成り立ちによって理解できるので、触れておこう。大正4年11月に名寄本線の開盛停車場まで延長されて、名寄本線の「下湧別」停車場(現・廃駅)に直進する路線であり、石北線の開通時にも上川停車場方面から下湧別停車場に直進する路線となっていたため、網走線とYの字のように路線がぶつかる位置に遠軽駅がある。したがって、旭川方面から北見方面に向かう列車は、遠軽駅でスイッチバックにより方向を換えなくてはならなくなった。名寄本線が廃線になった現在でも、駅の位置が変わらないかぎり、この方式を続けざるをえないわけである。

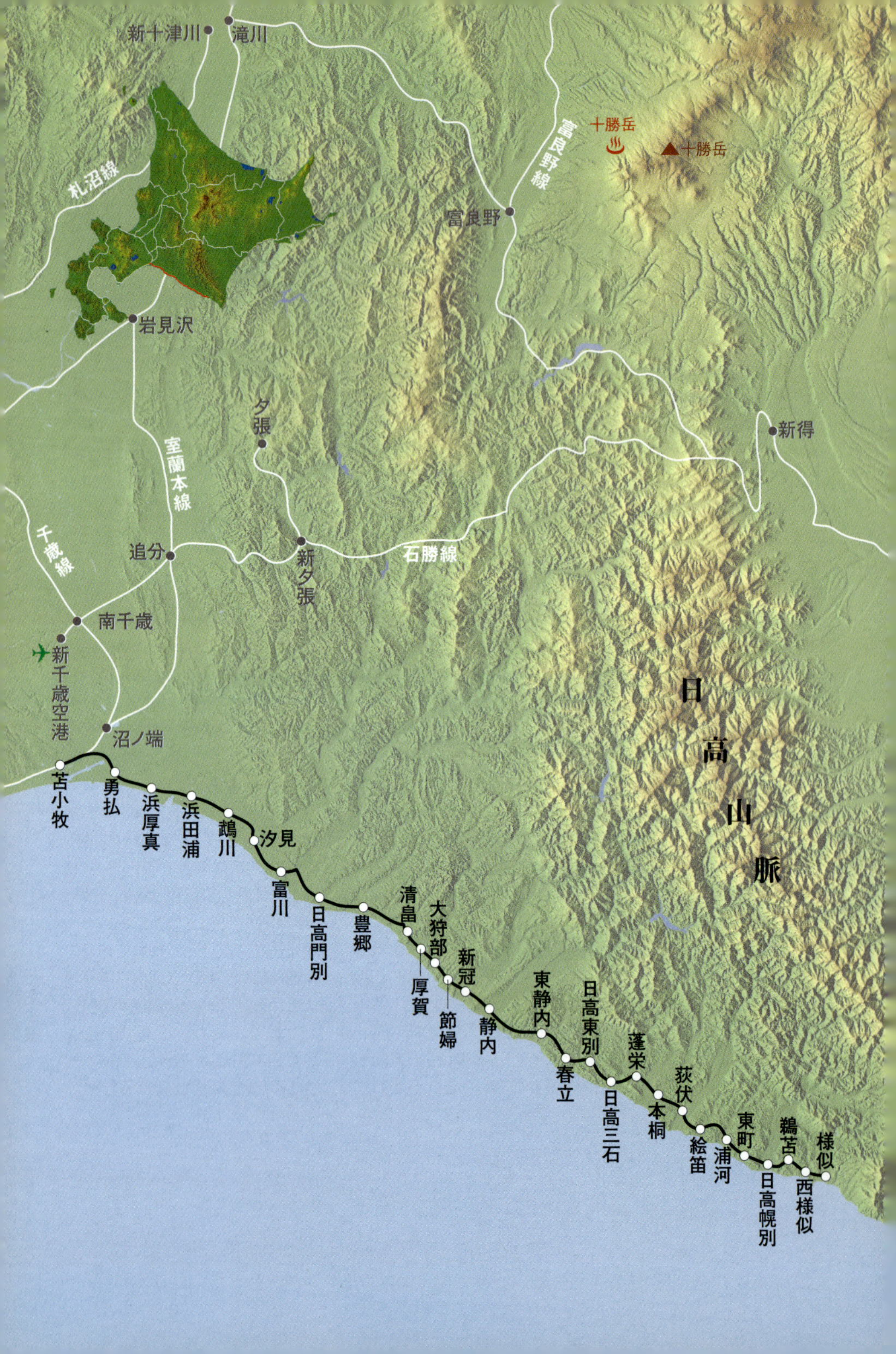
新十津川
滝川
札沼線
富良野線
十勝岳
十勝岳
富良野
岩見沢
夕張
室蘭本線
新得
千歳線
追分
新夕張
石勝線
南千歳
新千歳空港
沼ノ端
日高山脈
苫小牧
勇払
浜厚真
浜田浦
鵡川
汐見
富川
日高門別
豊郷
清畠
厚賀
大狩部
節婦
新冠
静内
東静内
春立
日高東別
日高三石
蓬栄
本桐
荻伏
絵笛
浦河
東町
日高幌別
鵜苫
西様似
様似

日高本線

営業距離
146.5km

駅舎数
28駅

日高本線の起点駅は「苫小牧」であるが、苫小牧駅は「室蘭本線」に掲載した。このため、本書では「日高本線」は「勇払」駅から始まっている。

勇《ゆう》払《ふつ》駅

苫小牧市勇払

苫小牧駅 ―13.1km― 勇払駅 ―9.6km― 浜厚真駅

待合所以外は閉鎖された勇払駅舎

地下道

駅から離れているホーム

昭和2(1927)年に私鉄から買収され、昭和37年に移転したが、現在無人駅。

駅舎の規模は大きくコンクリートブロック造りの二階建てであるが、2階部分と1階の事務室は完全閉鎖状態で、開口部には板材が打ち付けられている。

線路の反対側には地下道を通っていく。駅舎とホームがずいぶん離れているが、これも苫東開発計画の一端で、工場までの専用線があった跡である。隣の浜厚真駅まで、列車はその「苫小牧東部工業基地」内を走る。開発停止状態のため、雑草が生い茂る原野となり、整備された道路が無数にあるのに、走る車も少ない。

※アイヌ語で「イブツ」(川口)といった所で、のちに訛って「勇払」となったものである。(「駅名の起源」より)

ミニガイド 苫小牧東港がある。勇武津資料館が近くにある。

日高本線沿線風景 その1

太平洋を望む(大狩部駅付近)

日高本線ワンマン列車

オーシャンビューラインの日高本線沿線で旅すると、ご覧のような風景に出会い、気分も自然とおおらかになる。沿線では列車から牧場を眺める場所や太平洋を見渡せる場所が多い。牧場付近では、競馬場のパドックで見るのと違った馬の表情を窺《うかが》うことができる。また、馬をモチーフとしたモニュメントも多い。

浜《はま》厚《あつ》真《ま》駅

勇払郡厚真町浜厚真

勇払駅 ― 9.6km ― 浜厚真駅 ― 4.3km ― 浜田浦駅

ピンク色が目立つ浜厚真駅舎

浜厚真駅周辺

駅舎は廃列車の車両をリサイクル利用したもので、日高本線にも何駅かある。同じリサイクル駅舎でも、「宗谷本線」と違っているのは、外壁の塗装をデザインしたものが多く見られることで、たいへん華やかなものが多いということである。「浜厚真」駅でも、外壁が目立つピンク色に塗装されていた。以前はこのピンク色に白いカモメが描かれていた。この沿線の景色に合わせたデザインは印象的(ピンク色は夕焼けの表現だろうか?)。

駅の周囲は整地されてオンコ(イチイ)の樹が植栽されていた。

駅周辺は、苫小牧東部工業基地の工場用に開発された土地が広がる。

※駅名の由来は、「厚真」がアイヌ語の「アト、オマ、プ」(楡《おひょう》のある所)から出たものであるが、この地は海岸にあるため「浜」の字を付したという。(「駅名の起源」より)

ミニガイド 新日本海フェリーの発着港がある。苫小牧東港になる。

浜《はま》田《た》浦《うら》駅

勇払郡むかわ町田浦

浜厚真駅 ― 4.3km ― 浜田浦駅 ― 3.5km ― 鵡川駅

今でも健在の浜田浦駅舎

待合所

国道沿いにあるが、雑草が生い茂る夏には、ホームはおろか駅名標までが国道側からは見えなくなってしまう。

ホームから周囲を見渡しても、見える範囲には家屋が少ない。果たして利用客はあるのか？

小さなコンクリートブロック造りの待合所が設けられているし、一日往復14便が停車していることからも、利用客がいるのだろう。

日高本線の北北東に並行して走っている連絡道路は、以前「苫小牧」－「豊城」間を結んでいた「金山線」のルートのように思える。古いルートなので確認できなかった。

ミニガイド 駅から少し離れるが、「大沼フィッシングパーク」がある。

鵡《む》川《かわ》駅

S　WC　Ki

勇払郡むかわ町末広2丁目

浜田浦駅 ―3.5km― 鵡川駅 ―4.0km― 汐見駅

たいへん個性的な鵡川駅舎

特産品がデザインされた歩道

発券窓口は現在は閉鎖されている

鵡川駅前

旧鵡川町（平成の合併により、穂別町と合併して「むかわ町」と改称）以来の町の表玄関駅で、昭和62年11月改築後ひと回り大きくなったという駅舎は、大きな屋根が印象的。建物中央部に明り採りのスカイライトが設けられ、待合や改札には太陽光が柔らかく注ぐ。木材を豊富に使用した内装も、落ち着いた雰囲気である。駅正面の出入口近くにはスロープが設けられ、利用者にやさしい駅だが、床に誘導ブロックがほしいところである。駅横には自転車置場もある。

この駅舎、建物名称は「鵡川交通ターミナル」となっていて、バスの発着も兼ねているので、大勢の乗降客が利用する。平成18年9月から窓口の業務は行われていないが、保線事務所が併設されている。切符は自動券売機があるが、舎内のKIOSK（日曜休業）でも委託業務で販売。

駅前歩道はインターロッキングブロックで舗装され、むかわ町の特産品が意《い》匠《しょう》化されていた。

むかわ町といえば、秋のシシャモ（柳葉魚）干しスダレは風物詩。駅の正面には「柳葉魚の伝説」が掲示されている。

駅前は花壇を中心としたロータリー形式になっていて、駐車場も広く整備され、身体障害者用の駐車スペースも確保されている。駅前には食堂や商店それに民家が軒を並べる。

かつて、この「鵡川」駅を起点として「日高町」駅まで運行する「富内線」というのがあった。昭和61（1986）年11月1日に廃線となり、全14駅も廃駅となった。

※「鵡川」は、アイヌ語の「ムッカ、ペッ」（塞《ふさ》がる川）から出たもので、上潮のため砂で川口が塞がるからである。（「駅名の起源」より）

ミニガイド　シシャモの販売店が駅周辺や国道沿いに数多くある。
むかわ町役場、鵡川盛土墳墓群、たんぽぽ公園、四季の館、鵡川温泉がある。

汐見駅《しおみ》

勇払郡むかわ町汐見一区

鵡川駅 ― 4.0km ― 汐見駅 ― 9.1km ― 富川駅

潮騒が聞こえてきそうな汐見駅

待合所

雨より庇があるホーム

ホームの傍らにはコンクリートブロックの建物があって、これが待合所になっている。

待合所の中には、地区のどなたかの寄贈によると思われる布張りの立派なソファーが並べてあり、ゆったりと列車待ちができそう。

ホームは砂利敷きで、小さいながらも雨よけ庇《ひさし》が設けられている。その位置はきっと、車両の出入口付近なのだろう。

駅からは汐見漁港も近く、潮の香りもする。漁港が近いということは、民家も多いはずで、乗降客もある程度多いと思われる。

ミニガイド 汐見漁港がすぐ近くにある。サクラソウの群生地や鵡川盛土墳墓群がある。

富川駅《とみかわ》

WC

沙流郡日高町富川南2丁目

汐見駅 ― 9.1km ― 富川駅 ― 7.7km ― 日高門別駅

合掌屋根のシャープな富川駅舎

ト·イレ棟

平成元年に改築された駅舎は、たいへん個性的な建物となっている。空に向かって鋭角的にそそり立つ合掌《がっしょう》部分の明り採り窓は印象的である。外壁は板張りだが、腰壁が張り替えられていた。木製壁はメンテナンスが重要だ。

昭和61(1986)年まで駅事務室があったが、閉鎖されている。自転車置場が駅横に設けられている。

トイレは別棟となっているが、このトイレ棟もまた個性的である。

かつて、ここから平取まで「沙流軌道《さるきどう》」があった。

※富川駅はかつて、「佐留太《さるふと》」駅と呼ばれた時代があった。沙流川《さるかわ》の川口を意味していたが、のち語音をきらって「富川」とした。(「駅名の起源」より)

ミニガイド 地方競馬最大級コースがある門別競馬場や、日高ケンタッキーファームがある。

日《ひ》高《だか》門《もん》別《べつ》駅

WC Ki

沙流郡日高町門別本町

富川駅 ― 7.7km ― 日高門別駅 ― 5.0km ― 豊郷駅

個性味溢れる日高門別駅舎

KIOSK

日高門別駅前

舎内の展示コーナー

旧門別町(平成の合併により日高町と合併、現在は日高町)の中心駅である。

平成2年に改築される前の駅舎は北海道代表型であったと思われるが、現在は、一瞬レストランと見間違えそうな雰囲気である。

外壁は一般的なサイディング張りながら、出入口を飾るゲート状の屋根と柱はたいへん印象深い。その柱にはレトロな壁付きの照明器具が設置されており、駅前の時計台モニュメントには馬のシンボル像が設けられている。

このあたりは牧場が多く、競馬ファンなら一度は訪れたい「優駿《ゆうしゅん》の里」らしく、地域性豊かだ。

近代的な駅舎でこれだけの施設でありながら、この駅には駅事務室がなく駅員さんもいない。乗車券はKIOSK(右上の写真)で販売している。事務室をもたない駅舎にKIOSKが入っているのはめずらしい風景で、乗降客が多いことが窺《うかが》える。競馬新聞も種類が多く、店構えも大きい。かなり整備された駅舎なので、床に誘導ブロックがほしいところだ。

また、舎内には日高町の特産品展示コーナーが併設されている。掲示板には競馬のポスターも貼《は》られ、観光案内図も掲示されているが、絵が模《かたど》っただけになっている部分もあるのは、作成途中だったのだろうか?

トイレは駅舎横にあり、外部から直接出入りできる。清掃も行き届いて清潔だった。出入口の段差が、車《くるま》椅《い》子《す》使用者には少々厳しい感がある。

駅前には旅館がある。駅横には小さな公園があって、遊具や四阿《あずまや》も。駅前はロータリー形式で駐車場も十分にある。

※「門別」は、アイヌ語の「モ、ペツ」(静かな川)から出たもので、各所にこの名があるため国名を冠した。(「駅名の起源」より)

ミニガイド 車窓からこれほど多くの牧場が眺められる路線は、北海道広しといえども日高本線だけであろう。日高町役場、とねっこの湯、「北海道ホースマンアカデミー」がある。

豊《とよ》郷《さと》駅

沙流郡日高町豊郷

日高門別駅 ― 5.0km ― 豊郷駅 ― 4.8km ― 清畠駅

太平洋を見渡せる豊郷駅舎

豊郷駅前

ホームからの眺め

待合所だけの駅舎で、次の「清畠」駅と見比べて、区別がつきにくい。強いていえば腰壁のパネルの色が違うだけだが、大型アルミサッシが2面に設置されていて、内部はたいへん明るい。

線路の向こうは太平洋が雄大に広がっている。待合所でのんびりと眺めていたいような気になるが、そのためにサッシが大きいのだろうか？　だとすると、なかなかよい配慮だと思う。ホームの前には牧場がある。昭和19(1944)年3月までは、駅名を「波《は》恵《え》」といった。昭和52(1977)年までは窓口業務をしていた。

※駅名の由来は、蕁麻《いらぐさ》が茂っていたため、元はアイヌ語の「ハイ」(蕁草)といって「波恵」という字を当てていたが、集落名を「豊郷」と改めたため、駅名も改称したという。(「駅名の起源」より)

ミニガイド　ユースホステルの「豊郷夢民村」がある。

清《きよ》畠《はた》駅

沙流郡日高町清畠

豊郷駅 ― 4.8km ― 清畠駅 ― 4.5km ― 厚賀駅

豊郷駅舎と兄弟の清畠駅舎

ホームから眺める景色

「豊郷」駅と兄弟駅舎で、景色も駅舎もまったく同じである。右も左もなだらかな海岸線の同じ風景が続き、遠くに苫小牧市が見えている(左下の写真)。

ホームは砂利敷きとなっている。

昭和19(1944)年3月まで「慶《け》能《の》舞《まい》」駅といい、昭和57(1982)年まで窓口業務があった。駅前は広く、アスファルト舗装されているが、駅舎の建っている部分は砂利敷きである。

豊郷駅・清畠駅ともに国道235号に面して建っている。

※「清畠」は、以前「慶能舞」といってアイヌ語の「ケニ、オマ、イ」(ひるがおの根の多い所)から出たものであったが、集落名の改称に伴い駅名も変わった。(「駅名の起源」より)

ミニガイド　豊郷駅と同じく、太平洋の景色がホームから見渡せる。

厚《あつ》賀《が》駅

WC

沙流郡日高町厚賀町

清畠駅 ― 4.5km ― 厚賀駅 ― 5.5km ― 大狩部駅

個性的な表現の厚賀駅舎

別棟のトイレ

厚賀駅前

駅舎は木製板張り、設置されている窓も木製でアーチ状となっており、個性的な建物である。平成元年に改築されたものだが、外壁仕上げは劣化していた。

駅銘板は一枚板に駅名が彫られた立派なものである。駅舎は、その地方ごとの個性を見ることができるので楽しみだ。

トイレは別棟で、駅舎横にあるが、「富川」駅のトイレと同型だった。

駅前はアスファルト舗装で広いロータリーとなっていて、中心には街灯が設けられている。駅前には旅館やタクシー会社があった。

※「厚賀」の名称は、大字厚別と大字賀張との境界に設けられたことによる。両方の頭文字を採って名づけられた。(「駅名の起源」より)

ミニガイド　厚賀漁港がある。賀張川上流には「ポロソの滝」がある。

大《おお》狩《かり》部《べ》駅

WC

新冠郡新冠町大狩部

厚賀駅 ― 5.5km ― 大狩部駅 ― 2.0km ― 節婦駅

崖の中腹にポツンとある大狩部駅舎

駅名標とロケ地の標識

太平洋を見下ろす崖《がけ》の中腹にホームが張りついたような駅で、景色は最高。コンクリートブロック造りの待合所もある。

国道からは、急な崖に設けられている狭い階段を降りないと行き着かない。もっとも、国道下のトンネルをくぐった山側からの人々が利用するようで、国道側からの利用者はいないのか、チェーンが張られていた。(では、あれはなんのための階段なのだろう?)

トイレは工事現場用の仮設トイレだった。以前にTVドラマのロケが行われたことを示す標識まで立っている。『女囚塀の中の女たち』となっていた。

ミニガイド　このあたりには太平洋沿岸を望む絶景ポイントがある。海上には海馬岩《とどいわ》がある。

節《せっ》婦《ぷ》駅

WC

新冠郡新冠町節婦町

大狩部駅 ― 2.0km ― 節婦駅 ― 4.1km ― 新冠駅

花で飾られた節婦駅舎

節婦駅前

　改築されて、日高本線で見た二つ目のリサイクル駅。「宗谷本線」と違って外壁の塗装は駅によって異なるが、ここは塗装もよくメンテナンスされている。駅舎周辺もアスファルト舗装されていて(一部砂利敷きだが)、花壇やフラワーポットで飾られ、利用者の目を楽しませている。駅前はロータリーになっていて、中央に花壇がある。

　駅舎内にはトイレがない。外に工事現場用の仮設トイレが設置されている。

　この駅は住宅街の中にあることから、乗降客も多いのではないかと思われる。近くに駐在所や郵便局もある。

※「節婦」の名称は、アイヌ語の「ホロ、セップ、ペッ」(大きな黄色い川の中)から出たものである。(「駅名の起源」より)

ミニガイド　「にいかっぷホロシリ乗馬クラブ」、日高軽種馬共同育成センターがある。

日高本線沿線風景 その2

太平洋の夜明け(厚賀駅付近)

親子岩(西様似駅付近)

　日高本線は苫小牧駅から乗車して終点の様似駅までの約4時間の旅であるが、日本海沿岸の景色と違って太平洋を見渡す風景は雄大であり、日高山脈に沿った路線は当然、海側の車窓でなくてはつまらない。しかし、牧場の多くは山側にあり、牧場の馬を眺めながらの旅を楽しむ場合は山側の車窓がお勧めである。とはいっても、列車は満席にはならないので、席を移動すればすむ話ではある。

新《にい》冠《かっぷ》駅

WC

新冠郡新冠町本町

節婦駅 ― 4.1km ― 新冠駅 ― 4.9km ― 静内駅

レストランではありません。新冠駅舎

緩勾配のスロープ

特産品展示コーナー

コーディネートされている待合所

新冠駅は、旧「高江」駅を昭和23(1948)年に現在の駅名に改称したものである。

この駅舎は平成10年に改築された建物で、日高門別駅舎同様に非常に個性のある洒落《しゃれ》た建物である。正面はポーチ式で、円い列柱が印象的だ。厩舎《きゅうしゃ》をデザインしたものなのであろうが、正面に三色旗を掲げると、高級フランス料理レストランといっても十分通用するような建物になっている。

建物の名称は「出会いと憩いのセンター」となっている新冠町の施設である。内装の壁は木製板張りで、建物名称のとおり、憩いのスペースとして利用できそうである。待合のベンチやゴミ箱も木製のものを利用しており、コーディネートされている。

駅舎の中にはまた、特産品コーナーも併設されていて、壁には観光マップも大きく描かれている。

身体障害者用トイレもあり、バリアフリーは十分であるが、誘導ブロックがほしい。駅前はロータリー形式になっていて、駐車場もある。

※新冠地方は昔「ピ、ポク」の名で呼ばれていた。これは「岩の下」という意味で、同村の入り口が岩山で岸壁をなしていたからであったが、呼びづらいため文化6(1809)年に「ニ、カプ」と改めた。これは「おひょうだもの皮」の意で、アイヌがこれで布をつくり着物にした。「新冠」の由来は、その木が多い場所であったからである。(「駅名の起源」より)

駅前　レ・コード館が見える

ミニガイド 新冠町役場、50万枚以上のレコードが収蔵されているレ・コード館がある。
サラブレッド銀座で往年の名馬に会うことができる。太平洋を眺望できる新冠温泉がある。

静《しず》内《ない》駅

日高郡新ひだか町静内本町5丁目

新冠駅 ― 4.9km ― 静内駅 ― 8.8km ― 東静内駅

改築され新しくなった静内駅舎

待合所

舎内

特産品・土産品コーナー

平成の町村合併により誕生した新しい町・新ひだか町は、旧静内町が中心地区となった。静内駅も、駅名は変わらないが、駅舎は平成13年に個性的・近代的な建物に改築された。

外壁はタイル張りで、出入口上部の合掌《がっしょう》部分には木製板をヘリンボーン状に張ってある。中央の大きい合掌《がっしょう》屋根を中心としたシンメトリーなデザインである。

舎内には道南バスの乗車券販売所や観光情報センター「ぽっぽ」も併設されていて、軽食・喫茶店、立ち喰いソバ店も入居。特産品・土産品のコーナーもあって、観光パンフレットも豊富に置かれているので、観光客はぜひ訪れたい。バリアフリー施設も十分整っている。

駅前ロータリーには馬のモニュメントがあり、「新ひだか町」の真新しい文字も掲示されていた。

駅の駐車場も広く整備されている。商店や民家が軒を連ね、駅横には町営住宅も建設中だった。合併により新しく生まれ変わろうとしている息吹を感じる場所の一つであろう。

静内には有名な約8kmに及ぶ二十間道路の桜並木があり、日本軽種馬協会北海道市場もある。

※「静内」は、アイヌ語の「シュツナイ」（麓《ふもと》の谷川）の意。（「駅名の起源」より）

静内駅前

ミニガイド　新ひだか町役場、桜並木の二十間道路、シャクシャイン記念館、うぐいすの森がある。

東《ひがし》静《しず》内《ない》駅

WC

日高郡新ひだか町東静内

静内駅 —8.8km— 東静内駅 —6.1km— 春立駅

個性がいっぱいの東静内駅舎

東静内駅前

左側のトイレ棟と右側の待合所棟を合《がっ》掌《しょう》でつないで一棟とした駅舎は、非常に個性味あふれる建物となっている。先代のリサイクル車両の駅から、平成6年に改築された。

構造はコンクリートブロック造りであるが、外壁にガラスブロックをサッシー体で使用し、合掌正面にも牧場を想像させるモチーフが設置されている。トイレ棟の屋根にはスカイライトが設置されており、正面出入口にはスロープが設けられていて、無人の駅舎としては申し分ないのだが、心無い利用者のマナーと、床に段差がついていることが気になった。

※当地は最初「捫別」であったが、「もんべつ」は道内各地にあるためまぎらわしいので、静内の東になることから「東静内」とした。(「駅名の起源」より)

ミニガイド　静内海浜地、静内温泉、アサリ浜、陸上自衛隊対空射撃練習場がある。

日高本線沿線風景 その3

牧場風景1(日高東別駅付近)

牧場風景2 サラブレッド銀座(新冠駅付近)

牧場風景3(絵笛駅付近)

日高本線沿線は競走馬の生産牧場が多く、冬期間枯れ草の褐色ばかりだった牧場も、厳しい冬の北海道においては割合温暖なこの地方の春は一面が緑で覆われ、元気な優駿が飛び跳ねる姿を車窓からも目にすることができる。

春《はる》立《たち》駅

WC

日高郡新ひだか町静内春立

東静内駅 ― 6.1km ― 春立駅 ― 2.4km ― 日高東別駅

住宅にあらず。春立駅舎

春立駅前

この駅も先代駅舎はリサイクル車両の駅舎だった。改築後は一見、住宅を思わせる建物になった。木造で、外壁にはサイディングボードを張っている。駅舎横にある「駅名標」がかろうじて、この建物が駅であることを表現している。

トイレは別棟で鉄筋コンクリート造り。身体障害者専用トイレが設けられていて、充実している。正面出入口部分にはスロープが設置されていて利用者にやさしいが、ホームが砂利敷きなので、車《くるま》椅《い》子《す》使用者には少々厳しいものがある。

駅前には民家と商店、それに倉庫が並んでいる。

※「春立」は、アイヌ語の「ハル、タ、ウシ、ナイ」(食料となる草の根を掘る沢)から出たものである。(「駅名の起源」より)

ミニガイド　このあたりの海岸では、夏に昆布干しが見られる。春立漁港がある。

日《ひ》高《だか》東《とう》別《べつ》駅

WC

日高郡新ひだか町静内東別

春立駅 ― 2.4km ― 日高東別駅 ― 6.4km ― 日高三石駅

出入口が2カ所ある日高東別駅舎

日高東別駅前

待合所とトイレのみの駅舎があるが、駅名の標識が設置されていないので、道路側からは、駅であることがすぐにはわからない。建物はコンクリートブロック造りで、アーチ状を形成している出入口が2カ所あるが、決してトイレではない。トイレは別棟で待合所横にある。

ホームは砂利敷き、周辺は見渡すかぎりの牧草地帯で、その真ん中に駅がある。

牧場も周辺に数多くあり、ぶらりと牧場めぐりも面白いかもしれない。ただし、前もって許可を得ておくことが必要な牧場もあるので要注意。

このあたりは牧場が多いこともあり、夏はアブの攻撃に遭うことも。

ミニガイド　駅は、海岸線から離れ、天狗山を迂回した牧草地帯の中にある。

日《ひ》高《だか》三《みつ》石《いし》駅

WC

日高郡新ひだか町三石旭町

日高東別駅 ― 6.4km ― 日高三石駅 ― 4.0km ― 蓬栄駅

道の駅と間違えてしまいそうな日高三石駅舎

スカイライトからの光が内部を明るく照らしている

スロープとフットライトが設置されていて、高齢者にはやさしい配慮

出入口部分と待合所

国道沿いにあるこの駅は、平成5年に建てられた「ふれあいサテライトみついし」と名づけられた新ひだか町の施設となっている。

駅前には駐車場も広く整備されていて、ドライブインか道の駅かと勘違いしてしまいそうだ。この三石地区には別に道の駅「みついし」が設置されている。

中央には明り採りの塔を設け、太陽光が内部を照らしている。外壁は板張りで仕上げられ、内装も木製板張りで落ち着いた雰囲気がある。

待合スペースのベンチも木製を使用し、円形の配置になっている。ただし、正面出入り口の真正面にベンチが位置しているので、冬は人の出入りで少々寒い思いをするかもしれない。

駅舎の中には以前KIOSKが入っていたが、現在は「どんぶり屋　くい亭」という食堂になっている。つぶカレー丼やうに丼が食べられる。

駅正面にスロープが設けられているが、誘導ブロックはない。扉は自動扉となっている。

駅前には旅館やコンビニエンスストアーなどが並んでいる。日高三石は名代の「昆布羊羹《ようかん》」が有名で、羊羹店が多い地域である。

※「三石」は、アイヌ語の「イマニッ、ウシ」（魚焼串のある所）を略したもので、川辺に「イマニッ、ウシ」と呼ぶ大岩が屹立《きつりつ》していたため出たものといわれている。（「駅名の起源」より）

日高三石駅前

ミニガイド　新ひだか町三石支所、三石温泉、町のシンボルとして親しまれている蓬莱山公園が駅から車で約10分の場所にある。羊羹《ようかん》・昆布製品は特産品として有名。

蓬《ほう》栄《えい》駅

WC

日高郡新ひだか町三石蓬栄

日高三石駅 4.0km 蓬栄駅 3.2km 本桐駅

ホームの端にポツンと建つ蓬栄駅舎

ホーム

蓬栄駅前

日高本線沿線によく見られる牧場や海岸線の風景とは少し変わって、周辺には民家もあり、田園地帯が広がる風景となっている。

このあたりは太平洋の海岸線から少し山側に入り込んでいるが、線路の両側は開けている。

木造の小さな待合所がホームの端にあり、建物内部は待合スペースとトイレになっている。また、ホームの転落防止柵は、工事現場用単管足場を利用したものである。

駅舎後方には駐車スペースも設けられている。

ホームに平行して駐輪設備も設置されていた。

ミニガイド　蓬莱山にも近い駅で、紅葉の綺麗な円昌寺がある。

本《ほん》桐《きり》駅

WC

日高郡新ひだか町三石本桐

蓬栄駅 3.2km 本桐駅 7.2km 荻伏駅

住宅と間違えてしまいそうな本桐駅舎

本桐駅前

駅舎は住宅と間違えてしまいそうな小ぢんまりとした木造の建物である。

かつては駅員さんも常駐していたのであろう、駅事務室もあったが、窓口は閉鎖されていた。

トイレは別棟となっていて、コンクリートブロック造りだが、洒落《しゃれ》たデザインになっている。ステンドグラス風のパネルが設けられていて、内部はきれいに清掃されていた。

駅前には食堂や商店、それに民家が並んでいる。街路灯には馬の飾りが設置されていて、地域性を出している。

※「本桐」は、アイヌ語の「ポンケリ」(小さき鮭皮の靴)から出たもの。または「ポンキリ」(小さな脛《すね》)から出たとの説もある。(「駅名の起源」より)

ミニガイド　三石ファミリーパーク、三石海浜公園、三石温泉がある。多くの牧場も周辺にある。

荻《おぎ》伏《ふし》駅

浦河郡浦河町荻伏町元浦河

本桐駅 ― 7.2km ― **荻伏駅** ― 4.9km ― 絵笛駅

カラフルな荻伏駅舎

リサイクル車両の駅舎であるが、「宗谷本線」や、これまでこの日高本線に見られたリサイクル駅舎とは少々内容が違っている。舎内には駅事務室が設けられ、乗車券を販売している。委託営業であるが、この種の駅では最も美的で合理的な駅舎に初めてお目にかかった。

外壁にはカラフルな気球が描かれ、華やかでメルヘンチックな駅舎となっている。これは浦河高校の生徒たちがデザインしたものだ。塗装状態もきれいに維持されていて、使用状態をふくめ、たいへんさわやかな感じを受けた。

トイレは別棟となっている。駅前には旅館や民家が建ち並んでいる。

発券窓口がある舎内

荻伏駅前

※「荻伏」の由来は、アイヌ語の「オ、ニ、ウシ」(木の多い所)、すなわち「森」の意から。(「駅名の起源」より)

ミニガイド　明治21(1888)年に建てられたクリスチャン開拓団の赤心社記念館や碑がある(開拓資料館)。

絵《え》笛《ふえ》駅

浦河郡浦河町絵笛

荻伏駅 ― 4.9km ― **絵笛駅** ― 5.2km ― 浦河駅

馬の放牧が間近に見られる絵笛駅舎

駅舎はコンクリートブロック造りの待合所だけ。

ホームは「蓬栄」駅と同じパターンであるが、ホームに立つと、日高にいることを実感させられる光景が目に飛び込んでくる。

ホームの周辺はすべて牧場で、馬の放牧を間近にすることができるのだ。絵笛駅ならではの風景である。

馬に興味のある方は絵笛駅で下車すると、親子連れの馬がいる広大な牧場と新鮮な空気を満喫できる(馬糞《ばふん》の臭いもあるが)。季節はやはり、緑豊かな春から夏にかけてであろう。

ただし、夏はアブに注意が必要。

ホーム

ミニガイド　井寒台森林公園がある。

浦《うら》河《かわ》駅

S　WC

浦河郡浦河町昌平町駅通

絵笛駅　5.2km　浦河駅　2.1km　東町駅

屋根の形状がめずらしい浦河駅舎

浦河町の街並み

牧場見学9つのお願い

駅舎の屋根に珍しい特徴がある。大《おお》庇《びさし》が跳ねだして二層屋根の状態になっている。

舎内には「牧場見学9つのお願い」という、いかにも日高本線らしい注意書きポスターが掲示されていた。見学者はまずこの心得を覚えてから牧場に行くこと。待合所にはグリーンBOXが備えてあり、JR北海道が発行している「駅からハイキングマップ」が置かれていた。

再開発によって、街並みが整備されている。

※「浦河」は、アイヌ語の「ウララ、ペッ」(霧の深い川)から出たものといい、今の「元浦河」を指すものであるという。松前藩のときウララ、ペッ川畔に運上屋を置き浦河場所と称したが、幕府が直轄とした後ここに会所を移したため、この地を浦河というようになったという。(「駅名の起源」より)

ミニガイド　浦河町役場、日高支庁、浦河町総合文化会館がある。1月の浦河神社騎馬参拝が有名。

東《ひがし》町《ちょう》駅

WC

浦河郡浦河町東町うしお1丁目

浦河駅　2.1km　東町駅　4.5km　日高幌別駅

一見、住宅風の東町駅舎と別棟のトイレ

東町駅前

昭和52(1977)年9月に設置された当時は仮乗降場であった。駅周辺には学校が多いので、現在は生徒の利用も多い東町駅である。

建て込む民家の間を縫った路地のような道路の突き当たりに駅がある。駅舎の形状は一見したところ駅の建物には見えず、民家の雰囲気がある。「ひがしちょう」とひらがなで書かれた文字板が唯一《ゆいいつ》「公共施設かな?」と思わせるものだった。

駅舎と別棟のトイレ棟には段差があって、雛壇《ひなだん》式にトイレ棟が高く配置されている。なぜこのようになっているかといえば、駅周辺の住宅地盤は線路路面よりも高く、かつ線路までの間隔が狭いためであろう。

ミニガイド　東静内駅の手前から山側を走っていた路線も、東町駅を過ぎると海岸線に戻る。

日《ひ》高《だか》幌《ほろ》別《べつ》駅

浦河郡浦河町西幌別

東町駅 ― 4.5km ― 日高幌別駅 ― 4.2km ― 鵜苫駅

3施設が同居している日高幌別駅舎

個性ある駅銘板だが…

ホーム

待合所とドライブイン(平成13年)

谷川牧場にも近い日高幌別駅周辺には、馬に関するあらゆる情報施設や調教のための施設がそろっている。

国道336号に沿った場所にあるが、車で走っていても、駅舎であることがわからない。というのも、ここの駅舎は日高地方の「ふれあいステーション」の一つであり、ドライブインの施設に駅が間借りしているといった感じだからだ。郵便局も同居する複合施設となっている建物の名は「レストビレッジ シンザン」で、かつての名馬の名前である。ドライブインでは、手打ちそばが人気メニューの一つだとか。

建物は個性ある形状で、五つの棟飾りと出入口を覆う合掌《がっしょう》型の庇《ひさし》が印象的。正面出入口の上部にも馬の飾りが配されている。

乗車券はレストランのキャッシャーで販売している。また、レストランではさまざまな競馬グッズを販売している。

施設裏がホームとなっているが、ホームへの出入口付近に、かつて掲示されていたと思われるSLを模《かたど》った「日高幌別駅」の駅銘板が無造作に置かれていた。

※「幌別」は、アイヌ語の「ポロ、ペッ」(大きな川)から出たもので、付近を流れる幌別川を指したものであるが、日高の国名を冠したのは、室蘭本線幌別駅との混同を避けるためである。(「駅名の起源」より)

日高幌別駅前

ミニガイド 馬事資料館、うらかわ優駿ビレッジ「AERU」、西舎桜並木、シンザン像など、競走馬に関する見所が多い。伏木田光夫作品美術館や郷土博物館もある。

鵜《う》苫《とま》駅

様似郡様似町鵜苫

日高幌別駅 4.2km 鵜苫駅 2.5km 西様似駅

イラストもかわいい鵜苫駅舎

鵜苫駅前

難読駅名の一つにあげられる駅である。改築後の駅舎で、リサイクル車両を利用しているが、他のリサイクル駅舎と違うのは、荻伏駅と同じく、出入口が正面(列車でいうと「側面」になるのであろうが)に向かって、引き違いアルミサッシが使用されていることである。

次の「西様似」駅と比べると、車種自体が当初から違っていたことがわかるが、荻伏駅のものとは同型のようである。

外壁にはカニやタコが描かれているが、これらの絵は様似中学校美術部の生徒たちがデザインして描いたものである。

※「鵜苫」の名称は、アイヌ語の「ウトマン、ペッ」(だき合う川)から採ったもので、日高幌別の「ポロペッ」の古川と合流するからである。(「駅名の起源」より)

ミニガイド 鵜苫漁港や鵜苫河口は釣り場のメッカとして知られ、アイナメやカレイの良型が釣れる。

西《にし》様《さま》似《に》駅

様似郡様似町西町

鵜苫駅 2.5km 西様似駅 2.9km 様似駅

メルヘンチックな西様似駅舎

貯木場がある駅前

「宗谷本線」によく見られた、リサイクル車両の同型駅舎である。各駅で外壁のデザインを工夫して、個性を演出している。西様似駅では「荻伏」駅や「鵜苫」駅とはちょっと違ったデザインとなっているが、旅行者にもほんのりとした気持ちをもたせるのではないだろうか。

時々デザインを変更しているというが、写真の絵も様似中学校美術部の生徒たちが描いたもので、これは平成15年のデザインである。

この駅舎も当然改築(?)されたもので、先代の駅舎は木造平屋建てだったようだ。

駅前には製材会社の貯木場があり、丸太が積み上げられている。

ミニガイド 絶景ポイントの親子岩展望台やエンルム岬の景勝地がある。様似漁港も釣りのメッカだ。

様《さま》似《に》駅

S　WC

様似郡様似町大通１丁目

西様似駅 ―― 2.9km ―― 様似駅 （終着駅）

日高本線終着駅の様似駅舎

待合所と改札口

観光センター

日高本線の終端点。これ以上南下することはなく、あとはバス便となる

日高本線約146kmの終着駅である。

町営観光センター（4月中旬～10月下旬にオープン）を併設していて、観光用のパンフレットが多数置かれている。様似地方の観光や襟裳《えりも》岬《みさき》観光について、親切にアドバイスしてもらえる。駅の構内には、かつて使用した転車台や工場への専用線もあった。

駅舎は元スーパーマーケットの建物を改良して使用しているとのことだった。駅と観光センターは内部でつながっていないので、それぞれの出入口から出入りするようになっている。

観光センター出入口横には、「日高山脈襟裳国定公園」の標識が建っている。

センター内部には、この地方で採取される「橄欖岩《かんらんがん》」の見本が展示されていて、加工品もあった。本来地上にはない鉱石だそうである。出札窓口では、記念乗車券の発売もしている。

トイレは別棟にあり、「さわやかトイレ」と名づけられ、建物は個性的な形状となっている。

駅前にはバスステーションがあり、民宿や民家が建ち並んでいる。

この駅が日高本線の終着駅なので、「岬」まで鉄道は行っていないが、様似駅から「襟裳岬」までの約40kmは、バスに乗り継いで行くことができる。

※「様似」は、アイヌ語の「エサマン、ペッ」（カワウソ川）から出たものである。（「駅名の起源」より）

様似駅前風景

ミニガイド　当然、襟裳岬が第一の観光地にあげられる。「アポイ岳」での高山植物ウォッチングでは、春から夏にかけて28種類以上の高山植物を楽しめる。様似町役場、様似郷土館がある。

日高本線の歴史について

路線位置図

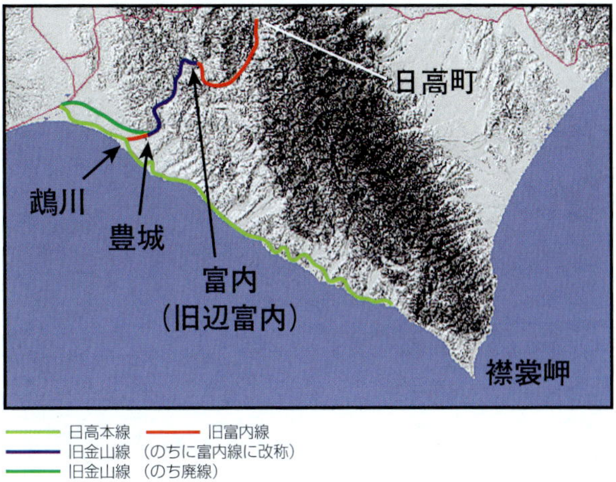

日高本線は、もともとが私鉄路線として運行されていたのを、旧国鉄が買収してできた路線といってもいいだろう。

その歴史は明治42（1909）年9月、三井物産株式会社が「鵡川」－「苫小牧」間に馬車軌道を敷設したことに始まる。鵡川近郊の山林を伐採した木材を運送するための専用線としてであった。翌43年4月には王子製紙株式会社と共同で改良し、蒸気機関車化した。

明治44年12月には「佐瑠太」停車場（のちの「富川」停車場）まで延長し、大正2（1913）年に王子製紙が「苫小牧軽便鉄道株式会社」を設立したので、これに譲渡された。同年11月より一般旅客営業も開始されている。

大正12（1923）年3月、日高地方の開拓を目的として「日高拓殖鉄道株式会社」が設立された。

翌13年9月には「佐瑠太」停車場－「厚賀」停車場まで、大正15（1926）年12月には「厚賀」停車場－「静内」停車場間の部分開業をした。

ここで、鵡川駅から日高本線の枝線となっていた「富内線」の歴史を少しご紹介したい。

大正12年11月11日に「北海道鉱業鉄道」が「沼ノ端」停車場（現・室蘭本線）－「辺富内《へとない》」停車場（のちの富内線「富内」駅）間で〝金山線〟として開通したが、このルートは現在の「日高本線」のルートとは違っていたようである。その後、昭和18（1943）年8月には国鉄に移管し、「富内線」と改称した。しかしながら、同年11月には日高本線の鵡川駅から金山線の「豊城」駅間が開通したことにより沼ノ端－豊城駅間は廃線となった。これ以後、かつての富内線ルートになったのである。「鵡川」駅－「日高町」駅までの全線が開通したのは、昭和39（1964）年11月になってからである。

肝心の日高本線はというと、昭和2（1927）年8月には「苫小牧軽便鉄道」と「日高拓殖鉄道」ともに国鉄に買収移管されて「日高線」となっている。しかし苫小牧－静内間は、軌道が軽便の762㎜であったため、昭和3年8月から、営業を続けながら1，067㎜の軌道に改良工事を行っている。静内駅以東は新線敷設工事であったが、地質が悪く迂回《うかい》を余儀なくされ、また隧道《ずいどう》や橋梁《きょうりょう》の築造も多く、敷設には苦労したようである。

その後、昭和8（1933）年12月に「静内」停車場－「浦河」停車場間が開通し、昭和12（1937）年1月には改良工事が完成。同年8月には「浦河」停車場－「様似」停車場間が開通し、「日高線」全線が開通した。「日高本線」と改称したのは、昭和18（1943）年11月1日のことである。

神威岬
積丹
積丹半島
小樽
ニセコ
ニセコアンヌプリ
羊蹄山
洞爺湖
室蘭本線
長万部
東室蘭
内浦湾
函館本線
室蘭
地球岬
渡島半島

千歳線

営業距離

56.6km

駅舎数

14駅

①千歳線の起点駅は「白石」であるが、白石駅は「函館本線」に掲載したため、本書では「千歳線」は「平和」駅から始まっている。
②千歳線は「南千歳」駅から支線で新千歳空港駅方面があるため、いったん「新千歳空港」駅まで掲載の後に「美々」駅に向かって掲載した。
③千歳線の正式な終着駅（起点駅）は「沼ノ端」であるが、沼ノ端駅は「室蘭本線」に掲載した。このため、本書のこの「千歳線」では「植苗」駅で終わっている。

平《へい》和《わ》駅

札幌市白石区平和通16丁目北

白石駅 — 2.2km — 平和駅 — 2.9km — 新札幌駅

乗降客が年々増加している平和駅舎

舎内

札幌貨物ターミナル駅舎

平和駅は札幌市の白石区に位置し、札幌貨物ターミナル駅と並列している。したがって、駅舎に行く連絡橋は長く、大谷地側から駅舎へ渡るには何本もの線路を横断することになる。

平和駅の近辺には、大谷地の流通センターがあり、貨物のターミナルがあることも納得できる。また、平和駅に並列して「函館本線」も通過している。

駅前は民家やアパートが多く、駅の乗降客も年々増加し、一日の乗降者数も2,000人を超す。駅舎は平成10年7月に改築され、平成19年の連絡橋の完成で、たいへん便利になった。自転車も通行できる。

トイレはホーム側から使用である

ミニガイド この駅の跨線橋からは、様々な種類の客車や貨物車を見ることができる。大谷地流通センターや札幌貨物ターミナル、アクセスサッポロがある。

新《しん》札《さっ》幌《ぽろ》駅

札幌市厚別区厚別中央2条5丁目

平和駅 — 2.9km — 新札幌駅 — 2.9km — 上野幌駅

駅前広場風景

シェラトン札幌

コンコース

新札幌駅は都市型の複合駅舎である。駅前再開発「新さっぽろアークシティ」の一つに駅舎が入っている。駅施設だけで見ると地上3階分だが、接続施設を加えると地上8階建てである。建物内で一日中過ごせるほど施設が充実している。バスターミナルやタクシー乗場も建物内にあり、雨や雪の日には大変便利である。

駅前は再開発され、市の施設や商業施設が建ち並ぶ。駅には接続していないが、大型ホテルシェラトン札幌も駅前にある。一日の利用者数は13,000人を超え、JR北海道の中では「札幌」駅、「手稲」駅に次いで3番目に多い駅である。駅周辺には札幌市営のひばりが丘団地もあり、周辺地域の中心地でもある。

ミニガイド 厚別区役所、青少年科学館、サンピアザ水族館、厚別区体育館、札幌社会保険総合病院、厚別郵便局、厚別消防署、厚別図書館がある。市営地下鉄東西線に乗り換えることができる。

上野幌駅

札幌市厚別区厚別町上野幌

新札幌駅 ― 2.9km ― 上野幌駅 ― 8.0km ― 北広島駅

近郊からの利用が便利な上野幌駅舎

窓口・改札口

広い駐車場風景

上野幌駅は、線路が築堤の上に位置するため、駅舎の改札を過ぎてから奥の階段でホームまで上がる。待合所はホーム上に設置されている。ここまで上がるのは結構大変である。

駅前にはパーク＆トレインとパークアンドライド用の広い駐車場がある。したがって、札幌市街へ通勤する利用客は自家用車でここまで来てからJR列車に乗り換える。

また、朝夕は駅近くにある高校の学生の利用が多く、混雑する。

駅周辺は宅地開発が進んでいるが、まだそれほど建て込んではいない。

ミニガイド 学校と病院、それに高齢者福祉施設が多い。

千歳線の歴史について その1

大正15年の路線図を見ると、千歳線はもともと、「苗穂」駅と「沼ノ端」駅を結んで野幌の原野を走る「北海道鉄道」という私鉄であった。

開通したのは大正15(1926)年8月21日で、昭和9(1934)年10月になってから「苫小牧」駅に乗り入れている。現在の「北広島」駅も、当時は「広島」駅となっている。「苗穂」駅から「札幌」駅まで乗り入れたのは昭和15(1940)年10月で、このころの列車はガソリンカーを使用している。昭和18年8月1日は国鉄になった年で、名称も「千歳線」に改称している。敗戦後の昭和20年には連合軍専用列車も走った。

路線位置図

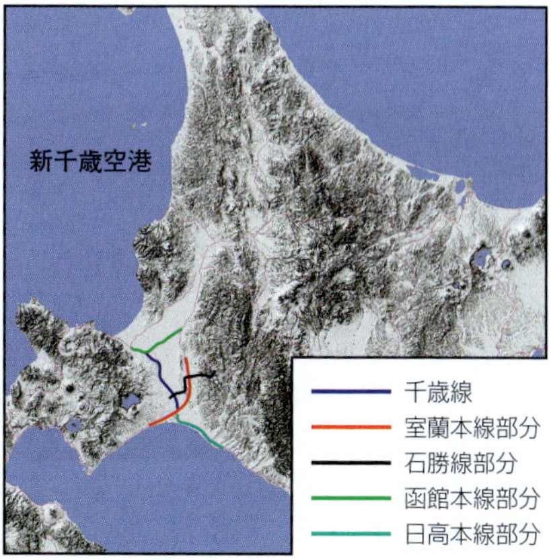

右図のように、千歳線は他の路線と複雑に合流や接続をしており、北海道の空の玄関である新千歳空港に旅客や物資を輸送している。複雑に接続や合流をしているということは、各地に行くのには便利ということでもある。したがって、現在の千歳線の沿線は、札幌市や苫小牧市のベッドタウン化で、通勤するサラリーマン等が多く居住し、乗降客も多く、それに伴って列車本数も多い路線である。

また、「室蘭」駅や苫小牧駅からの貨物列車も数多く走っているが、先頭車両から最後尾車両まで、驚くほど長い連結である。この路線には、直線距離が日本一長い区間があり、貨物列車を跨線橋《こせんきょう》から眺めても最後尾が見えない(少々オーバーかもしれないが)。

当然、新千歳空港の利用客も乗降しており、現在は北海道の重要な幹線となっているものの、〝本線〟の名称は冠されていない。

北《きた》広《ひろ》島《しま》駅

北広島市中央6丁目

上野幌駅 — 8.0km — 北広島駅 — 6.5km — 島松駅

超近代的な北広島駅舎(西口)

駅出入り口

エルフィンパーク

通路までのスロープ

平成8年9月1日に広島町から市に昇格して、北広島市と改称した。「北広島」の駅名は開設当時からの名称であり、広島町から北広島市に改名する基となった。駅舎は市制に伴い、平成7年11月に改築された。

広い連絡通路に接続された橋上駅舎で、2階の改札口に行くには専用エレベーターが使用できる。

「エルフィンパーク」と名づけられた連絡通路には展示・休憩・交流・展望などの各コーナーが設けられていて、コミュニティゾーンとなっている。その中央部に駅舎がある。

「エルフィンパーク」は自転車の通行が可能だ。内部空間でありながら外部空間の要素を取り入れた「つどい」の場でもある。屋根は開閉式のドームとなっていて、太陽光が気持ちよく注いでいた。

駅事務所はオープンカウンター形式になっている。コンビニKIOSKがある。

駅前には市の芸術文化ホールがある。東口は住宅街、西口は官庁街。駅の東西で表情が違っている。気になったのは、駅前に駐車場がなかったことで、バリアフリー対応駅には身体障害者用の駐車場だけでもほしいところ。

北広島駅前

ミニガイド　北広島市役所、北広島市芸術文化ホール、市立図書館、寒地稲作発祥の父・中山久蔵が経営していた国史跡の「旧島松駅逓所」がある。

島《しま》松《まつ》駅

恵庭市島松仲町1丁目

北広島駅 ― 6.5km ― 島松駅 ― 2.2km ― 恵み野駅

地上駅の島松駅舎

島松駅を挟む「北広島」駅と「恵み野」駅は橋上駅舎だが、ここは地上駅である。

この駅からはかつて日石札幌油槽所や陸上自衛隊の補給基地まで専用線が引かれ、JR貨物の駅でもあった。現在はそれらの業務は行われていない。

待合室には「島松駐屯地曹友会図書」の図書コーナーがある。さすが自衛隊基地の駅である。

連絡橋には長いスロープが設置されている。

駅舎周辺にはたくさんの花が植えられている。駅前はロータリー形式となっていて、タクシーの待機もある。

※「島松」の呼称は、アイヌ語の「シュマ、オマ、ツ」(岩崖のある所)から出ている。(「駅名の起源」より)

島松駅前

ミニガイド 陸上自衛隊島松地区大演習場がすぐ近くにある。旧島松駅逓所はこちらから。

恵《めぐ》み野《の》駅

恵庭市恵み野西1丁目

島松駅 ― 2.2km ― 恵み野駅 ― 2.5km ― 恵庭駅

橋上駅の恵み野駅舎(東口)

恵み野駅は三階建ての駅舎に見えるが、実は2階に駅舎部分がある橋上駅舎である。階段部分の屋根位置を2階の跨《こ》線橋《せんきょう》の高さに合わせているため、大きく見える。

昭和57(1982)年3月、停留場から駅への昇格時に改築された。都市近郊の駅なので、改札口には自動改札機が設置されている。階段付近で、ストリートシンガーが演奏していた。都市近郊駅は音楽にも満ちている。

駅前はロータリー形式となっていて、タクシーの待機台数も多い。

東口駅前通りには商業ビルが建ち、少し離れると戸建住宅や共同住宅も多く建っている。西口側の再開発計画もされている。

改札口

恵み野駅前(東口側)

ミニガイド 新緑の季節になると、町中に色とりどりの花が咲き、ガーデニングを見学に訪れる人で賑わう。

恵《え》庭《にわ》駅

恵庭市相生町

恵み野駅 ― 2.5km ― 恵庭駅 ― 2.3km ― サッポロビール庭園駅

バリアフリー化が整った恵庭駅舎

改札口

エスカレーター＆階段

恵庭市は、元は酪農の町だった。近年札幌市のベッドタウンとして人口が増加するにつれ、駅の利用客もしだいに多くなっている。特に学生や通勤者の乗降が多く、自動改札機が設置されている。改札口上部の案内表示板は北海道ではあまり見かけない液晶ディスプレイだ。

階段にある窓からは、石狩平野が見渡せる。

恵庭駅は以前から橋上駅だったが、平成16年からエレベーターとエスカレーターの設置に伴う改修工事が行われ、地上と改札口、ホーム間利用のバリアフリー対策が平成17年2月に終了した。

ミニガイド 恵庭市役所、青少年研修センター、恵庭市総合体育館、恵庭テクノパークがある。

サッポロビール庭《てい》園《えん》駅

WC

恵庭市戸磯

恵庭駅 ― 2.3km ― サッポロビール庭園駅 ― 2.2km ― 長都駅

跨線橋のみのサッポロビール庭園駅舎

ビール園入口

サッポロビール恵庭工場の中にある庭園見学やレストラン・パークゴルフ利用者、工場で働く人のために設けられた駅である。「サッポロビール庭園」は、駅のすぐ横にある。休日は団体客や家族客で賑《にぎ》わう。

いわゆる跨線橋《こせんきょう》だが、連絡橋と跨線橋と駅舎の三者を共用とした合理的な駅舎である。無人駅なのでこの形式がとれるのだろう。

ビール園で飲む生ビールは格別においしい。JRで来ると、車で来たときのように運転手は飲めないというようなこともない。ただしJRの場合は、普通列車でも停車する便と停車しない便があるので、事前に時刻表で確認する必要がある。

ミニガイド サッポロビール庭園は駅の並び。恵庭ガーデンもある。

長《おさ》都《つ》駅

WC

千歳市上長都

サッポロビール庭園駅 ― 2.2km ― 長都駅 ― 3.5km ― 千歳駅

駅の両側に駅舎をもつ長都駅舎（西口）

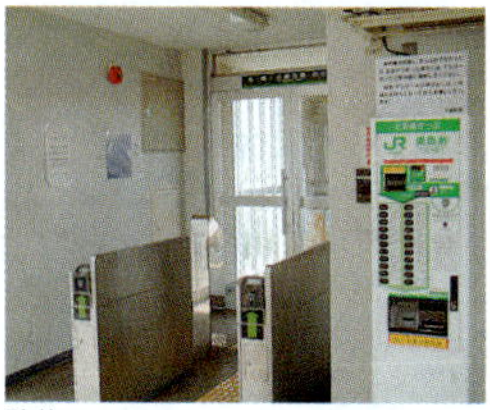
改札

西口広場

難読駅名の一つにあげられる長都駅。先代の駅舎はコンクリートブロック造りの簡素な駅舎だったが、改築された。

駅舎は東口と西口それぞれにあり、スチールとガラスで覆われた「おさつスカイロード」と名づけられた連絡橋により接続されている。おさつスカイロードはかつてアメリカで流行したスチール＆グラスの建物を彷彿《ほうふつ》させるもので、それのミニチュア版である。

それぞれの駅舎内には自動改札機と自動券売機が設置されている。西口の駅前広場はインターロッキングブロックで綺《き》麗《れい》に舗装されて、広い空間をもっている。

駐車場も広く、身体障害者用も設けられている。

ミニガイド 恵庭駅から南千歳駅間は、石狩平野南部を直線で結ぶ路線である。西口側はキリンビール千歳工場などの工場地域で、東口側は住宅街が広がっている。

千歳線の歴史について その2

千歳線は戦前から、輸送強化のために、「函館本線」の〈山線〉区間を回避して「長万部」駅から「室蘭本線」に向かい、「沼ノ端」駅を経由して千歳線を北上するルートをとって「札幌」駅に向かっていた。

その当時の千歳線ルートは、「北広島」駅から「西の里」信号場―「上野幌」駅（のちに移設された）―「大谷地」駅―「月寒」駅―「東札幌」駅―「苗穂」駅となっており、太平洋戦争が始まるとますます輸送強化が求められて、改良工事が行われた。

戦後になっても、「函館」―「札幌」を結ぶ幹線としての路線であることに変わりはなく、旅客も増えてきたため、列車便数の増加や特急列車の導入が開始されると、今までの急カーブのあるルートの変更や路線改良の計画がなされ、新札幌副都心開発計画もあり、昭和49（1974）年9月には北広島駅―苗穂駅間のルート変更が行われた。

路線位置図

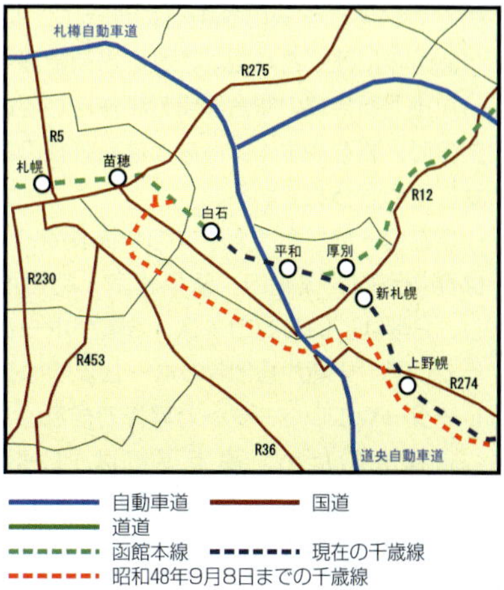

それに伴って、西の里信号場―東札幌駅間の駅は廃駅となり、「上野幌」駅は現在の千歳線の位置に移設され、起点駅も苗穂駅から白石駅に変更された。廃線となったこれらの路線跡は、現在でもサイクリングロードとして再利用されている。

千《ち》歳《とせ》駅

千歳市千代田町7丁目

長都駅 ― 3.5km ― 千歳駅 ― 3.0km ― 南千歳駅

高架式の千歳駅舎（西口）

東口

改札口

連絡橋

千歳駅舎は昭和23（1948）年と28年に火災で焼失している。路線の高架化に伴って、昭和55（1980）年に改築された。これは当時建設中であった東北新幹線の駅舎建設の試作として造られたので、軌道やポイントなどは新幹線の設置基準に合わせられている。

現在の千歳駅舎は高架式の駅施設で、1階には発券窓口・改札口・駅事務室・待合所があり、2階は広いコンコース、3階がホームとなっている。1階から3階のホームまではエスカレーターやエレベーターで昇降できる。

高架式のため、高架下には「CHITOSE CASUAL ZONE」と名づけられたテナントスペースにコンビニ、カラオケ、ゲームセンターそれに食堂などが入店している。駅横には「PEWRE」というビルに接続して、西口と東口をつなぐ連絡橋が設置されている。

西口駅前広場には渡辺淳一氏の千歳線を愛する語碑が設置されている。駅横には、千歳郵便局や交番がある。

※「千歳」の名称は江戸時代からだそうで、その前はアイヌ語の「シ、コツ」（大きな窪地）だったという。「死骨」に通じるため現在の「支笏」に変更されたということだ。（「駅名の起源」より）

余談だが、もし名称が変更されないでそのままだと、空港は「支笏空港」となってしまい、施設が施設だけにいやだったろう。もっともそのような場合は、別名がつけられていただろうけれど。近くにある湖の「支笏湖」にはそのままの名称が残っている。支笏湖は火山湖で、日本で2番目に深い湖である。

千歳駅前

ミニガイド 千歳市役所がある。支笏湖、恵庭岳の観光に便利である。数多くのゴルフコースや鮭《さけ》のふ化場には明治29（1896）年から続くインディアン水車・サケふるさと館がある。

南《みなみ》千《ち》歳《とせ》駅

千歳市平和

	3.0km	(分岐駅)	2.6km	4.5km 美々駅
千歳駅		南千歳駅		新千歳空港駅
		(起点駅)	(石勝線)	17.6km 追分駅

ホテル並みの待合所がある南千歳駅舎

国道を越えるだけになった連絡橋

広く整備された待合所

窓口

南千歳駅は橋上駅舎で、昭和55(1980)年10月1日に当時の国鉄では初めての空港連絡駅として「千歳空港」駅の名称で開設された。もともと千歳空港の利用客用に開設された駅であるため、交通の便がいい。国道36号沿いにある。

空港に向かう旅客は、駅から空港ターミナルビルまで延びた長い連絡橋を利用して移動していた。その後、平成4(1992)年7月1日に新千歳空港が開業し、「新千歳空港」駅も開設されたため、「南千歳」駅と改称された。

以前の空港までの長い連絡橋は残され、旧ターミナルビルは「NEWS」という名前の商業施設となり営業していたが、経営不振により閉店し、解体撤去されたため、連絡橋も国道36号を渡った場所までが残され、以降は解体された。

ホームは1階だが、待合所と改札口は橋上の2階になっている。複線の比較的規模の大きい駅舎では、この形式が多い。

コンコースも広く、きれいに整備されていて床のデザインも凝《こ》っている。観葉植物が所々に置かれ、雰囲気は、ちょっとしたホテルのラウンジ並みである。オープンカウンター形式の事務室はさすがに開放感があり、サービスが行き届きそうな雰囲気である。

南千歳駅は、「石勝線」の起点駅でもある。石勝線で夕張方面に向かう場合は、ここで乗り換えとなる。

新千歳空港と国道36号

ミニガイド　千歳アウトレットモール・レラ、千歳科学技術大学がある。

新《しん》千《ち》歳《とせ》空《くう》港《こう》駅

千歳市美々

南千歳駅 —2.6km— 新千歳空港駅（支線の終着駅）

新千歳空港駅はターミナルビルの地下にある

改札口

ホームにあるKIOSK

スナックカウンターもある待合所

北海道の空の玄関口、新千歳空港地下にある新千歳空港駅は、「津軽海峡線」の「吉岡海底」駅を除けばJR北海道で唯一《ゆいいつ》の地下駅である。

内装の配色や照明方法には、独特の雰囲気がある。これはデンマークの国鉄と提携して計画された。色彩感覚などには何となく北欧の雰囲気が漂っている。間接照明とダウンライトを多用しているため、地下駅であることもあってか、通路などは少々暗く感じる。

待合所には喫茶室があり、少々暗いことで大人の雰囲気がある。TVを観ながらビールも楽しめる。多くの乗降客が出入りするため、自動改札機も数多く設置されている。

空港利用客が多いので、空港の出発ゲートまで到着客と出発客の通路は分離されている。始発駅なので、ホームの両側で列車が待機しているから、列車待ち用のベンチは設置されていない。ホームの軌道と各施設の側面壁までの間隔が狭いため、列車の運行時には注意が必要だ。

ホームまではエスカレーターも利用できる。

ホームも黒と赤を基調にしている。KIOSKのデザインも他駅にはない独特のデザインで、凝《こ》ったものになっている。

誘導ブロックの色がグレーであることが気になった。ここにはスーベニアKIOSKがある。千歳線支線の終着駅である。

ホーム

ミニガイド　改札口ではSUICAなどのICカードは使用できない。
航空機の最終便が遅れた場合は、札幌方面行きのみ最終列車の発車調整を行っている。大幅に遅延した場合は、最終便の後に臨時列車が用意されるが、乗り換え便への接続は考慮されていない。

美々駅《びび》

WC

千歳市美々

南千歳駅 ― 4.5km ― 美々駅 ― 7.5km ― 植苗駅

同形駅舎が多い美々駅舎

美々川を泳ぐ白鳥の親子

新千歳空港駅を過ぎると一挙に原野が広がる。近くを流れる美々川を親子連れの白鳥がゆっくりと泳いでいた。空港のすぐ横とはとても思えない風景である。空港までは近いが、駅は滑走路側なので、ここから徒歩では難しい。

先代の美々駅舎は木造の下見板張《したみいたば》りで、駅員さんも配置されていたようだ。昭和59(1984)年4月から無人駅となり、規模も小さくなったが、必要最低限にまとまった現代的な駅舎となっている。次の植苗駅舎と同形だが、破風《はふ》の色を変えて同形多種であることを極力回避している。跨《こ》線 橋《せんきょう》があるが、めずらしく屋根がない。

※「美々」の由来は、アイヌ語の「ペッ、ペッ」(小川の集まり)のなまったもので、ここは川が集まっているため、こう名づけられた。(「駅名の起源」より)

ミニガイド　ノーザンホースパーク、御前水碑、美々貝塚がある。

植苗駅《うえなえ》

WC

苫小牧市植苗

美々駅 ― 7.5km ― 植苗駅 ― 6.4km ― 沼ノ端駅

美々駅と兄弟駅舎の植苗駅舎

雪景色のホーム

これは美々駅ではない。前の「美々」駅舎と比べての間違い探しでもない。まぎれもなく「植苗」駅舎の紹介だ。美々駅とそっくりなのは、改築時期が同じだからだろう。

周りは森林や原野が広がり、民家と商店が数軒ある。駅の近くにはウトナイ湖があり、他にも沼がある。全体が干潟《ひがた》になっているようだ。駅前は砂利敷きだが、ロータリー形式となっている。

この駅を過ぎると「沼ノ端」駅で、「室蘭本線」に合流している。

※「植苗」は、アイヌ語の「ウエン、ナイ」(悪い谷川)から出たもの。潟地を流れる川であるため水質も悪く、伝い歩きするにも不便だったので、こう名づけられたのであろう。(「駅名の起源」より)

ミニガイド　ラムサール条約登録地で、全国屈指の渡り鳥飛来地であるウトナイ湖がある。バードウォッチング地として最適。

用語の説明

本書には時々、外来語や和英語によるカタカナ名称や建築・鉄道用語が繰り返し使用されている。なるべくわかりやすい用語を使用したつもりだが、文章を短くして紹介内容を多くしたい意図もあり、固有名詞になっている単語など、やむをえずそのまま使用した。ここに、これらの用語を一覧にして説明する。

用　語	解　説
アール面	曲面のこと。
石狩堆積層 （いしかりたいせきそう）	札幌市の北区・東区・手稲区の一部および石狩市は、今から数万年前までは海底であり、石狩川などが運んでくる土砂や支笏湖の大噴火で発生した火砕流の火山灰などが堆積してできた土地であり、地表面下はいたって水分を多く含み軟弱である。
インターロッキングブロック	コンクリート成型ブロックに顔料等の素材を表面に着色して造ったエクステリア用の床材で、主に歩道の床材として最近使用が増えている。形状も数多くある。（和英語の材料名）
AED	Auto mated External Defibrillatorの略日本語に訳すと「自動体外式除細動機」となる。心肺停止状態の人に自動的に高電圧を送り蘇生させる機能を持つ簡易的機械で、最近では役所や学校、それに主な駅舎などの公共施設に設置されはじめている。
ALC版	軽量気泡コンクリート成型板の英語略字。木造・鉄骨造の主に外壁材として使用される。断熱性に優れているのと、工期短縮にもなる。
エッジ	英語でへり、縁の意味。ボーダーよりも外側。
オブジェ	フランス語で、日常的意味とは異なる象徴的・幻想的な現代芸術の手法の一つ。
オリエンテーション	方位のこと。他には方針や方向を意味する。英語。
改札柵板	列車の乗降客がホームから(に)出入りするときに、通過する改札用の柵。 かつては人造石研ぎ出しのものが一般的であったが、最近は都市部の駅では自動改札機となり、金属製の機械となっている。
カーテンウォール	建築用語。ガラスや金属またはPCなどを定型の大きさにパネル化し、建物の外壁材としてボルト等で吊った形式を言う。（和製英語の工法名）
架道橋 （かどうきょう）	本書では道路上を横断する鉄道用の橋としている。跨線橋の逆形態。
雁木 （がんぎ）	豪雪地帯では、アーケードに似たはね出し屋根を商店などの前に取り付け、降雪時でも雪を被らずに歩けるため、設置した場所が多い。
グリッド	英語で、等間隔に直行する基準線。

用　語	解　説
グリーンBOX	JR北海道の主な有人駅に備えられているご意見箱のこと。
くし形式	凹型のくし形状をした終着駅のホームで、複線でかつ、多くの乗り入れ線を持つ駅で用いられるホームの形態のこと。頭端式駅舎には多い。
格天井	建築用語。比較的大きい方形に縦横に木を組み、裏板を張った天井のこと。昭和初期まで大規模で室内の装飾に凝った天井によく使用された。
跨線橋 （こせんきょう）	鉄道の線路上を横断する橋。 ※本書では駅構内に架かる、ホーム間の移動用施設のみを跨線橋として表記している。 この他に、線路を横断して反対側地区とを結んでいる橋があるが、これは、自由通路・連絡橋として表現した。 しかし、跨線橋と自由通路が一体となった形態のものもある。
コンコース	駅の平面的な中央などに設けるホールまたは通路。鉄道用語。
コンシステント	英語で首尾一貫しているという意味。
サイディングボード	一般的な建築外装材で、外断熱効果と施工期間の短縮を目的として、主に住宅等に多く使用されている。（和製英語の材料名）
シェル構造	建築用語。二枚貝の貝殻を模した曲線形の構造を指す。意匠的には曲線美の優れた形状を見せるが、コンクリート打設には細心の注意と計画をしないと、鉄筋が複雑に絡むためコンクリートが型枠全体に回らないこともあり、失敗すると将来に亀裂や剥離をまねき、最悪の場合崩壊する危険もある。
下見板張り	板を重ねて水平台間に張る工法。
島式ホーム	鉄道用語で、鉄道の複線に挟まれた形態のホームをいう。
シンメトリー	中央を軸にして左右対称となっている様子。
スイッチバック式	鉄道用語。本来は急勾配を緩和するために設けて、ジグザグに進む鉄道をいうが、ここでは列車が折り返して後退し、別の線路に入って前進する方式をいう。
スカイライト	英語 天窓のこと。（トップライトは和製英語）
スケルトン	建築では、外側が透明で、内部が見えていること。または、支持する部材がない意味としても使用する。

用語	解説
スパン	建築では主に柱などの間隔を指す。
スノーシェルター	鉄道の雪害を防ぐために設けられたトンネルで、主に吹雪の発生しやすい場所に設けられる。
スリット	建築では細長い溝を指す。
スロープ	英語で「勾配」。坂道のこと。
側方型上層式（そくほうがたじょうそうしき）	駅舎が線路の横にあり、線路の路盤面が駅本屋より高い位置にある形態。 鉄道用語。
相対式ホーム	線路の両側にホームを配置した形態をいう鉄道用語。
ターンテーブル	転車台の意味。車や列車をテーブル上で回転させて方向を変える機械。（和製英語の器具名）
ツインクルプラザ	JR北海道の旅行センターの愛称で、国内外への旅行で航空券などの手配・販売を行う。
束立て（つかたて）	様々な意味を持つが、本書の中では、建物の屋根でいえば、軒の梁上に屋根勾配に沿って垂直に立てる部材のこと。建築用語。
デフォルメ	フランス語で、美術において、対象となる物体を変形させて表現すること。
デベロッパー	宅地開発・分譲業者。
DMV	デュアル・モード・ビークルの略語。JR北海道が開発・試験運転中の、軌道と道路両方を走ることができる車両。
頭端型（とうたんがた）	終着駅のみに見られる駅の形態で、駅本屋に対して直行するホームを持ち、ホームには終着点の列車止めが設けられている。複線は「くし形式」ホーム、単線では島式ホームが多い。
ハイドボード	身を隠す板。野鳥観察のため身を隠す板のことで、覗き窓が設けられたものもある。（和製英語）
バットレス	建築構造用語。柱や基礎梁等のフレームを支える補強部材。
破風（はふ）	建築用語で、切妻や入母屋屋根の端部を納めるために合掌部分の妻側に設置する部材。破風板とも呼ばれる。
風除室（ふうじょしつ）	玄関・出入口に設ける室で、「風」が直接室内に入ることを防ぐための室。北海道では「フード」ともいう。
フットライト	足元を照らす照明器具（和製英語の器具名）
フラッグステーション	北海道の鉄道創成期に設置された簡易的な駅舎は、乗車する人がいるときには旗を振って列車に合図した。
ブレコンまたはPC	プレストレスコンクリートの略。工場生産品で、鉄筋棒がセットされている型枠にコンクリートを流し込み高強度に養生した製品。 英語。
まぐさ	建築用語で、窓や出入口の上に取り付ける横材。
モチーフ	フランス語で、芸術においては中心的な「題材」を意味する。

用語	解説
リブ	建築意匠では壁に設置した、連続する縦の凸凹模様を指す。
ボーダー	英語で幅のある「へり」、縁または外側の意味。
迎い鐘	「ウェルカムベル」とも言い、かつて弁慶号などのSL蒸気機関車が走っていた鉄道創成期の時代、列車が近づいてくると鳴らした鐘。
擁壁（ようへき）	崖や盛土の側面が崩れ落ちるのを防ぐための壁。
ロータリー形式	車の流れを整理するための円形状の通路とした形態。一方通行が多い。

北海道の駅名

北海道の駅名は他の都府県と同じく、そこに位置する自治体が命名した地名から採っていることが多い。その地が位置する地形や環境を基に、命名されている(本州以西では漢詩から採っているものもある)ことが最も多いことはご存知の通りだが、これらは漢字を見てその漢字の意味を考えると、おおよその意味を何となく理解できるのではないかと思う。北海道においても、地形や環境を基に命名された地名から採っていることが多いのは同じであるが、その命名までのプロセスが他の都府県と少々違っている。

北海道の地名の命名起源は大きく分けて３種類あり、一つはアイヌの人々により地形や環境を基に古くからつけられていたアイヌ語による地名の発音を用い、その発音に近い和音を漢字に当てたもの。そしてアイヌ語を基準にしているが、その翻訳を用いて地名としたもの。あと一つは、明治以降の開拓者によってつけられたもので、開拓団の出身地から名づけて土地の繁栄を願ったもの。または集落の成り立ちからつけられた純粋な和名のもので、その土地の特徴を現したものとに分類される。(注＊地名を駅名にしている場所が最も多いため、本書では地名ではなく駅名としている。)和名をストレートに付けた場所は本州以西と同じで、その意味は漢字を見て成り立ちなどで理解できる。

北海道の地名はアイヌ語発音の地名に、漢字の当て字をもって和名としている場所が多いので、それらの地名は他都府県の地名のように、地名の漢字をそのまま理解しようとしても全く無意味であり、漢字自体もこれらの地名に対して意味を持たない。したがって、初めて接する方が正確に読むのは極めて難しい。

アイヌ語を起源とした駅名の中には、当初名づけられた駅名を後に改称したものもある。これは、発音しづらいことや、発音に対して縁起が良くないこと、それに土地の言葉で性的な意味の発音になることや、動物の「サル」などの発音と同じで「恥ずかしい」などの理由から改称されている。また、和人が北海道に入る前からつけられていたこれらの地名は、それぞれのアイヌ集落単位で名づけられていたため、同じ意味の場所も北海道内には数多くあり、例えば日高本線の日高町にある「日高門別」駅と北見の紋別市にあった名寄本線(廃線)の「紋別」駅(廃駅)は、アイヌ語の「モ・ペッ」(静かなる川)が起源となって、漢字は違っていても発音が同じであるため、日高本線の門別には「日高」の文字を冠して「日高門別駅」としている。室蘭本線の「伊達紋別駅」もこれに近い。

新しい駅では変わり種の駅名もあり、「千歳線」の「サッポロビール庭園」駅など、会社名がそのままつけられた駅もある。そして「室蘭本線」の「北吉原」駅などは、「大昭和製紙(現日本製紙)」が、昭和40(1965)年に進出して工場を造ることになったとき、大昭和製紙の発祥の地・静岡県の吉原市(現富士市)の地名を駅名に採り入れたものもある。新しいものでは周辺にある大学名をつけた駅なども見られる。

ところで、アイヌ語を起源とした駅名には、ふり仮名なしで読むには少々苦労する駅名やほとんど読めない駅名が多くあると言ったが、北海道に在住の方は、日ごろ新聞やテレビ等でそれらの地名を目や耳にする機会、あるいは知人友人がそこに在住、またはその駅の地域に在住の方も多いので、ほとんど何の違和感もなく接しているが、果たして他の都府県の方々はスムーズにこれらの駅名を読めるのであろうか？そこで、実際にこれらの駅名が難読であると思われる北海道の鉄道路線のうち、稼働線と、廃線後間もない「ふるさと銀河線」から32駅を独断で選定し、日本全国(秋田県から東京・神奈川・四国・九州・沖縄)のご協力者104名の方々に、難読順位をつけてもらうアンケート調査を実施し、それを基に番付表を別表に作成してみることにした。

このアンケート調査を地区別で比較してみると、1位から3位と29位から32位については、地区が違っていても難読順位はほとんど同じで、やはり最も難読な駅名と比較的読める駅名は、どの地区でも同じであることがわかった。

北海道内の駅名であるから、北海道地区とその他の地区とではギャップがあり、当然アンケート調査結果に違いが出ることは予想どおりであったが、やはり、北海道で常日ごろから目や耳にしている駅名は、北海道以外の地区では難読でも、道内では読める駅名になってしまうこともわかった。特に「弟子屈」「留辺蘂」それに「占冠」などのよく知られた駅名(地名)は、北海道内では読めて当たり前であった。

アンケート調査にご協力いただいた方々には、たいへん感謝するとともに御礼申し上げる。ご自分で難読順位をつけられた結果と、難読順位番付表とを見比べて、ご納得いただけたであろうか。

蒙御免

平成十三年
四月二十九日
北海道全駅舎難読名番付

東

番付	駅名	路線	読み
横綱	北一已駅	留萌本線	きたいちやん
大関	安足間駅	石北本線	あんたろま
関脇	大誉地駅	ふるさと銀河線	およち
関脇	長都駅	千歳線	おさつ
小結	訓子府駅	ふるさと銀河線	くんねっぷ
小結	占冠駅	石勝線	しむかっぷ
前頭	留辺蘂駅	石北本線	るべしべ
前頭	咲来駅	宗谷本線	さっくる
前頭	納内駅	函館本線	おさむない
前頭	標茶駅	釧網本線	しべちゃ
前頭	妹背牛駅	函館本線	もせうし
前頭	秩父別駅	留萌本線	ちっぷべつ
前頭	於札内駅	札沼線	おさつない
前頭	安平駅	室蘭本線	あびら
前頭	札的駅	札沼線	さってき
前頭	節婦駅	日高本線	せっぷ

廃線

駅名	路線	読み
敏音知駅	天北線	ぴんねしり
声問駅	天北線	こえとい
新成生駅	深名線	しんなりう
能取駅	湧網線	のとろ
雄武駅	興浜南線	おうむ

行司

難読駅名アンケート調査御回答者百四名様

取材駅

宗谷本線　函館本線　日高本線　室蘭本線　留萌本線　根室本線
釧網本線　石北本線　千歳線　石勝線　札沼線　江差線
富良野線　津軽海峡線　ふるさと銀河線

西

番付	駅名	路線	読み
横綱	晩生内駅	札沼線	おそきない
大関	雄信内駅	宗谷本線	おのぶない
関脇	熱郛駅	函館本線	ねっぷ
関脇	蕨岱駅	函館本線	わらびたい
小結	掛澗駅	函館本線	かかりま
小結	大楽毛駅	根室本線	おたのしけ
前頭	稀府駅	室蘭本線	まれっぷ
前頭	知来乙駅	札沼線	ちらいおつ
前頭	南弟子屈駅	釧網本線	みなみてしかが
前頭	信砂駅	留萌本線	のぶしゃ
前頭	緋牛内駅	石北本線	ひうしない
前頭	鵡苫駅	日高本線	うとま
前頭	止別駅	釧網本線	やむべつ
前頭	礼受駅	留萌本線	れうけ
前頭	美馬牛駅	富良野線	びばうし
前頭	母恋駅	室蘭本線	ぼこい

廃線

駅名	路線	読み
班渓駅	名寄本線	ばんけ
松音知駅	天北線	まつねしり
辺渓駅	美幸線	ぺんけ
武儀駅	士幌線	むぎ
仁宇布駅	美幸線	にうぷ

（平成１３年取材時の番付です）

バリアフリー対策

北海道における駅舎のバリアフリー対策について少し述べておく。列車の高速化、そして効率化や人的サービス向上の他に、サービスの部類に入れてもおかしくないのが、高齢者や身体障害者を含めた弱者に優しい施設や列車とすることで、本来、公共施設に入る駅舎には、世上バリアフリー化が叫ばれだす前から、これらの設備を積極的に取り入れておくことも、サービスの一つではなかったのかと思われる。

JR北海道各線についても、国鉄時代の視覚障害者用の誘導ブロックを主要各駅に設置することから始まっているが、主要駅や改築された駅舎以外の駅では、バリアフリー対策が立ち遅れているのが現状であろう。難しいのは、利用客が乗る駅もあれば、降りる駅も当然あり、どこからどこまでの駅といった区間もなく、また都市部の駅だからとか、郊外の駅であるからなどの区別がないことであり、一つの駅を完全にすればよいわけでもなく、すべての駅に対して必要となることである。

なぜ、今頃になってバリアフリーに対して改築や改修が行われはじめたかは、民間・公共を問わず、多くの施設や物品はあまりにも健常者優先で効率性や需要性を追い求めてきた結果、これから定年を迎えようとしている団塊の世代前後の総人口に占める割合は極めて高く、これらの方々が高齢期になると、あとは一気に高齢化社会が加速する。今まで薄々はわかっていたことではあるが、バリアフリーに関する感心や不安が一段と高くなったことが現実として現れてきた。高度成長を優先した結果、不特定多数の者が使用する施設にツケが回ってきたともいえる。

不特定多数が利用する大規模な施設にバリアフリー設備を施すことが、ここにきてやっと法令でも定められるようになってから(法令で定めなくては設置されないのも何とも情けない話であるが)、主要な駅のほとんどには、車椅子対応ができるエレベーターが設置され、高齢者の方々にも利用できるようになってきた。都心部の駅舎以外でも少しずつではあるが、バリアフリー化が増えてはきている。政府の新指針では、今後すべての駅が対応することが好ましいと発表された。

荒木兵一郎・藤本尚久・田中直人の三氏著による『バリアフリーの建築設計』(彰国社)にも『これまでの高度経済成長社会においては、ともすると効率優先の考え方が支配し、能力のある人がさらにその能力を発揮しやすいまちづくりがなされ、これに適応しにくい高齢者や障害者・病弱者・幼児などが生活しにくくなってきたからである。たとえば、車社会が進行し、マイカーや高速道路がいくら大量に供給されたところで、自動車を購入したり、運転することができない人にとっては、これらの利便さを享受することはできない。むしろ排気ガスや騒音、あるいは交通事故の犠牲者になる確率のほうが増大するだけである。事実、歩行者の交通事故死者の大半は幼児と高齢者で占められている』と述べている。障害を持った方や高齢者が安心して「いつでも、どこへでも」利用できる駅舎として、高齢化社会を目の前にした現在、一日でも早いバリアフリー整備が望まれる。

駅舎のデータ一覧表に現時点における各駅のバリアフリー評価をA～Eまでのランクを付けている。これはすべての駅舎の「車椅子利用対応状況」「視覚障害者対応状況」「トイレの障害者対応状況」の3点を個別にチェックして単体評価をしているが、今回は紙面の都合もあり、3点の単体評価は省略して、これら3点を合わせた総合評価のみを掲載した。

●総合評価ランクとバリアフリー状況

評価	バリアフリー状況
A	整備範囲、設置状況ともに優れていて、ほとんどの身体障害者·高齢者が利用ができ、駅員による対応も可能。
B	整備範囲、設置状況ともに良い。高齢者の利用は問題なく、車椅子使用者も利用可能。身体障害者利用は、障害の種類により一部の設備に難があるが、駅員による対応も可能。
C	設置状況は良いが、整備範囲が少ない。高齢者利用は問題ないが、車椅子使用者は同伴者が必要。身体障害者利用は、障害の種類により同伴者が必要。駅員配置駅では駅員による対応も可能。
D	一種類の単体整備のみ。高齢者は介助者が必要な場合もある。車椅子使用者、身体障害者は同伴者が必要で、駅によっては同伴者一人では跨線橋を渡ることは厳しい。
E	整備なし。または利用困難な設備。高齢者や車椅子使用者、身体障害者は同伴者が必要で、駅によっては同伴者一人では跨線橋を渡ることは厳しい。

※　取材各駅舎のデータは、平成13年4月から平成19年4月までのものである。取材期間後に整備されている場合もある。また、これらの総評での「評価」の基準はあくまでも私評価である(現在のところ公的な評価基準値はない)。障害の度合いや障害の場所、各自の体力により利用困難な場合も考えられる。この表は絶対的なものとしては考えないで、あくまでも目安として参考にしていただきたい。

各駅舎データ一覧表

【構造】W：木造 S：鉄骨 LS：軽量鉄骨他
CB：コンクリートブロック RC：鉄筋コンクリート　評点：バリアフリー評点

駅　名	開設年月日	構造	評点
函館	M37.7.1	RC	A
五稜郭	M44.9.1	S	D
桔梗	M35.12.10	W	E
大中山	S25.1.15	W	E
七飯	M35.12.10	RC	C
渡島大野	M35.12.10	W	E
仁山	S62.4.1	W	E
大沼	M36.6.28	W	E
大沼公園	M41.6.1	W	B
赤井川	M37.10.15	W	E
駒ケ岳	M36.6.28	W	E
東山	S62.4.1	—	E
姫川	S62.4.1	W	E
池田園	S20.6.1	W	E
流山温泉	H14.4.24	—	—
銚子口	S20.6.1	W	E
鹿部	S20.6.1	W	E
渡島沼尻	S62.4.1	W	E
渡島砂原	S20.1.25	W	E
掛澗	S20.1.25	W	E
尾白内	S20.1.25	S	E
東森	S20.1.25	W	E
森	M36.6.28	S	D
桂川	S19.9.1	W	E
石谷	S21.4.1	W	E
本石倉	S62.4.1	W	E
石倉	M36.11.3	W	E
落部	M44.8.5	W	E
野田生	M36.11.3	W	E
山越	M36.11.3	W	D
八雲	M36.11.3	RC	D
鷲ノ巣	S62.4.1	W	E
山崎	M37.10.15	W	E
黒岩	M36.11.3	W	E
北豊津	S62.4.1	W	E
国縫	M36.11.3	W	D
中ノ沢	M37.10.15	S	E
長万部	M36.11.3	S	C
二股	M36.11.3	S	E
蕨岱	M37.10.15	S	E
黒松内	M36.11.3	RC	E
熱郛	M36.11.3	S	E
目名	M37.10.15	W	E
蘭越	M37.10.15	RC	D
昆布	M37.10.15	W	E
ニセコ	M37.10.15	W	E
比羅夫	M37.10.15	W	E
倶知安	M37.10.15	RC	D
小沢	M37.7.18	W	E
銀山	M38.1.29	W	E
然別	M35.12.10	W	E
仁木	M35.12.10	S	D
余市	M35.12.10	RC	B
蘭島	M35.12.10	W	E
塩谷	M36.6.28	W	E
小樽	M36.6.28	RC	B
南小樽	M13.11.28	RC	D
小樽築港	M43.11.21	S	A
朝里	M13.11.28	W	E
銭函	M13.11.28	W	D
ほしみ	H7.3.16	S	D
星置	S60.10.1	S	C
稲穂	S61.11.1	S	D
手稲	M13.11.28	S	A
稲積公園	S61.11.1	S	D
発寒	S61.11.1	S	D
発寒中央	S61.11.1	S	D
琴似	M13.11.28	S	C
桑園	T13.6.1	S	A
札幌	M13.11.28	SRC	A
苗穂	M43.5.16	W	D
白石	M36.4.21	RC	D
厚別	M27.8.1	S	D
森林公園	S59.9.20	S	A
大麻	S41.12.15	S	A
野幌	M15.11.13	S	D
高砂	S61.11.1	S	C
江別	M15.11.13	RC	D
豊幌	S31.11.1	W	E
幌向	M15.11.13	S	D
上幌向	M40.11.25	S	D
岩見沢	M15.11.13	RC	A
峰延	M24.7.5	W	E
光珠内	S27.4.10	W	E
美唄	M24.7.5	S	A
茶志内	T5.7.15	CB	E
奈井江	M24.7.5	RC	D
豊沼	S22.2.20	S	E
砂川	M24.7.5	S	C
滝川	M31.7.16	RC	D
江部乙	M31.7.16	S	E
妹背牛	M31.7.16	S	E
深川	M31.7.16	RC	D
納内	M31.7.16	S	D
伊納	M33.5.11	S	E
近文	M36.8.11	W	E
七重浜	T15.6.21	S	D
東久根別	S61.11.1	S	E
久根別	T2.9.15	W	E
清川口	S31.10.1	S	D
上磯	T2.9.15	S	D
茂辺地	S5.10.25	S	D
渡島当別	S5.10.25	S	D
釜谷	S5.10.25	S	E
泉沢	S5.10.25	S	D
札苅	S5.10.25	S	D
木古内	S5.10.25	S	D
渡島鶴岡	S39.12.30	W	E
吉堀	S10.12.10	S	E
神明	S32.1.25	W	E
湯ノ岱	S10.12.10	W	E
宮越	S39.12.30	W	D
桂岡	S11.11.10	S	E
中須田	S30.3.5	S	E
上ノ国	S11.11.10	W	E
江差	S11.11.10	RC	D
知内	H2.7.1	S	D
(臨)吉岡海底	S63.3.13	RC	D

【構造】W：木造 S：鉄骨 LS：軽量鉄骨他
CB：コンクリートブロック RC：鉄筋コンクリート　評点：バリアフリー評点

駅　名	開設年月日	構造	評点
志文	M35.8.1	W	E
栗沢	M27.10.1	W	D
栗丘	S21.4.1	S	E
栗山	M26.7.1	S	B
由仁	M25.8.1	W	B
古山	S21.4.1	S	E
三川	M30.2.16	S	E
追分	M25.8.1	S	B
安平	M35.10.11	S	E
早来	M35.8.1	W	C
遠浅	M35.5.21	S	E
沼ノ端	M31.2.1	RC	D
苫小牧	M25.8.1	RC	A
青葉	S63.11.3	LS	E
糸井	S31.4.1	CB	E
鶴岡	M31.2.1	W	D
社台	M42.10.15	S	E
白老	M25.8.1	W	C
萩野	M42.10.15	CB	E
北吉原	S40.11.1	RC	E
竹浦	M30.2.16	CB	E
虎杖浜	S3.8.5	S	E
登別	M25.8.1	W	C
富浦	S28.12.20	W	E
幌別	M25.8.1	S	D
鷲別	M34.12.1	S	D
東室蘭	M25.7.28	RC	C
輪西	S3.9.10	W	E
御崎	M38.6.21	W	E
母恋	S10.12.29	W	E
室蘭	M30.7.1	RC	A
本輪西	T14.8.20	S	E
崎守	S43.9.19	S	E
黄金	T14.8.20	W	E
稀府	T14.8.20	W	E
北舟岡	S62.4.1	S	E
伊達紋別	T14.8.20	W	D
長和	S3.9.10	W	E
有珠	S3.9.10	W	E
洞爺	S3.9.10	RC	B
豊浦	S3.9.10	S	D
大岸	S3.9.10	W	E
礼文	S3.9.10	W	E
小幌	S62.4.1	—	E
静狩	T12.12.10	W	E
八軒	S63.11.3	RC	A
新川	S61.11.3	RC	A
新琴似	S9.11.20	RC	A
太平	S61.11.1	S	D
百合が原	S61.6.28	S	D
篠路	S9.11.20	W	D
拓北	S42.12.15	CB	C
あいの里教育大	S61.11.1	S	C
あいの里公園	S33.7.1	S	D
石狩太美	S9.11.20	W	D
石狩当別	S9.11.20	S	A
北海道医療大学	S57.4.1	S	D
石狩金沢	S10.10.3	S	E
本中小屋	S10.10.3	S	E

駅　名	開設年月日	構造	評点
中小屋	S10.10.3	S	E
月ケ岡	S33.7.1	W	E
知来乙	S33.7.1	W	E
石狩月形	S10.10.3	W	D
豊ケ岡	S35.9.10	W	E
札比内	S10.10.3	W	D
晩生内	S10.10.3	W	E
札的	S35.9.1	W	E
浦臼	S9.10.10	RC	D
鶴沼	S31.11.16	LS	E
於札内	S62.4.1	LS	E
南下徳富	S31.11.16	W	E
下徳富	S9.10.10	W	E
中徳富	S31.11.16	—	E
新十津川	S6.10.10	W	E
北一已	S30.7.20	W	E
秩父別	M43.11.23	W	E
北秩父別	S62.4.1	W	E
石狩沼田	M43.11.23	S	E
真布	S62.4.1	W	E
恵比島	M43.11.23	S	E
峠下	M43.11.23	W	E
東幌糠	S62.4.1	—	E
幌糠	M43.11.23	S	E
藤山	M43.11.23	W	E
大和田	M43.11.23	S	E
留萌	M43.11.23	RC	D
瀬越	T15.7.1	LS	E
礼受	T10.11.5	S	E
阿分	S62.4.1	W	E
信砂	S62.4.1	LS	D
舎熊	T10.11.5	S	E
朱文別	S62.4.1	W	E
箸別	S62.4.1	W	E
増毛	T10.11.5	W	E
旭川	M31.7.16	RC	A
神楽岡	S33.3.25	S	D
緑が丘	H8.9.1	W	D
西御料	S33.3.25	LS	E
西瑞穂	S33.3.25	LS	E
西神楽	S32.9.1	S	E
西聖和	S33.3.25	LS	E
千代ケ岡	S11.9.10	S	E
北美瑛	S33.3.25	W	E
美瑛	M32.9.1	S	B
美馬牛	T15.9.10	W	E
上富良野	M32.11.25	W	E
西中	S33.3.25	W	E
(臨)ラベンダー畑	H11.6.11	—	E
中富良野	M33.8.1	S	D
鹿討	S33.3.25	W	E
学田	S33.3.25	S	E
富良野	M33.8.1	RC	A
旭川四条	S48.9.29	S	E
新旭川	T11.11.4	W	E
永山	M31.8.12	W	D
北永山	S34.11.1	LS	E
南比布	S34.11.1	W	E
比布	M31.11.25	W	E

【構造】W：木造 S：鉄骨 LS：軽量鉄骨他
CB：コンクリートブロック RC：鉄筋コンクリート 評点：バリアフリー評点

駅名	開設年月日	構造	評点
北比布	S34.11.1	CB	E
蘭留	M31.11.25	W	E
塩狩	T13.11.25	W	E
和寒	M32.11.25	S	D
東六線	S34.11.1	W	E
剣淵	M33.8.5	S	E
北剣淵	S62.4.1	W	E
士別	M33.8.5	RC	C
下士別	S34.11.1	W	E
多寄	M36.9.3	W	C
瑞穂	S62.4.1	W	E
風連	M36.9.3	S	E
東風連	S31.9.20	LS	E
名寄	M36.9.3	S	D
日進	S34.11.1	W	E
北星	S34.11.1	W	E
智恵文	M44.11.3	S	E
智北	S62.4.1	LS	E
南美深	S34.11.1	W	E
美深	M44.11.3	RC	C
初野	S34.11.1	LS	E
紋穂内	M44.11.3	S	E
恩根内	M44.11.3	W	E
豊清水	S25.1.15	W	E
天塩川温泉	S62.4.1	W	E
咲来	T1.11.5	W	E
音威子府	T1.11.5	W	D
筬島	T11.11.8	S	E
佐久	T11.11.8	S	D
天塩中川	T11.11.8	W	E
歌内	T12.11.10	S	E
問寒別	T12.11.10	S	E
糠南	S62.4.1	LS	E
雄信内	T14.7.20	W	E
安牛	T14.7.20	S	E
南幌延	S34.11.1	W	E
上幌延	T14.7.20	S	E
幌延	T14.7.20	S	D
下沼	T15.9.25	S	E
豊富	T15.9.25	S	D
徳満	T15.9.25	LS	E
兜沼	T13.6.25	W	E
勇知	T13.6.25	S	E
抜海	T13.6.25	W	E
南稚内	T11.11.1	RC	D
稚内	S3.12.26	RC	D
東滝川	T2.11.10	W	E
赤平	T2.11.10	RC	A
茂尻	T7.12.28	W	E
平岸	T2.11.10	S	E
芦別	T2.11.10	W	D
上芦別	T9.1.9	S	E
野花南	T2.11.10	S	E
島ノ下	T2.11.10	S	E
布部	S2.12.26	W	D
山部	M34.4.1	W	D
下金山	T2.10.1	S	E
金山	M33.12.2	W	E
東鹿越	S21.3.1	W	E
幾寅	M35.12.9	W	E
落合	M34.9.3	W	E
新得	M40.9.8	S	B
十勝清水	M40.9.8	S	C
羽帯	S33.9.10	W	E
御影	M40.9.8	RC	D
芽室	M40.9.8	S	C
大成	S61.11.1	S	E
西帯広	M40.9.8	S	D
柏林台	S61.11.1	S	D
帯広	M38.10.21	RC	A
札内	M43.1.7	S	D
稲士別	S62.4.1	W	E
幕別	M38.10.21	CB	D
利別	M37.12.15	RC	E
池田	M37.12.15	CB	B
十弗	M44.12.15	W	E
豊頃	M37.8.12	S	E
新吉野	M43.1.7	S	E
浦幌	M36.12.15	S	D
上厚内	T15.8.1	W	E
厚内	M36.12.25	W	E
直別	M40.10.25	W	E
尺別	T9.4.1	W	E
音別	M36.3.1	W	E
古瀬	S62.4.1	—	E
白糠	M34.7.20	RC	D
西庶路	S27.3.5	S	E
庶路	M34.7.20	S	E
大楽毛	M34.7.20	W	D
新大楽毛	S63.11.3	S	E
新富士	T12.12.25	S	D
釧路	M34.7.20	RC	A
東釧路	T14.3.16	CB	E
武佐	S63.3.13	S	E
別保	T6.12.1	W	E
上尾幌	T6.12.1	W	E
尾幌	T6.12.1	S	E
門静	T6.12.1	W	D
厚岸	T6.12.1	RC	D
糸魚沢	T8.11.25	W	E
茶内	T8.11.25	W	E
浜中	T8.11.25	W	E
姉別	T8.11.25	S	E
厚床	T8.11.25	W	D
初田牛	T9.11.10	S	E
別当賀	T9.11.10	S	E
落石	T9.11.10	W	E
昆布盛	S62.2.1	W	E
西和田	T9.11.10	S	E
花咲	T10.8.5	S	E
東根室	S36.9.1	—	E
根室	T10.8.5	CB	C
東追分	S40.3.1	S	E
川端	M27.8.1	S	D
滝ノ上	M30.2.16	S	D
十三里	S37.12.25	S	E
新夕張	M25.11.1	RC	D
沼ノ沢	M38.11.15	CB	D

【構造】W：木造 S：鉄骨 LS：軽量鉄骨他
CB：コンクリートブロック RC：鉄筋コンクリート　評点：バリアフリー評点

駅名	開設年月日	構造	評点
南清水沢	S37.12.25	S	D
清水沢	M30.2.16	W	D
鹿ノ谷	M34.12.1	W	E
夕張	M25.11.1	W	A
占冠	S56.10.1	RC	D
トマム	S56.10.1	RC	D
遠矢	S2.9.15	W	E
釧路湿原	S63.7.23	W	E
細岡	S2.9.15	W	E
塘路	S2.9.15	W	C
茅沼	S2.9.15	W	E
五十石	S2.9.15	S	E
標茶	S2.9.15	S	D
磯分内	S4.8.15	W	E
南弟子屈	S4.8.15	S	E
摩周	S4.8.15	S	C
美留和	S5.8.20	S	E
川湯温泉	S5.8.20	W	D
緑	S6.9.20	W	E
札弦	S4.11.14	W	E
清里町	S4.11.14	RC	E
南斜里	S37.10.1	—	E
中斜里	S4.11.14	W	E
知床斜里	T14.11.10	CB	D
止別	T14.11.10	W	E
浜小清水	T14.11.10	RC	C
(臨)原生花園	S62.7.1	W	E
北浜	T13.11.15	W	E
藻琴	T13.11.15	W	E
鱒浦	T13.11.15	W	E
桂台	S62.4.1	S	E
南永山	S62.11.1	S	E
東旭川	T11.11.4	W	E
北日ノ出	S62.4.1	CB	E
桜岡	T11.11.4	W	E
当麻	T11.11.4	RC	D
将軍山	S61.4.1	CB	E
伊香牛	T11.11.4	W	E
愛別	T11.11.4	RC	E
中愛別	T12.11.15	W	E
愛山	S62.4.1	W	E
安足間	T12.11.15	W	E
東雲	S62.4.1	CB	E
上川	T12.11.15	RC	D
上白滝	S7.10.1	W	E
白滝	S4.8.12	W	E
旧白滝	S62.4.1	W	E
下白滝	S4.8.12	W	E
丸瀬布	S2.10.10	S	D
瀬戸瀬	S2.10.10	W	E
遠軽	T4.11.1	W	D
安国	T3.10.5	W	E
生野	S62.4.1	S	E
生田原	T3.10.5	RC	D
金華	T3.10.5	W	E
西留辺蘂	H12.4.1	W	C
留辺蘂	T1.11.18	RC	D
相内	T1.11.18	W	D
東相内	T1.11.18	W	E
西北見	S61.11.1	RC	E
北見	M44.9.25	RC	C
柏陽	S62.4.1	S	D
愛し野	S62.11.1	W	E
端野	T1.10.5	W	E
緋牛内	T1.10.5	W	E
美幌	T1.10.5	S	C
西女満別	S25.1.15	W	E
女満別	T1.10.5	RC	D
呼人	T12.9.1	W	E
網走	T1.10.5	RC	B
勇払	T2.10.1	CB	E
浜厚真	T2.10.1	S	E
浜田浦	S34.12.18	CB	E
鵡川	T2.10.1	W	D
汐見	S34.12.18	CB	E
富川	T2.10.1	W	E
日高門別	T13.9.6	W	D
豊郷	T13.9.6	W	E
清畠	T13.9.6	W	E
厚賀	T13.9.6	W	D
大狩部	S33.7.15	CB	E
節婦	T15.12.10	S	E
新冠	T15.12.10	W	B
静内	T15.12.10	RC	A
東静内	S8.12.15	CB	D
春立	S8.12.15	W	D
日高東別	S33.7.15	CB	E
日高三石	S8.12.15	S	C
蓬栄	S33.7.15	W	E
本桐	S10.10.24	W	E
荻伏	S10.10.24	S	E
絵笛	S33.7.15	CB	E
浦河	S10.10.24	W	E
東町	S62.4.1	W	E
日高幌別	S12.8.10	S	E
鵜苫	S12.8.10	S	E
西様似	S12.8.10	S	E
様似	S12.8.10	S	E
平和	S60.11.1	W	A
新札幌	S48.9.9	RC	C
上野幌	T15.8.21	S	D
北広島	T15.8.21	RC	A
島松	T15.8.21	S	C
恵み野	T15.8.21	S	D
恵庭	T15.8.21	S	A
サッポロビール庭園	H2.7.1	S	E
長都	S33.7.1	S	D
千歳	T15.8.21	RC	A
南千歳	H4.7.1	S	D
新千歳空港	H4.7.1	RC	A
美々	T15.8.21	S	E
植苗	T15.8.21	S	E

※開設年月日は駅昇格時または旅客営業開始日
※構造は駅舎の建物構造のみで、外観および構成部材により判断している
※バリアフリー評点は、平成13年から平成19年4月までの設置内容を別紙の評価基準表により総合判定したものであり、あくまでも目安である

駅スタンプのあれこれ

駅スタンプは当初あまり期待感もなく収集するつもりはなかったが、駅の取材を行うかたわら、念のために用意してきた台紙に押印してきたものを一堂に並べてみると、なんと壮観なこと。地域性豊かなうえに国鉄時代のスタンプまであったので紹介することにした。

駅スタンプの押印は列車旅行時の記念であり、スタンプデザインはその駅が位置する地域の特長がよく表現され、地域のお祭り・特産品・踊り・観光地などがデザインされているものを多く見かける。記念用に作られたスタンプもある。例えば橋梁の完成記念・路線の開通周年記念・開業記念などの年月日入りのスタンプもある。基本的に駅スタンプの内容には3種類あり、一つは純粋な駅名が入った駅スタンプであるが、その他に地元の観光協会が置いた観光スタンプ、それに最近はイベント列車乗車記念スタンプも駅に置いてある場合もある。駅によっては、数種類のスタンプが置かれている場合もある。本書ではそのすべてを紹介しきれないので、押印できた駅のスタンプのうち1～2種類を紹介する。

以前は旅行の記念に押印するときなどは、駅に常設しているスタンプと一緒に置かれているスタンプ台を使用して押印していたが、最近このスタンプは盗難防止目的もあり、鎖でつながれているものをよく見かける。またコンコースに置かれていない駅も増えている。そのようなときには駅事務室内に置かれ、駅員さんに声をかけてお借りすることになる。すでにスタンプを廃止した駅もあった。

本文の各駅に「駅スタンプの有無」をマークの有無で示したが、ここでマークつきとなっている駅は、ほとんどが押印当時に有人駅であり、駅員さんの常駐していない駅には置かれていない。

スタンプ収集は数個程度ではあまり感動はないが、台紙を作ってこれらを整理してまとめると壮観であり、思わぬ発見もある。そして、これらを見ているだけで楽しくなる。

函館本線
函館駅

函館本線
函館駅

函館本線
五稜郭駅

函館本線
七飯駅

函館本線
大沼駅

函館本線
大沼公園駅

函館本線
鹿部駅

函館本線
鹿部駅

函館本線

森駅

函館本線

八雲駅

函館本線

長万部駅

函館本線

ニセコ駅

函館本線

倶知安駅

函館本線

余市駅

函館本線

小樽駅

函館本線

南小樽駅

函館本線

小樽築港駅

函館本線

銭函駅

函館本線

星置駅

函館本線

手稲駅

函館本線

琴似駅

函館本線

桑園駅

函館本線

札幌駅

函館本線

札幌駅

函館本線

滝川駅

函館本線

深川駅

函館本線

深川駅

函館本線

深川駅

函館本線

深川駅

江差線・津軽海峡線

(臨)吉岡海底駅

江差線・津軽海峡線

(臨)吉岡海底駅

江差線・津軽海峡線

(臨)吉岡海底駅

江差線・津軽海峡線

七重浜駅

江差線・津軽海峡線

上磯駅

江差線・津軽海峡線

木古内駅

江差線・津軽海峡線

湯ノ岱駅

江差線・津軽海峡線

江差駅

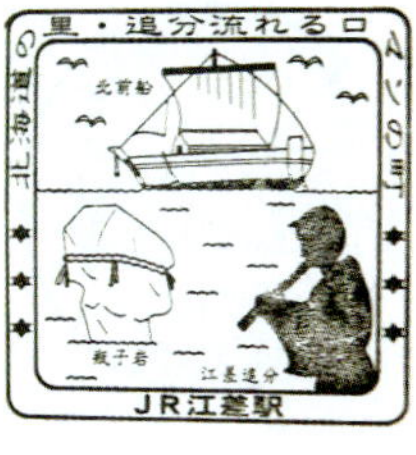

室蘭本線

岩見沢駅

室蘭本線

追分駅

室蘭本線

追分駅

室蘭本線

苫小牧駅

室蘭本線

白老駅

室蘭本線

登別駅

室蘭本線

登別駅

室蘭本線

東室蘭駅

室蘭本線

東室蘭駅

室蘭本線

母恋駅

室蘭本線

室蘭駅

室蘭本線

旧室蘭駅

室蘭本線

伊達紋別駅

室蘭本線

洞爺駅

札沼線

あいの里教育大駅

札沼線

石狩太美駅

札沼線

石狩当別駅

札沼線

石狩月形駅

留萌本線

恵比島駅

留萌本線

留萌駅

留萌本線

留萌駅

富良野線

旭川駅

富良野線

美瑛駅

宗谷本線

比布駅

宗谷本線

士別駅

宗谷本線

名寄駅

宗谷本線

音威子府駅

宗谷本線

幌延駅

宗谷本線

豊富駅

宗谷本線

南稚内駅

根室本線

布部駅

根室本線

幾寅駅

根室本線

新得駅

根室本線

十勝清水駅

根室本線

芽室駅

根室本線

帯広駅

根室本線

幕別駅

根室本線

池田駅

根室本線

音別駅

根室本線

白糠駅

根室本線

釧路駅

根室本線

釧路駅

根室本線

厚岸駅

根室本線

浜中駅

根室本線

根室駅

石勝線

新夕張駅

石勝線

清水沢駅

石勝線

清水沢駅

石勝線

占冠駅

石勝線

占冠駅

石勝線

トマム駅

釧網本線

釧路湿原駅

釧網本線

釧路湿原駅

釧網本線

標茶駅

釧網本線

標茶駅

釧網本線

摩周駅

釧網本線

川湯温泉駅

釧網本線

知床斜里駅

釧網本線

止別駅

釧網本線

止別駅

釧網本線

(臨)原生花園駅

石北本線

上川駅

石北本線

遠軽駅

石北本線

留辺蘂駅

石北本線

北見駅

石北本線

美幌駅

石北本線

女満別駅

石北本線

網走駅

日高本線

鵡川駅

日高本線

鵡川駅

日高本線

静内駅

日高本線

浦河駅

日高本線

様似駅

千歳線

新札幌駅

千歳線

恵み野駅

千歳線

恵庭駅

千歳線

千歳駅

千歳線

南千歳駅

千歳線

新千歳空港駅

千歳線

新千歳空港駅

新スタンプとメモ

おわりに

本久 公洋

本書はもともと平成13年4月から平成14年に一度取材と編集が終了し、自社の駅舎データファイルとして保管されていたものがもとになっている。

平成19年2月に北海道新聞社出版局の五十嵐さんから別件の相談を受けたことから、出版の話となり、再取材と再編集を行うことになった。その月から平成20年2月までに、北海道で稼働しているJR北海道14路線(ふるさと銀河線と地下鉄線を除く)の2度にわたる取材と編集もここにやっと終了した。

ほとんどの取材は土曜、日曜と休日を利用した。写真撮影があるので、取材当日の天候が心配されたが、2度の取材とも幸運なことに天候に恵まれて、それほど日程も狂うことなく、私なりにスムーズな取材ができたと思っている。何度か降雪に見舞われはしたが、それはそれで北海道らしくて良いアングルになったと思っている。

今にして思えば、初回の取材は2カ年を要した。当時の行程は暗中模索で計画し実行したということもあり、それが正解であったのか、あるいはもっと短期間でできえたのかはわからない。取材当初の平成13年は「計画通り進めていけるのか」という不安や、慣れない取材は労力として厳しいと感じてのスタートであった。そんな中で無事取材と編集を終えることができたのは、周りの方々の励ましや力添えのおかげであったと思っている。

そうして迎えた平成19年2月、北海道新聞社出版局から出版の依頼が舞い込んできた。この時は出版できる喜びより、また取材に行ける喜びが頭を横切り、胸が躍ってしまった。

再取材ともなると、人間、慣れてくるもので、要領も良くなってくると不安など何処吹く風、子供のように楽しさが前面に出てしまう。そして、JR北海道の路線のみの取材であったことや、前回取材との比較確認であったことで、現在稼働している路線の465駅の再取材は2カ月ほどで終了してしまった。この2カ月間は体を休めることなく就労していたようなもので、確かに疲労感はあったものの、終了が近づくにつれ寂しさを感じ、疲労感よりも取材しているときの懐古の念が上回った。

そんなこんなで、計3カ年をかけたすべての取材と、2カ年に及ぶ編集作業、そして1年を超す期間におよんだ出版原稿のチェックを終えて、建築設計と土木会社経営に携わる者としての私が、見て感じた駅舎の姿について、写真と文章に表現し、取材当時の記録としてご紹介した。

「はじめに」でも述べているように、駅舎に関して、建築的なことにとどまらず、さまざまな視点から取材を試みて編集したつもりであるが、各事項が詳細にまで至らない少々大雑把《おおざっぱ》な纏《まと》めとなってしまった。しかし、この記録が平成13年から平成19年時点における、北海道内の駅舎の記録の一部であるとしてご理解をいただき、少しでも読者の皆様のお役にたてればと思っている。

そして、本書は北海道イメージアップ・キャンペーンの「試される大地・北海道」で、微力ではあるが、北海道を応援している。北海道のPRへの助力となるよう、そして本書でご紹介した各施設の入場者数や列車の利用客数が少しでも増加することを願っている。

乱雑で取り留めのない文章であり、そして、取材に当たっても、見落とした部分や誤認識に基づいた部分も多々あると思う。また、聞き取り調査でも確認できなかった個所もあった。そして編集の都合により記載できなかった内容や、誌面に載せるには困難な内容もあり、すべてを記述できなかったことは残念で心残りではあるが、紙幅も限られていることではあり、ある程度纏まった段階で終了せざるをえなかったことをお詫び申し上げる。

なお、最後になったが、編集に当たり、不明な部分や確認を要した内容については、「参考文献」として一覧に掲げた著者や出版社が発行している文献を参考にさせていただいた。また、取材・写真撮影・編集にご協力いただいた、JR北海道、室蘭観光協会、挿入地図を使用させていただいた独立行政法人産業技術総合研究所、北海道開拓の村、北海道庁、それにアンケート調査にご協力いただいた皆さま、取材と写真撮影にご協力いただいた各路線沿線の施設や皆さま、そして駅長さんには心からお礼申し上げるとともに感謝するしだいである。

最後に、出版にあたっては、北海道新聞社出版局編集グループの五十嵐裕揮さんや竹内千鶴さん、それにスタッフの皆様方には並々ならぬご尽力を賜り、ここに出版できたことを感謝申し上げる。

平成20年６月

◆ **参考文献**

バリアフリーの建築設計（荒木兵一郎・藤本尚久・田中直人著／彰国社）
各市町村の郷土資料誌（各自治体郷土史編纂委員会編）
駅名の起源［昭和4年］（札幌鉄道局運輸課編）
駅名の起源［昭和13年］（札幌鉄道局編　北彊民俗研究会）
駅名の起源［昭和25年］（国鉄札幌地方営業事業所編）
日本鉄道請負業史（日本鉄道建設業協会）
日本鉄道史（鉄道省）
北海道鉄道百年史（国鉄北海道総局）
北海道鉄道沿線案内（北海道鉄道管理局）
北海道開拓と鉄道建設史（中尾重一著）
北海道鉄道百年（北洞孝雄著／北海道新聞社）
空知の鉄道と開拓（空知地方史研究協議会）
幌内線史（岩見沢市・三笠市）
明治期鉄道史資料（北海道鉄道部）
北海道の駅（NHK北海道本部放送部編）
JR北海道この10年（JR北海道10年史編纂委員会著／北海道旅客鉄道株式会社）
JR北海道の課題（北海道新聞社）
鉄道経営と資金調達（高橋伸夫著／有斐閣）
新北海道史年表（北海道）
北海道百年（北海道新聞社）
北海道交通史（梅木通徳著／北方書院）
北海道の鉄道（田中和夫監修／北海道新聞社）
道内時刻表2007（交通新聞社）
札鉄管内主要駅聯動図表（札幌鉄道局編）
JR・私鉄全線各駅停車1　北海道630駅（宮脇俊三／原田勝正編　小学館）
北海道鉄道路線図［1897年製作］
北海道地質図（独立行政法人産業技術総合研究所編）承認第63500-A-20070524-001号

本久公洋（もとひさ・こうよう）

【プロフィール】

1950年生まれ、高知県出身。一級建築士。東京の建築設計事務所を経て、札幌市南区に移り住む。㈱M・A設計工房主宰、後志建設工業㈱代表取締役。（社）北海道建築士事務所協会札幌支部技術委員、小樽建設協会会員。

最近では建築設計や一般デザイン、取締役の仕事のかたわら緊急災害時のボランティア活動も視野に入れ、日本建築防災協会震災建築物災害度区分判定・復旧技術者、北海道震災建築物応急危険度判定士などの資格を持ち、（社）北海道建築士事務所協会で建築相談調査員活動も行っている。建築物のバリアフリー対策では、法令化になる前から自社でバリアフリーマニュアルを作成し相談・対策を実施。

実務に関連して絵画、歴史研究、写真撮影、鉄道調査など多くの分野をライフワークとしている。鉄道調査では稼働線と廃線の永年の取材により、多くの写真や調査データを持つ。

取材協力　JR北海道
北海道新幹線建設促進期成会

編集　五十嵐裕揮
ブックデザイン　佐々木正男（エディアワークス）
扉地図制作　若井理恵（エディアワークス）

北《ほっ》海《かい》道《どう》　鉄《てつ》道《どう》駅《えき》大《だい》図《ず》鑑《かん》
2008年8月1日初版発行

発行者　中山明展
著者　本久公洋
発行所　北海道新聞社
〒060-8711　札幌市中央区大通西3丁目6
出版局編集グループ　011-210-5742
出版局営業グループ　011-210-5744
印刷　山藤三陽印刷

落丁本・乱丁本はお取り換えいたします。
ISBN978-4-89453-464-3

この地図の作成に当たっては、国土地理院長の承認を得て、同院発行の数値地図25000（空間データ基盤）を使用したものである。（承認番号　平20業使、第143号）

納沙布岬
宗谷岬
稚内
南稚内
稚内空港
大沼
抜海
勇知
兜沼
徳満
豊富
下沼
幌延
上幌延
南幌延
安牛
雄信内
糠南
問寒別
歌内
天塩中川
佐久
筬島
音威子府
咲来
天塩川温泉
豊清水
恩根内
紋穂内
美深
南美深
智恵文
朱鞠内湖
礼文島
利尻山
利尻島
サロベツ原生花園
天売島
焼尻島
天売・焼尻
北海道医療大学
石狩当別
石狩太美
あいの里公園
あいの里教育大
拓北
篠路
百合が原
太平
新琴似
新川
八軒
琴似
発寒中央
発寒
稲積公園
手稲
稲穂
星置
ほしみ
銭函
朝里
小樽築港
南小樽
小樽
桑園
札幌
苗穂
白石
厚別
森林公園
平和
新札幌
瀬越
礼受
阿分
信砂
舎熊
増毛
箸別
朱文別
留萌
大和田
幌糠
峠下
恵比島
藤山
真布
石狩沼田
北秩父別
秩父別
北一已
妹背牛
深川
納内
伊納
近文
旭川
江部乙
滝川
雄冬岬
暑寒別岳
中小屋
本中小屋
石狩金沢
知来乙
石狩月形
豊ヶ岡
札比内
晩生内
札的
浦臼
鶴沼
於札内
南下徳富
下徳富
新十津川
砂川
豊沼
奈井江
茶志内
美唄
光珠内
峰延
岩見沢
月ヶ岡
石狩湾
石狩川
神威岬
積丹半島
積丹
日本海
塩谷
蘭島
余市
仁木
然別
銀山
小沢
倶知安
比羅夫
ニセコ
ニセコアンヌプリ
羊蹄山
昆布
蘭越
目名
熱郛
黒松内
蕨岱
二股
長万部
中ノ沢
国縫
北豊津
黒岩
山崎
鷲ノ巣
八雲
山越
野田生
落部
石倉
本石倉
石谷
桂川
姫川
東山
駒ヶ岳
赤井川
大沼公園
森
東森
尾白内
掛澗
渡島砂原
渡島沼尻
鹿部
銚子口
流山温泉
池田園
仁山
渡島大野
七飯
大中山
桔梗
五稜郭
函館
函館空港
湯ノ川
亀田半島
恵山岬
津軽海峡
清川口
上磯
茂辺地
久根別
東久根別
七重浜
渡島当別
釜谷
泉沢
札苅
木古内
知内
渡島鶴岡
吉堀
神明
湯ノ岱
宮越
桂岡
中須田
上ノ国
江差
松前半島
白神岬
(臨)吉岡海底
渡島半島
奥尻島
内浦湾
太平洋
静狩
小幌
礼文
大岸
豊浦
洞爺
洞爺湖
有珠
長和
伊達紋別
北舟岡
稀府
黄金
崎守
本輪西
東室蘭
室蘭
母恋
御崎
輪西
鷲別
地球岬
登別
幌別
富浦
虎杖浜
竹浦
北吉原
萩野
白老
社台
錦岡
糸井
青葉
苫小牧
勇払
浜厚真
浜田浦
鵡川
汐見
富川
日高門別
豊郷
清畠
厚賀
大狩部
節婦
支笏湖
支笏・洞爺
新千歳空港
美々
植苗
沼ノ端
遠浅
早来
安平
追分
東追分
三川
古山
由仁
栗山
栗丘
栗沢
志文
川端
滝ノ上
十三里
新夕張
清水沢
南清水沢
沼ノ沢
鹿ノ谷
南千歳
千歳
長都
サッポロビール庭園
恵庭
恵み野
島松
北広島
上野幌
大麻
野幌
高砂
江別
豊幌
幌向
上幌向
定山渓